호모 내러티쿠스

– 인문융합치료의 이해

인문융합상담 총서01

호모 내러티쿠스
– 인문융합치료의 이해

초판인쇄 2022년 3월 22일
초판발행 2022년 3월 31일

지은이   김영순 · 오영섭 · 권요셉 · 김진선 · 지성용 · 오정미
　　　　 황해영 · 왕금미 · 김의연 · 이정섭 · 정화정 · 윤수진
펴낸이   박찬익

편집   한병순
책임편집 심재진

펴낸곳   패러다임북
주소   경기도 하남시 조정대로45 미사센텀비즈 F749호
전화   031-792-1195
팩스   02-928-4683
홈페이지 www.pjbook.com
이메일   pijbook@naver.com
등록   2015년 2월 2일 제2020-000028호
제작   제삼P&B
ISBN   979-11-92292-02-1

인문융합상담 총서 01

오영섭

김진선

김영순

권요셉

지성용

호모 내러티쿠스
– 인문융합치료의 이해

오정미

황해영

이정섭

정화정

왕금미

윤수진

김의연

패러다임북

함께 이야기하는 인간, 호모 내러티쿠스

"함께 이야기한다." 이 명제의 의미는 무엇일까.

'나'와 '너'의 대화에서 우리는 이미 함께 이야기하는 행위에 참여한다. 이야기를 나눈다는 것은 단순히 자신의 경험과 견해를 표현하는 기표적 행위만이 아니다.

우리는 이 책을 통해 '함께' 이야기하는 인간으로서 '호모 내러티쿠스'를 만나게 된다. '호모 내러티쿠스'라는 언명은 인문학의 핵심 개념인 '내러티브'가 의미구성의 토대를 이루고 있음에 기초한다. 내러티브는 신이 인간에게 준 최고의 선물이다. 내러티브는 인간이 스스로의 경험을 구조화하고 타자의 삶을 해석하기 위한 통로이기 때문이다.

내러티브는 인간의 경험을 설명하고 이해하려는 시도이며, 인간은 내러티브를 통해 함께 같은 공간과 같은 시간 속에 살아가는 다른 인간들의 삶과 행동을 이해할 수 있다. 인간은 유의미한 시간의 단위로서 에피소드들을 엮어 자기 경험을 조직하는 인지적 과정을 반복하며 살아간다. 그러므로 내러티브를 행하는 인간이 다른 인간과 만나고 대화하는 방식을 이해하는 것은 배움을 전제해야 한다.

이런 맥락에서 인하대학교 다문화융합연구소는 인문학의 개념과 인간 심리에 대한 연구를 통해 인간의 내면과 소통의 역학을 탐구하고자 인문융합치료학과를 설립하고, 석·박사 수련 과정에서 나타난 성과들을 융합하여 인간 정서 치유 프로그램을 개발해 왔다. 이와 더불어 연구성과의 사회적 실천을 위해 인문융합치료센터를 설치하고 지역 사회를 위한 내러티브 중심의 임상 프로그램을 지원하고 있다.

이 저술 〈호모 내러티쿠스: 인문융합치료의 이해〉는 바로 인하대학교 다문화융합연구소에서 진행해 온 '인문융합치료 콜로키움'의 연구활동 성과를 글로 엮은 것이다. 우리는 이 책을 통해, 인문융합치료가 인문학의 제 학문분과를 융합하여 인간을 치유하는 방법으로 활용될 수 있을 뿐 아니라, 각 학문의 분야 자체로 그 철학적 배경은 물론 연구의 대상과 학문적 이념 그리고 특유의 연구방법을 지닐 수 있음을 밝히고자 하였다.

인문융합치료의 철학적 배경은 바로 '공존주의'인데, 이는 공존인문학으로 실천된다. 다시 말해 인문융합치료는 공존인문학의 세 가지 가치들을 실현해야 한다. 첫 번째는 인간이 영·육·혼의 조화로운 상태를 유지하기 위해 노력해야 한다. 둘째, 공존을 위해 자신의 욕심을 내려놓고 타자성을 지향해야 한다. 셋째는 세계와 자연에 대한 무한한 사랑과 연민을 지녀야 한다. 이러한 세 가지 가치들을 일상생활에서 실천하는 방법 모색이 진정한 인문융합치료인 것이다.

또한 인문융합치료는 '함께 이야기하는' 능력을 지닌 모든 인간을 연구 대상으로 하고, 자기 스스로 실천할 수 있도록 성찰적 태도를 강조한다. 연구방법은 인문학적 성찰 방법, 사회과학적 분석 방법, 교육학의 실천 방법 등을 융합하여 수행한다. 이런 융합연구방법은 모든 인간이 서로를 알아나가야 하는 것에 초점을 둔다. 한 시대를 함께 살아가는 우리는 서로에 관해 관심을 가져야 하고, 서로 접촉해야 하며, 얼굴을 맞대야 하고, 함께 이야기해야 한다. 모든 것은 서로의 이야기를 통해 관계해야 한다. 결국 인문융합치료는 상호문화적 인간, '공존적 존재로서의 인간'을 만들어 '인간적인' 인간을 형성케 하는 데 기여하는 과정이라고 볼 수 있다.

이 책 〈호모 내러티쿠스: 인문융합치료의 이해〉는 다음과 같이 4개 영역으로 구분되어 있다.

1부 '인문융합치료의 배경과 개념'에서는 인문융합치료에 관한 이론적이면서도 개념적인 내용을 기술한다. 1부는 인문융합치료의 이념과 학문적 배경(1장), 인문융합치료 관련 교육과 연구 동향(2장), 인문융합치료의 핵심개념(3장), 인문융합치료의 대상과 전문가(4장)에 관한 내용으로 구성된다.

2부 '내러티브 인문융합치료의 실제'에서는 내러티브를 중심으로 이야기. 문학, 스토리텔링 등의 영역으로 융합치유 프로그램을 논의한다. 2부는 이야기융합치료: 그림으로 푸는 이야기(5장), 문학융합치료: 은유와 내러티브의 어울림(6장), 스토리텔링융합치료: 이미지에 이야기를 입히다(7장)로 구성한다.

3부 '예술 인문융합치료의 실제'에서는 내러티브와 연극, 음악, 명화, 미술 등의 장르를 융합한 치유 프로그램을 제안한다. 3부에서는 연극융합치료: 몸짓과 이야기의 만남(8장), 음악융합치료: 리듬은 무의식을 타고(9장), 명화감상융합치료: 명화로 읽는 공감이야기(10장), 미술융합치료: 그림과 이야기의 콜라주(11장)를 제안한다.

4부 '초월적 인문융합치료의 도전'에서는 제목 그대로 인문융합치료의 도전 과제들을 제시한다. 4부에서는 영성융합치료: 공존적 인간의 완성(12장), 명상융합치료: 자기 마음과의 대화(13장), 인문융합진로상담: 미래를 향한 탐구(14장)를 기술한다.

이 책 〈호모 내러티쿠스: 인문융합치료의 이해〉는 인문학의 사회적 실천에 관심이 있는 인문학도는 물론 이미 상담 및 치료 분야의 임상에 재직하는 실천가와 연구자를 위한 인문융합치료 안내서의 역할을 하리라 생각한다. 아울러 이 책은 인간이 타자와의 대화를 통해 성찰하는 가운데서 스스로를 치유하고, 함께 이야기하는 아름다운 사회를 만드는 방법을 모색한다. 이런 의미에서 보자면 이 책은 자기를 알고자 하는 독자들과 타자와의 관계를 개선하려고 하는 독자들 모두에게 유익한 독서 거리를 제공하는 교양서 역할도 할 것이라고 생각한다.

이 책은 기획과정에서 집필과 출판에 이르기까지 만 1년의 시간이 소요되었다. 이 과정에서 인하대 다문화융합연구소의 오영섭 교수님, 권요셉 교수님, 김진선 박사님이 헌신적인 수고를 해주셨다. 아울러 이 책의 모든 저자분, 지성용 교수님, 왕금미 교수님, 김의연 교수님, 오정미 교수님, 황해영 교수님, 이정섭 연구위원, 정화정 연구위원, 윤수진 연구위원께 심심한 감사함을 전한다.

이 책 〈호모 내러티쿠스: 인문융합치료의 이해〉는 인하대학교 다문화융합연구소 인문융합치료센터가 기획한 인문융합상담 총서 1호이다. 따라서 우리는 계속 호기심을 가지고 내러티브에 도전할 것이다. 함께 이야기하는 인간 '호모 내러티쿠스'가 탄생할 그 날까지...

2022년 3월
인간도 봄꽃처럼
다시 돌아올 수 있음을 믿으며

대표 저자 김영순 씀

차 례

2부
내러티브융합치료의 실제

3부
예술융합치료의 실제

4부
초월적 인문융합치료의 도전

1부

인문융합치료의 배경과 개념

1장

인문융합치료의 학문적 배경

인문융합치료는 단순히 인문학의 제 학문분과를 융합하여 인간을 치유하는 방법으로만 간주할 수 없다. 모든 학문은 연구의 대상과 학문적 이념 그리고 특유의 연구방법을 지닌다. 인문융합치료는 인간을 연구대상으로 하고, 공존인문학을 지향하는 철학적 이념을 배경으로 갖는다. 나아가 융합의 관점에서 인문학이 축적해 온 지식과 사회과학의 방법론, 교육학의 실천 개념 등을 포괄한 연구방법을 지닌다. 이번 장에서 우리는 인문융합치료의 학문적 자리매김을 위해 이념으로서 공존인문학을 설정할 것이다. 또한 인문융합치료의 연구방법론으로 설정한 내러티브 탐구의 핵심 개념인 내러티브를 설명할 것이다.

1. 인문융합치료의 이념: 공존인문학

1) 공존인문학의 개념

'공존인문학'은 말 그대로 공존을 위한 인문학적 접근을 의미한다. 공존인문학의 핵심단어는 역시 '공존'이다. 공존이란 단어에는 이미 둘 이상의 존재를 포함하고 있다. 이 둘 이상의 존재가 각자 존재하거나 어떤 한 존재의 심리적 표상에 다른 존재가 어떤 방식으로든 자리 잡고 있음을 의미한다. 특히 최근의 다문화 담론에서 거론되는 타자성의 의미로 보자면 철저하게 타자의 존재를 인정하는 것이 공존의 진정한 개념이라고 볼 수 있다. 그러나 공존이 어떤 현상으로 나타나는지? 공존을 어떻게 바람직하게 이해할지? 공존의 삶을 위해 우리는 어떤 준비를 할지? 이런 일련의 질문은 모두 공존인문학을 구성하는 과제들이 틀림없다.

공존인문학은 인하대 다문화융합연구소가 정립하려는 실천 학문인 '인문융합치료'의 이념적 토대가 되는 패러다임이다. 모든 실천은 이념과 이론이 건실해야 추동력을 갖게 된다. 우리가 준비하는 인문융합치료는 통섭을 넘어서 융합의 시대에 인간의 자기치유 방법을 제공하는데 기여할 것이다. 세계와 나, 나와 타자 사이의 모든 문제는 결국 '자기'에 대한 문제로 귀결된다. 이 자기에 대한 문제는 자기가 해결해야 하기에 자기 문제 해결 방법을 넘어 자기 혁신과 혁명을 모색한다.

공존인문학의 개념을 이야기하기에 앞서 필자가 수행해온 〈다문화 사회와 공존의 인문학〉이란 교양과목에 관한 내용을 설명하고자 한다. 이 과목은 2015년부터 인하대학교의 인간과 사회 이해 영역의 과목으로 개설해 왔으며, 이를 통해 다문화 시대에 청년 대학생들이 실천해야 할 공존의 과제를 연습하는 기회를 제공해 왔다. 〈다문화 사회와 공존의 인문학〉 수업은 다양성이 확산되는 사회의 시민역량으로서 '공존'을 핵심 가치로 설정하고 공존을 이해하기 위한 지식과 이해, 태도와 실천에 관한 내용을 중심으로 강의식 수업과 토론식 수업이 병행되어 진행되었다. 수업은 동영상 강의

호모 내러티쿠스: 인문융합치료의 이해

1.5시간과 온라인 화상 수업(zoom) 1.5시간이 한 주차의 수업으로 구성되어 진행되는 플립러닝 수업으로 진행되었다. 학생들은 화상 수업 전날까지 동영상 강의를 시청한 후 강의 내용에 근거하여 필수적으로 1가지 질문을 온라인 게시판에 작성해야 하는데 이 질문은 조별 토론의 중심 주제로 활용되었다. 각 조는 4~5명으로 구성하여 7조로 편성하였으며 학과, 학년, 성별 등을 고려하여 최대한 다양한 조건의 학생들이 포함되도록 구조화하였다. 조별 토론은 소회의실에서 25분 동안 진행되는데 토론의 주제는 '1인1질(1人1質: 한 사람이 하나의 질문을 만드는 것)'을 기본으로 하여 심화시킬 수 있으며 강의 내용과 관련된 주제에 한하여 조별로 자유롭게 선정할 수 있도록 하였다.

주제 선정은 먼저 자신이 올린 주제를 설명하거나 다른 학생들이 올린 질문 중에서 고르게 되는데 주제를 선정하게 된 이유와 이에 대한 자신의 의견을 설명하는 형식으로 이루어졌다. 이후 조원들의 협의를 거쳐 조별 토론 주제가 선정되고 선정된 주제를 바탕으로 25분간 조별 토론을 진행해 갔다. 조별 토론이 끝나면 전체 학생이 모인 곳에서 조장 학생이 자신의 조에서 이루어진 토론의 내용과 과정을 발표하고 교수자의 피드백을 받았다. 교수자의 수업 총평이 이루어진 이후에는 5분 동안 토론 활동에 대한 소감문을 작성하여 I-Class에 게시하여 학생들 스스로 수업을 성찰하게 하였다. 1~2주차는 코로나 상황으로 인하여 동영상 강의만 제공되었으며 화상 수업은 3주차부터 시작되었다. 3주차에는 조편성 이후 조 이름과 역할을 정한 후 발표하였으며 4주차부터 조별 토론을 본격적으로 실시하였다. 8주차 중간고사 전까지는 이렇게 각 모둠별로 서로를 이해해 나가는 연습을 하였다. 9주부터는 그간 쌓아 온 협동심을 바탕으로 다문화 상황에서의 역할극 수행을 위한 대본 작성 작업과 단막극 리허설 등의 활동이 진행되었다.

이 수업의 핵심은 상호간 토론과 협업이다. 토론을 집단의 상호작용이 집약된 활동이라고 이해할 때 토론이 성립될 수 있다. 토론의 이면에는 토론의 영역에 들어 온 '타인과의 만남'이 된다. 타인과의 만남은 다양성이 공존하는 사회를 구성하는 데 있어 필수적으로 요구되며, 타자에 대한 이해는 타자를 있는 그대로 보는 것에서 시작한다

(김영순 외, 2018). 토론은 자신을 이해하는 첩경이고 협동은 자기 견해와 신념을 실천하는 통로이다.

공존인문학을 시작하면서 장황하게 수업에 관한 설명을 제시한 것은 인문융합치료의 학문적 개념이 서양의 이론들에서 이런 저런 개념들을 주워 모아 방법론과 학문적 토대를 세운 것이 아니라는 것을 강조하기 위함이다. 철저하게 〈다문화 사회와 공존의 인문학〉 강의를 통해 얻어낸 자료들의 귀납적인 결과임을 제시하고자 한다. 특히 이 수업은 다양한 집단에 속한 개인들이 상호작용을 통해 공존을 이루는 과정을 실험적으로 운영하였다. 이런 과정을 통해 수업참여 대학생들이 타문화에 대한 이해와 성찰이 가능하게 되었음을 확인하였고, 이를 넘어 타인과의 만남을 통한 적극적인 의사소통과 성찰의 과정이 필요하다는 사실을 인지할 수 있었다.

사실상 이런 과정을 상호문화 소통이라고 규정할 수 있고, 이를 통해 상호문화역량을 확보할 수 있다고 말할 수 있다. 압달라 프렛사일(Abdallah-Pretceille, 2010)에 의하면 상호문화역량은 타인의 문화와 타인의 소유한 정체성의 다양성 측면을 인지적 이해 수준으로 접근하는 다문화역량을 넘어 타인을 공동존재[1]로 여기며, 나와 함께 세계를 이루어가는 주체로서 존중하는 역량이라고 한다. 다문화주의가 다양성을 다루는 여러 방식들 중 하나로 상이한 집단의 인정과 공존을 강조하는 것에 비해 상호문화주의는 집단, 개인, 정체성 간의 상호작용을 핵심으로 하는 인정의 방식으로 단순히 다원적 특성을 인정하는 것과는 구별된다.

상호문화는 '구별되는 생활세계들 사이에서 생겨나는 것'으로 이해할 수 있다. 사이의 세계는 이전에 A와 B가 접해보지 못했던 전혀 새로운 세계일 수 있으며 A와 B 둘 모두에게 익숙하고 친근한 세계일 수 있다(정기섭, 2011). 여기에서 중요한 것은 사이,

---

1 하이데거는 존재는 공동존재로 존재하는 데 그것은 '함께 함'에서 찾을 수 있다고 보았다. 하이데거는 현존재는 세계-내-존재로서 근원적으로 공동존재라는 존재론적 사태에 처해 있으며 현존재인 인간은 타인과 함께 공존하는 세계에서 스스로 나를 이해하고 세계에 맞게 타인과의 관계를 맺어가는 것으로 이해하였다(임현진, 2017).

호모 내러티쿠스: 인문융합치료의 이해

곧 사이에서 일어나는 의사소통적 행위인 상호작용이 된다. 상호작용은 타인과의 만남을 전제로 이루어지기 때문에 상호문화주의는 만남을 배우는 것을 중요시하며 이 배움은 대화와 소통을 통해 다양한 삶의 방식이 교차하며 서로 영향을 주고받으며 새로운 문화와 길을 만들어 낸다(주광순, 2016). 인문융합치료는 자기와 다른 타자의 문화를 융합시키고 간섭하여 관계하게 한다. 이런 겹침을 바탕으로 하는 상호문화성은 '완전한 일체성' 혹은 '극단적 차이'를 전제로 하는 해석이 아니다. 소위 '유비적 해석'을 하는 것으로 문화 간 겹침을 중심으로 소통하고 번역하는 태도를 취하는 것이다(장한업, 2016). 문화적 차이를 이해하고 존중하는 것, 서로 다른 문화를 배우려는 개방적 자세, 문화적 차이로 인한 갈등이 있을 경우 서로 협의하여 조정안을 마련하는 행위들이 상호문화성 또는 상호문화 능력의 구체적 예가 된다(조용길, 2015: 85).

따라서 상호문화주의의 핵심은 지적 수준에 머물지 않고 실제로 실천하는 것 즉, 타인과의 관계 속에서 실천으로 나타나는 '상호작용'에 있다고 할 수 있다. 타인과의 만남은 타인을 집단과 범주로서 이해하는 것이 아니라 타인의 고유한 문화와 가치를 그대로 인정하고, 타인과 함께 행동하는 것을 뜻한다. 우리는 타인을 통해 나를 보고, 나의 문화를 반성적으로 바라볼 수 있으며, 타자의 존재를 있는 그대로 인정함으로써 상호문화적 입장을 가질 수 있다. 상호문화성은 나 아닌 타인이 존재하고 있음과 나와 타인이 사회 공동체를 이루어 사회구성원으로 함께 살아가고 있다는 것을 전제로 한 개념이다. 인간은 다른 인간과 함께 학습하며 성장한다. 그래서 학교와 교육은 공존인문학을 위한 중요한 장소이다. 공존인문학은 사회구성원으로서, 타인과 공존을 이루기 위해서는 타인과의 상호작용을 배우고 익힐 수 있는 기제를 제공한다. 그런 의미에서 공존인문학은 타자성과 상호성에 대한 학문이다.

후설이 타자의 경험을 역사적으로 해명하기 위해서 '습성' 개념을 끌어들였다. 후설은 '습성'을 토대로 나와 타자 간의 관계를 이해한다. 박인철(2005)은 '타자가 낯선 존재에서 친숙한 존재로 변함으로써 나와의 관계도 질적인 전환을 맞는다'는 후설의 말을 근거로, 후설의 타자이론을 '타자 경험의 습성화'에 대한 이론으로 간주한다. 후설이 말하는 습성의 배경을 이루는 것이 바로 '공동체'이다. 각각의 개인은 자기 의지대로 습성을 만들고 없애려 해도 자신이 살고 있는 역사적 공동체의 틀을 넘어서서 전혀 다른 습성을 만들 수는 없다. 그렇기 때문에 후설은 습성이 상호주관적이고 공동체적이라는 의미에서 "공동체적 습성"이라고 표현했다.

또한 후설은 "한 개인의 모든 습성은 타자의 습성과 연결되어 있으므로 다수가 하나의 결합된 습성을 지니고 있다"라고 주장하였다. 예를 들어 우리가 문화적 차이로 인해 타자의 문화를 낯설게 보게 되며, 그 문화를 비정상적이라고 생각한다. 그러나 아무리 낯설고 비정상적이라고 간주되는 타자도 접촉을 통해 서로 간의 공통성을 발견하며, 양자 간의 질적인 융합 또는 공감이 이루어질 수 있다. 이러한 과정을 통해 사람은 타자를 정상적인 것으로 수용한다. 이와같이 역사성 속에서 타자는 내게 절대적 타자가 아닌 상대적 타자, 바로 나에게 친숙한 타자로 전이해 가는 것이다. 인간 개개인은 홀로 존재하는 것이 아니라 공동체적 사회에서 언제나 타자와 더불어 존재한다. "인간의 다른 이름은 관계"이며(Buber, 2001), 인간은 서로가 연결되어 있다.

부버(Buber, 2001)는 "인간 관계는 대화적 관계를 통해서 '나'와 '너'가 만나는 것"이라고 하였다. 대화적 관계는 대화의 순수성 속에서 드러나지만, 말을 통해서만 대화적 관계가 형성되는 것은 아니다. 두 사람이 서로 침묵하는 것도 대화이며, 공간적으로 서로 멀리 떨어져 있다 하더라도 대화의 논의는 지속될 수 있다.

부버(Buber, 2001)는 인간의 자기 상실과 원자화를 인간과 인간 간의 관계가 깨어진 데서 기인한 것으로 본다. 그래서 인간은 객체화될 수 없는 주체이며, 인격으로서 공존하는 '나'와 '너'가 되어야 한다고 주장하였다. 부버에 따르면, '참된 공동체'는 사람들이 서로를 위하는 감정을 가지는 것으로만 이루어지는 것이 아니라, 모든 사람이 살아 있는 상호관계에 들어서는 일에서 시작된다(Buber, 2001). 다시 말하면, 우리가 발견 또는 재발견하게 되는 것은 바로 관계의 영역이라는 것이다.

짐멜(Simmel)은 이주 흐름의 필연성을 제기하며 지속적으로 함께 살아가야 하는 존재로서의 타자에 대한 인식과 다양성의 인정을 주장하였다. 짐멜 이전에 '타자'와 '인정'

호모 내러티쿠스: 인문융합치료의 이해

개념은 서구철학에서 오랫동안 논의되어 오다가 헤겔(Hegel)에 와서 그 기초적 틀이 완성되었다. 헤겔은 인간이 추구하는 인정을 투쟁과 결합하여 인정투쟁을 제기하였으며, 이는 막스(Marx)의 계급투쟁에 모티브를 제공하였고, 하버마스(Habermas)와 호네트(Honneth)에 이르러서 더욱 체계화되었다(이용일, 2009).

상호주체성의 관점에서 개인의 주체성을 바라보는 호네트(1992)에 의하면, 인간이 서로를 인정하는 상호인정은 사랑, 권리, 연대의 세 층위 혹은 세 단계에서 발생한다. 이 세 인정단계 모두에서 인정투쟁은 '주격 나'와 '목적격 나'의 갈등으로 진행된다. 다시 말하면, 상호주관적 정체성은 나에 대한 타인의 관점을 내면화하는 한편, 그에 대해 지속적으로 '나'의 요구를 주장함으로써 이루어진다. 주체들은 이러한 인정투쟁을 통해 그들에게 주어진 권리를 확대하고 새로운 규범을 창조해 나가는 것이다. 서로 다름에도 함께 공존할 수 있는 열린 사회는 자신의 개별성과 정체성을 유지함과 더불어 타자와 낯섦에 대해 개방성을 지닐 때 나타나는 결과이다. 인간의 정체성이란 타자와의 관계 속에서만 유지되는 것이기 때문이다(Ricoeur, 1981).

인간의 정체성을 이해하기 위해 '타자와의 관계에서 각기 다름의 존재는 교류를 통해 존재한다'는 바흐친(1895~1975)의 논의에 귀기울 필요가 있다. "존재한다는 것은 교류한다는 뜻이다. 존재한다는 것은 다른 사람을 위해, 다른 사람을 통해, 자신을 위해 있다는 것이다. 어느 누구에게도 내면의 주권을 주장할 수 있는 영역은 없다. 그는 전적으로 항상 주변 속에 있으면서, 자신을 들여다보고 다른 사람의 눈을 보고, 다른 사람의 눈으로 본다." 그는 마치 '존재'란 교류를 전제함으로 성립하는 것으로 피력한다. 그런 의미에서 모든 인간은 서로를 알아야 하고, 서로에 관해 알아야 하고, 서로 접촉해야 하고, 얼굴을 맞대야 하고, 함께 이야기해야 한다. 모든 것은 서로를 대화적으로 비춰주어야 하고 다른 모든 것 속에서 되비쳐져야 한다.

수많은 학자들이 인간의 정체성과 주체성, 존재를 정의하기 위해 타자를 끌어들인다. 이렇듯 자기는 타자와 떨어질 수 없다. 존재는 곧 공존이다. 인문융합치료는 공존인문학이 지향하는 타자를 통해 나를 이해하는 방법으로, 상호문화적 입장을 지니게 하는 것이라고 규정할 수 있다. 다시 말해 인문융합치료는 상호문화적 인간, '공존적 존재로서의 인간'을 만들어 진정한 '인간적인' 인간을 형성케 하는 데 기여하는 과정이다.

2) 공존인문학과 공존적 인간

공존인문학은 다양한 문화가 혼재하는 사회에서 타자와의 소통에 관심을 둔다. 이런 측면에서 공존인문학은 다문화 사회를 위한 인문학적 접근으로 다문화의 개념과 다문화 사회의 사회문화 현상에 관한 이해, 그리고 다문화 사회에서 문화를 향유하고 창조해내는 인간의 관념과 행동에 관한 학문이라고 말할 수 있다. 원래 인문학은 '천(하늘)', '지(땅)', '인(사람)'과 관련이 있는 학문이다. 하늘을 다루던 천문학, 땅을 다루던 지리학, 하늘과 땅 사이에 존재하는 인간을 다루는 학문이 '인문학'임을 생각해 보라. 일단 인문학은 하늘과 땅 사이에 있는 인간 자체, 인간과 인간, 인간과 땅, 하늘을 포괄하는 자연과의 관계를 연구하는 위치에 있다. 현대적인 의미로 하늘을 연구하는 천문학은 자연과학으로 표상되며, 인간이 발을 딛고 사는 '땅'은 인간의 터전으로 인간과 인간관계, 이들 관계가 이루어내는 사회문화 현상을 연구하는 사회과학으로 나타난다. 또한 문학, 역사학, 철학으로 대표되는 인간에 관한 학문은 인문과학으로 구분된다.

그렇다면 인문학은 무엇인가? 인문학은 인간 측면에 중점을 둔 학문 출발점을 지니고 있어 좁은 의미로는 인문과학이지만, 넓은 의미로 인문학은 인문과학, 자연과학, 사회과학을 모두 포괄하는 학문의 다른 이름인 셈이다. 다시 말해 인문학은 인간이 관계하는 모든 것에 관한 학문적 지식과 실천을 아우른다. 이 대목에서 우리는 다음과 같은 질문에 직면한다. "무엇 때문에 학문적 지식을 함양하고 사회적 실천을 해야 하는가?". 이에 대한 답으로 필자는 이 저술을 통해 '공존인문학' 개념을 강력하게 제안한다. 하늘과 땅과 같은 자연과 인간이 공존하는 것과 같이 그 사이에 존재하는 다양한 인간 간의 공존 개념을 정립하고, 인간 존재가 지닌 본유의 영, 육, 혼을 지닌

호모 내러티쿠스: 인문융합치료의 이해

공존체임을 주장한다. 아주 요약적으로 말하자만 인문융합치료는 바로 공존적 인간을 형성하는 모종의 방법이다. 즉 인문적 주체의 인간 개체가 스스로 공존의 가치를 설정하고 공존하기 위한 모색을 실천하는 장이다.

먼저 자연과 인간의 공존에 대해서는 '까치 감'의 사례에서 잘 나타나 있다. 한국에서 가장 상서로운 새로 알려진 까치와 관련된 '까치 감'의 이야기는 이렇다. 한겨울 감나무 가지에 따지 않고 남겨 놓은 몇 개의 감이 매달려 있다. 조금이라도 호기심이 있는 사람이라면 바로 "이 까치 감을 남겨 놓은 이유가 무얼까"라고 물을 수 있다. 그 이유는 까치가 추운 겨울에 굶어 죽지 말라고 감 몇 개를 남겨 놓는 것이다. 바로 이 사례는 우리 선조들이 자연과 공존하는 모습을 잘 보여주는 예다. 이렇게 우리 선조들은 지혜로운 민족이었다. 자연과 공존하는 방법을 자연으로부터 터득했고 또 실천했다고 볼 수 있다. 우리 선조들은 자연과 인간의 공존을 이루어왔다.

자연과 인간의 공존에 대해서는 〈위대한 공존〉이라는 책을 통해서 이해가 심화될 수 있다. 이 책에서는 인간과 자연에 속하는 동물이 어떻게 관계를 맺어왔고, 그 관계가 서로에게 어떤 영향을 미쳤는지를 기술하고 있다. 특히 여덟 가지 동물과 인류가 어떻게 공존의 관계를 맺었는지를 설명하고 있다. 예를 들어 염소, 돼지, 양은 사냥으로 포획한 산양과 같은 동물과 다른 방식으로 길러진다. 이 동물들의 경우 가까운 친척같이 집에서 가축으로 키워진다. 또한 소는 인간을 위해 짐을 운반했던 최초의 동물이자 강한 힘과 왕권의 상징이다. 이런 소의 모습은 고고학적인 유물들을 살펴보거나 박물관 전시물을 통해 경험할 수 있다. 그렇게 소는 염소, 돼지, 양 같은 동물과 함께 우리 인간과 상당히 가깝게 생활했던 가축이다.

실제로 인간과 공존해 왔던 동물들은 한 지붕이나 한 집안에서 인간과 함께 살았다. 흥미로운 것은 필자가 문화다양성 관련 현지연구를 베트남 북부 지역 소수민족을 연구하러 갔을 때 거주지 안에서 인간과 동물이 함께 동거하는 것을 직접 경험한 적이 있다. 이 소수민족 집안의 2층에서는 사람들이 살고 그 밑에는 돼지, 양, 소, 말 등이 살고 있었다. 뭐 멀리 다른 나라의 경우를 볼 것도 없이 우리나라도 새마을

운동 이전에는 소를 키우는 외양간이 집안에 있는 경우가 허다했다. 말의 경우 몽골제 국과 같은 강력한 제국의 탄생에 기여했다. 세계의 절반 이상을 지배했던 나라 몽골은 유목민이었던 몽골족이 인간과 가깝게 있던 말을 인간의 발로 활용하면서, 즉 말이 인간의 원거리 이동의 수단이 되었기에 가능했던 것이다.

이런 맥락에서 보자면 개를 키우거나 고양이를 키우는 요즘 우리의 애완견 혹은 애완묘 문화는 인간과 동물의 공존 전형을 보여주는 것이다. 사실 공존인문학 개념으로 보자면 인간이 이 동물들을 키운다는 것 보다 공존의 의미가 담겨 있는 '반려동물'이라는 용어 사용이 더욱 적합할 것이다. 이렇게 자연 혹은 자연에 속하는 존재들과의 공존의 경험은 인간 세상에서는 어떻게 나타날까? 다시 말해 인간과 또 다른 인간의 공존은 과연 어떻게 형성되었을까?

인간과 인간의 공존은 '지속가능한 사회' 개념과 관련되어 있다. 지속가능한 사회는 지속가능한 발전(Sustainable Development) 개념에 연결된다. 그런데 이러한 지속가능한 발전이 가능하기 위해서 가장 중요한 것은 교육적 해결이다, 그래서 ESD(Education for Sustainable Development)라는 약어로 등장한 '지속가능발전교육' 개념이 지속가능사회 를 위한 교육적 책무를 표징한다. ESD는 환경적인 측면, 사회적인 측면, 경제적인 측면이 유기적인 관계로 구성되어 있다. ESD는 환경이 전 세계에 미치는 영향을 여러 나라에서 공동으로 대비하기 위해 시작되었고, 경제도 꼭 필요한 만큼만 자원을 개발 하고 후속세대를 위해 자원을 보존하는 방향으로 발전되어 왔다. 그런데 2000년대 후반에 들어서서 ESD의 사회문화적 측면이 강조되기 시작했다. 그 중에 다문화 사회 와 관련이 있는 것은 다양성이 증폭되는 사회에서 우리가 지속가능한 사회를 구현하기 위해서 어떠한 노력을 할 것인가에 대한 것이다.

지속가능한 사회를 위해 무엇보다 사회구성원들의 인간성 회복이 중요하다는 것이 다. 인간성 회복은 공존의 역량을 이미 갖춘 인간 존재가 그 역량을 알아나가는 과정이 다. 이를 위한 추상적인 목표로 더불어 함께 살아가는 '공존의 삶'이라는 측면을 강조한 다. 지속가능발전의 핵심적인 가치는 미래세대를 위해 현재 가용할 수 있는 자원을 꼭 필요한 만큼만 개발하고, 자연을 훼손하지 않는 범위에서 발전시키는 것이다. 현재를 사는 우리 세대의 필요를 최소한만 충족시키고 미래를 위해 보존하는 '발전'의 개념을 '지속가능한 발전'이라고 한다. 그렇다면 우리가 살아가고 있는 다문화 사회에 지속가능한 발전 교육 개념은 어떻게 접목될 수 있을까? 다문화 사회에서도 우리는 우리가 가지고 있는 욕심들, 그것이 개인적 욕심이든 사회 집단적 욕심이든 필요한 만큼만 취하는 것이 필요하다. 이는 우리가 가지고 있는 개인적인 욕망, 사회적인 욕망, 국가적인 욕망을 절제하는 것이 결국 타인과 사회를 위하는 행동이라는 약간의 부등식이 성립한다. 개인의 자기 절제가 어떻게 사회적 이익, 미래세대의 이익에 공헌하는가? 또 당대를 함께 살아가는 타자를 위해서 산다는 것 자체는 무슨 의미일까?

우리는 위와 같이 이어지는 질문에 봉착하게 된다. 이는 결국 공존의 논리와 연결된다. 즉 100이라는 에너지를 가지고 살아가는 사람들이 구태여 200~1000 정도의 에너지를 가질 필요가 없다는 말과 같다. 100만 사용해도 충분하기 때문에 나머지 에너지를 아끼거나 나눌 수 있는 것, 이는 공존을 위해 반드시 필요한 윤리인 것이다. 이렇게 보면 공존이라는 개념은 존재의 개념을 넘어 실천의 개념 차원인 셈이다. 그래서 이 지속가능한 발전 교육 개념과 공존의 개념은 개인이 지닌 인간다움의 '인간성 회복'에 귀결된다고 봐도 과언이 아니다. 인간다움이란 인간이 본유적으로 지닌 '사회적 동물'로서의 관계 지향적 본성을 의미한다. 원래 인간은 여타 동물과 비교하면 신체적 조건 등 불리해 집단을 이루어 살아왔고, 다양한 사회적 상호작용을 통해 성장해왔다. 인간다움은 배려와 나눔으로 함께 살아가는 데 필요한 기본적인 인성으로 동물들과 경계짓는 중요한 척도가 되었다.

현명한 독자들은 '조선 시대와 같은 예전 시대에 계급이 존재하지 않았냐?'라고 물을 수 있다. 이렇게 계급이 존재했는데 어떻게 선조들이 공존의 지혜를 지녔다고 볼 수 있는 근거는 무엇인가 라는 물음을 던질 수 있다. 조선 시대에는 반상제라는 계급제도가 분명히 존재했다. 하지만 계급이 존재했다는 것은 공존을 부정하는 것은 아니다. 계급 내에서의 공존도 있었고 심지어 계급 간에서도 공존이 존재했다고 볼 수 있다.

상위 계급이 하위 계급을 배려하고 생각하는 것 자체도 그 시대의 질서로 보면 공존이라고 볼 수 있다. 현대적으로 보면 '노블리주 오블리제(noblesse oblige)'와 같은 개념인 셈이다. 프랑스어 노블리즈 오블리제의 사전적 의미는 사회적 지위가 높거나 명예를 가진 사람에게 요구되는 높은 수준의 도덕적 의무며 사회지도층이 책임 있는 행동을 다 할 것을 강조하는 것이다.

이렇게 엄연히 계급은 존재했지만 계급 간의 공존 사례는 다산 정약용의 〈목민심서〉에서 나타난 목민관의 윤리에서도 나타나 있다. 특히 우리는 〈목민심서〉 제1편 〈부임〉에서 제4편 〈애민〉까지에 주목할 필요가 있다. 여기서 다산은 목민관 즉 지방수령의 자세를 다루고 있는데, 목민관 선임의 중요성, 청렴·절검의 생활신조, 백성 본위의 봉사 정신 등을 주요 내용으로 들고 있다. 수령은 근민(近民)의 직으로서 다른 관직보다 그 임무가 중요하므로 반드시 덕행·신망·위신을 갖춘 적임자를 임명해야 한다고 강조했다. 수령은 언제나 청렴·절검을 생활신조로 명예와 재리(財利)를 탐내지 말고, 뇌물을 절대 받지 말며, 수령의 본분은 민에 대한 봉사 정신을 기본으로 삼아 국가정령(國家政令)을 빠짐없이 알리고, 민의의 소재를 상부 관청에 잘 전달하고 상부의 부당한 압력을 배제해 백성을 보호할 것을 주장했다.

이는 그 방법과 대상만이 다를 뿐 선조들이 행했던 '까치 감'과 견줄 수 있는 공존의 사례이다. 한낱 미물일 수 있는 까치에 대해 선조들의 나눔 실천 모습이 '까치 감' 풍습이며, 인간과 자연의 공존 사례라고 볼 수 있다. 그래서 자연 친화 사상은 우리 선조들의 공존 사상과 연관이 있다고 본다. 공존 개념을 좀 더 관념적으로 고찰하면 단군신화와 관련되어 있다. 곰이 인간 '웅녀'가 되어 환웅과 짝을 맺고 태어난 이가 바로 단군이라는 〈단군신화〉 기록에서 자연과 인간의 '경이한' 공존이 설명된다. 단군 이야기가 신화인가 역사인가에 대한 논의는 여기서 다룰 문제는 아니라고 생각한다. 기록에 의하면 단군의 나라 고조선은 기원전 2333년경에 우리나라를 세운 시조국이라고 볼 수 있다. 고조선 건국신화에는 '홍익인간(弘益人間)'과 '경천애인(敬天愛人)' 사상을 찾아볼 수 있다.

우선 홍익인간은 널리 인간을 복되게 하라는 의미로 이미 우리에게 익숙한 문구이다. 그러나 경천애인에 대해서는 자주 접해 본적인 없는 문구인데, 위로는 하늘 즉 우주 만물을 공경하고 사람을 사랑하라는 것이다. 여기서 바로 자연과 인간의 공존성을 볼 수 있다. 우리는 모두 애정하는 사람들을 가지고 있다. 부모님, 친구, 연인 등등이 바로 애정하는 관계의 범주에 있는 사람들이다. 애인이란 자기가 아끼는 사람이라는 것이다. 아낀다는 것이 누구보다도 그 사람을 사랑할 수 있다는 것이라고 본다. 이 대목에서 인간과 인간 간의 공존이 자연스레 설명된다. 우리 선조들은 슬기롭게도 경천과 애인에 대한 그 사상을 지금까지 늘 가지고 내려왔다고 본다.

단군의 또 하나의 건국이념인 홍익인간은 지금도 우리나라 정치와 교육의 최고 이념으로 삼고 있는 개념이다. 필자는 홍익인간 개념을 한 인간이 타인과 공존 관계를 맺는 최고의 철학이라고 생각한다. 홍익인간은 우리나라 교육과정에도 반영되어 있다. 교육과정이란 한 국가의 교육철학과 인재상을 설정해 놓은 국가문서라 볼 수 있다. 교육과정에 따라 교사가 양성되고 교과서가 개발되며, 교수법이 현장에서 실천된다. 이렇게 중요한 교육과정이 홍익인간을 바탕으로 만들어졌다. 홍익인간은 인간과 인간 사이의 공존, 인간과 자연 사이의 공존에 대한 개념을 포괄하고 있다. 우리나라 교육과정은 바로 홍익인간의 교육이념을 기반으로 '자주적인 사람', '창의적인 사람', '교양 있는 사람', '더불어 사는 사람'을 인재상으로 설정하고 있다.

공존인문학의 측면에서 국가 교육과정 상의 인재상을 살펴보면 공존 개념과 가장 가까운 것은 바로 '더불어 사는 사람'이다. '더불어 사는 사람'은 2015 개정 교육과정에 처음에 등장하는 인재상이다. 한국사회는 다문화 사회로의 진입을 인정하고 이를 준비하기 위한 교육적 개념들이 교육 현장과 교과서를 구성하는 교육내용에 들어와 있다. '더불어 사는 사람'은 말 그대로 이해하기에는 쉽지 않다. 더불어 사는 사람은 타자를 이해하고, 타자와 더불어 사는 사람을 말하는데, 이 개념은 공존을 이해하는 동기를 제공한다.

그럼 과연 우리는 어떻게 살아가고 있을까? 어떻게 살아야만 할까? 그리고 우리는 왜 지금까지 함께 살아가기 위한 공존의 방법을 모색하려고 노력하지 않았을까? 이 질문들은 공존인문학을 설정하려는 의지와 관련이 있다. 공존인문학은 우리가 처한 상황 속에서 개인으로서 한 개체의 삶을 어떤 방식으로 타자와 연계할 것인지에 대한 지혜를 함께 모아볼 계기를 마련해야 한다는 출발점을 제안한다.

이 공존의 출발점에서 우리는 다양한 타자와의 연계를 통해 세계시민 의식을 어떻게 확보할 것인가라는 문제를 생각해봐야 한다. 다시 말해 지구촌화를 맞이하는 사회구성 원들이 어떻게 글로벌 시민성을 갖출 것인가에 대한 논의와 연계된다. 우리 사회는 원하든 원하지 않든 세계화와 정보화 그리고 교통·통신발달로 인해 이미 글로벌화 되어 있다. 언제 어디서든 우리는 문화다양성이 혼재하는 다문화 사회 환경을 쉽게 마주칠 수 있다. 지금 우리는 한국에 있으면서도 세계를 경험할 수 있는 충분한 환경이 되었다. 이제는 단일민족 사회를 벗어나 민족적 배경이 다른, 즉 민족적 다양성을 지닌 타자들과 어떻게 살아가야 하는지에 대한 고민을 해야 할 때이다. 또한 문화적·역사적·종교적 배경이 다른 사람들, 또 다른 언어를 쓰는 사람과 어떤 방식으로 사회 속에서 공존해 나갈 수 있는지에 대해 생각해야 할 것이다.

이 글의 목표를 상기하자면 타자와 문화다양성을 이해하고 공존의 방법을 모색하는 것이다. 이는 앞서 이야기한 공존인문학의 기본적인 구상이며, 더 나가서 다문화 사회를 위한 공존의 인간학을 구성하는 것이다. '공존적 인간'을 형성하는 것이 공존인문학의 궁극적 목적이다. 이를 위해 우리는 공존의 개념을 인간 자체의 공존에서 출발해볼 수 있다. 이는 인간 개체 내부에서 나타나는 공존이며 인간의 내적 공존이다. 이는 육신과 영과 혼이 서로 분리되어 있지 않다는데 기본 가정을 둔다. 우리가 어머니 뱃속에서부터 탄생하는 순간 육신을 가지고 태어나는데 이때 영과 혼도 같이 합일 상태에 있다는 것이다. 우리 몸속에 영과 혼이 들어와 있고 우리가 죽으면서 육신과 영과 혼은 분리가 된다. 사망과 아울러 육신은 땅으로 가고 영과 혼은 종교에 따라서 각각 가는 곳이 다를 수 있다. 그렇지만 중요한 것은 현재를 살아가는 인간이 한 개체 속에 영과 육체의 동일체를 지닌다는 사실이다. 인간은 영, 육, 혼이 교섭하는 완벽하면서 불안한 공존체인 셈이다. 인간은 이 몸을 가지고 있을 때 이 세상에서 살아가는 육체와 영혼이 함께 걸어 다닐 수 있는 공존체이다.

인간은 한 개체 속에 육체, 영혼 그리고 정신으로 이루어진 존재, 즉 조화로워야 할 존재이다. 공존인문학 측면에서 봤을 때는 '나는 공존의 유기체다'라고 볼 수 있다. 내 몸속에 이미 영·육·혼이 공존하고 있다고 생각해 보라. 그 무엇보다 중요한 것은 우리가 이미 몸속에 영과 혼 육신을 함께 가지고 있는 공존의 유기체라는 사실이다. 따라서 인문융합치료는 공존인문학의 가치를 추구하는 실천의 성격을 갖는다. 또한 조화의 주체를 찾는 자기 조정의 방법이며, 자기성찰의 방법인 셈이다. 인간의 내재적 영·육·혼의 불완전성을 완전성으로 바꾸는 작업이 공존인문학인 셈인 것이다. 영·육·혼의 유기체로서 자기 자신을 이해하고 이를 타자, 즉 다른 영·육·혼의 유기체를 만나는 것이 진정한 인간 대 인간의 공존을 실천하는 것이다.

그러기 위해 인문융합치료는 앞선 공존인문학 설정을 위한 논의들에서 탐색해낸 몇 가지 가치들을 실현해야 한다. 첫 번째는 인간이 영·육·혼의 조화로운 상태를 유지하기 위해 노력해야 한다. 물론 인간 대 인간 공존의 전제로 설정될 수 있는 갈등, 경쟁, 협동, 교환과 같은 사회적 상호작용과 같이 인간 자체 영·육·혼의 역동성을 인정해야 한다. 둘째, 공존을 위해 자신의 욕심을 내려놓고 타자성을 지향해야 한다. 한 사회의 테두리 안에서 접촉하는 나와 다른 주체들에 대한 다양성을 인정하고 그들을 이해하고, 그들을 공감해야 한다. 나아가 그들과 소통하고 협력하며 연대를 해야 한다. 셋째는 세계와 자연에 대한 무한한 사랑과 연민을 지녀야 한다. 우리는 자연에서 와서 자연으로 간다. 우리의 본성은 자연에서 말미암은 것이니 자연이 주는 공존의 지혜를 내 것으로 삼아야 한다.

이러한 세 가지 가치들을 일상생활에서 실천하는 방법 모색이 진정한 인문융합치료인 것이다. 어떻게 보면 '수행', '득도의 과정', '셀프 테라피' 등으로 볼 수 있다. 그러나 자기 수양과 자기치료는 처음 접하는 경우 어렵고 한계가 있을 수밖에 없다. 그래서 이와 같은 지침서 〈호모 내러티쿠스: 인문융합치료의 이해〉도 필요하고 먼저 깨우친

자로부터 수련 공부도 필요하다.

2. 인문융합치료와 연구방법

1) 인문융합치료 연구방법의 구상

인문융합치료의 목표는 앞서 밝힌 바와 같이 '공존적 인간상'의 구현이다. 그래서 인문융합치료는 공존인문학을 이념으로 삼고 있다. 공존인문학은 공존을 실천 목표로 한다. 공존을 위해서 우리는 세 가지의 역량을 갖추어야 할 것이다. 다시 말해 인문융합치료를 자신의 삶에 받아들여 공존적 인간으로 살고자 하는 모든 시민은 자기문화 이해 및 상호문화 공감 능력에 해당하는 인문학적 성찰역량, 다문화 현상과 다문화 사회의 문제를 파악하고 해결을 위한 사회과학적 탐구역량, 지속가능한 다문화 사회 기여를 위한 태도와 가치 함양의 교육학적 실천역량을 확보해야 한다. 이 세 가지 역량 강화의 필요성과 방향은 결국 인문융합치료의 연구방법을 모색하는 데 확실한 방향성을 준다.

첫째, 인문학적 성찰역량은 어떤 특정 사회 안에 새로 유입되거나 확산하는 이질적인 문화와 생활방식, 그리고 인종적 차이를 배경으로 길러져야 하는 역량이다. 인문학적 성찰역량은 사유하는 주체로서 복잡하고 다양한 사회 문제를 해결하는 데 기여하는 역량이다. 다문화 환경으로 구성된 사회의 문제들을 해결하려면 우선적으로 문제가 되는 현상에 대한 근원적인 탐구가 필요하다. 이를 위해 사유 주체로서 자기문화를 이해하는 것은 물론 다른 문화적 배경에 대한 학습이 전제되어야 한다. 즉 타문화에 대한 다양한 지식을 바탕으로 문화적 다양성을 인정할 수 있는 인문학적 성찰역량이 필요하다는 것이다.

인문학적 성찰역량을 강화하기 위한 첫걸음은 자기를 알아나가는 것으로 출발한다.

다시 말해 자기문화 이해와 상호문화 공감 능력의 향상으로 이를 위해서는 우선 자기문화를 올바르게 이해하고 성찰하는 능력을 우선 갖추어야 한다. 자기문화 이해 및 상호문화 공감 능력은 특정 문화에 대한 자신의 해석체계를 탐구해보는 능력을 의미하기도 한다. '나를 알아나가는 것'은 나선 운동을 하는 문화 능력으로서 자신과 타인에 대해 가지고 있는 시각과 생각을 다시 살펴보는 것에 해당한다. 이와 더불어 타인에 대한 스스로의 태도를 형성하는 정의적·인지적 구성요소 사이의 관계, 자기 바깥 세계의 정보와 그 정보를 표현하는 방식 사이의 관계 등과 같은 복잡한 관계들을 고려하는 능력이다.

다문화 사회는 다양한 사람들이 각기 다른 문화와 서로에게 낯선 문화적 정체성을 바탕으로 상호 영향을 미치며 생활한다. 이로 인해 소통과정에서 옳고 그름을 가릴 수 없는 다양한 문제들이 발생하게 된다. 따라서 다문화 사회에서 각기 다양한 배경을 가진 구성원들과 원활한 인간관계를 맺고 조화로운 생활하기 위해서는 적절한 상호소통 능력이 요구된다. 이와 더불어 이들의 문화를 읽고 재해석하는 리터러시 능력이 필요하며 이러한 능력은 인문학적 성찰 능력을 전제로 한다.

둘째, 사회과학적 탐구역량은 사회의 문화적 이질성이 심화되는 경우 사회구성원 간 다양한 소통의 방식을 위해 필요한 역량이다. 이때 필요한 소통방식은 다문화 사회와 이에 따른 컨텍스트들을 탐구할 연구방법론 교육이 이루어져야 함을 전제로 한다. 사회과학적 탐구역량은 다문화 사회에서 나타날 수 있는 다양한 문제에 대한 심층적인 탐구를 수행할 수 있는 역량이다.

사회과학에서 수행되는 연구방법인 질적연구, 양적연구, 융합연구 방법론 등의 연구를 설계할 수 있는 교육이 제공되어야 하며 다양한 자료수집 방법들을 습득할 수 있는 사회조사방법론 등의 프로그램이 요구된다. 결국 이러한 사화과학방법론은 다문화 사회에서 대두되는 사회·문화현상은 물론 지속가능한 사회를 저해하는 문제와 요인들을 스스로 분석하고 통찰할 수 있는 시각을 제공할 것이다. 이는 '사회문화 리터러시'로 연결되는 것으로 현상의 이면에 있는 의미를 비판적으로 탐색할 수 있는 분석 능력을 의미한다. 이러한 사회과학적 탐구역량을 함양함으로써 초국적 이주 현상으로 인한 우리 사회의 다문화 현상과 과정을 종합적으로 분석하고 다양한 배경의 이민자들과 더불어 살아갈 방안을 모색할 수 있을 것이다.

셋째, 교육학적 실천역량은 다문화 사회에서 증폭되는 문화다양성 등에 관한 교육학적 지식을 적용하고, 다문화 사회의 지속가능성을 저해하는 문제를 인식하며 적극적으로 참여하여 문제를 해결하는 것으로 지속가능한 사회를 만들어 갈 수 있는 미래지향적 능력이라고 할 수 있다. 즉 다문화 교육의 지식과 기능을 바탕으로 복잡 다양한 다문화 사회의 문제 해결에 기여할 수 있는 실천적인 역량이 요구된다. 다문화 교육의 가치 및 태도 영역에서 가장 우선되는 능력은 문화적 차이에서 비롯된 오해와 충돌을 조정할 수 있는 중재 능력이다. 이 능력은 우리가 일상생활에서 경험하는 모든 현상으로부터 다양성을 발견하고 다름을 인정하며 존중하는 관계를 경험하여 익히는 것으로 갈등관리능력이라고 할 수 있다.

갈등관리능력은 선천적으로 부여된 능력이 아니기에 교육과 학습 과정을 통해 습득해야 한다. 나아가 다양한 문화적 환경 속에서 개인이 다문화 사회의 갈등 상황과 이에 따른 문제를 해결하기 위한 능력을 의미한다. 다문화 교육의 가치 및 태도를 실천하기 위해서는 학교와 지역 차원에서 다문화 교육 멘토링 및 교육 기부참여가 필요하며, 국가 혹은 초국가적 차원에서는 다문화 교육 지원체계의 강화가 필요하다. 다문화 멘토링 및 교육 기부참여는 다문화 사회에 대한 이해도를 높이고 다문화시민으로서 올바른 태도를 갖출 수 있는 실천의 장을 마련하는 것이다. 이를 위해 다문화 교육 지원체계를 강화하여 다양하고 복잡한 다문화 사회의 제반 문제를 예방 관리할 수 있어야 한다.

다문화 사회를 살아가는 시민들은 공존인문학을 토대로 인문학적 성찰역량, 사회과학적 탐구역량, 교육학적 실천역량을 갖추어야 한다. 따라서 인문융합치료 전문가들에게는 문화다양성이 혼재하는 다문화 사회에서 인문학적 성찰역량, 사회과학적 탐구역량, 교육학적 실천역량을 확보해야 한다. 이런 역량의 확보를 위하여 인류 공통의

호모 내러타쿠스: 인문융합치료의 이해

언어이자 상호문화 이해의 심층구조인 '내러티브'를 이해할 필요가 있다.

2) 인문융합치료에서의 내러티브

일반적으로 치료(therapy)란 환자의 질병을 치료하거나 완화하기 위해 계획된 체계적인 과정과 활동을 의미한다. 즉 치료란 제삼자가 이상이 있는 사람에게 행해지는 모종의 방법과 처치를 의미한다. 이런 맥락에서 보자면 치료는 분명히 의사 등에 의해 수행하는 전문적인 행위로 이해된다. 그런데 인문융합치료의 정당성에 대해 우리는 인문학에서 근거를 확보하고자 한다. 우선적으로 그 근거를 심리학적 기준의 치료 개념에서 찾는다. 이 심리학적 개념의 치료는 의사, 심리학자, 사회복지 등의 관련 전문가가 인간의 이상 심리 및 병리학적 행동을 마음의 작용과 의식상태의 적응적인 변화로 갈등을 해결하여 자신감을 가지게 하는 것이다(Böhm, 1994).

이 저술에서 호명된 '치료'는 의학적인 치료(treatment)가 아닌 심리학적 기준의 치료 개념임을 밝혀둔다. 그래야 인문융합치료가 인문학에 의한 포섭가능한 이유가 되며, 인문학의 범주 내에서 논의되고 연구될 수 있는 정당성을 갖는다. 즉 이 저술에서 주장하는 인문융합치료는 인문학의 학제적 융합 방법이 인간 치료의 도구로 삼을 수 있음을 시사하는 것이다(김진선, 2022).

인문학은 앞서 논의한 바와 같이 인간과 사회에 관한 총체적 연구이고 바람직한 인간으로서의 삶을 탐색하는데 목표를 둔다. 또한 인간의 인간다움을 탐구하고 소외된 인간성을 회복하게 하는 것이 인문학이다. 여기서 '인문'의 의미는 인간성(humanity), 즉 다시 말해 '인간다운' 속성을 의미한다. 따라서 인문융합치료는 이런 인간성 회복의 방법 중 하나인 셈이다. 그런 점에서 인간이 삶의 어려움을 겪을 때, 삶의 의미를 되돌아보게 하는 성찰 과정인 인문학을 중심으로 다양한 치료기법들의 융합 시도라고 볼 수 있다. 상담과 심리치료에서 효과적으로 사용하고 있는 합리 정서 행동치료, 실존치료, 로고테라피, 인지치료 등은 철학에서 이루어지는 토론의 유형을 많은 부분에서 모방한다(Peter Raabe, 2016).

토론과정을 통해 윤리적 결단, 종교적 신념 수용, 진정한 자아 발견, 정서적 고통이나 인지적 어려움 등을 일으키는 다양한 문제를 해결하고 극복할 방안이 다루어진다. 아들러 치료, 실존적 심리치료, 게슈탈트 치료, 인간 중심치료, 현실치료, 행동치료, 인지행동치료 등 다양한 심리치료 기법의 핵심에는 인문학의 내용이 스며들어 있다. 그러나 이 과정은 주로 언어를 통해 이루어지기에 상담자와 내담자 간의 대화 소통이 원활하게 이루어질 때 치료적 효과를 높일 수 있다. 인간은 언어 외에 비언어적인 다양한 방법으로 자기 생각이나 감정을 표현해 왔다.

인문융합치료는 심리치료 기법뿐 아니라 다양한 예술 매체를 사용하여 개인의 의사소통을 원활히 하여 내담자의 기능을 회복하게 하는 전인적 치료라고 볼 수 있다. 인문융합치료는 치료과정에서 인문학의 기본요소인 자기 내러티브를 중심으로 미술치료, 영화 및 영상치료, 이야기치료, 음악치료, 동작치료, 연극치료 등의 다양한 치료 기법들을 융합 적용한 것이다(김진선, 김영순, 2021). 내러티브는 인문학을 연구하는 중요한 도구이자 통로이다. 내러티브는 인간 행위와 관련되는 일련의 사건들에 대한 언어적 재현 양식으로 고대 그리스의 서사시 '일리아드', '오디세이'에서 시작되었다. 현대에 들어서 문학뿐 아니라 모든 영역에 확장된 개념으로 활용되고 있다(이민용, 2010).

변학수(2012)는 내러티브를 언어적 차원으로부터 시간과 공간적 차원으로 확대한다. 즉 내러티브는 시간과 공간에서 발생하는 인과관계로 엮어진 실제적 혹은 허구적 사건과 행위들을 이야기 구조라고 하였다. 프로이트는 내담자가 언어를 사용하여 말을 하는 순간부터 치료가 된다고 하였다. 즉 내담자가 만들어 낸 이야기를 통하여 심리치료가 시작된다. 이때 내담자의 이야기는 '자기 내러티브'로서 한 개인 안에서 행동, 인지, 감정, 정서 등의 심리 전반을 추동하게 한다(김은정, 2021). 내담자는 치료과정 중 상상된 이미지들을 언어나 그림, 또는 동작 및 다른 매체 등을 통하여 그동안 인지하지 못한 무의식을 의식화하며 내러티브로 표현한다. 내러티브는 자기 해석의 틀을 제공하고 이야기를 통해 자기의 문제를 인식하게 하며(폴 리쾨르, 1999). 사건들의 단순한 열거가 아닌 인과관계를 부여하며 하나의 통합된 이야기로 엮어낸다(이민용, 2010).

내러티브는 이야기의 구성 또는 서사 행위를 통해 자아를 형성하며 이해되는 과정으로 설명할 수 있다(배영의, 김성범, 2017; 변경원, 최승은, 2015). 인문융합치료는 기본적으로 자기 서사를 내러티브로 표현하여 인간을 이해하게 하는 인문학을 중심으로 한다. 또한 다양한 매체의 융합을 통한 치료로 내담자의 심리 및 부적응 관련 문제를 자연스럽게 진단하고 평가를 가능하게 한다. 또한 치료과정을 통하여 내담자가 자신 내면의 무의식을 탐색하게 하고 자신의 정서를 표출하게 하여 심리적 치료의 효과를 높인다. 따라서 인문융합치료는 처음에는 유도자, 멘토 등에 의해 수행되지만 종국적으로 인간 개체 스스로 자기 내러티브를 통해 자기성찰을 넘어 자기치유가 가능하게 함을 목적으로 한다.

인문융합치료 영역에서 '치료' 개념은 인간의 마음과 몸, 사회 공동체가 모두 유기적으로 하나로 연결되어 있다는 인문학적 사유를 바탕으로 한다. 인문융합치료는 몸과 마음을 별개의 것으로 생각하지 않게 하고 상호의존적으로 파악하게 한다. 또한 개별적인 몸과 마음이 사회 전체의 구조와 관계를 형성하게 하여 전인적 치료와 회복을 연구하는 학문의 영역이다. 각각의 심리치료기법들은 여러 형태로 통합되며 융합이 시도되고 있다(오영섭. 2019; Stricker & Gold, 2008).

인문융합치료의 동기를 제공한 내러티브는 인간 표현의 의미이자 발현의 본질이다. 이런 내러티브를 주 소재로 수행되는 치료기법은 이야기치료와 문학치료가 대표적이다. 이야기치료는 인문학을 기반으로 발전한 심리치료기법의 하나로 내러티브를 통해 개인의 문제적 이야기를 대안적 이야기로 바꾸어 자신을 이해하고 치료하는 심리치료이다(고미영, 2004; 최현미, 2013). 문학치료는 내러티브를 함유한 문학을 매체로 사용하여 치유하는 심리치료다. 문학치료에서는 참여자의 텍스트에 대한 치료사의 해석보다 참여자가 스스로 해석에 주도성을 가지고 치료과정이 진행된다. 무엇보다 언어라는 도구를 사용하여 치유에 이른다. 자신의 내러티브를 하나의 삶의 텍스트로서 그것을 회상하며 현실로 가져와 치료하는 것을 목표로 한다(변학수, 2012). 하지만 이들 융합연구는 대부분 기술적 절충으로 융합된 심리치료로 가장 단순하고 보편적으로 접근한 융합 형태이다. 즉, 글쓰기. 미술, 동작, 음악 등이 상호작용하며 연결되어 다양한 예술 매체 활용을 통한 상호작용 속에서 내면을 탐색하고 표현하며 효과적인 자기 인식의 확대를 경험할 수 있다.

인문융합치료는 다양한 심리치료기법들을 융합하지만 각 치료기법에서 맥락적으로 흐르고 있는 자기 내러티브를 중심으로 구성된다. 자기 내러티브란 내담자가 자신에 대해 사실을 기반으로 이야기를 표현한 것이다(박혜숙, 2002). 즉 자신의 실제적 경험을 회고하는 과정에서 내담자는 또 다른 자기를 대면하고 새로운 삶의 이야기를 만들어 갈 수 있다. 김영순과 오영섭(2020)은 인문학을 기반으로 한 내러티브 자체의 치료적 능력을 활용한 치료모형을 언급하였고, 김진선과 김영순(2021)은 인문학의 기본요소인 내러티브를 바탕으로 문학치료, 이야기치료, 미술치료, 음악치료, 영상치료 등의 기법을 도입하여 사회과학에서 활용되는 질적연구방법 등의 다양한 학문의 융합적 방법을 제시하였다.

인문융합치료는 대상자의 자기 내러티브를 중심으로 구성되는데, 자기 내러티브는 인문학의 기본요소로 다양한 치료적 기법의 융합을 통해 발견되는 다양한 형태의 내러티브로 이루어진다. 즉, 인문학을 중심으로 다양한 기법을 적용하고 자기 내러티브를 발견하여 자기 이해와 성찰에 이른다. 이것이 바로 자기치유의 핵심 과정이다. 자기 내러티브의 치유기능은 상담 현장에서도 많이 나타나는데 내담자는 자신의 문제에 대한 해결을 위해 대안적 이야기를 상담자와 상호작용하면서 구성하며 치유를 경험한다. 따라서 상담 과정에서 활용되는 대부분의 심리치료 기법에서 자기 내러티브가 나타난다. 예를 들면, 미술치료에서는 작품을 통하여 나타나는 상징을 내담자가 표현하는 과정에서 자기 내러티브가 나타난다. 이와 같은 과정은 게슈탈트 치료와 맥락을 같이 하는데 다양한 매체를 사용하며 표현되는 내러티브를 통해 자기 서사를 하나의 의미있는 전체, 즉 '게슈탈트'로 인식하여 '지금 여기'에서의 실존의 삶을 통한 성숙한 인간으로 통합하는 과정이다.

자기 내러티브는 이전까지와 다르게 새로운 출발점을 시작하는 것으로 자기 내러티브 변화를 시도한다. 이런 자기 내러티브의 완성은 공감과 감동의 과정을 통하여 이루어진다. 인문융합치료는 자기 내러티브를 치료과정에 활용한다는 점에서 내담자의 문제 상황을 좀 더 이해하고 구체화하는 것을 쉽게 할 수 있다. 이런 과정을 경험한 내담자는 결국 자기 스스로 자기성찰에 이르는 공존적 인간에 다다르게 되는 데, 이것이 바로 인문융합치료의 최종 목표라고 볼 수 있다.

3) 연구방법으로서 내러티브 탐구

어떻게 보면 내러티브는 신이 인간에게 준 최고의 선물이라고 볼 수 있다. 유전자 (DNA)에 의해 신체적 정보가 해석되듯이 내러티브는 인간이 지닌 정신 및 심리적인 암호이다. 뿐만아니라 인간 경험의 축적 경로와 내면의 기억장치라고 볼 수 있다. 이 때문에 내러티브는 교육학과 심리학 등에서 다양한 연구들이 수행되어왔고 어느 정도 학문적 성과를 거두었다고 볼 수 있다. 이런 맥락에서 내러티브를 탐색해내는 것은 인문융합치료의 연구방법에 적용될 가능성을 열어 놓는다.

브루너(Bruner, 1990)는 내러티브가 개인적, 사회적, 문화적 측면에서의 인간의 삶을 잘 보여주기 때문에, 교육학 연구에서 패러다임적이고 논리과학적인 연구방법으로서 적절하다고 하였다. 개인적인 측면에서 우리가 어떤 사람인지, 우리가 어떻게 될 것인지를 설명할 수 있게 하는 자기 삶의 내러티브를 가지고 있다. 즉 우리가 우리 자신에게든 또는 타인에게든 이야기를 하고 다시 말할 때, 이러한 이야기는 우리가 누구였는지, 우리가 누구인지, 우리가 어디로 가는지에 대한 의미 있는 정보를 제공한다는 것이다. 또한, 사회적, 문화적 측면에서 볼 때 내러티브에는 시간과 사회적 존재로서의 우리의 경험이 스며져 있다(강현석, 2005). 그러므로 내러티브는 우리들의 삶이 무엇과 같고 우리들이 어디로 가는지를 이해하는 방법으로 기능할 수 있다. 그뿐만 아니라 내러티브는 공유된 신념과 문화 가치를 구성하고 전하며 변형시킬 수 있다(Polkinghorne, 1988;

Witherell & Noddings, 1991).

클래디닌(Clandinin, 2016)은 내러티브 탐구를 설명하는데 있어서 "이 한가지만을 기억하라. 사람들이 말하는 이야기들은 그들을 보살피는 방법을 가지고 있다. 이야기를 들으면 그들을 보살펴야 한다. 그리고 그들을 필요로 하는 곳으로 이끄는 법을 배워야 한다. 때로 사람은 살아갈 음식보다 이야기를 더 필요로 한다. 이것이 우리가 이 이야기를 서로의 기억에 남기려는 이유이다. 이것이 사람들이 자신을 돌보는 방법이다 (Lopez, 1990: 60)." 이처럼 내러티브는 어쩌면 음식 기호보다 이야기를 통해 더 중요하게 서로를 보살피고 또는 스스로를 돌보는 작용이 될 수 있다. 이런 맥락에서 내러티브는 '보살피는 방법'의 측면에서 인문융합치료의 연구방법으로 편입할 수 있는 틈이 생긴다. 다시 말해 "어떻게 보살피는가"라는 질문은 결국 "내러티브를 탐색하는 방법이 무엇인가"라는 연구방법으로 연결될 수밖에 없다는 의미이다.

내러티브는 '연구의 현상이자 연구의 방법'으로서 다른 연구방법론들과는 달리, 내러티브 탐구는 경험에 대한 의미 형성과 창조를 중요하게 여긴다. 클래디닌과 코넬리 (Clandinin & Connelly, 2000)에 의하면 내러티브 탐구는 경험을 이해하기 위한 하나의 방법이며, 한 장소 또는 일련의 장소에서 환경과의 상호작용 하에 계속적으로 일어나는 연구자와 참여자 간의 협력이라고 한다. 연구자는 이러한 관계망의 한가운데로 들어가서, 똑같은 영감으로 탐구를 진행시켜 나간다. 그리고 여전히 사람들의 개인적이고 사회적인 사람을 구성하는 경험의 이야기들을 살아내고 이야기하고, 다시 살아내고 다시 이야기하는 가운데에서 탐구를 마무리 짓는다. 간단히 말해 내러티브 탐구는 이야기로 살아내는 삶의 이야기들이다.

클래디닌과 코넬리(2000)에 따르면 '이야기'란 구체적인 상황에 대한 일화를 의미하며, '내러티브'란 긴 시간에 걸쳐있는 삶에 대한 사건들을 뜻한다. 그러므로 이들은 단일한 현상을 언급하기 위해서 '이야기'를 사용하고, 탐구의 방법을 언급하기 위해서는 '내러티브'를 사용한다. 상황과 세계에 대한 개인의 이해를 자서전, 일기, 전기, 편지 등과 같은 개인에 관한 기록의 한 형태로 개인의 경험에 대한 개인적인 관점을 드러내게 된다. 하지만 내러티브 탐구는 연구참여자의 자기반성적인 이야기를 기초로 참여자와 연구자 간 구성되기에 다른 형태의 개인 기록물과 구별된다. 참여자가 연구자의 개입에 의해 그 자신의 삶에 대해 반성적인 태도를 취하게 된다는 것은 일차적으로 참여자가 자신의 삶을 해석하게 됨을 의미한다. 이후에 참여자의 해석을 연구자가 재해석하는 것이다. 이러한 해석의 과정은 개별적인 개인의 경험이 문화적 의미를 갖게 되고 한 문화 속에서 공유될 수 있다. 따라서 참여자의 생활담을 연구자가 역사적 맥락 또는 문화적 맥락 속에서 재구성하는 것은 개인의 일생에 대한 사적 기록이 아닌 공적 기록이 된다(조용환, 1999).

내러티브 탐구의 철학적 토대는 듀이(Dewey, 1938)의 경험이론에 바탕을 둔다(Clandinin & Connelly, 2000). 이러한 듀이의 경험에 관한 준거는 상황 안에서 일어나는 상호작용과 지속성을 통해 시간성, 사회성, 장소(공간)성 이라는 세 가지 측면의 3차원적 탐구 프레임을 구성한다. 그 안에서 연구참여자의 내러티브를 탐색할 수 있다. 내러티브 탐구는 인간의 경험을 연구하는 학문으로 특별하다. '경험'이라는 것은 단순히 생겨나는 것이 아니라 또 다른 경험의 중첩으로부터 생겨나며 전혀 새로운 경험을 끌어내기도 한다. 이러한 경험은 연속성을 지니기 때문에 현재는 과거의 경험을 토대로 미래의 경험을 이끌어 낸다(Connelly & Clandinin, 2006: 33). 그러므로 내러티브 탐구는 복잡하면서 문화적이고 인간 중심적인 논의들을 다룰 때 매우 중요하게 사용된다(Webster & Mertova, 2017).

또한 내러티브 탐구라는 이야기로서의 경험 연구는 경험에 대해 사고하는 데 가장 좋은 연구방법이며, 이는 현상의 관점을 포함한다. 내러티브를 방법론으로 사용한다는 것은 연구 대상인 현상으로 경험을 보는 특별한 관점을 채택하는 것이다(Connelly & Clandinin, 2006). 그러므로 "우리의 표현은 경험으로부터 오고 그것의 확인을 위해서는 다시 경험으로 돌아가야 한다"(Clandinin & Rosiek, 2007: 39). 다시 말해, 과거의 경험을 토대로 미래로 나아가야 함은 내러티브 탐구가 갖는 가장 큰 장점 중 하나이며, 연구방법론적으로 지극히 미래지향적 관점을 채택하는 것이다. 이에 오키리(Okri, 1997)는 "우리가 살아가는 이야기를 바꾼다면, 우리는 틀림없이 우리의 삶을 변화시킬 것이다."고 강조하고 있다. 이러한 이유에서 내러티브 탐구는 다른 연구방법론에 비해 경험적 내용을 다룰 때, 보다 풍부한 경험적 의미를 도출시킬 수 있으며, 이와 더불어 한 차원 높은 성찰의 기회를 가질 수 있다는 점에서 중요하게 다뤄질 필요가 있다(채은희, 2021: 64).

내러티브가 인간 삶에서 영향을 미치는 요소로 '내러티브를 통해 화자는 자아를 발견하게 된다는 것'과 '내러티브는 과거의 경험에 대한 의미의 형성을 가능하게 한다는 것'이다(이흔정, 2004). 특히, '살아내고, 이야기하고, 그리고 다시 이야기하기'라는 구체적 내러티브 탐구 과정을 통해 발전시켜 나아가는 것은 그 안에 존재하는 연구자와 연구참여자 사이 공간에서 공동으로 구성되는 관계적 작업을 통해 경험의 의미를 극대화시킬 수 있기 때문이다. 이와같이 이야기에 대해 생각하고 이야기로 생각한다는 것은 이야기 자체로 끝나는 것이 아니라 하나의 관계로 접근하는 것이라 볼 수 있다. 그렇기 때문에 내러티브 탐구는 우리가 연구참여자 삶의 일부가 되고, 참여자의 삶이 우리 삶의 일부가 되고, 그러한 의미에서 지극히 관계이다(채은희, 2021: 65). 우리는 내러티브 탐구가 진행되는 동안 연구자와 연구참여자 사이에서 연구자와 연구대상이라는 필연적 존재를 뛰어넘어 '관계적 윤리'를 통해 긴장해야 하는 것이다(Clandinin, 2016).

리스만(Riessman, 2008) 역시 내러티브 탐구에서의 '관계적 책임성'을 강조하였으며, 리쾨르(Ricoeur, 1981)는 "내러티브 탐구가 시작부터 타인과 함께한다는 측면에서 반복해 나간다."고 하였다. 이러한 관계성의 지속은 연구자에게도 긴장감을 경험케 하는데, 여기에서의 긴장감은 연구참여자와의 관계에서 '사랑에 빠지기'와 '냉담하게 관찰하기' 사이의 긴장감을 표현한 것이다. 또한 연구자와 연구참여자의 관계뿐 아니라 제 3자에 해당하는 독자들 역시 연구참여자와의 유사한 경험을 통해 자신의 경험에 대해 새로운 의미를 부여하게 되는 것이 포함된다. 즉, 내러티브 탐구는 처음부터 끝까지 지극히 관계적 관점을 취하며, 이러한 내러티브 탐구의 관계적 탐구의 의미를 다음 [그림 1-1]과 같이 모형으로 구성해 보았다(채은희, 2021: 65).

[그림 1-1] 내러티브 탐구 모형

[그림 1-1]의 내러티브 탐구 모형 내용을 살펴보면, '삶을 살아내기'에서는 연구참여자들이 그동안 살아왔던 자신의 과거 경험을 이야기하는 것에서 시작된다. '이야기하기'는 자신의 경험 이야기를 통해 스스로 성찰하는 것을 포함한다(채은희, 2021: 66). 이 부분은 소위 스토리텔링 단계라고 볼 수 있다. '다시 이야기하기(retelling)'는 경험을 다시 이야기함으로써 연구자와 연구참여자 사이에서 담론화를 형성하고, '다시 삶을 살아내기'는 성찰된 경험으로 다시 삶을 살아내는 것을 의미한다(Clandinin, 2016). 이러한 작용은 경험에 또 다른 새로운 경험이 등장할 때마다 순환적으로 이루어진다. '삶을 살아내기', '이야기하기', '다시 이야기하기', '다시 삶을 살아내기'의 순환적 과정의 의미는 우리가 살아가는 이야기와 살면서 듣게 되는 이야기를 다시 할 때, 우리가 변화되는 것을 목격하기 때문에 우리는 우리 이야기를 다시 체험하며 살아내는 것이다. 다시 말해, 살아온 삶의 경험을 이야기하고, 그 이야기를 통해 스스로 깨달음을 얻은 후 내면에서 성찰된 경험을 가지고 다시 삶을 살아내게 된다는 가정을 중시한다. 그러므로 관계성을 담보로 한 '이야기성'을 통해 의미 도출은 물론, 그에 따른 성찰에 관한 탐구가 가능해진다(채은희, 2021).

내러티브 탐구에서 연구자와 연구참여자들의 경험에 관해 의미를 도출하기 위한 연구 자료는 어떻게 수집되는가. 클래디닌(2016)은 이러한 연구 자료에 대한 용어로서 '현장 텍스트'라는 용어를 사용하고 있다. 현장 텍스트는 대화 전사본, 현장노트, 사진이나 참여자와 연구자가 쓴 글 등이 포함되며, 그 인공물에는 예술품, 사진, 문서, 계획서, 연보, 정책들, 그리고 연대기 등이 있다. 이러한 인공물들은 이야기 말하기를 촉발시킬 뿐, 그것 자체가 현장 텍스트는 아니지만, 내러티브 탐구에서 구성되는 텍스트가 객관적 텍스트라기보다 간주관적이고 경험적이라는 측면에서 연구자와 연구참여자의 경험을 반영하는 공동 구성물로서 존중받게 된다. 이렇게 해서 얻어진 연구자료로서의 현장 텍스트는 중간 연구 텍스트를 거쳐 시간성, 사회성, 장소성 등의 3차원 공간에 주목한다. 나아가 관계적 방식으로 사람들의 흩뿌려진 삶의 조각들을 한 가운데 모으는 것으로 연구 퍼즐의 완성을 시도한다. 이는 복합적으로 가능한 이야기 다시 말하기를 구성하기 위한 상상적이고 내러티브적으로 일관된 방식으로 전진하는 방법에 주목한다(Downey & Clandinin, 2010). 다시 말해, 중간 연구 텍스트를 거쳐 연구 퍼즐의 완성을 통해 최종 연구 텍스트로 발전시키는 과정에는 연구자의 일관적 방식을 통한 연구 퍼즐의 완성과 함께, 연구참여자 확인 작업을 추가한다는 것에 주목해야 한다. 참여자 확인은 윤리적 동의와도 관련이 깊다. 내러티브 탐구에서의 관계적 책임성과 윤리성은 자료를 준비할 때, 참여자를 만날 때, 그리고 이야기 듣기를 통해 그들과 함께 살아가기 시작할 때 상상력을 발휘하여 구성할 필요가 있다.

거드먼즈도터(Gudmundsdottir, 1995) 역시 내러티브가 우리의 경험을 되새기고 문제를 해결할 수 있는 힘을 제공받는다고 주장한다. 이런 맥락에서 내러티브 탐색 방법은 인문융합치료의 연구방법 중 강력한 추동력을 제공할 것이라 판단한다. 그 이유는 인문융합치료의 토대 이념이 공존이며, 이 공존의 경험은 결국 인간의 내러티브로 나타나기 때문이다. 자기 내러티브를 이해하는 것, 타자의 내러티브를 이해하는 것은 마치 내러티브 탐색 연구방법에서 연구자와 연구참여자 간의 관계로 소급될 수 있다.

호모 내러티쿠스: 인문융합치료의 이해

2장

인문융합치료 관련 교육 및 연구 동향

1. 인문융합치료 교육 동향

김영순(2011)은 인문학의 기본 요소인 내러티브가 인문학의 영역을 넘어서 산업과 경제 분야 등의 다양한 영역에서 확장되고 변용되고 있음을 말하였다. 뿐만 아니라 이러한 추세가 단지 국내적인 현상이 아니라 '내러티브 전환'(narrative turn)이라고 불릴 정도로 세계적인 현상으로서, 내러티브가 상담, 심리치료, 의료에서 매우 중요한 요소로 급부상하고 있으며, 인문학이 치료와 융합하면서 세계적으로 활발하게 연구되고 있다(오영섭, 김영순, 왕금미, 2018).

아울러서 김영순과 오영섭(2020)은 국내 인문과학 및 사회과학대학, 의과대학을 중심으로 진행되는 인문학과 치료에 대한 교육동향을 다음과 같이 제시하였다.

첫째, 국내 사회과학대학 및 인문대학은 인문사회과학 융합의 시대적 요구를 반영하여 인문학을 다양한 배경의 내담자에게 임상치료에서 활용하고 있다. 인문학을 활용한 심리치료는 철학치료, 문학치료, 시 치료, 이야기치료, 글쓰기 치료, 연극치료, 영화치료 등이 있으며, 이에 관한 교과목을 제공하고 있다. 아울러서 아주대, 경희대, 고려대 등을 포함한 일부 인문대학에서 의과대학에서 독점적으로 제공하던 의료인문학의 교육과정을 재설계하고 교육과정으로 사용하고 있다.

둘째, 국내 간호대학 및 치·의과대학은 인문학을 예비 의료인을 양성하기 위하여 교육적으로 활용한다. 의사와 간호사를 포함한 의료관련 종사자들은 환자와 소통하고, 아픔을 이해하고 치료하기 위하여 의료지식과 기술만큼이나 인문학적 능력, 내러티브 능력이 필요하다. 따라서 국내에서 절반 이상의 의과대학들은 의료인문학과 같은 교과과정을 제공하는 추세이다(김준혁, 2019; 오영섭, 2021에서 재인용).

이러한 관련된 두 가지 흐름과 관련된 국내 고등교육기관들의 교육내용을 좀 더 구체적으로 살펴볼 필요가 있다.

1) 인문·사회과학 계열대학: 인문학과 상담·심리치료·의료의 통합 교육

국내에는 상담 및 심리치료, 심리학에 관한 수많은 학과들과 전공들이 존재한다. 그러나 본 연구가 지향하는 인문학 분야와의 학제적, 통합적 관점에서 정신건강을 다루는 고등교육 기관은 매우 소수이다. 본 연구는 먼저 인문학과 상담·심리치료학의 통합을 목적으로 하는 교육기관을 다음과 같이 소개할 수 있다.

(1) 인문학과 상담 · 심리치료학의 통합 교육

〈표 2-1〉 강원대학교 교육과정

학과 및 전공		미래융합가상학과 인문예술치료전공	일반대학원 학과간 협동과정 인문치료과정
과정		학부	석사, 박사
교육 과정	개요	- 인문치료와 예술치료의 이론 및 방법과 실제적 역량을 함양하는 교육을 진행 - 2016년 교육부가 발표한 '창의혁신 인재 양성을 위한 대학 학사 제도 개선 방안'에 따라 신설됨	- 국내 최초 인문학 기반의 치유과정으로서, 인문치료를 위한 체계적이고 효율적인 실용 위주의 교육을 진행 - 2007년 11월, 강원대학교 인문과학연구소 인문한국(HK) 인문치료사업단에 의해 시작됨
	교과목	(전공필수 3과목) 인문예술치료 입문, 인문예술치료 방법론, 임상실습 및 슈퍼비전 (전공선택 14과목) 미술치료개론외 13과목	인문상담치료의이해 외 50개 교과목 제공
	졸업요건	인문예술치료학과의 복수전공 학점 36학점, 부전공 21학점 이수 충족 (인문예술치료학과의 필수 과목 9학점 이수 포함)	강원대학교 대학원학사운영규정 및 대학원학위수여규정에 따름
	학위명	문학사	인문치료학석사, 박사

〈표 2-2〉 건국대학교 교육과정

학과 및 전공		일반대학원 학과간 협동과정 문학 · 예술치료학과
과정		석사, 박사(문학치료 전공, 예술치료 전공)
교육 과정	개요	- 문학 · 예술에 대한 깊이 있는 이해를 바탕으로 인간의 심리적 문제를 다룸으로써, 심리적인 어려움을 겪고 있는 현대인을 위한 연구와 치료 활동을 할 수 있는 전문 인력을 양성하는 것을 목표로 함. - 2017학년도 2학기에 신설됨
	교과목	- 문학 · 예술치료학과 공통 교과목: 상담이론 및 실제 외 8과목

		– 문학치료 전공 석박사 선택과목: 문학치료와 서사이론 외 28과목 – 예술치료 전공 석사 선택과목: 그림심리진단 외 10과목 – 예술치료 전공 박사 선택과목: ETC 표현예술매체연구 외 34과목	
	졸업요건	대학원학위수여규정에 따름: 전공학점 36학점 외	
	학위명	문학 석사, 박사	

〈표 2-3〉 경북대학교 교육과정

학과 및 전공		인문대학 인문카운슬링 융합전공	일반대학원 융합계열 인문카운슬링학과
과정		학부	석사, 박사
교육 과정	개요	인문학과 상담학의 융합 교육을 통해 다양한 영역(치유, 진로, 협상, 등)에서 상담가로서 활동할 수 있는 전문가를 양성하려고 함. 이를 위해 본 전공에서는 인문학(어문학+철학), 심리학, 교육학, 간호학이 함께 참여하여 인문학의 기본 이론과 방법을 다양한 상담학에 연결시키고, 아울러 이들 상담학을 인문학을 통해 심화·발전.	– 4차 산업혁명 시대를 선도할 창의융합 인재 양성과 경북대학교의 대표 연구 브랜드 육성을 위해 2019년 9월에 신설됨. – 인문카운슬링은 인문학과 사회복지학, 그리고 카운슬링 분야의 학문을 융합하여 이들 문제를 해결할 수 있는 소통전문가(퍼실리테이터)와 치유전문가를 양성하는 것을 목표로 함.
	교과목	– 전공기초과목 3과목(인문학과 카운슬링 1, 인문학과 카운슬링 2, 인문학과 카운슬링 3) – 전공심화 과목 22개 과목(상상과 철학상담 등)	전공공통, 철학상담, 문학치료, 복지상담의 영역으로 구성된 82개 교과목
	졸업요건	이수학점 융합전공과목 36학점 이상(기초과목 9학점, 전공심화과목 27학점 선택 이수)	대학원학위수여규정에 따름: 전공학점 석사 24학점, 박사 36학점 외
	학위명	문학사	문학석사·박사(철학분야 제외), 철학박사(철학분야)

<표 2-4> 동덕여자대학교 교육과정

학과 및 전공		일반대학원 협동과정 통합예술치료학과	미래전략융합대학원 통합예술치료학과
과정		박사	석사
교육 과정	개요	통합예술치료학은 연극, 영화, 음악, 미술, 무용 등 예술분야의 치료적 속성을 추출·응용하여 예술치료를 매개체로 심리치료를 하는 정신문화 학문분야임. 이 과정은 현대사회가 당면한 과제인 인류의 정신건강과 풍요로운 삶의 질을 향상 시키는 것을 목적으로 개설한 차세대형 응용예술 학문분야의 박사과정임	정신분석학, 교육학, 사회학, 철학 등의 학문을 근간으로 연극, 음악, 무용, 미술 등 다양한 공연예 술분야의 치료적 기능에 대한 학문적 탐구 그리고 실제를 학습하여 전문적 지식체계를 갖춤
	교과목	- 공통과목 5과목(통합예술치료 IT매뉴얼심화, 통합예술치료 철학, 통합예술치료 경영 심화, 통합예술치료 집단슈퍼비전 심화Ⅰ, 통합예술치료 집단슈퍼비전 심화Ⅱ) - 전공과목 24과목(통합예술치료 투사모델 심화 등)	- 공통과목 3과목(통합예술치료 개론, 통합예술치료 경영, 예술치료 슈퍼비전Ⅰ) - 전공과목 29과목(통합예술치료IT매뉴얼Ⅰ 등)
	졸업요건	36학점	24학점
	학위명	통합예술치료학박사	통합예술치료학석사

<표 2-5> 인하대학교 교육과정

학과 및 전공		일반대학원 학과간 협동과정 인문융합치료학전공
과정		석사, 박사, 통합
교육 과정	개요	- 급격히 변화하는 우리사회에서 현대인의 신체, 정신적 건강을 위협하는 요인에 대한 통합치료적인 접근이라는 시대적 요구에 능동적으로 대처하고자 2018년 2학기에 개설함. - 인문융합치료학과는 인문학의 제분야와 다양한 예술매체를 활용하여 현대인들이 신체적, 정신적 문제에 잘 대처할 수 있도록 도와 신체적 건강은 물론 정서적인 인정과 풍요로운 삶을 영위할 수 있도록 돕는데 목적이 있음. - 교육학, 의학, 심리학, 사회학, 상담학 등의 다양한 학문과 연계하여 지식의

	교류가 활발히 이루어지게하고 학문이론과 치료방법을 심층적으로 탐구함. 또한 내담자 중심의 임상 및 현장에서의 실제가 강조된 교육과정을 운영하여 인근 대학병원, 사회복지기관, 지역사회 서비스 및 치료센터 등 관련기관과 협력하여 현장중심의 임상훈련을 통해 음악, 미술, 무용, 문학 분야 치료전문가로 양성하고자 함
교과목	인문융합치료의 이해 외 53개 과목 개설
졸업요건	석사 24, 박사 36, 통합 60학점 이수
학위명	문학석사, 문학박사

위 〈표 2-1〉~〈2-5〉에서 보는 바와 같이, 인문학을 상담 및 심리치료학과 통합하려는 목적으로 설립된 학과는 강원대학교 인문치료학과, 건국대학교 문학치료예술학과, 경북대학교 인문카운슬링학과, 동덕여대 통합예술치료학과, 인하대학교 인문융합치료학 전공이다.

첫째, 강원대학교는 국내에서 처음으로 인문학을 심리치료에 사용하기 시작한 교육연구기관이다. 2007년 11월에 강원대학교 인문과학연구소가 인문한국(HK)에 선정되면서 인문치료사업단이 구성되었으며 2017년까지 사업을 수행하였다. 2007년부터 2017년까지 10년 동안에 300여 편의 논문, 20권의 '인문치료 총서 시리즈' 저서 등을 발간하였다. 2009년에는 인문치료학회를 창립되었으며, 이후에는 대학원 인문치료 과정과 인문예술치료학과(가상학과)가 신설되었다. 아울러서 한국연구재단 등재학술지로 『인문과학연구』, 등재학술후보지로 영문학술지인 『Journal of Humanities Therapy』를 운영하고 있다.

강원대학교는 인문치료(humanities therapy)를 "다양한 삶의 문제와 고통을 치유하는 실천 분야인 동시에 그런 실천을 뒷받침하는 이론, 방법, 모형, 기법 등을 체계적으로 연구하는 학문 분야'로 정의한다(강원대학교 인문치료센터, 2017). 교육과정은 학부와 대학원 과정에서 모두 운영하고 있으며, 문학치료, 철학상담, 글쓰기치료, 이야기치료, 영화치료, 미술치료 등에 대한 교과목을 제공하고 있다.

둘째, 건국대학교와 경북대학교는 모두 문학치료로부터 출발하였으며, 각각 2017년과 2019년에 통합적인 교육과정을 개설하였다. 건국대학교는 국어국문학과를 중심으로 "서사학과 문학치료학의 통섭을 바탕으로 인문학의 새로운 혁신을 도모하기 위하여" '서사와 문학치료연구소'를 2006년에 개소하였다. 또한 한국문학치료학회를 중심으로 학술활동을 하고 있다. 건국대학교는 대학원 교육과정을 문학·예술치료학과 석박사 공통 교과목을 제공하면서 선택과목은 문학치료전공과 예술치료전공으로 나누어서 제공한다.

경북대학교도 건국대학교와 마찬가지로 문학치료학으로 시작하였으며, 독일의 문학치료를 한국에 소개하는데 많은 역할을 하였다. 이후에 학부 인문대학 인문카운슬링 융합전공과 일반대학원 융합계열 인문카운슬링학과로 발전되었다. 2021년 기준으로 대학원 교육과정의 경우에 전공공통, 철학상담, 문학치료, 복지상담의 영역으로 구성된 82개 교과목을 제공하고 있다.

셋째, 동덕여자대학교 통합예술치료학과는 학과명에 '통합'이라는 단어를 사용하면서, 여러 예술치료를 통합적으로 접근하고자 2017년에 설립되었다. 동덕여자대학교는 통합예술치료학을 "연극, 영화, 음악, 미술, 무용 등 예술분야의 치료적 속성을 추출·응용하여 예술치료를 매개체로 심리치료를 하는 정신문화 학문분야"로 정의하고 있다(동덕여대, 2021). 동덕여자대학교의 교육과정은 일반대학원 협동과정 통합예술치료학과 박사과정과 특수대학원인 미래전략융합대학원 통합예술치료학과 석사과정을 제공한다. 교과목은 공통과목과 전공과목으로 나눠어져 있으며, 미국 뉴욕대학교와 연계된 과목을 제공한다는 점이 특징이다.

넷째, 인하대학교 인문융합치료학 전공은 통합치료적인 접근이라는 시대적 요구에 능동적으로 대처하고자 2018년 2학기에 개설하였다. 다른 학과들과 차별적으로 '융합(convergence)'이라는 단어를 전공명으로 사용하면서, 인문학의 제분야와 다양한 예술매체, 그리고 교육학, 의학, 심리학, 사회학, 상담학 등의 다양한 학문분과와 연계하여 학문이론과 치료방법을 심층적으로 탐구하고자 한다. 문화학, 간호학, 여가학, 국문학,

영화학, 상담심리 전공의 전임교수들과 미술치료, 영성치료, 명상치료, 이야기치료, 음악치료, 다문화교육학 전공의 초빙 교수들이 54개의 교과목을 제공하고 있다. 주목할 만한 점은 인하대학교 부설 다문화융합연구소에서 전공을 설립하여 대학원 다문화교육학과와 학과간 교류와 협력을 활발하게 진행하고 있다. 다문화융합연구소가 지역사회와 연결한 네트워크를 활용하여 수련생들의 임상훈련 및, 지역사회 문제 해결을 위한 심리지원 임상 및 연구 프로젝트를 진행하고 있다.

(2) 인문학과 의료학의 통합(의료인문학) 교육

의료와 인문학을 통합하려는 시도는 의료인문학(medical humanities)이라는 이름으로 북미의 의과대학을 중심으로 시도되었으며, 국내에서도 의과대학을 중심으로 의료인문학을 제공하고 있다. 하지만, 국내 일부 인문사회과학 계열의 대학들은 의료인문학을 의과대학의 독점적인 학문분과로 인식하지 않고, 독립적으로 교육하고 연구하고 있다. 의료인문학 교육과정을 제공하는 국내 인문사회과학 계열의 대학들은 다음의 5개 교육연구기관이다.

〈표 2-6〉 이화여자대학교 교육과정

학과 및 전공		생명윤리정책 협동과정
과정		석사, 박사, 통합
교육과정	개요	생명윤리정책 협동과정은 생명과학 및 의학의 책임 있는 발전과 올바른 생명윤리 정책 수립에 기여할 인재를 배출하기 위해 2007년 3월 신설되었음
	교과목	필수 3과목(생명윤리 기초이론, 생명윤리학 연구방법론, 연구윤리) 필수선택 3과목(생명윤리의 법과 정책, 생명윤리의 법적 이해, 생명윤리법론) 4개 영역별 선택과목(박사전공 영역) - 생명의료법 - 생명의료윤리학 - 생명윤리정책관리

		- 생명윤리교육	
	졸업요건	석사 24, 박사 60학점 이수	
	학위명	생명윤리학 석사·박사	

〈표 2-7〉 동아대학교 교육과정

학과 및 전공		인문과학대학 철학생명의료윤리학과	일반대학원 학과간 협동과정 생명의료윤리학과
과정		학부	석사, 박사
교육 과정	개요	동아대 철학생명의료윤리학과 생명의료윤리 전공은 철학·윤리적 기초 교육, 생명과학 및 의학 기초 지식 교육, 생명의료윤리 이론 및 전문 실무 교육을 받을 수 있도록 교과과정을 편성하였고 생명과학기술시대에 우리 사회가 절실히 요청하는 생명의료윤리 전문 인력을 양성함을 목적으로 함.	대학원 생명의료윤리학과는 철학, 윤리학, 생명과학 및 의학이 융합된 학과로서 인간과 생명에 대해 철학·윤리학적 지식 및 사고 능력을 함양하고 생명의료윤리 이론 및 실무에 능통한 융합형 인재를 양성하고자 함. - 2010년 10월 학과간 협동과정 신설(생명의료윤리학과) - 2015년 철학생명의료윤리학과로 명칭 변경
	교과목	- 단계별 교과과정을 제공함: 기초학습(1-2학년), 전공심화학습(2-3학년), 전공응용학습(4학년) - 교과목이 학과교양 4과목, 전공필수 6과목, 철학전공 전공선택 12과목, 생명의료윤리 전공 전공선택 10과목으로 구성됨	서양윤리사상연구 외 34개 교과목
	졸업요건	-	석사 24, 박사 36, 통합 60학점 이수
	학위명	문학사	철학 석사, 박사(생명의료윤리학 전공)

학과 및 전공	일반대학원 인문대학 디지털휴머니티융합학과 의료인문정신분석전공	
과정	석사, 박사	
교육 과정	개요	- 다학제적 정신분석학의 명문인 파리7대학, UCL, 에섹스대학처럼 석사, 박사 과정 모두가 개설되어 있으면서 정신분석학과 의료인문학을 중심으로 다학제적 연구와 교육이 활발하게 진행되는 일반대학원 전공임. - 2016년에 개설됨
	교과목	- 의료인문정신분석전공은 프로이트-라깡 정신분석학, 클라인-비온 대상관계 정 신분석학, 신경정신분석학(neuropsychoanalysis), 의료인문학을 근간으로 하면 서 빅데이터, 문화콘텐츠 연구와의 접목도 추구하는 커리큘럼을 운영하고 있음. 본 전공은 연구와 교육에 초점을 두고 있지만, 분석가양성프로그램을 운영하는 한국정신분석협회 산하 현대정신분석연구소와 MOU를 맺고 학생들의 임상훈련 기회도 제공하고 있으며, 학생들이 정부가 발행하는 청소년상담사 자격증을 위한 시험 응시에 필요한 교과들도 오픈하고 있음 - 의료인문학개론 외 30개 교과목
	졸업요건	석사 30학점, 박사 45학점 이수
	학위명	의료인문학 석사, 박사

〈표 2-9〉 고려대학교 교육과정

학과 및 전공	문과대학 의료인문학 융합전공	
과정	학부	
교육 과정	개요	과학기술, 보건의료 및 생명과학이 주목받고 있는 21세기에, 존엄한 인간의 가치를 회복하고, 인간 신체와 정신 건강을 향상하는 데 공헌할 전문 인력의 양성이 요구됨. 이러한 인재는 역사적, 철학적, 윤리적, 법.행정적, 예술적 기반을 아우르는 소양을 가지고 과학기술과 인간, 사회의 관계를 폭넓게 이해하 수 있어야 함. 본 전공의 목표는 인문사회과학과 의생명과학의 분리라는 한계를 극복하고, 융.복합적인 이해와 문제해결 능력을 겸비한 의료인문학의 전문인을 양성하는 데에 있음
	교과목	전공필수 2과목(의료인문학 입문, 의료인문학 특수과제) 〈가〉 영역 인문사회과학기반 21과목 〈나〉 영역 의학, 생명과학, 보건의료지식 15과목 〈다〉 영역 윤리와 법 · 행정 이해 19과목

졸업요건	• 본 융합전공 학위를 위한 총 이수학점은 36학점 이상임. • 전공필수 과목(의료인문학입문, 의료인문학특수과제) 6학점을 반드시 이수해야 함. • 선택과목 이수는 다음 영역별 이수규정을 모두 충족하여야 함. - 영역 〈가〉 '인문사회과학 기반'에서 6학점 이상을 이수 - 영역 〈나〉 '의학, 생명과학, 보건의료 지식'에서 9학점 이상을 이수 - 영역 〈다〉 '윤리와 법, 행정 이해'에서 6학점 이상을 이수 • 의학과 PMED162 의과학입문II의 경우, 나 영역에서 1과목 이상 이수 후 수강 가능
학위명	의료보건인문학사

〈표 2-10〉 경희대학교 교육과정

학과 및 전공		일반대학원 통합의료인문학과
과정		석사, 박사
교육 과정	개요	교육목적은 다음과 같음 - 의료를 활용한 인문학의 경계 확대 및 인문학적 가치 탐색 - 4차 산업혁명시대 인간적인 의료를 정립할 수 있는 전문가 양성 - 의학 관련 인문학 과목과 의대 교육을 담당할 수 있는 학자 양성 - 의료 관련 쟁점에 대해 인문학 소양을 갖추고 대응할 수 있는 전문가 양성 - 2019년 5월 HK+통합의료인문학연구단 구성, 2020년 9월 일반대학원 통합의료 인문학과 개설
	교과목	(전공필수 1과목) 의료인문학개론 (전공선택 32과목) 질병사례연구 1, 질병사례연구 2, 질병의 이론과 역사, 공중보 건의 역사, 문학과 의학, 서시의학, 문학과 공감, 영화, 연극과 치유, 서양의학과 한의학의 역사, 의료사, 질병과 사회, 질병과 치료란 무엇인가?, 생명윤리와 의료 윤리, 전통의학과 현대의학, 의료와 정책, 북한보건의료체계, 의료인이란 무엇인 가?, 의료체계와 죽음, 의료와 종교, 동아시아신체관, 의학과 인문학교육, 의료법 일반이론, 의료법 특수이론, 의료법 절차법론, 현대의학의 이론과 실제, 의료와 법, 서양의학 고전 강독, 한국근현대의료사, 한의학 고전 강독, 전염병과 환경, 정신의학연구, 의학과 언어, 시와 의학
	졸업요건	석사 24, 박사 36학점 이수
	학위명	문학 석사, 박사

위 표 〈2-6〉~〈2-10〉에서 보는 바와 같이, 인문학을 의료학과 통합하려는 목적으로 설립된 학교는 5개 학교로, 고려대학교 문과대학 의료인문학 융합전공, 경희대학교 통합의료인문학과, 동아대학교 인문대학 철학생명의료윤리학과/일반대학원 학과간 협동과정 생명의료윤리학과, 아주대학교 일반대학원 인문대학 디지털휴머니티융합학과 의료인문정신분석전공, 이화여자대학교 일반대학원 생명윤리정책 협동과정이다.

첫째, 이화여자대학교와 동아대학교는 국내에서 의과대학을 제외하고 인문사회과학계열에서 의료인문학 분야를 교육하는 대학원을 처음으로 시작한 학교이다. 두 학교 모두 의료윤리학을 중점적으로 교육한다. 이화여대는 법학전문대학원의 교수진이 주축이 되어 생명윤리정책 협동과정을 2007년도에 설립되었으며, 의료윤리의 정책 전문가를 양성하고 있다. 석박사 및 통합과정으로 운영하며, 박사과정의 경우에 교육과정이 4개 세부전공(생명의료법, 생명의료윤리학, 생명윤리정책관리, 생명윤리교육)으로 나뉘어 제공된다.

동아대학교는 2010년에 생명윤리학과로 시작하였으며, 2015년부터 인문과학대학 철학생명윤리학과로 학부과정을, 학과간 협동과정 생명의료윤리학과로 대학원과정을 제공한다. 대학원의 경우에 35개 교과목을 제공하고 있으며, 철학 석사 및 박사로 학위를 수여한다.

둘째, 아주대학교는 디지털휴머니티융합학과 의료인문정신분석전공으로 대학원 석박사과정을 2016년에 개설하였다. 전공명에서 알 수 있듯이, 다학제적 정신분석학의 명문인 파리7대학, UCL, 에섹스대학을 모델로 정신분석학과 의료인문학을 중심으로 교육과 연구를 진행한다. 교육과정은 프로이트-라깡 정신분석학, 클라인-비온 대상관계 정신분석학, 신경정신분석학, 의료인문학, 빅데이터, 문화콘텐츠 연구와의 접목도 추구하는 교육과정을 운영하고 있다.

셋째, 고려대학교는 상기에서 언급한 동아대, 이화여대, 아주대를 모델로 하여 문과대학 학부과정으로 융합전공을 개설하였다. 고려대 의료인문학 융합전공은 한국연구재단의 대학인문역량강화사업(CORE: Initiative for COllege of Humanities' Research and

Education)의 일환으로 본격적인 의료인문학 분야에서 의과대학 외의 학부에서 처음으로 개발된 전공이다(공혜정, 2018). 고려대는 인문학의 주요 분야인 문(文), 사(史), 철(哲)을 모두 아우르는 포괄성, 고려대 내의 보건 및 의료 관련 단과대학, 다양한 인문학 분야 전공과 협업을 기본으로 하는 융복합성을 상기의 동아대, 이화여대, 아주대와 차별화된 교육과정으로 제공하고 있다. 교과목으로는 전공필수 2과목과 3개영역(인문사회과학, 의학·생명과학·보건의료, 윤리와 법·행정)의 55개과목을 제공하며, 졸업자에게는 의료보건인문학사 학위를 수여한다.

넷째, 경희대학교는 2019년 5월에 HK+통합의료인문학연구단을 구성하였으며, 2020년 9월에 일반대학원 통합의료인문학과 개설하였다. HK+통합의료인문학연구단은 주관연구소인 인문학연구원과 참여연구소인 경희의약사연구소, 융합한의과학연구소로 구성되어 있으며, 한의학·서양의학·인문학의 융복합 연구와 인문학 내 학제 간 연구를 수행한다(경희대 HK+통합의료인문학연구단, 2021). 전임교수진은 국어학, 한국사, 서양서, 중국사, 서양철학, 동양철학, 약리학, 응급의학, 형법을 전공하였으며, 전공필수 1과목과 전공선택 32과목을 교육과정으로 제공한다.

결론적으로 국내 인문·사회과학 계열대학에서 인문학과 상담 및 심리치료학을 통합하는 교육과정을 제공하는 5개 학교(강원대, 건국대, 경북대, 동덕여대, 인하대) 와 인문학과 의료학을 통합하는 교육과정을 제공하는 5개 학교(이화여대, 동아대, 아주대, 고려대, 경희대)를 모두 살펴 본 결과, 인문학의 제반 분야를 모두 아우를 수 있는 진정한 의미의 융합적, 통합적 접근을 교육과정으로 제공하는 학교는 매우 드물다고 할 수 있다. 인하대를 제외한 대부분의 학교는 주요 상담 및 치료 패러다임을 기반으로 다른 인문 및 예술분야를 부수적으로 수용하는 교육과정을 제공하고 있다. 아울러서 의료인문학 관련 학과를 개설한 인문사회과학계열 대학들도 고려대와 경희대를 제외한 다른 학교들은 의학과 인문학을 동일한 비중으로 다루기보다는 윤리학이나 정신분석학에 특성화된 교육과정을 제공한다. 이런 점에서 진정한 의미의 학제적, 통합적인 교육과정의 개발은 국내 인문사회과학 계열의 대학에서 추구해야할 중요한 목표라고 할 수 있다.

2) 치·의과대학: 의료인문학 교육과정

국내 의학교육에서 의료인문학의 현황을 소개한 김준혁(2019: 159-165)은 의과대학에서 의료인문학의 교과과정의 개설을 확대되고 있는 추세라고 진단하고 있으나, 의료인문학이라는 학문적 전문성을 가진 교육자가 희박한 현실을 지적하고 있다. 계속하여 김준혁(2019)의 분석에 따르면, 2019년 기준으로 국내의 의과대학 및 의학전문대학원은 총 41개였으며, 이중에서 의로인문학 과정을 설치한 학교는 24개(59%) 정도였으며, 인문학 전공의 교원을 채용한 학교는 14개(34%)였다. 의료인문학을 전공한 교원으로 범위를 한정하면 11개 학교(27%) 정도였다. 더욱이 치과대학에서는 의료인문학 및 관련 교육 과정을 설치한 학교는 3개(27%)으로서, 치과대학은 더욱 열악한 수준으로 평가하였다.

아울러서 오영섭(2021)은 국내 의과대학 의료인문학 교육에 대한 연구동향을 분석하였다. 관련 연구는 2006년부터 본격적으로 등장하면서, 다음 〈표 2-11〉과 같이 정리할 수 있다.

〈표 2-11〉 의과대학의 의료인문학 교육관련 연구 주제

순번	주제	연구자
1	의과대학생을 위한 글쓰기 교육	신선경(2006)
2	인문사회의학교육의 과제와 전망	맹광호(2007)
3	인문사회의학 교과목 운영현황 및 학습내용	안정희 외(2008)
4	의료인문학 토론수업의 토론자료	안재희, 전우택(2011)
5	의예과 인문학 교육에서 '치유하는 글쓰기'	반재유, 예병일(2012)
6	디자인기반의 '의료인문학' 교육개발	현은령(2013)
7	의료인문학교육에서 질병체험서사의 활용	황임경(2013)
8	의료 커뮤니케이션 교과목	이일우 외(2015)
9	시와 의학교육의 만남	김성리(2016)

10	비판적 사고와 글쓰기에 기초한 의료윤리와 전문직업성	전대석, 안덕선(2017)
11	질병서사 문학을 활용한 도덕적 상상력 교육	황효숙, 김순애(2017)
12	의료인문학 수업의 플립 러닝 적용	오희진(2020)
13	의학계열 글쓰기의 지향점과 구성방안	염원희(2020)
14	의학에서의 서사	황임경(2020a)
15	코로나19와 의료인문학	황임경(2020b)

〈표 2-11〉에서 보는 바와 같이, 국내 의과대학에서 인문학에 대한 관심이 증가함에 따라서, 의료인문학 교육에 대한 연구도 증가하고 있다. 국내 의과대학에서 진행하는 의료인문학관련 교육 동향을 2010년을 전후로 나누어 생각해 볼 수 있다.

첫째, 2010년도 이전에는 국내 의과대학의 의료인문학 교육의 전반적인 방향을 모색하였다.

맹광호(2007)는 한국의 의료인문학의 위상이 미국보다 20년 뒤처져 있다고 평가했다. 그리고 국내 의료인문학의 전반적인 미래과제를 제시하였는데, 먼저 인문학적 덕목에 입각한 일반교육의 목적을 세우고, 학제간 교과과정과 교육모델을 개발하고, 마지막으로 의과인문대 교수를 양성하고 관련 제도를 마련할 것을 촉구했다.

안정희 외(2008)은 국내 10개 의과대학에서 인문학과 사회과학 수업의 강의계획서를 분석했다. 그 결과 질병예방, 건강증진, 의료윤리, 의료규제, 전문성, 지역공동체 의학을 강조하는 등 10개 학교의 관련과목에서 어느 정도 공통점이 있었던 것으로 나타났다. 향후 과제는 한국의 의료인문학과 사회과학의 핵심 교과과정을 개발하기 위한 교육목표를 명확히 하고, 효과적인 교수법을 위해 타 의과대학과 잘 짜여진 교과과정을 개발한 경험을 공유하는 것이다.

둘째, 2010년도 이후에는 한국의 의료인문학과 서사 기반 교육의 구체적인 방식에 대해서 논의되었다.

신선경(2006)은 의대생을 위한 글쓰기 교육의 필요성을 제시하였다. 국내 의과대학의 여건을 고려할 때 의과대학에서의 작문 교육은 학습 도구로서의 작문, 적절한 의학 문장 중심의 작문, 소통을 위한 작문의 세 가지로 나눌 수 있다. 저자는 한국 상황에 보다 현실적인 방법으로 교육을 쓰는 세 번째 방법을 제안했다.

안재희와 전우택(2011)은 국내 의과대학 수업에서 학생의 토론 참여, 학생 지도 만족도, 교사 개입 등을 촉진하는 책, 영화와 같은 토론 자료의 특성을 분석하였다. 연구 결과에 따라서 토론 자료를 선택할 때 등급의 차이와 토론 자료에 대한 이해도를 고려해야 함을 제시하였다. 다시 말해서 의대생의 상황과 특성을 반영한 의대 인문 토론 자료 개발이 필요함을 제시하였다.

반재유와 예병일(2012)는 Y의대에서의 글쓰기 활동 사례를 제시했다. 작문 활동은 의과대학 인문학 수업의 일부 또는 과외활동 수업과 독립적인 작문 수업에서 이루어졌다. 특히 의예과 신입생을 대상으로 한 '치유를 위한 글쓰기' 수업이 개설됐다. 학생들이 보다 건강한 삶을 영위하고 궁극적으로 긍정적이고 책임감 있는 의료인이 되기 위해 내적인 질병을 식별하고 인식하도록 돕는 수업이었지만, 의학 수업에서 치유의 용어는 여전히 모호하게 정의되었다는 점을 지적하면서, 전체론적 관점에서 치유에 접근할 필요가 있다고 제안했다.

현은령(2013)은 TTCT(Torrance Tests of Creative Thinking)이라는 측정도구를 통해 의대생들의 창의적 강점과 약점을 분석한 결과 스토리텔링 명료성을 강점으로 가지고 있었다. 하지만 의대생들은 아이디어 생산이나 상상력이 부족하고 다른 생각들에 대한 이해가 부족하였다. 따라서 의대생의 특성과 디자인적 사고를 기반으로 의과대학 교과 과정을 개발할 필요가 있음을 제시하였다.

황임경(2013)은 의료인문학 교육에서 질병서사의 활용 방안을 다음 3가지로 제시하였다. 첫째, 의료인 자신의 내면세계나 교육적 경험에 대한 반성적 글쓰기가 가장 필요하다. 둘째, 구체적인 이야기 줄거리와 함께 환자의 감정 상태와 맥락에 대한 상상력이 풍부하고 공감하는 글이 도움이 된다. 셋째, 미국 콜럼비아 의과대학 Rita Charon(2008)이 개발한 병렬 차트 작성은 환자의 관점을 이해하고 의료 전문가의 모호한 감정을 외재화하기 위해 의대생이나 의료 전문가가 일상 언어로 작성할 수 있다.

이일우 외(2015)은 국내 의과대학 의료커뮤니케이션 수업의 존재 여부, 과목명, 총시간, 기관 등의 현황을 조사하였다. 그 결과 국내 많은 의과대학이 의료커뮤니케이션 교육과정을 개발·운영하는 초기 단계에 있다는 평가하였다. 따라서 결과적으로 의료 커뮤니케이션 중심의 교육과정을 본격적으로 개발·운영할 필요성과 국내 강의 내용의 다양화가 필요함을 시사점으로 제시하였다.

김성리(2016)은 시 쓰기가 의예과 학생의 내적인 성찰을 변화시킬 수 있고 그러한 경험은 환자의 몸과 마음의 고통을 줄이는 임상 치료를 실천하는 메커니즘을 제공할 수 있다고 주장한다. 4학기 동안 시 읽기와 쓰기를 진행하는 시문학 수업에 참여하는 88명의 학생을 대상으로 한 연구결과에 따르면, 시에 대한 긍정적 인식은 37%에서 76%로 증가한 반면, 부정적 인식은 46%에서 11%로 감소했다. 의예과 학생들은 시가 환자와 의사 사이의 의사 소통의 도구로 사용될 수 있고, 이들이 의사가 되면 시가 치료의 도구가 될 수 있음을 인식했다.

전대석과 안덕선(2017)은 한국에서 의료윤리와 전문성을 가르치는 데 어려움이 있는 이유는 교육 목적, 교육 절차 및 내용의 혼란에 있다고 주장한다. 윤리 문제 해결 능력의 향상은 의료 윤리와 전문성을 가르치는 핵심 요소가 되어야 한다. 따라서 의료 윤리에서의 도덕적, 윤리적 추론은 비판적 사고와 학문적 글쓰기에 기초해야 한다.

황효숙과 김순애(2017)은 질병 서사가 포함된 국문 소설을 간호대학의 도덕적 상상력 교육에 적용하였다. 간호대학생들이 진지한 사고와 창의적 활동과 성찰을 통해 도덕적 교과로 성장할 수 있었다. 이러한 교육적 경험은 의료관련 종사자들에게 인지적, 정서적 기초가 될 수 있다.

오희진(2020)는 의료인문학 교육의 목적을 실현하기 위한 효과적인 교수학습 모델이 아직 없다고 말했다. 그리고 의료인문학 수업에 적용할 플립러닝의 가능성을 모색하면서 분석 – 설계 – 개발 – 실행 – 평가의 5단계로 구성된 ADDIE 모델을 기반으로 수업을 설계하였다. 마지막으로 플립러닝 기반의 의대 인문학 수업을 'P' 대학의 의과대학에 적용하여 학습자의 인지도를 분석하였다.

염원희(2020)은 자신과 타인의 몸을 이해하기 위해서는 먼저 자신을 이해하는 과정인 자기반성적 글쓰기가 일차적 글쓰기라고 주장한다. 그리고 의사의 정체성을 '듣는 의사(listening doctor)'라고 정의하면서, 쓰기는 듣기에 초점을 맞춰야 한다. 이를 위해 교육 내용은 의사 자신의 질병 경험에 대한 글, 질병의 주범인 환자의 상황에 대한 글, 돌봄 제공의 주체인 환자의 가족에 대한 글의 3가지 유형으로 제안되었다.

결론적으로 오영섭(2021)의 분석에 따르면, 이상의 연구가 국내 의과대학의 의료인문학 교육에 대한 전부를 말하지는 않지만, 의료인문학 교육의 전반적인 모습을 다음과 같이 보여준다.

첫째, 현재 의과대학의 의료인문학 교육은 전반적으로 글쓰기 교육을 중심으로 진행되었다. 이러한 경향은 국내의 의료인문교육의 짧은 역사에서 비롯된 자연스러운 결과라고 볼 수 있다. 쓰기는 의료인문학 교육의 핵심 요소이지만, 교육자들은 쓰기 이외의 다른 교육 영역을 시도하고, 드라마, 영화, 음악 등과 같은 매체를 활용하여 다양한 교육을 시도할 필요가 있다(황임경, 2020a).

둘째, 인문학적인 관점이나 의료 서사를 주로 환자의 정보 획득하거나 환자와의 라포 형성하는 데 초점을 맞추는 경향이 있다. 즉, 인문학을 의학과 의료인의 역할을 근본적으로 재고하기 위한 중요한 도구로 사용하기 보다는, 주로 의학의 보완적 도구로 활용되어 왔다(황임경, 2020a). 그런 의미에서 인문학과 인문학의 요소인 서사는 의학 교육의 중요한 수단으로 훨씬 더 모색되어야 한다. 특히 현재의 코로나19 대유행과 같은 전례 없는 보건 위기 속에서, 황임경(2020b)은 기존의 인간 중심적 건강 관점을 넘어선 국가면역체계나 생태계의 사회정의가 의료인문학과 서사의료의 문제로 진지하게 고려되고 대응되어야 한다고 말했다. 따라서 의료인문학 교육은 기존 의료 상황에 대한 비판적 시각과 대안적 해법을 갖춘 의료 전문가를 양성하는데 사용될 수 있다.

그러므로 본 연구는 국내 인문사회과학계열 대학의 인문학과 상담·심리치료학의

호모 내러티쿠스: 인문융합치료의 이해

통합교육과정 및 의료인문학 관련 교육과정을 살펴보고, 이후에 국내 치의과대학의 의료인문학 교육과정에 대해서 학술지에 발표된 연구를 중심으로 전반적으로 살펴보았다.

김영순과 오영섭(2020)이 지적한대로, 인문사회과학대학, 의과대학이 인문학을 교육에서 활용하는 목표가 각각 다르다는 결론에 도달할 수 있다. 인문사회과학대학은 인문학의 임상적 활용에 주목하는 한편, 의과대학은 의사 양성교육에 있어서 의료인의 서사능력에 주목한다. 이러한 각 대학의 장점은 뒤집어서 말하면 인문사회과학대학에서는 임상치료사를 양성하는데 구체적인 교수학습모형이 미흡하고, 의과대학에서는 인문학 자체의 치유적 능력에 대한 관심이 부족한 경향이 있는 단점이 있다고 볼 수 있다. 이런 점에서 본 교육동향에서 얻을 수 있는 시사점은 각 교육연구기관들은 인문학을 교육에 활용하는데 있어서 서로의 강점을 배우고 자신의 약점을 보완한다면, 인문학과 치료의 진정한 융합과 전인적이고 총체론적인 교육 및 연구에 도달할 수 있다는 것이다.

2. 융합의 원리와 연구동향

1) 융합의 원리

본 연구는 내담자에게 적합한 심리치료가 어느 한 가지의 심리치료기법에 국한되어 있다고 보지 않는다. 본 연구가 고려하는 내담자(예를 들어, 이주배경 중도입국 청소년)의 심리치료의 기본 조건은 내담자의 독특한 맥락으로부터 비롯된 심리적 특성과 언어적 한계를 전제하면서, 임상적으로 의미있는 결과가 있어야 한다. 더 나아가서 지역공동체 기관, 이주민센터, 상담소 등의 현장의 다양한 상황에 따라서 치료사가 변용하기에 용이하며, 내담자가 자발적으로 참여하고 접근할 수 있어야 한다. 이를 위해서 본 연구는 기존의 심리치료기법들을 연결하거나 다양한 학문과 기법 사이의 경계를 넘나들고 소통할 때 더욱 효과적으로 내담자의 심리적 문제가 해소되고 완화될 수 있다고 본다. 이런 점에서 본 연구는 통합적인 혹은 융합적인 맥락에서 심리치료를 접근하고자 한다.

심리치료기법들을 통합하려는 시도는 기술적 절충, 공통요인 융합, 이론적 통합, 흡수 통합의 네 가지 형태로 이루어졌다(Stricker & Jerry, 2008: 390-423).

첫째, 기술적 절충(technical eclecticism)은 네 가지 융합의 형태 중에서 가장 단순하고 보편적인 접근이다. 이는 특정한 개념과 이론에 얽매이지 않고, 내담자의 임상적 요구에 가장 잘 맞는 기법들을 최우선적으로 고려하여 통합한다.

둘째, 공통요인 융합 접근(common factors approaches to convergence)는 어떤 심리치료기법이 다른 치료기법보다 더 효과적이지 않다는 전제를 가지고 접근한다. 이 접근은 먼저 내담자를 치료하는데 있어서 가장 중요한 공통요인들을 도출한다. 그리고 그러한 요인들을 포함하고 증진시키는 기법들을 확인하고 통합한다.

셋째, 이론적 통합(theoretical integration)은 완전히 새로운 형태의 치료기법을 만들어낸다는 점에서 가장 복잡하고 어려운 통합이다. 이는 각 전통의 심리치료학파들로부터 온 개념들을 통합하고 정신병리와 심리치료적 효과를 통합적인 방식으로 설명하는 이론을 만들어 낸다. 이렇게 확장된 개념틀은 내담자의 문제를 이전에는 양립할 수 없었던 방식으로 설명한다.

넷째, 흡수 통합(assimilative integration)은 어느 치료기법이 주요치료기법에 흡수되는 방식으로 통합하는 것이다. 다시 말해서, 치료사는 어느 한 가지의 중심적인 이론적 입장을 유지하고, 다른 치료기법을 중심이론에 흡수시킨다. 그러면 흡수된 치료기법들의 의미, 효과, 활용이 강력한 방식으로 개선된다.

2) 통합치료 및 융합치료 임상에서 융합의 연구동향

본 연구는 인문학과 치료를 통합하여 임상에 적용한 국내 연구들의 경향을 분석한 학술지논문 및 학위논문을 수집하여 전반적인 연구동향을 제시하고자 한다. 하지만 현재까지 청소년과 같은 일부 연령층을 대상으로 한 통합예술치료 혹은 인문융합치료의 연구동향이 발표되었으며(김진선·김영순, 2021; 문정희·이혜숙·박경희, 2018), 전반적인 통합치료, 융합치료에 대한 연구동향은 김소형(2021)의 연구를 제외하면 찾기가 힘들다.

김소형(2021)은 최근 10년간(2011~2020년)의 통합예술치료 연구동향을 분석하였다. 주목할 만한 내용을 살펴보면, 종속변인에서 가장 많은 연구가 자기효능감과 같은 자기관련 연구(41%)였으며, 우울과 같은 정서관련 연구(28%), 의사소통과 같은 관계관련 연구(26%)가 뒤를 이었으며, 게임중독과 같은 중독관련 변인은 전혀 연구되지 않았다. 치료에 사용된 예술매체는 음악, 미술, 연극, 문학, 무용/동작, 영화/영상/사진 등이 있었으며, 이중에서 미술(27%), 음악(25%), 무용/동작(19%)이 가장 많이 사용된 예술매체였다. 그리고 예술매체를 2개 이상 통합적으로 사용하였는데, 3개의 예술매체를 통합하는 경우(41%)가 가장 많았으며, 4개의 매체를 사용한 경우(29%)도 그 뒤를 이었다. 치료대상으로는 청소년(초·중·고등학생 및 대학생)이 가장 많았으며(39%, 여기에서 23%는 초등학생), 성인(34%), 노인(20%)이 그 뒤를 이었다.

문정희 외(2018)는 2003년에서 2017년 사이에 발표된 청소년 대상 통합예술치료의 연구동향을 분석하였다. 연구결과를 요약하면 주로 초등학생을 대상으로 자기존중감과 같은 자기관련 종속변인을 살피면서 예술기법으로 미술치료를 가장 많이 적용하였으며, 3~4가지의 예술기법을 통합하였다는 점이다.

김진선과 김영순(2021)은 2009년에서 2020년 사이에 발표된 청소년 대상 인문융합치료프로그램의 연구동향을 분석하였다. 주목할 내용은 일반청소년 외에 부적응, 이주배경 중도입국, 발달장애와 같은 다양한 특성을 가진 청소년들이 인문융합치료에 참여하였다. 연구주제는 16개의 변인 중에서 성격심리(55%), 대인관계(27%), 진로(18%)의 순으로 범주화할 수 있다. 융합적으로 사용된 치료기법 중에서 미술치료와 이야기치료가 대부분을 차지하였다. 2개의 치료기법을 융합하는 경우(60%)가 가장 많았으며, 3개의 치료기법을 융합하는 경우(22%)가 그 뒤를 이었다.

이상과 같은 통합예술치료와 인문융합치료의 연구동향은 표현예술치료, 문학치료, 무용치료, 음악치료, 이야기치료와 같은 개별 심리치료 분야의 연구동향분석에서 제시하는 통합치료적인 시사점과 유사하다(최은정, 2021; .허선아, 2020; 인누리, 2021; 황은영, 2020; 이선혜 · 박지혜, 2018).

국내 박사학위논문에서 통합치료 및 융합치료를 임상적으로 적용하거나 이론적으로 모색한 대표적인 사례를 앞서 기술한 융합의 4가지 형태를 중심으로 정리하면 다음과 같다.

첫째, 내담자의 임상적 요구에 적합한 치료기법들을 기술적으로 절충한 융합이다.

김경희(2017)는 분노조절이라는 문제의 하위 요소인 인지, 정서, 행동을 하나로 통합한 프로그램을 구성하여 중학생의 분노조절을 향상하는데 효과가 있었음을 보여주었다. 허근(2012)은 알콜중독이라는 문제를 해결하기 위하여 인지행동치료, 행동치료, 영적치료, 음악치료, 현실치료를 통합한 전인적 회복 프로그램을 알콜중독자에게 적용할 때 비교집단에 비하여 유의미한 결과를 얻었다.

둘째, 치료기법 간의 우월성을 따지지 않고 가장 중요한 공통요인들을 포함하고 증진시키는 공통요인 융합이다. 국내 연구에서 서양의 심리학과 동양의 사상 및 한의학의 공통요인에 주목하였다는 점이 특징이다.

구민준(2021)은 중독 치료를 위하여 서양 심리학과 동양의 종교 사상 및 한의학에서 실존의 주체인 영혼을 중독의 핵심적인 개념으로 보고 중독의 인과관계와 영혼의 치유과정을 논의하면서, 인간의 내적 · 외적 요소들을 상보적으로 통합하는 치유 모델을 이론적으로 제시하고자 하였다. 김영주(2016)는 서양의 게슈탈트 치료를 동양의 유교, 불교, 도교, 무교 사상과의 유사점과 차이점을 비교하면서, 한국 전통사상에 기반한 심리치료 모형을 이론적으로 모색하고, 기존의 게슈탈트 치료 모형을 이론적으로 확장하고자 하였다. 김진형(2015)은 외상 후 스트레스 장애(PTSD)를 치료하기 위해 한방정신요법을 중심으로 현대 정신의학의 심리치료기법을 접목하여 심리치료 프로그램을 구성하고 예비적 임상시험을 실시하여 유효성을 검증하고자 하였다.

셋째, 주된 치료기법과 부수적인 치료기법을 융합하는 흡수통합형태의 융합이다.

오영섭(2019)는 주요 기법으로 이야기치료를, 의사소통의 매개적인 수단으로서 미술치료를 사용하여 이주배경 중도입국청소년의 심리정서적 어려움을 표현하고 완화하는 일종의 자가치료모델을 제시하였다. 김용량(2012)은 켄 윌버(Ken Wilber)의 통합심리학을 기반으로 무용/동작 심리치료프로그램을 몸 – 마음 – 영성 수준에서 구성하고 20~30대 근로자에게 임상적으로 적용하고 스트레스 감소효과를 검증하고자 하였다.

넷째, 완전한 새로운 형태의 치료기법을 생성하는 이론적 통합 형태의 융합이다. 국내 연구에서 이러한 형태의 융합은 찾아보기 힘들지만, 통합의 의미를 기존의 치료기법들의 단순한 연결을 넘어서서 통합 및 융합의 대상에 대한 생각을 확장하고자 하는 시도는 있었다.

이정화(2013)는 통합의 개념을 장애 아동이 비장애 아동과 교육을 함께 받을 수 있는 교육 환경의 차원으로 보면서, 인간의 다양성을 수용하고, 관련자들 사이의 협력지원체계를 형성하는 의미로 사용하였다. 이러한 통합 환경에서 치료놀이프로그램을 진해하면서 장애 아동의 사회적 상호 작용과 교사의 자기효능감을 증진하는 데 효과가 있음을 확인하였다. 김혜상(2010)은 통합의 개념을 집단치료대상자의 세대통합, 다시 말하여 노인과 아동의 세대간 집단치료라는 의미에서 사용하였다. 다시 말해서 원예치료 임상에 함께 참여한 노인은 생활 만족도가 향상되는 한편, 아동은 사회성과 정서발달에 긍정적인 결과를 가지게 되었다. 채수경(2007)은 통합의 개념을 감각의 차원, 다시 말해서 감각기관을 통해 얻어진 신체적 경험뿐만 아니라, 인지적이고 정서적인 경험을 모두 포괄하는 의미인 감각통합치료를 놀이치료를 중심으로 프로그램을 구성하여 발달장애아동에게 적용하고 유의미한 효과를 확인하였다.

아울러서 통합의 대상이 학문으로서 심리학과 신경과학, 심리학과 교육학 사이의 융합을 예로 들 수 있다. 박윤희(2016)는 심리학 기반으로 미술치료가 접근할 때의 도구나 수단으로의 미술의 한계에 대하여 문제를 제기하면서, 예술적 이미지가 일련의 정보의 연속체로서 치료적 기능을 획득해 가는 모든 과정을 정보처리시스템으로 보는 ETC 모형을 기반으로 치료적 미술의 의미를 신경과학적으로 설명할 때 미술의 온전한 의미와 가치를 견지할 수 있음을 이론적으로 모색하였다. 윤현화(2016)는 자기주도학습 과 음악치료를 통합한 프로그램을 초등학교 학생들에게 임상적으로 적용하였다. 이는 교육과 치료를 통합하고자 하는 시도로서 자기주도 학습에서 주로 강조되는 인지적, 행동적인 측면이 음악치료를 통하여 정서지능이 보완하면 아동들의 전인적인 성장에 의미가 있음을 보여주었다. 권정임(2011)은 자기조절학습과 미술치료를 통합한 프로그램을 통합하여 초등학생들에게 적용하면서, 학습의 인지적 접근과 미술의 정화적 기능을 통합할 때, 긍정적인 효과가 있음을 보여주었다.

결론적으로 국내의 연구는 4가지 형태의 융합이 진행되어 왔으나, 기술적 절충, 공통요인 접근, 흡수통합의 형태의 융합이 거의 대다수를 이루며, 내담자와 치료에 대한 새롭고 획기적인 패러다임을 제시하는 이론적 융합은 거의 없다고 볼 수 있다. 이런 점에서 향후에 임상과 연구에 있어서 융합의 본질과 범위, 융합의 과정, 융합의 형태에 대하여 보다 심도있는 이론적 논의와 다양한 임상적 시도가 요청된다고 할 수 있다. 북미와 유럽의 상담학 분야에서 제 4의 세력으로, 새로운 패러다임으로 부상 하였던 다문화주의 혹은 다문화상담의 위상을 고려해 본다면(Pedersen, 1999), 국내의 융합치료 분야에서 문화다양성, 다문화주의 및 상호문화주의에 대한 이론을 융합치료 에 적극적으로 포섭하여 연구하고 적용할 여지는 국내 상담 및 치료분야에 상당히 많이 있다. 예를 들어서, 한국의 토착치료, 한의학, 전통사상과 같은 문화특수적인 지식은 천편일률적으로 서구적 심리적 접근 일색의 상담 및 치료에 신선한 생각의 재료들을 제공할 수 있다. 아울러서 융합이라는 문자적인 의미 그대로 융합을 시도하 는 시도로서 아직까지 적극적 활용하지 못한 인접 학문 분과들, 예를 들어서 언어학,

보건학, 사회역학 뿐만 아니라, 학문적으로 접목할 엄두조차 내지 못했던 신경과학과 같은 생소한 학문분과까지 연구자의 상상력을 발휘하여 끌어들인다면, 융합치료는 확장성과 활용성에 있어서 매우 전도유망하다고 할 수 있을 것이다.

3장

인문융합치료 핵심개념

1. 개념 정립을 위한 변론

인문융합치료학은 인문학의 기본요소인 내러티브에 인문학의 다양한 분야들을 융합하여 인간에게 나타난 심리·정서적 문제를 다루는 학문이다. 인문학은 인간과 관련된 근원적인 문제를 다루는 학문으로 인간의 정신과 마음의 문제는 고대로부터 인문학에서 다뤄왔다. 소크라테스의 대화와 아리스토텔레스의 카타르시스로부터 시작해서 스피노자의 에티카, 칸트의 판단력 비판, 헤겔의 정신현상학, 애덤스미스의 도덕감정론, 하이데거의 존재와 시간에 이르기까지 철학이 인간의 정신과 감정을 분석하고 정의 내려왔고, 문학과 예술들이 인간의 정신과 감정을 입체적으로 표현해왔다. 그러나 1860년에 G.T.페흐너가 정신물리학을 창안하고 1875년에 해부학자였던 윌리엄 제임스가 하버드에서 심리학을 가르치기 시작한 이후로 자연현상을 연구하는 학문이었던 자연과학이 인간의 정신을 자연과학의 영역으로 구분하고, 인간의 심리·정서적 문제를 다루는 핵심학문으로 자리잡았다. 그 이후로 자연과학이 인간의 심리·정서적

호모 내러티쿠스: 인문융합치료의 이해

인 문제를 연구하는 분야의 권위를 차지해왔고, 적지 않은 긍정적인 결과물이 나타났다. 그러나 인문학이 그동안 쌓아온 연구 결과물들과 인문학의 치료적 힘과의 융합이 없이, 자연과학의 연구 방법만으로 만들어낸 심리치료에 한계를 느낀 결과로 연극치료, 문학치료, 미술치료, 음악치료, 철학상담 등의 인문학과 융합한 치료의 방법들이 생겨나고 있다. 인문융합치료는 자연과학적 연구 결과물을 수용하지만, 인문학 자체에 치료적 기능이 있으며, 수 천 년 동안 쌓아온 인문학적 연구 결과들과 연구 방법으로 인간의 심리·정서를 다루는 것이 더 실재에 가깝다는 판단에서 시작된 학문이다.

   인문학은 인간과 관련된 문제들을 다루기 위해 인간이 속해 있는 공간과 시간, 인간관계를 연구한다. 공간과 시간, 인간에는 치료적 힘이 있다. 시간의 흐름과 재구성을 통해 과거에 고통이었던 것이 현재는 추억이 되고, 아름다운 자연환경으로 인해 안정감을 얻는다. 무엇보다도 사람과의 만남을 통해 긍정적인 정서를 구성한다. 이렇듯 치료적 힘을 갖고 있는 공간과 시간, 인간은 내러티브의 핵심요소이다. 인지심리학자 러멜하트(Rumelhart)는 내러티브의 구성원리로 장소, 시간, 인물 그리고 에피소드를 들었고, 내러티브학자 제라르 쥬네프(Gérard Genette)는 시간성과 공간성 그리고 인물의 상호작용을, 기호학자 그레마스(Algirdas Julien Greimas)는 담화화, 인물화, 시간화, 공간화를 들었다(권요셉, 2021). 각 학자들의 이론에는 시간, 공간, 인물이라는 공통점이 있고 에피소드, 상호작용, 담화화라는 차이점이 있지만, 차이점으로 나타난 세 가지 구성원리도 상황과 맥락의 이해라는 측면에서 공통점이 있다. 인문융합치료에서 내러티브성이란 여러 내러티브학자들의 정의의 공통분모로 나타난 시간성과 공간성, 맥락성과 인물의 상호작용을 의미한다. 시간성에는 인문학의 주요 분야인 역사가 담겨 있다. 공간성에는 예술과 배경이 담겨 있다. 인물에는 문학과 철학이 담겨 있다. 내러티브는 인문학의 주요 분야인 문학, 역사, 철학, 예술의 교집합을 이루는 인문학의 기본요소이며 내러티브적 접근은 인문학적 접근과 다름없다. 때문에 인문융합치료는 내러티브를 중심으로 인문학의 각 분야들을 융합하여 인간의 정신과 마음을 다룬다.

   인문융합치료학은 인하대학교의 인문융합치료학과 교수진들과 연구진들이 200여

개의 질적 연구와 상담 임상 사례들을 분석하여 만든 공동연구결과물이다. 연구소 설립 당시부터 태동된 공존인문학의 사회적 실천의 계기가 바로 인문융합치료학이다. 김영순 교수가 이끄는 인하대 다문화융합연구소에서는 질적연구를 근거로 하는 인문사회 융합연구방법론 개발과 교육과정 프로그램을 운영해 왔다. 여기에 구조주의 인류학, 문화기호학, 다문화교육학 등의 학문적 개념들이 인문융합치료의 개념 형성에 기여해 왔다. 이 장에서는 이런 노력들을 정리하고자 한다.

　김영순의 초기 연구 대상은 기호를 통해 나타나는 담화성이었다. 기호는 인간의 감각과 인지, 사회적인 구성성분을 모두 담고 있기 때문에, 공동작용을 하는 하나의 체계이다. 공동작용을 하는 체계이기 때문에, 기호에는 인간 개인의 심리적인 요소뿐 아니라 사회적인 질서도 나타난다(김영순, 2001). 인간 개인의 심리적인 요소는 사회적인 질서와 의미 체계를 함께 구성하여 기호의 맥락을 형성하고 기호 안에 사회적인 질서가 규정한 의미를 담아내기 때문에 개인의 심리적인 기호 체계는 사회적인 질서와 무관하지 않다. 즉 모든 인간 개인은 타자들의 심리적인 기호와 무관하지 않다. 그렇다고 개인의 심리적 기호체계에 담겨 있는 고유성이 타자와 완전히 일치할 수는 없다. 사회적 맥락 안에 공존하여 있음에도 불구하고 인간 개인의 심리적 기호는 타자들과 완전히 다른 고유한 기호체계를 형성한다. 모든 타자들은 동일한 공간과 동일한 시간, 동일한 인간관계를 맺고 살아가지 않기 때문이다. 때문에 기호는 사회적 담화성과 개인의 담화성을 이중으로 구조화한다. 이렇듯 사회적 맥락의 담화성 안에서 개인의 고유한 담화성을 확보하는 과정을 연구한 김영순은 개인의 담화성과 사회적 맥락의 담화성이 만나는 지점에서 내러티브적 특성을 발견하였다(김영순, 2011). 내러티브는 공간과 시간, 자기와 타자의 이야기를 담고 있어서 개인의 담화와 사회의 담화가 교차하여 만나는 장의 역할을 한다. 시간과 공간, 인간을 담아내고 있는 내러티브는 고정되지 않고 타자에게 다시 말해지고 자기에게 다시 말해지고 사회를 향해 다시 말해지면서 재해석되고 새로운 의미가 부여되어 새로운 내러티브로 발전한다. 김영순은 이렇게 재해석되어 새롭게 발전하는 내러티브의 변화 과정을 스토리텔링이라고 불렀다(김영순,

　　　　　　　　　　　　　　　　　호모 내러티쿠스: 인문융합치료의 이해

2011). 고정된 약속으로 만들어진 기호에서 끊임없이 변형하는 스토리텔링으로 그의 연구 주제가 옮겨간 것은 인문융합치료의 가장 중요한 속성 중 하나인 융합의 개념을 구성하는 과정이었다. 김영순은 그의 저서 〈스토리텔링의 사회문화적 확장과 변용〉에서 다음과 같이 기술하고 있다.

> 스토리텔링은 우리 자신이 직접 경험한 이야기 혹은 전해들은 이야기, 지어낸 이야기를 다른 사람에게 들려주면서 서로의 상상력과 감성을 주고받는 소통의 한 방식이다. 따라서 이야기하는 화자나 듣는 청자에 따라 다양하게 변형될 수 있으며, 어떤 상황에서 어떤 목적으로 누구에게 이야기하느냐에 따라 그 방식도 달라질 수 있다. 스토리텔링에서 중요한 것은 이야기를 하는 사람이나 듣는 사람 사이에 공감의 장이 형성되고 감동의 교류를 끌어내는 것이므로 상대방의 마음을 움직일 수 있도록 만들어야 한다. 스토리텔링은 인류가 언어를 사용하기 시작한 이래 현재까지 존속하는 구술적 전통의 담화 양식이다. 스토리텔링을 만나기 전까지 필자는 다양한 사회문화 현상을 기호학 이론을 바탕으로 해석하고, 공간에서의 소통과 담화 체계를 밝히는 일에 주력해왔다. 따라서 기호와 텍스트 그리고 소통과 담화의 연계점을 찾기 위한 실천적인 연구들을 주로 수행했다. 2005년에 들어 필자는 기호, 텍스트, 이미지, 소통, 미디어, 담화 등을 인간 주체와 이어주는 개념이 스토리텔링이라는 것을 알게 되었다. 그 후 필자는 스토리텔링의 이론들을 공부하고 이들에 대한 논의들을 검토하는 등 스토리텔링의 매력에 사로잡히고 마력에 빠져들기 시작했다. 아울러 스토리텔링이 어떻게 사회문화적으로 확장되고 변형되고 있는가를 관찰하고 이를 글로 옮기는 작업에 전념했다.

김영순은 기호가 '의사'뿐 아니라 사유, 감정, 내러티브까지 담고 있다는 것을 연구하였다. 그렇기 때문에 김영순이 타자의 기호를 연구한다는 것은 '의사소통'을 넘어 그의 사유와 감정 혹은 기호가 담지 못하는 다른 의도와 마음까지 연구한다는 것을 의미했다. 기호 이면에 담긴, 기호가 담지 못하는 요소들을 연구하는 데 가장 주요한 방법이 바로 스토리텔링이었다. 기호학을 토대로 한 그의 스토리텔링 연구는 단순히 이야기를 구조적으로 듣는 것이 아니라 사회와 개인의 상호작용과 타자와 자기의 커뮤니케이션 안에서 발생하는 자아형성, 타자와 사회를 향해 발현된 정체성 및 존재감 확보 등 다분히 심리치료적인 접근이었다. 특히 그가 스토리텔링을 활용하여 진행한 질적 연구 과정에서는 내담자와 상담자의 정의와 자세, 주체적 스토리텔링을 위한 질문의 구성, 심층 면담 과정에서의 감정다루기 등 인문융합치료를 위한 상담학적 이론들이 만들어졌다. 현상 이면의 의미를 기호라는 현상을 통하여 밝히는 과정은 레비나스(Emmanuel Levinas)와 메를리 퐁티(Maurice Merleau Ponty), 하이데거(Martin Heidegger)와 같은 현상학자들의 철학에 영향을 받았다.

인문융합치료 이론은 김영순의 이러한 학문 수행을 토대로 인문융합치료센터의 학문 공동체가 사례들을 분석하며 함께 연구한 결과물이다. 인문융합치료의 핵심개념이 김영순의 학문 수행의 결과에 기반하고 있다고 할지라도 마이클 화이트(Michael White)의 이야기치료, 칼 로저스(Carl Rogers)의 인간중심상담, 어빈 얄롬(Irvin David Yalom)과 빅터 프랭클(Viktor Frankl)의 실존주의치료, 에릭 번(Eric Berne)의 교류분석, 라캉(Jacques Lacan)의 분석가담화와 일면의 공통분모를 가지고 있다.

마이클 화이트의 이야기치료는 내담자의 이야기에서 문제적 요소를 분리하고 자기 이야기를 다시 쓰거나 정체성을 재정의함으로 주체의식을 확보하는 과정을 취한다 (Michael White, 2009). 더불어 내담자의 정서적 문제를 개인의 문제로 보지 않고 사회적 문제의 연장선으로 본다. 이야기를 상담의 주요 도구로 활용한다는 것과 정서적 문제를 개인만의 문제가 아니라 사회적 문제의 연장선이라고 보는 부분이 인문융합치료와 유사하다. 그러나 인문융합치료는 문제적 요소를 주체로부터 분리하지 않고 주체 내러티브의 한 부분으로 보며 사회적 질서와 개인의 내러티브가 상호작용한다고 정의한다는 측면에서 이야기치료와 차이가 있다.

인간중심상담과 실존주의치료, 교류분석, 분석가담화는 모두 현상학을 토대로 하고 있어서 담화를 통하여 담화 이면을 탐색한다는 부분에서 인문융합치료와 공통점이 있다. 특히 교류분석은 현상학의 타자성에 기반한 학문이기 때문에 인문융합치료의 타자성과 유사한 측면이 있고, 분석가담화는 기호학에 기반한 학문이기 때문에 인문융합치료의 면담 방법과 유사한 측면이 있다. 그러나 인문융합치료는 내러티브와 스토리텔링을 중심으로 상담이 진행되는 반면에 현상학에 기반한 다른 네 개의 상담은 신념과 정서 혹은 무의식에 집중하는 경향이 있다.

인문융합치료가 다른 심리치료 학문들과 가장 큰 차별성을 갖는 것은 무엇보다도 인문학 분야들을 융합하는 과정이다. 인문융합치료는 인문학의 기본요소인 내러티브를 중심으로 내담자에 맞는 다양한 인문학 분야들을 융합하여 시간과 공간, 대상의 변화를 통해 치료 작용을 일으킨다.

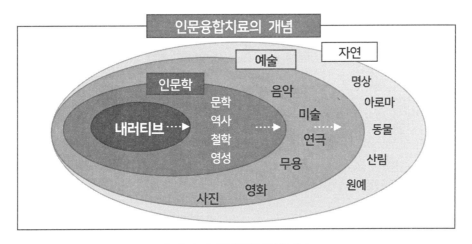

[그림 3-1] 인문융합치료의 개념

내담자의 과거 내러티브에는 내담자의 과거 트라우마적 사건 속의 시간성과 공간성, 인간과 맥락이 있다. 인문융합치료 현장에서 과거 내러티브는 상담사를 대상으로 문학, 음악, 미술, 연극, 영화, 사진, 아로마, 원예 등의 다양한 인문학적 분야를 통해 구성된 공간에서 다시 말해짐으로 새로운 내러티브로 다시 해석된다. 이를 통해 내담자의 내러티브의 시간성, 공간성, 인간과 맥락은 치료적으로 재구성된다.

2. 인문융합치료의 원리

1) 심리 원리의 개념

(1) 증상과 치료

인문융합치료학에서는 현상학에 기반하여 증상과 치료 개념을 정의하였다. 정신증과 편집증, 신경증, 도착증의 기본적인 증상 개념은 정신분석의 정의를 그대로 사용하되, 단번의 심리검사로 증상을 진단하기보다 면접과 상담 과정에서 내러티브에 드러나는 증상을 상담자와 내담자가 함께 진단한다. 그러므로 초기 상담의 과정 자체가 진단의 과정이다. 그러나 인문융합치료학에서 이러한 심리·정서적 증상은 의학에서 말하는 질환이 아니라 주체의 현상(Phenomena)의 일면이라고 본다. 또한 치료는 수정하거나 오류를 바로 잡는다는 의미의 '고치기(Cure)' 또는 '처치하기(Treatment)'로 보지 않고 「존재의 드러나지 않은 부분을 드러내거나 통합되지 않은 존재를 통합하는 것」이다(권요셉, 2021). 즉, 치료는 갈등이나 감정 등의 과도하거나 결핍된 골을 메우고(Heal) 주체가 스스로를 온전히 이해하게 되는 구조적 과정이다. 현상학적 원리에 의해 증상과 치료를 정의하는 학자는 실존치료의 어빈 얄롬(Irvin Yalom), 로고테라피의 빅터 프랑클(Viktor Frankl), 인간중심상담의 칼 로저스(Carl Rogers), 정신의학자 자크 라캉(Jacques Lacan)이 대표적이다. 현상학을 심리치료적 정의에 부분적으로 활용하는 학자들은 많이 있지만 이 네 학자는 치료 과정 전체가 현상학에 영향을 받았다. 다만 이 네 학자들은 치료 과정을 언어만으로 진행하였지만 인문융합치료에서는 내러티브의 숨겨진 이면을 드러내고 내러티브를 재구성하기 위하여 문학과 예술, 철학과 역사와 같은 인문학 각 분야를 활용한다.

호모 내러티쿠스: 인문융합치료의 이해

(2) 정체성

정체성은 주변 세계와의 관계 속에서 규정되는 자기 실체에 대한 의식이다. 정체성에는 개별성과 보편성이 모두 포함된다. 개별성이 보편성 혹은 타자와의 차이를 통하여 확보되는 개인의 특수성이나 고유한 성질이라면 정체성은 개별성에 동일시 과정을 통하여 확보되는 소속감과 동질감을 포함하기도 한다(Freud, 2017). "나는 한국인으로서의 정체성을 갖고 있다."고 표현할 때 한국인이 아닌 사람들과의 차이와 더불어 다른 한국인들과의 동일시를 모두 포함한다. 그러나 "나는 한국인으로서의 개별성을 갖고 있다."고 표현하지는 않는다. 그렇기 때문에 정체성에 혼란을 겪는다는 것은 타자와 동일시할 수 있는 소속감이 없다는 의미와 더불어 타자와의 차이를 통한 개별성을 의식할 수 없다는 이중적 의미를 지닌다.

정체성이 없거나 정체성에 혼란을 겪는 이유는 스스로에 대한 성찰적 인식이 없거나 자기 이해가 부족하기 때문이다. 이는 사회적 관계 속에서 다른 개인이나 집합체들과 구별되거나 동일시하는 과정이 부족했기 때문이다. 즉 정체성은 의식의 문제이다. 사회적 그물망 속에 실체가 존재하지 않았을 리는 없다. 실체는 분명히 타자들 사이 어디에 존재했으나 실체가 타자들을 통해 정보를 인식하는 과정에서 정체성을 확보할 수 있는 정보를 누락시키거나 정체성을 혼동하게 만드는 정보를 과대하게 받아들이는 틀을 구성한 결과이다. 이렇듯 정체성을 확보하기 위한 정보가 누락되거나 과도해지는 이유는 타자들, 특히 양육 시기에 주된 관계를 맺는 타자들로 인하여 정보를 입력하는 의식틀을 과도하거나 결핍하게 만드는 강요나 억압의 과정이 있었기 때문이다. 이렇듯 정체성이 없거나 혼란을 겪는 경우, 신경증이나 정신증으로 발전할 수 있다.

정체성은 결국 자아 지식이며 학습의 과정을 통해 구정된 것이기 때문에 의식틀의 재구성, 정체성 협상 과정, 과거에 대한 재해석, 타자들과의 상호작용 경험을 통하여 확보할 수 있다.

(3) 주체성

주체란 어떤 행위나 작용의 주가 되는 것이며 주체성은 자기의 의지나 판단에 바탕을 둔 태도나 성질이다(새국어사전 편집부, 2007). 주체성에 대해서 칸트는 '인식과 행위의 근거'라고 했으며 라캉은 '담화(discourse)에서 타자의 요구와 욕망을 제하고 남은 프락시스(praxis)'라고 했다. 이러한 정의들을 토대로 생각해볼 때 정체성이 의식과 관련되어 있다면 주체성은 의지 혹은 행위와 관련되어 있다. 자기 주체성을 확인하기 위해 칸트적 개념에서는 '인식하고 행위하는 주체가 자기인가'를 물을 수 있고 라캉은 '담화를 구성하는 자가 자기인가'를 물을 수 있다(Kant, 2018; Lacan, 1970). 스스로 말하거나 행동하지 못하고 타자에게 물어봐야 말하고 행동할 수 있다면 주체성이 약하거나 없다고 볼 수 있다. 혹은 자기가 인식하고 행동하고 있다고 생각하지만 사실상 타자의 생각과 행동을 따르거나 자기가 말하고 있다고 생각하지만 타자의 담화를 반복하고 있다면 주체성이 있다고 생각하기 어렵다. 때문에 판단과 행동, 담화의 행위자의 자리에 자기가 설 수 있는가가 주체성을 확인하는 주요한 물음이다.

주체성은 양육 환경에서 자기 감정과 생각, 행동에 대하여 타자의 부정적인 반응을 많이 겪으면 결핍되고 타자의 인정과 이해를 통해서 확보된다. 레비나스(Levinas)는 '주체성은 자기에게서 찾는 것이 아니라 타자의 얼굴에서 찾는 것'이라는 유명한 말을 하며 '주체성은 자신 안에서 형성되는 것이 아니라 타자와의 만남과 관계 속에서 구성되기 때문에 자기주체성은 결국 상호주체성으로 나타난다'고 했다(Levinas, 2014). 주체성이 결핍될 경우, 경험적 자아와 선험적 자아의 균형을 확보하기 힘들고 의지할 대상을 지속적으로 찾으며 외로움에 약하고 이상과 현실 사이에서 갈등한다. 주체성을 확보하기 위해서는 타자와의 상호주체적 교류와 인정투쟁의 과정이 필요하다.

호모 내러타쿠스: 인문융합치료의 이해

(4) 존재감

존재감은 신체, 자아, 감정, 생각 등 사람의 속성이 시간과 공간 속에 실제로 있다고 느끼는 것이다. 존재감은 굳이 정의하자면 느낌이다. 실제로 존재하지만 느끼지 않을 수도 있고 실제로 존재하지 않지만 느낄 수도 있다. 인문융합치료에서 중요하게 다루는 것은 존재가 아니라 존재감이다. 존재에 대한 철학적 접근이 아니라 존재에 대한 느낌과 관련한 심리학적 접근이 인문융합치료의 연구대상이다. 그러나 존재에 대한 철학자들의 고민을 간과하지는 않는다.

존재감을 가장 확실히 확보할 수 있는 것은 신체에 대한 느낌이다. 메를리퐁티는 '지각현상학'을 통하여 신체의 존재성을 주장하였다. 인문융합치료학은 메를리퐁티의 신체적 존재성의 철학이 존재감을 느끼는 데 매우 중요한 요소라고 여긴다. 유아기의 초기 존재감은 신체에 대한 자극에서 시작된다. 신체가 '살아있음'을 확인시켜준다(Maurice Merleau Ponty, 1975). 먹고 자고 배설하는 신체적 행위들이 초기 존재감을 확보한다. 나의 신체적 존재성이 타자에게 보이고 내가 타자의 신체적 존재성을 보는 것이 존재감을 형성하는 데 매우 중요한 역할을 한다. 때문에 존재감을 갖기 위해서는 타자 앞으로 가는 것이 필요하다.

성장해가면서 신체적 존재감은 감정, 생각, 자아에 대한 자극까지 확장해간다. 신체적 존재감뿐만 아니라 감정 자극과 생각의 자극도 대체로 타자와의 교류에서 발생하기 때문에 존재감은 단어가 담고 있는 의미와 달리 타자와의 관계에서 큰 영향을 받는다. 물론 신체적 자극과 감정의 자극, 생각의 자극이 모두 혼자서도 가능한 영역이 있다. 그러나 혼자서 신체와 감정과 생각을 자극하는 데는 한계가 있다. 살과 살이 맞닿고 자기의 감정을 타자에게 표현하여 타자로부터 공감을 얻고 자기가 타자에 연민을 갖는 과정들에서 존재감이 생성된다. 또한 자기의 생각에 대해 타자로부터 동의를 얻고 타자의 생각을 통해 자기 생각이 확장되면서 존재감이 형성된다. 존재감은 신체와 감정과 생각의 동일시를 통해서 뿐 아니라 차이를 통해서도 형성된다. 타자와 자아의 긴장 속에서 형성된다는 부분과 존중뿐만 아니라 차이와 이질감을 통해서도 형성된다는 측면에서 존재감은 자기가 자아를 존중함으로 형성되는 자존감과 다르다. 이는 정체성이나 주체성이 동일시와 차이를 통해서 형성되는 것과 같다. 정체성과 주체성이 실재라면 존재감은 그 실재에 대한 느낌이다.

　존재감은 동감과 동의, 차이와 이질감과 같은 타자와의 교류를 통해 안정된다. 타자와 같은 감정을 갖고 있다는 것을 확인하는 것만큼 즐거운 일도 없고 타자와 반대의 감정을 갖고 있다는 것을 확인하는 것만큼 충격적인 일도 없다. 그것이 동감이든 이질감이든 존재감을 만든다. 동감과 동의를 통한 존재감과 차이와 이질감을 통한 존재감은 분명히 다른 결과물을 만들어낸다. 동감과 동의를 통한 존재감은 거부감 없는 타자 지향성을 만들지만 차이와 이질감을 통한 존재감은 인정투쟁으로 전환된다. 타자지향성과 인정투쟁은 서로 상반되는 개념으로 보이지만 둘 다 존재감을 형성하기 위해 필요하다. 타자지향적으로만 사는 사람은 주체성이 약화되고 인정투쟁으로만 사는 사람은 자기주체적일 수는 있을지 몰라도 상호주체성을 확보하기 힘들다.

　하이데거는 '나와 함께 타자 또한 실존한다.'며 '모든 존재가 공동존재'이기 때문에 '세계-내-존재'로서의 타자를 이해해야 자기 주체의 실존을 이해할 수 있다고 보았다 (Martin Heidegger, 2007). 그렇기 때문에 타자도 1인칭으로서 간주한다. '세계-내-존재'로서의 주체의 존재감은 인간에 대해 사회가 규정한 틀과 주체가 스스로 인식한 자기 사이의 긴장을 통해 나타난다. 개별적 타자들과의 동감과 동의 그리고 차이와 이질감을 통해 존재감이 형성되는 것처럼 사회가 규정한 인간에 대한 보편적 정의와 자기 주체의 실재 사이의 동질감과 이질감을 통해서도 존재감이 형성된다. 이 경우에서도 사회가 규정한 인간에 대한 정의와 동질감을 가질 때 사회지향적이 되고, 이질감을 가질 때 인정투쟁을 실천한다. 사회지향과 인정투쟁이 적절한 거리를 유지하며 공존함으로 존재감을 형성한다. 어느 한쪽으로 치우치면 주체성이 약화되거나 상호주체성을 확보하기 어려워진다.

　인간은 누구나 존재감을 느끼기 위해 신체와 감정과 생각과 자아를 움직이게 되는

데, 존재감이 결핍될 경우, 과도한 방법으로 존재감을 드러냄으로 자기와 타자 사이의 균형을 깨뜨리게 된다. 감정의 균형, 생각의 균형, 담화의 균형, 행동의 균형이 깨어진 다. 이 균형이 깨진 데 대한 상처는 자기가 질 수도, 타자에게 지울 수도, 양쪽이 지게 될 수도 있다. 감정의 균형이 깨어지면서 특정 감정이 과도하게 드러나거나 생각의 균형이 깨어지면서 특정한 생각이 과도하게 드러난다. 담화의 균형이 깨어지면서 특정한 말이 맥락에 맞지 않게 튀어나오고 행동의 균형이 깨어지면서 원하지 않는 행동이 과도하게 나타난다. 이러한 과도함이 균형을 갖기 위해서는 결핍된 존재감을 적절한 방법으로 채워져야 한다. 결핍된 존재감을 채우는 과정이 인문융합치료의 핵심 과정이다. 이 부분은 '과도와 결핍'에서 더 자세히 다루도록 한다.

(5) 감정과 의식의 틀

존재감은 실재가 아니라 느낌이기 때문에 감정과 의식의 틀에 따라 영향을 받는다. 감정은 '감각 - 지각 - 통각 - 오성'의 순서를 거쳐 드러난다. 감각은 '시각, 청각, 후각, 미각, 촉각'에 의해 신체로 들어온 정보이다. 지각(perception)은 감각정보가 뇌로 전달되는 개념이다. 감각자극이 주어질 때와 지각이 일어나는 사이에 시간이 필요하기 때문에 감각자극과 동시에 지각되지는 않는다. 자극강도가 클수록 지각 속도도 빨라지고 자극강도가 너무 약하면 지각은 일어나지 않는다. 혹은 감각자극이 있었는데도 불구하고 다른 감각이 더 강하면 지각으로 전달되지 않을 수도 있다. 이를테면 청각자극이나 촉각자극이 분명히 있었으나 시각자극이 너무 강해서 시각자극에 모든 지각 활동이 관계하다가 청각자극과 촉각자극의 지각화를 놓칠 수도 있다. 감각이 지각으로 전환될 때의 현상을 인지라고 한다. 즉, 인지란 감각활동이 아니라 지각활동이다. 인지훈련이란 감각자체를 훈련한다기보다 감각이 지각화 되는 훈련을 의미한다. 감각정보가 지각화 되면서 자아가 감정을 인지한다. 지각화 단계부터는 뇌가 실재를 인지하지 않고 기호를 인지한다. 시각적으로 나무를 본다면 뇌는 나무 이미지를 기호화하여 인지한다. 한번 인지된 후로는 '나무'라는 문자기호만 들어도 시각적으로 본 실재 나무와 유사한 수준의 지각활동을 일으킨다. 지각화 된 감각정보들은 개별적으로 남아 있지 않고 종합된다. 이렇게 지각화 된 감각정보가 종합되는 것을 통각(Apperception)이라고 한다(Kant, 2018). 통각은 감각 자체를 종합하지 않고 지각화 된 기호들을 종합한다. 통각에 의해 인간은 버들나무를 나타내는 기호만으로도 버들나무의 살랑거림과 향을 재 경험할 수 있다. 통각에 의해 나의 가족에게 피해를 준 가해자의 이름을 보고 분노를 떠올리거나 첫사랑과 함께 걸었던 거리를 보고 10년 전에 들었던 음악과 피부에 닿았던 찬바람을 재 경험할 수 있다. 통각이 없으면 인간은 모든 사물과 감각을 개별적으로 기억할 수밖에 없다. 통각은 인간으로 하여금 종합적으로 사유하게 만들뿐 아니라 감정의 원인을 분석하고 부정감정을 억제하고 긍정감정을 향유하기 위한 요구와 결정을 할 수 있게 돕는다. 감정은 지각 단계에서 발생하지만 통각을 거쳐야만 향유할 수 있다. 통각이 없다면 카페에 앉아서 음악을 들으며 커피의 맛과 향을 느끼며 연인을 바라보며 손을 잡고 있을 때의 기쁨을 향유할 수 없다. 이 상황에는 청각, 미각, 후각, 촉각, 시각이 총 동원되어 있다. 통각이 없이는 이 카페에서의 장면이 하나의 추억으로 남아 있기 어렵다. 통각이 없이는 모든 감각들은 분열되고 자기의식이 구성되지 않는다. 통각을 거친 정보는 종합적 지식으로 오성(깨달음)에 이르고 표상이 되어 장기기억장치에 저장된다. 오성은 과거 정보와의 융합작용으로 발생한다.

지각이 통각이 되는 과정에 감각정보들은 의식의 그물망을 거친다. 의식의 그물망은 감각정보들을 통각화하기 위해 해석하여 버릴 감각과 약화시킬 감각, 강화시킬 감각, 변형시킬 감각, 유지시킬 감각들을 선별한다. 이 의식의 그물망을 의식틀이라고 부른다. 의식틀은 과거 경험에 의해 구성되기도 하고 유전적인 정보의 영향도 무시할 수 없으며 선험적인 직관에 의해서 구성되기도 한다. 이 의식틀로 인해서 같은 장면을 보고도 다른 감정이 생긴다. 같은 육류 음식을 보고 누군가는 미각이 자극되고 누군가는 불쾌감이 발생한다. 이러한 차이는 의식틀에서 생겨난다. 그렇기 때문에 감정은 단순히 호르몬일 수 없다. 호르몬이 없이 감정이 향유되는 것은 아니지만 호르몬만으로 감정이 향유될 수도 없다. 호르몬은 감각단계에서 이미 발생하고 약이나 수면, 음식 등을 통해서도 생겨난다. 그러나 호르몬이 생긴다고 감정이 지각작용과 통각작용 없이 인간의 삶으로 진입하여 들어오기는 힘들다. 물론 막강한 양의 도파민이 투여되어 통각작용 없이 쾌락을 향유할 수도 있지만 이런 경우, 뇌는 「감각 - 지각 - 통각 - 오성」의 과정을 깨고 도파민을 통해 감정을 향유하기 때문에 다시 같은 패턴으로 도파민을 향유하길 원하게 된다. 이러한 과정은 사유와 의식의 힘을 빼앗는다. 이렇게 막강한 양이 강제 투여되는 호르몬 물질을 마약이라고 부르며 뇌가 「감각 - 지각 - 통각 - 오성」의 과정을 깨고 해당 호르몬을 향유하기 원하는 것을 중독이라고 부른다. 감정과 사유와 의식은 뗄 수 없는 관계이며 떨어져서도 안 된다.

(6) 타자성

타자성은 타자와의 교류 경험을 통해 다른 자아를 '가정함'으로써 자기 의식화하는 속성이다. '만약에 내가 저 사람이라면'이라는 가정된 상황 속에서만 타자성이 형성될 뿐 실제로 타자를 경험할 수 있는 가능성은 없다. 타자에 대한 경험은 결국 자기에게 형성된 의식틀의 그물망을 통해서만 가능하다(Kant, 2018). 타자성을 있는 그대로 수용하여 형성하기 위해서 자기가 할 수 있는 일은 타자를 지향할 뿐이다. 그렇기 때문에 타자성은 사실상 타자지향성이다. 주체가 타자지향성을 역량화하지 않으면 타자는 있는 그대로의 타자로서가 아니라 자기 의식틀에 의해서 형성된 또다른 존재로서의 타자로 자기 안에 형성될 수 있다. 이는 건강한 소통을 방해하는 요소가 된다.

후설은 '자아가 타자를 직접적으로 체험할 수 없고 감정이입을 통해 이해하기 때문에 판단을 중지하고 상호주관성을 갖춤으로 타자성을 확보한다.'고 보았다. 레비나스는 타자를 '절대적으로 다른 것'으로 정의하고 '얼굴만이 유일한 나타남'이기 때문에 '얼굴과 얼굴을 마주하여야 타자를 인정하고 얼굴 저편의 타자를 포착할 수 있다.'고 하였다. 라캉은 '타자는 욕망과 담화의 방식으로 주체를 잠식한다.'고 보고 자기의 주체를 잠식 시킨 욕망과 담화로부터 자기 주체를 확보하기 위해서 타자를 알아야 한다고 보았다. 즉, 라캉에게 있어서 타자성의 명료함은 주체성의 명료함이 된다. 이러한 현상학자들의 정의에 따르면 정체성, 주체성, 존재감은 사실상 타자성과 연결되어 있다. 정체성은 타자로부터 발생하고 주체성은 타자성을 향하며 존재감은 타자와의 교류를 통해 확보된다.

(7) 상호성

후설과 라캉은 자기와 타자가 각각 1인칭으로 관계하며 고유성을 지닌 상태에서 공존해야 주체성이 형성된다는 의미에서 상호주체성(intersubjectivity)이라고 표현하였다. 몇몇 학자는 이를 상호주관성이라고 번역하기도 한다. 메를리퐁티는 신체적 존재로서의 상호성을 강조하기 위해서 상호신체성(intercorporéité)이라고 표현하기도 했다. 인문융합치료학에서는 이 두 의미를 모두 담아서 상호주체성이라고 사용한다.

인간은 부부라는 상호주체적 관계 속에서 태어나서 어머니와 자녀의 상호주체적 관계 속에서 자라간다. 인간에게 상호주체성은 선택사항이 아니라 필수사항이다. 인간은 말과 행동을 통해 주체성을 형성하는데 말과 행동에는 대상이 필요하며 자연히 주체성과 타자성은 서로 떨어질 수 없는 상호성을 지닌다. 자기가 주체성을 형성하기 위해 타자를 주체성이 없는 노예로 만든다면 노예는 일방적으로 주인이 원하는 반응만을 하게 된다. 이 때 주인인 자기는 노예가 진심으로 자기의 감정과 말과 행동에 공감하고 동의하는지를 확인할 방법이 없다. 존재감은 타자의 인정과 이해를 통해서 형성되기 때문에 노예의 일방적인 반응만을 경험하는 자기는 존재감을 서서히 상실해간다. 자기는 존재감을 재형성하기 위해 노예에게 자유를 부여한다. 노예는 자유를 얻은 뒤에야 비로소 주체성을 갖게 되고 자기의 주체적 판단으로 주인의 감정과 생각의 공감과 동의를 표현하거나 반대와 다른 감정을 표현한다. 주인은 자유인이 된 옛 노예의 주체적 공감과 동의를 통해서 존재감을 느낀다. 이렇듯 존재감은 결국 주체성을 가진 타자를 통해서만 확보될 수 있기 때문에 자기주체성은 상호주체성을 전제로 한다. 억압적 권위를 내세운 결과로 집에서 아내와 자녀들로부터 진심어린 공감과 지지를 얻지 못하는 남자는 자기주체성을 확보하기 위해 회사에서 상호주체성을 갖고 있는 직장 동료들로부터 공감과 지지를 얻기 위해 노력하게 되고, 그 남편의 권위에 눌려 집에서 어떤 지지와 공감도 얻지 못하는 아내는 밖으로 나가서 상호주체성을 가진 친구들로부터 공감과 지지를 얻어야 한다. 상호주체성은 감정과 생각에 대한 표현과 요구로 말미암아 형성된다. 상호주체적이라는 것은 상호표현적이라는 의미이며 상호요구적이라는 의미이다. 상호표현 및 상호요구할 수 없는 관계라면 상호주체적인 관계가 아니다.

(8) 리터러시와 프락시스

리터러시는 사전적 의미로 '읽기와 쓰기 능력'이라고 사용하는 것으로부터 UNESCO 에서 내린 정의에 따라 '의사소통할 수 있는 능력'에 이르기까지 다양한 의미로 사용된다(김영순 외, 2020). 인문융합치료에서 사용하는 리터러시는 '의사소통할 수 있는 능력' 즉 '타자의 의사를 이해하고 자기의 의사를 전달할 수 있는 능력'으로 정의한다. 심리·정서적인 문제는 리터러시와 무관하지 않다. 타자의 의사를 분별하지 못하고 자기의 의사를 전달하지 못하면 정체성과 주체성을 형성하기 어렵고, 정체성과 주체성의 형성이 어려우면 존재감을 느끼기 어렵다. 존재감을 느끼기 어려우면 감정과 생각과 행동이 과도해진다. 감정과 생각과 행동이 과도해지면 상호주체성이 형성되기 어렵고 이는 자기 주체성에 손상을 입히는 악순환이 발생한다. 상담자는 내담자의 리터러시를 향상시키기 위해 대화 과정 중에 명료화와 명세화를 통해 지속적으로 반응해주어야 한다. 상담을 위한 리터러시 기술로서의 명료화와 명세화에 대해서는 '인문융합치료의 기법'에서 자세히 다루도록 한다.

프락시스는 사전적 의미로 실천 혹은 행위이다. 현상학자들은 프락시스를 존재론에 있어서의 윤리적 실천으로 이해했고, 리터러시를 전제로 프락시스가 발생한다고 보았다. 그렇기 때문에 현상학자들에게 리터러시와 프락시스는 동전의 양면과 같으며 둘 중에 하나가 상실되었을 때 존재론적인 문제가 발생하는 것으로 이해하였다. 인문융합치료는 현상학자들과 같이 프락시스를 이해한다. 리터러시를 '의사소통할 수 있는 능력'으로 정의하였기 때문에 프락시스는 '의사소통의 실천'이다. 프락시스로서의 의사소통은 단지 물리적으로 내 말을 하고 타자의 말을 듣는 것을 의미하지 않는다. 프락시스로서의 의사소통은 '타자를 의사소통할 수 있는 존재로 인정하고 내가 의사소통할 수 있는 존재임을 인정하는 것'을 전제로 하는 의사소통이다. 그렇기 때문에 프락시스는 다분히 윤리적이다. 이러한 방식의 프락시스는 자아실현이자 억압으로부터 자기를 변혁하는 행위이다. 한나 아렌트는 프락시스를 「각각의 주체로서의 타자와 관계 맺음을 통한 소통」이라고 정의하였다. 리터러시와 프락시스의 공존은 사고와 행동의 균형과 총합이며 리터러시와 프락시스의 이격과 소외는 주체의 분열을 초래한다. 프락시스는 결국 행위자성을 요구하게 되는데 행위자성은 순응의 행위, 동의하고 지지하는 행위, 반대하고 저항하는 행위로 구분되며 이러한 각각의 행위는 타자와의 관계에 직접적으로 영향을 주고 자기와 타자를 정체화, 주체화 시키며 존재감을 확보한다.

(9) 개인과 사회

존재감이 타자성과 상호성을 근거로 형성되는 것이라면 심리·정서적인 문제가 개인만의 문제라고 볼 수는 없다. 심리·정서적인 문제는 자기와 타자의 문제이며, 더 나아가 개인과 타자들 즉 개인과 사회와의 문제이다(김영순, 2021). 정체성도 주체성도 존재감도 타자가 없이 정의되거나 형성되지 않는다. 인간에게 타자와의 상호작용은 선택의 문제가 아니라 존재 가능성에 대한 문제이다. 타자는 한 명이 아니라 집단 혹은 사회이다. 그렇기 때문에 개인은 타자 혹은 집단과 상호작용하기 위해 구조화된 행동을 하며 사회는 모든 개인과 상호작용을 하고 모든 개인이 서로 상호작용하게

호모 내러타쿠스: 인문융합치료의 이해

만들기 위해 지속성, 안정성, 변동성의 특성을 보이며 구조화한다. 이러한 구조화는 상호작용을 안정시키고, 이러한 구조화 속에서 개인은 예측 가능한 사회적 행위를 한다. 사회구조는 개인의 행위를 완전히 구속하거나 강제하지 않지만 개인의 자유의지나 존재감은 사회구조에 영향을 받고 간과 되거나 소홀해진다. 이러한 간과됨과 소홀함에 대하여 개인은 순응하거나 저항하는 선택을 한다. 개인의 상호작용 구조는 역할에 따른 지성, 감성, 의지, 행동을 중심으로 구성되며 사회의 상호작용 구조는 공공선, 질서, 규칙, 문화로 구성되며 교환, 협동, 경쟁, 갈등의 유형으로 나타난다.

개인은 사회에서 여러 개의 역할을 수행한다. 학교에서는 교사이지만 집에서는 아버지나 어머니 또는 남편이나 아내이고, 다른 집단에서는 친구이거나 회원이 된다. 어떤 역할이냐에 따라 상호작용의 구조가 달라진다. 모든 개인은 여러 개의 역할을 수행하기 때문에 한 개인이 하나의 상호작용 구조만 갖는 것은 불가능하다. 그런데 개인이 서로 다른 역할을 수행하면서 하나의 상호작용 구조만을 고집한다면 다른 집단에서는 역할상의 문제가 발생한다. 사장으로서 감정과 의지를 표현하는 구조와 친구로서 감정과 의지를 표현하는 구조는 분명히 달라져야 하지만 이것을 혼동하여 친구집단에서 사장으로서의 감정과 의지를 표현한다면 그 주체는 해당 친구집단에서 친구로서의 정체성을 유지하기 어렵다. 이러한 역할모순현상은 정체성 긴장의 현상을 초래하며 존재감에 위기를 가져온다. 이렇듯 역할모순현상이 지속적으로 발생하여 존재감에 위기가 오면 상호작용 구조에서의 역할을 정체성과 혼동하는 현상이 나타난다. 이런 경우, 역할모순현상일 뿐이지만 정체성 혼동으로 오해된다. 그리고 존재감을 강화하기 위하여 자기 역할이 수용되는 집단을 중심으로 정체성이 형성되고 존재감을 확보하기 어려운 집단으로부터 역할상으로 혹은 심리적으로 일탈하는 과정을 겪는다. 역할이 서서히 줄어듦에 따라 정체성과 존재감이 사라지면서 스스로 사회적 상호작용의 구조로부터 일탈하거나 집단으로부터 역할의 부적격자로 낙인찍히는 결과를 초래한다. 이러한 일탈과 낙인 효과는 개인의 문제로만 치부할 수 없다. 미시적으로는 개인 행위들 간의 상호 관계에서 원인을 찾을 수 있지만 거시적으로는 상호작용을 구조화한 사회구조의 틀에서 찾을 수도 있다. 일탈과 낙인의 대상이 된 주체는 인정투쟁과 정체성 협상의 과정을 갖게 되는데 이는 개인과 사회에 대하여 역기능만 있는 것이 아니라 순기능도 있다. 이러한 일탈과 낙인은 사회적 상호작용의 구조에 나타난 균열과 부조리를 드러내거나 개인의 상호작용 구조에 나타난 과도와 결핍을 드러내고 그 과도와 결핍에 인정투쟁과 정체성 협상을 통해 반응함으로 다시금 일탈과 낙인이 없는 혹은 최소화하는 상호작용의 구조로 전환시킨다. 인문융합치료학은 역할모순현상으로 인해 신경증을 경험하는 개인의 심리를 치료할뿐 아니라, 개인을 인정투쟁과 정체성 협상을 진행할 수 있는 주체로 성장시키고, 역할모순현상을 야기하는 사회적 문제를 해결하는 데도 관심을 갖는다.

(10) 생활세계와 자아경계

후설은 자연과학적으로 규정된 세계에 대한 이해는 오류를 낳는다고 보고 주체의 주관이 개입되어 형성된 의미로서의 생활세계 개념을 도입하였다. 생활세계는 보편적이고 객관적이기보다는 주관적이고 해석적이다. 역사적 삶 속에서 이루어지는 정신적 형성물이지 물질적이고 물리적인 객체가 아니다. 생활세계는 주체로서의 자기와 주체로서의 타자가 공존하는 상호주체적인 세계이기 때문에 자기가 새로운 타자를 만나면 생활세계는 상호 조정되고 새로 만들어진다(김영순 외, 2019). 고정된 세계를 단순히 외적 관찰을 통해 이해하는 것이 아니라 개인의 의식틀과 타자와의 상호적 역동을 통해 해석하는 것이다. 개인들은 타자를 의미와 목적을 지닌 인간으로 파악하고 서로가 해석한 생활세계를 공유하고 자신들의 자아 일부로 받아들인다. 타자의 세계를 자아의 일부로 받아들이기 때문에 생활세계는 인지 · 정서적 영역이다. 인지정서적 변화를 통해 자아경계를 확장함으로 생활세계도 변화·확장된다. 자아경계는 자기정체성으로 간주되는 영역의 경계로 누군가는 자기 자신만이 자아경계이고 누군가는 가족까지가, 또 누군가는 나라나 전 세계가 자아경계이기도 하다. 타자의 생활세계와의 상호주체적인 조정은 자아경계를 조정하거나 확장시킨다.

(11) 정체성 협상

정체성은 타자와의 동일시와 차이를 규명하는 과정을 통해 형성된다. 우울증, 불안증, 강박증, 히스테리와 같은 신경증은 사회와 타자의 시선과 억압으로 인해 정체성과 주체성 형성에 문제가 발생하며 시작된다. 정체성 협상은 정체성이 변화하는 과정에서 기존의 정체성과 새로운 정체성 사이의 갈등을 해결하는 과정이다. 신경증에 있어서 정체성 협상은 주요한 치료 요인이 될 수 있다.

스완(Swan)은 정체성 협상을 상호작용을 통해 스스로 자아 검증을 하는 과정이라고 보고 자기 인식과 대상의 인식이 상호작용하는 과정에서 정체성의 협상을 이루어 낸다고 보았다. 팅-투미(Ting0Toomey)는 정체성 협상을 다른 배경을 지닌 그룹이나 개인이 상호작용을 하는 과정에서 정체성을 유지하거나 향상시키는 과정이라고 보고 협상을 위해서는 다른 가치관과 배경을 이해해야 하며 정체성의 변화는 상호 배경의 지식과 사고력, 상호작용 기술, 사회문화적 맥락이 통합되면서 이루어진다고 보았다(김영순 외, 2020). 즉, 정체성 협상은 자기 개인만이 아니라 상호 행동의 변화를 이끌어낸다.

정체성 협상의 대상은 개인이나 집단일 수도 있고 사회나 국가일 수도 있다. 상담 현장에서는 주로 개인과 집단에 대한 정체성 협상이 다뤄진다. 그렇다고 국가에 대한 정체성 협상을 다루는 것이 아예 불가능한 것은 아니다. 국가에 대한 정체성 협상을 진행하기 위한 활동을 내담자가 원한다면 그러한 활동도 지지해줄 수 있다. 혹은 정체성 협상의 대상이 이데올로기나 생각일 수도 있다. 자기 내적인 사유의 협상이 이루어질 수도 있다. 협상의 대상이 타자이든 내적인 사유이든 접근하는 과정과 방식은 다르지 않다.

(12) 인정투쟁

인정투쟁은 헤겔이 먼저 주장하고 후에 호네트가 푸코의 투쟁이론과 하버마스의 의사소통 모델을 결합하여 발전시킨 이론으로 자아를 실현하고 자신을 배려하며 동등한 존재로서 공존하기 위한 행동이다(Honneth, 1993). 정체성 협상이 다른 배경과 맥락에서 충돌하는 두 정체성의 협상과정이라면 인정투쟁은 소수자와 약자가 강자와 질서에 대하여 인정받기 위해 움직이는 과정이다. 정체성 협상이 상호적 활동이라면 인정투쟁은 상호적이 되기 위한 활동이다. 헤겔은 인정을 '나에 대한 절대적인 인식이자 참된 정체성'이라고 보았고 호네트는 인정을 '배제 및 유보, 무시되지 않는 것'이라고 보았다. 헤겔은 인정받지 못한다는 것은 욕구에 대한 무시라고 보았고, 호네트는 신체적 학대와 폭행, 권리부정, 존엄성 부정이라고 보았다. 이러한 과정으로 인정받지 못한 결과는 긍정적 자기 인식에 실패하게 되며 자의식이 형성되기 어려워진다. 자의식이 형성되지 않으면 주체는 스스로에 대해 무가치함을 느끼게 되고 이는 우울과 분노로 전환된다. 신경증이 욕구의 좌절과 존재감의 결여에서 온다고 볼 때, 신경증은 인정과 긴밀한 연관이 있으며 신경증 치료에 인정투쟁은 주요한 방법이 될 수 있다.

인정투쟁은 소외감 내지는 열등감, 수치심과 관련되어 있으며 정서적 욕구의 억압과 무시, 모욕에 대하여 저항하고 반응하는 것이다. 인정투쟁을 유발하는 대체적인 정서들은 분노라는 심리적인 반응으로 발전한다. 억압과 무시는 사회적일 수도 있고 개인적일 수도 있다. 인정투쟁을 필요로 하는 내러티브의 위치는 주로 주체의 평정심과 안녕을 해치는 결과를 초래한 곳이다.

인정투쟁은 결국 인정을 요구하는 과정이다. 내담자가 자기 욕구와 감정을 발견하고 요구할 수 있을 때 치료적 걸음이 시작된다. 욕구에 대한 요구는 개인적인 타자에게 해야 할 수도 있고, 집단이나 사회적 구조일 수도 있다. 인정투쟁의 대상이 사회적 구조라고 할지라도 어떻게 요구할 수 있을지 고민하고 작은 것이라도 시도해보는 과정이 인정투쟁이 필요한 개인에게는 치료적 과정이 된다.

(13) 소통

인문융합치료학의 모든 심리원리에 공통적으로 포함되는 것이 소통이다. 소통은 의사전달만을 의미하는 것이 아니라 감정, 인지, 의식, 신체, 행동, 의지가 모두 상호 교류되는 것이다. 소통은 자아실현이자 인정투쟁이며 정체성 협상이다.

인문융합치료학에서 소통은 상호문화소통과 퍼스의 기호학을 기반으로 정의된다(Charles Sanders Peirce, 2006).

상호문화소통은 20세기 초 독일 사회학자 짐멜(Simmel)의 '상호문화' 개념에서 시작되었다. 상호문화 개념은 이방인 또는 이주민의 긍정성과 필연성을 연구하면서 형성된 개념이지만 지금은 상호문화주의 혹은 상호문화소통의 개념으로 교육학과 사회학 전반에 걸쳐서 사용되고 있다(김영순 외, 2021a). 인문융합치료학의 개발과정에서 임상과 질적 연구에 참여하였던 내담자 및 연구참여자들은 대체로 노인, 어린이, 청소년, 이주민, 난민 등의 사회적 소수자와 약자들이었기 때문에 정체성 협상이나 인정투쟁, 상호문화소통과 같은 사회학적 개념들이 상담의 기법 및 분석의 방법으로 활용되었다. 상호문화라는 개념은 나라와 나라, 지역과 지역, 세대와 세대뿐 아니라 개인과 개인에게서도 얼마든지 발생가능하며, 한 가정 안에서도 전혀 다른 세대 문화가 공존하고 있기 때문에 상호문화소통의 개념을 상담에 적용하려는 시도는 임상 가운데서도 유효했다. 문화에는 공간과 시간과 맥락과 인간이 존재한다. 문화는 내러티브의 속성을 고스란히 갖고 있다. 상담자는 내담자의 내러티브를 통하여 내담자의 문화를 분석할수 있다. 상호문화가 소통한다는 것은 상호 내러티브가 소통하는 것과 다름없다. 상호문화소통은 헤겔의 정체성 협상에서 언급하였던 헤겔의 변증법 이론이 적용된다. 상호문화의 전제는 타문화이다. 즉 타자이다. 타문화 즉 타자라는 것은 이해가 필요한 대상이라는 의미이다. 클레멘트(Clement)는 상호문화소통을 위해 자기중심에서 벗어나기, 고정관념과 편견을 버리기, 타인이 현실과 나를 어떻게 보는지 이해하기, 타인의 입장이 되어보기를 제안하였다(김영순 외, 2020).

퍼스에 의하면 소통은 기호체와 대상체, 해석체로 구성된다. 소통을 하기 위해서는 소통의 주제 즉 대상체가 필요하다. 대상체는 '무엇에 대해서 말할 것인가?'라고 질문할 때 '무엇'에 해당한다. 기호체는 대상체에 대한 상징이나 도상이나 지표이다. 일반적으로는 '언어'이지만 '동작'일 수도 있고 글자나 표시일 수도 있다. 해석체는 기호체를 통하여 대상체를 해석하는 소통의 주체 즉 인간이다. 여기서 퍼스가 소통의 주체인 인간을 해석체라고 명명한 것에 귀를 기울여야 한다. 소통에서 대상체는 물자체로 전달되지 않는다. 대상체는 일차적으로 기호로 변환되며 이차적으로 해석체에 의해 해석되어 의식된다. 즉 소통은 순수한 전달이 아니기 때문에 완전하지 않다. 송신자와 수신자 사이의 생활세계의 차이, 정체성의 차이, 자아경계의 차이, 타자성과 상호성의 차이에 의해 대상체의 의미는 완전히 다르게 해석될 수 있다. 대상체에 대한 송신자의 해석과 수신자의 해석이 다를 수 있다. 송신자가 한 명이고 수신자가 여러 명일 때 대상체는 여러 개의 해석으로 전달될 수 있다. 그리고 수신자가 송신자의 대상체에 대한 기호체를 해석하고 난 결과를 토대로 재송신을 하면 첫 송신자는 되돌아온 기호체를 다시 해석한다. 때문에 소통이 원활하다고 느껴도 정확하지 않을 수 있다. 여기서 실제의 기호 활동을 파롤(parole)이라고 하고 해석체에 의해 의미가 생성되고 해석되는 언어의 배경을 랑그(langue)라고 한다. 아무리 동일한 파롤이라 할지라도 랑그 체계가 다르면 소통은 빗나간다. 정확한 소통을 위해서는 랑그 체계를 분석해야 한다. 랑그 체계에는 생활세계, 의식틀, 정체성, 소속집단 등이 영향을 미친다. 랑그 체계를 분석하기 위해서는 해석체의 공간성, 시간성, 인간성, 맥락성을 분석해야 한다. 이 네 개의 분석의 대상은 내러티브의 구성요소이다.

2) 내러티브 원리의 개념

(1) 내러티브의 해석

고유한 주체성을 가진 인간은 누구나 각자의 내러티브를 갖는다. 내러티브의 구성요소는 공간성, 시간성, 인물, 맥락성이다. 모든 사람이 평생에 걸쳐서 완전히 같은 공간만을 경험할 수는 없다. 내러티브에서의 시간성에는 현재뿐 아니라 역사성과 미래에 대한 구상을 포함한다. 그렇기 때문에 현재 같은 시간대에 있다고 할지라도 모든 사람이 같은 시간성을 경험할 수는 없다. 시간성에 포함된 역사성은 과거의 행적과 경험들을 포함한다. 완전히 같은 개인의 역사성은 있을 수 없다. 만나고 관계를 맺은 인물도 모든 사람이 다를 수밖에 없다. 한 가족이라 할지라도 어디에선가 언제인가 다른 인물을 만나서 다른 인물들과 상호성을 갖는다. 그리고 두 사람이 같은 상황에 처해 있다 할지라도 두 사람의 입장이 다르고 역사성이 다르기 때문에 같은 맥락성을 가질 수는 없다. 이렇듯 공간성, 시간성, 인간성, 맥락성이 제각각 다르기 때문에 내러티브는 마치 지문처럼 모든 사람에게 있어 절대적 다름으로 나타난다.

상담을 활용하는 심리치료는 이야기를 활용한다. 이야기가 해석의 문제라기보다 기술의 문제라면 내러티브는 해석의 문제이다. 이야기는 내러티브와 구분되며 이야기는 시간의 흐름을 따라 공간성과 인물이 등장한다. 내러티브는 시간성을 중심으로 공간성과 인물이 추가되는 형태가 아니라 시간성과 공간성과 인물이 맥락적으로 해석되는 형태이다. 이야기에서는 공간성이나 인물이 시간의 흐름을 표현하기 위해 숨겨지기도 하지만 내러티브에서는 공간성과 인물을 맥락에 맞게 모두 드러낸다. 공간에 따라 시간의 순서가 뒤바뀌기도 하고 인물을 중심으로 시간이 재구성되기도 한다. 그렇기 때문에 내러티브는 해석이 필요하며 내담자와 상담자가 함께 해석해 나가야 한다.

인문융합치료에서 변화의 대상은 내러티브이다. 이야기치료에서도 내러티브를 활용하지만 변화의 대상은 내러티브가 아니라 증상이다. 정서중심치료에서도 내러티브를 활용하지만 변화의 대상은 내러티브가 아니라 정서이다. 인지행동치료에서도 내러티브를 활용하기도 하지만 변화의 대상은 내러티브가 아니라 인지이다. 정신분석에서도 내러티브를 활용하지만 변화의 대상은 내러티브가 아니라 무의식이다. 이러한 심리치료학에서 각각 정서와 인지, 무의식에 변화를 주기 위해 내러티브를 활용하는 이유는 내러티브에 정서와 인지, 무의식이 포함되어 있기 때문이다. 그러나 내러티브는 고정되어 있고 정서와 인지 혹은 무의식이 변한다. 인문융합치료학은 내러티브를 바꾸면 내러티브를 통해 드러나는 정서와 인지, 무의식도 바뀐다고 보기 때문에 내러티브의 변화를 목적으로 한다. 내러티브의 변화는 결국 자기 내러티브에 대한 해석의 변화를 의미한다.

인문융합치료학에서 중요한 것은 실제 내러티브가 아니라 해석된 내러티브이다. 각 주체는 자기 내러티브를 해석한다. 자기 내러티브를 해석하는 데 중요하게 작용하는 것이 의식틀이다. 의식틀은 지각을 종합하는 과정에 작용하는 의식의 그물망이다. 어떤 정보를 내러티브에 추가할 것인지, 어떤 정보를 내러티브에서 뺄 것인지, 어떤 정보를 내러티브에서 약화시킬 것인지, 어떤 정보를 내러티브에서 강화시킬 것인지는 의식틀을 통해 결정된다. 의식틀이 부정적인 정보만을 내러티브에 개입시킨다면 자기 내러티브는 암울하고 실패한 내러티브가 된다. 의식틀이 긍정적인 정보만을 내러티브에 개입시킨다면 자기 내러티브는 성공만 하고 승리만 하는 내러티브가 된다. 건강한 주체는 정보들을 정확하게 내러티브에 개입시키고 내러티브 속에서 정체성과 주체성을 드러내고 존재감을 향유한다.

의식틀에 의해 발화되는 내러티브에는 발화자의 정체성과 주체성이 나타나고 발화 과정을 통하여 존재감이 나타난다. 명제적으로 "나는 누구이다."라고 말하지 않는다 할지라도 내러티브 속에서 자기 정체성이 나타나고 얼마나 주체적으로 삶을 결정하고 운영해왔는지가 나타난다. 종종 명제적으로 "나는 누구이다."라고 정의하는 것과 내러티브가 다르게 나타나기도 하는데, 이러한 불균형이 신경증을 유발하며, "나는 누구이다."라고 하는 자기 인식과 내러티브를 통합시키는 것이 인문융합치료의 목적이다.

어떤 사람은 타자의 말과 행동에 의해서 삶의 변화를 결정하고 어떤 사람은 감정의 변화에 의해서 결정한다. 어떤 사람은 사회가 구성한 전형성을 향해 달려가기 위해 내러티브를 구성한다. 스스로 삶의 목적이 무엇이라고 생각한 것과 달리 내러티브가 진행되는 방향이 곧 그 사람의 삶의 목적이 된다.

(2) 전형 내러티브와 도구성

내러티브는 고유성을 갖고 있음에도 불구하고 개인과 사회의 긴장관계 속에서 사회적 상호작용 구조는 고유성을 용납하지 않는다. 사회적 상호작용 구조 안에서 내러티브는 전형화 된다. 유교적 개념에 있는 사회적 상호작용 구조에서, 아버지의 내러티브는 가정을 위해 경제를 책임지고 어머니의 내러티브는 자녀를 양육하고 살림을 책임지며 자녀들의 내러티브는 부모님께 순종하고 학업에 충실한 전형성을 갖는다. 이 전형성에서 벗어나는 내러티브는 타자의 시선에 의해 질타를 받는다. 가정을 꾸리는 것보다 자아실현을 더 가치 있게 생각하는 여성이 결혼을 포기하고 자아실현을 위한 개별 내러티브를 만들어가거나, 미성년 자녀가 홈쇼핑을 개업하여 가정의 경제를 책임지고 아버지와 어머니가 그 자녀를 위해 보조하는 일들이 현대에는 종종 일어난다. 자녀를 낳지 않고 세계 여행을 떠나는 부부나 학교를 자퇴하고 원하는 기술을 배우는 청소년들의 이야기는 이제 쉽지 않게 접할 수 있다. 어떤 시대에는 도저히 용납되지 않던 내러티브들이 이제는 자연스럽게 소개된다. 전형 내러티브을 따라 살아가는 것이 안정감을 주지만 전형 내러티브가 도저히 받아들여지지 않는 개인은 얼마든지 존재하며 사실상 전형 내러티브를 따라가는 것 같아도 그 전형성에서 비집고 튀어 나오는 고유성이 모든 내러티브에 존재한다. 개인은 자기만이 갖고있는 고유한 내러티브와 사회가 요구하는 전형 내러티브 사이의 긴장 관계 속에서 내러티브 조율을 위해 과거 내러티브 해석과 미래 내러티브 구성을 위한 결정 및 재결정을 반복한다.

대체적인 전형 내러티브는 도구성을 갖는다. 전형 내러티브 안에 있는 인물은 사회적 구성요소로서의 도구적 역할을 감당한다. 유교 전통의 가정에서 아버지가 갖는 도구적 역할은 경제를 담당하는 것이다. 아버지는 도구적 역할을 감당하기 위해서 도구적 내러티브를 구성한다. 자아실현을 위해서이기보다 돈을 벌기 위한 선택으로 내러티브를 진행시킨다. 어머니는 살림을 꾸려나가는 역할을 감당하기 위해 내러티브를 진행시킨다. 각 주체가 성취해야 할 목표가 있고 그 목표를 위해 내러티브를 구성한다. 이렇게 도구성을 강화하며 전형 내러티브를 구축하다보면 주체성이 결여되고 존재감이 도구적 역할을 통해서만 나타나도록 한정된다.

(3) 억압과 강요

정신분석의 프로이트와 라캉, 교류분석의 에릭번의 증상 원리에서 가장 주요하게 주장되는 것이 억압과 강요이다. 프로이트는 '억압된 것은 반드시 돌아온다'는 정신분석의 대명제를 남겼다. 불안증과 우울증, 강박증으로 대표되는 신경증의 가장 주요한 원인이 억압과 강요이다. 프로이트가 가족로맨스에서 발생하는 억압과 강요를 주로 분석하였다면 라캉은 사회적 구성원리에 녹아 있는 억압과 강요를 분석하였다. 에릭번은 억압과 강요에 해당하는 '금지령'과 '드라이브'라는 관계의 원리를 이론적으로 재구성하였다(Ian Stewart, 2016). 강요에 더 반응한 사람은 강박으로, 억압에 더 반응한 사람은 우울로, 양쪽 모두를 오가면 반응한 사람은 히스테리나 불안으로 치닫는 경향이 있다. 억압과 강요는 증상이 발생한 시점에서만 해석될 대상이 아니라 내러티브 전체에 녹아 있다는 것을 전제로 분석되어야 한다. 단지 한 번의 에피소드에서 억압이 있었다고 그것이 신경증으로 발전하지는 않는다. 내담자가 당장은 최근의 억압 사건으로 인하여 내담하였다 할지라도 반드시 그 이전에 발생했던 억압의 내러티브가 있었다고 가정한다. 모든 내러티브에는 반드시 억압과 강요가 있고 상담자는 내러티브 속에 있는 억압과 강요를 분석할 수 있어야 한다. 더불어 억압과 강요 사건만 분석하는 것도 위험하다. 내담자의 내러티브에 억압과 강요가 없을 때 어떠하였는지를 살펴봐야 억압과 강요에 대한 내러티브가 의미를 갖는다. 이 부분은 「내러티브의 이면」에서 더 자세히 다룬다.

(4) 과도와 결핍

억압과 강요는 과도와 결핍을 낳는다. 억압과 강요는 무엇인가를 결핍하게 만들고 결핍은 반드시 과도를 불러온다. 우울이나 불안, 수치심, 슬픔, 질투와 같은 부정감정들도 각각의 역할이 있고 없어서는 안 되는 감정들이다. 그러나 이러한 감정들이 과노하거나 결핍되면 문제가 발생한다. 과도와 결핍은 양면의 동전과 같다. 과도가 발생하면 결핍도 따라온다. 불안이 결핍이 되면 실패와 위험을 감지하지 못하고 용기가 과도해져서 무리한 일에 불필요한 많은 에너지를 투자하여 도전한다. 불안이 없었기 때문에 실패를 예측하지 못하고 우울이 발생한다. 이처럼 어떤 감정이 결핍이 되면 다른 감정에 과도가 나타난다. 이는 감정에 한정된 것은 아니다. 자아가 과도하면 타자지향성이 결핍되고 말과 행동이 과도하면 생각이 결핍된다. 존재감이 결핍되면 말과 행동이 과도해지고 과거가 결핍되면 미래가 과도해진다. 이러한 과도와 결핍은 내러티브에 나타난다. 내러티브 속에서 과도와 결핍을 발견하고 억압과 강요와의 상관성을 찾아가면 그 사이 어디에서 증상의 발현을 발견할 수 있다.

(5) 시간성

시간성은 내러티브성의 핵심이다. 공간성과 인물, 맥락성도 내러티브에서 탐색될 대상이지만 나머지 요소는 시간성 안에서 탐색한다. 후설이나 하이데거와 같은 현상학자들이 시간성을 집중적으로 탐색한 이유는 시간성 안에 다른 내러티브적 요소들이 포함되어 있었기 때문이다. 인문융합치료학에서는 다른 현상학자들의 시간성도 내러티브 이론에 주요하게 적용하지만 특히 라캉이 말했던 논리적 시간성을 내러티브분석의 주요 이론으로 이해한다. 라캉에게 시간성은 논리적 과정의 실천에 영향을 받는다. 인간에게 시간이란 실재가 아니라 내적으로 의식된 시간이다. 그렇기 때문에 시간은 의식틀을 통과할 수밖에 없다. 시간도 해석의 문제라는 의미이다. 시간의 해석에 영향을 미치는 요소들은 공간과 타자와 맥락이다. 이러한 라캉의 해석을 통해 볼 때 라캉이 말하는 논리적 시간성은 내러티브와 다름없다.

주체가 실제로 바라본 순간은 연대기적으로만 나타나는 것이 아니라 공간과 타자들의 영향 아래서 이해되고 주체가 결론을 내리는 과정을 겪는다. 또한 실제로 바라보는 현재라는 시간은 과거의 시간 즉 역사성에 기반한 경험을 통해 해석되고 공존하는 타자들의 시선에 영향받아 상호성에 의해서 규정되며 공간과의 긴장을 겪어낸다. 과거에 경험한 모든 감각자극들은 지각을 거쳐 통각화 되어 기호로 뇌 전반의 영역에 저장된다. 저장된 과거 기호들은 현재 시점에 새로운 정보와 감각자극이 들어올 때 신피질(neocortex)을 통해 빠르게 촉진되며 현재 시점의 정보들과 융합한다. 즉 현재의 정보들은 과거 정보들의 기호와 융합 없이 인지될 수 없다. 현재의 정보는 반드시 과거의 정보와의 융합과정을 거친 후 인지된다. 그러한 영향과 해석의 과정을 통해 현재는 이미 지나가고 그 현재를 해석하는 것은 새로 생성된 미래의 정보이다. 즉 모든 시간은 사후적으로 해석된다(Lacan, 2019). 그렇기 때문에 모든 시간은 과거뿐만 아니라 미래에 영향 받는다. 현재가 사후적으로 해석된다면 이미 모든 시간에는 미래가 침투했다고 보아야 한다. 그래서 시간은 공간과 타자와의 상호성과 역사성과 미래와의 맥락적 조율을 통해 이해된다.

시간이 이렇듯 과거와 미래, 타자와 공간과의 맥락성을 기반으로 의식틀에 의해 사후적으로 해석되는 것이라면 얼마든지 실재와 다른 시간이 개인의 치우친 논리에 의해 구성되었을 가능성을 의심해보아야 하며 상담의 현장에서 사후적으로 재구성할 수 있다는 의미이다. 상담 현장은 내러티브를 재구성하기에 매우 좋은 공간이다. 시간이 연대기적이지 않고 논리적이라는 것은 해석체 즉 사람마다 같은 사건과 내러티브를 해석하는 결과물이 다르다는 것을 통해 확인 가능하다. 이는 「집단인문융합치료」에서 더 자세히 다루도록 한다.

(6) 스토리텔링과 융합치료

스토리텔링은 '이야기를 말하다'라는 의미를 담고 있다. 넓은 의미로는 공감적 의사소통 행위이고 좁은 의미로는 이야기를 제스처, 표정, 음성을 이용하여 전달하는 것이다(김영순, 2001). 스토리텔링은 고대로부터 사람들의 유흥과 학문 교류를 위해 사용되어 온 방법으로 어린아이부터 노인까지, 문맹자부터 학자까지 모두 활용하는 방법이다. 이민용(2017)은 국내에서 처음으로 스토리텔링을 치료의 도구로 활용하였다. 인문융합치료의 스토리텔링은 치료의 방식과 원리에 있어서 이민용의 스토리텔링치료와 차별성을 갖는다. 이민용의 스토리텔링 치료는 '체계적 둔감법', '자기최면', '긍정적 자기 다짐의 혼잣말' 등의 기법을 적용하여 인지의 변화를 가져오는 치료의 방식이라면(이민용, 2017) 인문융합치료의 스토리텔링은 기호학과 해석학적 접근을 통하여 담화에 숨겨진 기억과 해석을 자기 내러티브에 통합하여 고정된 내러티브를 사후적으로 재구성하는 방식이다.

내러티브는 내적 구조에 초점을 맞추어 완결성을 갖추고 있는 화자 중심의 언술행위이다. 스토리텔링도 화자가 존재하고 사건과 시간, 인물을 중심으로 구술된다는 의미에서 내러티브와 차이가 없어 보이지만 완결성보다는 개방성과 참여성, 상호작용성을 지닌다. 완결성을 갖추었다는 의미에서 내러티브는 변화 없이 유지하려는 속성을 갖고 있다. 그렇기 때문에 주체가 자기 내러티브를 구성하면 내러티브는 변화를 거부하고 고정된다. 자기 내러티브가 부정적으로 고정되면 부정적 자기 인식으로 자기 정체성을 유지한다. 그러나 그 고정된 자기 내러티브는 말하는 과정, 즉 스토리텔링을 통하여 과거의 자기와 현재의 자기, 화자와 청자가 상호작용하며 사후적 재구성을 통하여 변화된다.

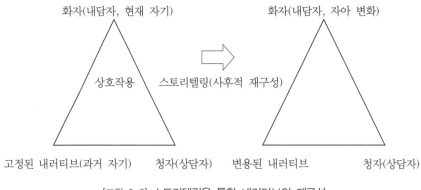

[그림 3-2] 스토리텔링을 통한 내러티브의 재구성

인문융합치료에서 스토리텔링은 부정적으로 고정된 내담자의 자기 내러티브가 다시 말하여지는 과정을 통하여 보이지 않았던 내러티브의 이면을 드러내는 과정이다. 논리적 시간성 개념을 통해서도 확인할 수 있듯이 시간성은 타자와 공간과 맥락과의 상호작용을 통하여 사후적으로 재구성되기 때문에 어떤 장소에서 어떤 대상과 어떤 상황에서 말하느냐에 따라 내러티브는 고정되고자 하는 속성을 넘어 변할 수 있다.

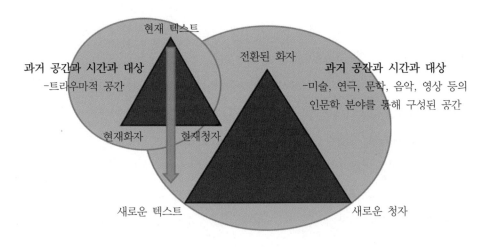

[그림 3-3] 공간의 변화와 스토리텔링

아이에게 말하느냐, 노인에게 말하느냐에 따라 같은 이야기도 변용되어 표현된다. 변용된 이야기는 다르게 받아들여질 수밖에 없다. 어떤 공간에서 말하느냐에 따라서 같은 말이라도 다른 정서로 받아들여진다. 햇살이 내리는 따듯한 숲에서 나눈 담소와 긴박한 전쟁터에서 나눈 담소는 같은 문장도 다른 정서로 기억된다. 인문융합치료학은 트라우마적 사건으로부터 시간이 흐른 상황에서의 현재의 화자가 모든 기표를 수용해주는 상담자를 대상으로 미술, 연극, 문학, 음악, 영상 등의 인문학 분야를 활용한 공간에서 스토리텔링을 함으로 내러티브를 변용하는 치료적 맥락을 구성한다.

(7) 내러티브 변용과 자아 역동

스토리텔링을 진행하다보면 자연스럽게 자기 내러티브에 변화가 온다. 내러티브는 시간성을 중심으로 서로 엮여 있기 때문에 내러티브의 한 에피소드가 재해석되면 해당 에피소드는 다른 에피소드에도 영향을 주어 내러티브 전체가 재해석된다. 스토리텔링이 바르게 진행되었다면 상담 초기와 후기의 내러티브에 분명한 변화가 있으나 내담자는 변화를 눈치채지 못할 가능성이 높다. 한 번에 내러티브에 갑작스런 전환이 일어나는 것이 아니라 매 회기의 에피소드의 변화에 따라서 에피소드 간의 역동을 통해 전체 내러티브도 변해가기 때문에 내담자는 단지 하나의 깨달음이며 작은 변화일 뿐이라고 생각하게 된다.

내러티브가 변하면 자아도 자연스럽게 변하게 된다. 프로이트는 자아가 초자아와 이드를 균형 잡는 역할을 하는 것으로 보았고 라캉은 자아가 스스로에 대한 가상 혹은 환상적인 이미지일 뿐이라고 보았다. 자아에 대한 견해는 심리학자들마다 다르다. 감정이나 감각처럼 확인 가능한 것이 아니고 개념으로만 존재하기 때문에 자아에 대한 다양한 견해는 불가피하다. 인문융합치료학에서는 자아란 '내러티브를 구성하는 주체'라고 본다. 내 내러티브를 구성하는 것이 타자의 시선이라면 자아는 약하고 초자아가 강한 것이고, 내 내러티브를 구성하는 것이 어린 시절의 내담자의 시선이나 요구와 욕망의 목소리라면 이드가 강한 것이다. 내러티브가 누구의 시선과 누구의 목소리로 구술되는지를 관찰하는 것은 상담자의 중요한 기술이다. 내담자가 스토리텔링을 진행하는 과정에서 내러티브에 역동이 일어나면 자연스럽게 자아 관계에도 역동이 일어난다. 한 에피소드의 화자가 타자의 시선에서 자기로 바뀌었다면 내적으로는 자아 변동이 일어난다. 초자아가 강했던 내담자는 에피소드의 화자를 자기로 변화시킴으로 자아의식이 강화된다. 때문에 내러티브 역동은 자연히 자아역동을 만들어내며 내러티브의 변화는 자아의 변화를 가져온다.

(8) 내러티브 통합감

스토리텔링을 통하여 도달하고자 하는 목표는 내러티브 통합감이다. 자기 내러티브는 의식틀에 의해 자기 인식이 된다. 의식틀은 자기 생애 사건들에서 취하고자 하는 정보들만을 취하여 구성된다. 취하고자 하는 정보는 계속 취하고 버리고자 하는 정보는 계속 버린다. 결국 특정 정보에 치우친 의식틀을 갖고 있으면 자기 내러티브도 편협하게 구성된다. 기쁜 기억도 있었으나 우울했던 기억만으로 내러티브가 구성되기도 하고 사랑받은 기억도 있었으나 미움 받은 기억만으로 내러티브가 구성되기도 한다. 인간은 사회적 구조 속에서 사회가 부여한 역할을 중심으로 대부분의 시간을 보내기 때문에 내러티브도 역할을 중심으로 구성된다. 때문에 내러티브를 구조화시키기 위해 실제와 다르게 버리거나 추가하는 정보들이 생겨난다. 일차적으로 자기 인식에 의해 내러티브가 구성되면 그 내러티브를 유지하고자 하는 정서적 속성으로 인해 내러티브 구조에 맞는 정보들을 더 쉽게 받아들인다. "넌 말을 참 못해."라는 말을 자주 듣고 자란 아이가 말실수를 여러 차례 경험하고 나면 말하는 것을 두려워한다. 그리고 말을 잘 못한 사건들은 내러티브 안으로 계속 가지고 들어오고 말을 잘 했던 사건들은 말을 잘 못한 사건들에 의해 묻히곤 한다. 그렇게 내러티브는 특정 방향으로 치우쳐 구성된다. 치우친 내러티브는 잃어버린 부분이 있기 때문에 자기 이해와 자기

인식이 명료하지 않다. 명료하지 않은 자기 인식과 자기 이해는 정체성 혼란과 주체성 결여 그리고 존재감의 부재를 불러온다. 스토리텔링을 통하여 자기 내러티브에 드러나지 않은 부분들을 계속 드러내서 자기 내러티브에 변화를 주도록 하는 것이 상담자의 역할이다. 그렇게 자기 내러티브의 이면에 숨죽이고 있던 정보들이 스토리텔링을 통하여 드러나면 내러티브가 통합되고 내러티브가 통합되었을 때 비로소 자기 이해와 자기 인식이 명료해진다. 이렇게 내러티브의 재구성을 통해 자기 이해가 분명해졌을 때 느껴지는 것을 내러티브 통합감이라고 한다. 스토리텔링을 통하여 내러티브 속에 통합되어야 할 대상은 초자아와 자아, 이드의 통합, 과거와 현재와 미래의 통합, 치우친 감정들의 통합, 숨겨진 생애 에피소드들의 통합, 주요 및 주변 인물들에 대한 기억의 통합이다.

4장

인문융합치료의 대상과 전문가

1. 인문융합치료의 대상

1) 내담자

내담자는 단어에 이미 나타나 있듯이 말하는 사람이다. 인문융합치료의 상담 과정에서 말하는 주체는 상담자가 아니라 내담자이다. 상담 과정에서 내담자가 말하지 않고 듣고 있다면 그 순간은 인문융합치료 과정이 아니며, 그 사람은 더 이상 내담자가 아니다. 말하는 사람이란 자기의 내러티브를 말하는 것을 의미한다. 내담자는 학문적 지식, 누구나 알아야 한다고 가정되는 상식, 객관적 사실이나 세상, 내담자의 삶에서 주인이라고 가정되는 다른 사람의 이야기가 아니라 자기의 이야기를 하는 사람이다. 때문에 내담자가 내담 상황에서 의무적으로 알아야 하는 지식이 따로 존재하지 않으며 모른다고 민망한 상황이 있어서도 안 된다. 내담자 자기의 내러티브를 말하는 것이기 때문에 내담 상황에서 가장 많은 지식을 가진 사람은 내담자이다. 내담자는 상담이 진행되는 모든 시간과 공간의 주인공이자 주체이다. 세상 어디서도 주체로 서지 못한 사람이라 할지라도 내담 과정 동안은 절대적 주체로 있어야 하는 사람이다.

2) 내러티브의 과도와 결핍

모든 내러티브는 시간성과 공간성, 인간과 맥락성으로 구성된다. 어떤 내담자는 시간성에, 어떤 내담자는 공간성에, 어떤 내담자는 인간관계에 몰입되어 내러티브의 다른 측면들을 간과하고 이야기할 수 있다. 혹은 어떤 내담자의 내러티브는 시간성의 불분형이나 공간성의 불균형, 인간에 대한 해석의 불균형을 갖고 있다. 이는 내러티브의 중요한 요소인 맥락성이 약화되었기 때문이다. 상담자는 내담자의 내러티브에 맥락성을 구성하기 위해 질문할 수 있다. 질문을 통한 상담자의 개입은 내담자의 이야기에 결핍된 시간과 공간 그리고 인간을 끌어냄으로, 치우친 이야기들에 균형을 주며, 균형 잡힌 내러티브는 그 속에 나타난 생각과 정서에도 균형을 찾아준다.

3) 내담자의 고유한 주체성

내담자의 이야기에 나타난 내러티브는 내담자 고유의 것이다. 내담자는 세계의 어떤 한 곳에 몰입되어 있는 세계-내-존재이다. 모든 사람이 동일한 공간성과 동일한 시간성, 동일한 인물의 상호작용을 가질 수는 없다. 가장 가까운 부부도 다른 공간과 다른 시간, 다른 인물과의 상호작용을 갖는다. 같은 모습을 하고 있는 쌍둥이도 다른 공간과 다른 시간, 다른 인물과의 상호작용을 갖는다. 내담자 이야기에 담겨있는 공간과 시간과 인물의 상호작용은 내담자만의 것이다. 모든 사람은 고유한 주체성이 있다. 하이데거는 타자와 구분되는 존재의 특별함을 'Jemeinigkeit'라고 표현하였다 (Heidegger, 2006). 이기상(2008)은 이를 '각자성'이라고 번역하였으나 'Jemeinigkeit'는 하이데거가 Einheitlichkeit(획일성)의 대립되는 용어로 만들어낸 신조어이기 때문에 사실

상 한국어로의 번역은 불가능하다. 혹은 매우 다양한 번역이 가능하다. 'Jemeinigkeit'
는 존재자에서 존재로 향하는 현존재의 속성을 표현하는 단어로, 주로 타자와 다른
고유성을 지니면서도 타자와 공동으로 존재하며 나타나는 주체성을 의미한다. 그래
서 김영순은 'Jemeinigkeit'를 상호주체성과 구분되는 용어로 사용하여 '고유한 주체
성'이라고 하였다. 현존재가 타자와 절대적으로 구분되지만 타자와 공동존재로 살아
가는 것처럼, 'Jemeinigkeit'(고유한 주체성)은 'Einheitlichkeit(획일성)'과 구분되지만 타자
사이에서만 나타난다. 그렇기 때문에 고유한 주체성 개념은 현존재를 타자로부터 외
롭게 만드는 개념이 아니라 다름에도 불구하고 타자를 인정하게 만드는 개념이다.

인간은 자신이 인식한 것 외의 다른 인식은 상상하기 어렵다. 모든 사람들이 자기와
같은 방식으로 세상과 사물을 인식한다고 믿는다. 인간은 개별적 주체성을 존중받을
때 공감 받는다고 느낀다. 그리고 고유한 주체성이 세계-내에서 의미를 발견할 때
존재감을 확인한다. 어떤 내담자는 고유한 주체성을 숨기고 싶어하고 어떤 내담자는
고유한 주체성을 드러내고 싶어한다. '내담자가 고유한 주체성을 스스로 어떻게 다루
는가?'를 살펴보는 것은 치료과정으로 진입할 때 상담자가 어떤 도구를 활용할 것인가
를 결정하는 데 도움을 준다. 상담자는 상담 과정에서 내담자의 고유한 주체성을 배워
야 한다. 상담자가 내담자의 고유한 주체성에 대하여 평가하는 것은 내담자 스스로
주체성을 변형시키도록 만든다. 상담자가 내담자의 고유한 주체성을 폄훼하면 내담자
는 주체성을 숨기게 되고, 상담자가 내담자의 고유한 주체성을 과도하게 칭찬하면
내담자는 주체성을 포장하게 된다. 고유한 주체성이 나타나는 내러티브는 그 자체로
존재이지 도구가 아니다. 내러티브를 통해 나타나는 고유한 주체성은 내담자의 정서에
영향을 미치는 도구로 활용되는 것이 아니라 그저 그대로 인정받고 존재해야 한다.

4) 내담자의 고유한 가능성

모든 사람의 내러티브는 고유한 주체성이 있기 때문에 고유한 가능성을 지닌다

(Martin Heidegger, 1998). 어떤 사람은 열심히 공부해서 대학에 가지만 어떤 사람은 열심히 공부해도 대학에 가지 못한다. '열심히 공부하면 대학에 간다.'는 것은 보편적 가능성일 수 있어도 반드시, 누구에게나 나타나는 결과물은 아니다. 보편적 가능성이 내담자의 내러티브에 절대적 통로로 작용하면 내담자의 내러티브는 타자의 내러티브에 의해 오염된다. 모든 내러티브는 고유한 가능성을 지닌다. 도구는 최초에 고유한 가능성을 지니지 않는다. 내러티브가 없기 때문이다. 망치는 처음에 만들어진 순간 보편적 가능성만을 지니고 팔린다. 망치의 보편적 가능성은 못을 박는 것이다. 그러다가 주인을 만나 집을 짓고, 책상을 만들고 벽에 멋있는 그림을 걸도록 못을 박으며 주인과 상호 내러티브를 발생시킨다. 내러티브를 갖게 된 망치는 고유한 가능성을 지닌다. 앞으로 이 망치는 무엇을 더 수리하고 만들어낼지 모른다. 주인과의 상호 내러티브를 통하여 다른 망치들과는 다른 고유한 가능성을 지니고 존재한다. 사물은 이렇듯 보편적 가능성에서 출발하여 사용자와 상호 내러티브를 구성함으로 고유한 가능성을 만든다. 그러나 인간은 처음부터 부부라는 상호내러티브의 결과물로 만들어졌으며 부모와 자녀라는 상호내러티브를 통해 성장한다. 그렇기 때문에 처음부터 고유한 가능성을 지닌다. 상담자는 「대부분의 사람이 어떠하다.」는 통계로 내담자의 내러티브에 부여될 수 있는 고유한 가능성을 훼손시키지 않도록 해야 한다.

5) 자기 내러티브에 의문을 품는 자

상담을 요청하는 내담자는 자기 내러티브에 대한 의문을 품는다. 내담자의 호소는 곧 내러티브에 대한 의문이다. 인간은 누구나 정서적 과도와 결핍, 사회적 관계, 심리적 어려움 등의 삶의 문제와 공허에 직면할 때, 자기 내러티브에 대한 물음을 갖게 된다. 문제의 원인을 추구하는 인간이 속성으로 인해, 인간은 「난 우울해.」에서 끝나지 않고 「왜 우울하지?」를 고민한다. 그리고 그 의문은 자기 내러티브에 대한 의문으로 전환된다. 신체적인 문제에 직면할 때는 문제 자체에 대한 고민으로 끝나지만 심리·정서적인 문제에 직면할 때는 반드시 내러티브의 의문으로 전환된다. 내러티브에 의문을 품는다는 것은 자기를 둘러싼 인간관계, 과거 혹은 미래에 대한 우려·고려·심려, 집과 회사 등의 공간과 환경에 의문을 품는 것을 의미한다. 즉, 내담자의 의문은 내러티브의 의문이다. 내러티브에 의문을 품는 자에게 당연한 것은 없다. 어떤 아내는 남편이 6시에 퇴근할 때, "왜 벌써 퇴근했어?"하고 물을 수 있지만 어떤 아내는 남편이 6시에 퇴근할 때 "왜 이제 퇴근했어?" 하고 물을 수도 있다. 두 아내의 반응이 다른 이유는 두 부부가 다른 내러티브를 갖고 있기 때문이다. 어느 날 이 두 아내의 남편이 8시에 퇴근한다면 두 아내에게 발생할 감정은 완전히 다르다. 늘 6시 이전에 들어오던 남편이 늦게 들어와서 불안한 아내가 상담하러 온다면 "불안해요."라고 감정을 말한 다음에 거기서 끝나지 않고 "남편이 늦게 들어와요."라고 내러티브를 말한다. 인간의 심리·정서적 문제는 내러티브에 대한 의문을 다루지 않고는 진전되지 않는다.

2. 인문융합상담전문가

1) 내러티브 참여자

인문융합상담전문가(이하 상담자)는 내담자의 내러티브에 참여하는 사람이다. 내담자는 감독이자 주연이자 작가로서 상담 현장에 존재한다. 상담자가 감독이고 내담자가 배우인 것처럼 상담 현장을 구조화하려고 시도한다면 내담자는 상담 현장 밖에서 하던 존재감에 대한 고민을 상담 현장에서도 다시 하게 된다. 상담자는 내담자의 내러티브에 적극적으로 참여하는 관객이자 독자이며 눈이다. 내담자의 내러티브 어디에선가 내담자의 내러티브를 바라보는 눈이다. 상담자는 내담자가 상담 현장에 들어오기 전까지 경험한 적 없는 적극적인 바라봄을 선사한다. 상담자는 내담자의 내러티브의 팬이자 내담자의 내러티브를 바라보는 자이다. 내담자는 자기 내러티브를 이야기하면서 내러티브 속에서 이전에 없었던 응시(바라봐짐)를 경험한다. 자기 내러티브를 바라보는 상담자의 눈은 탄생의 순간 자기를 내려다본 어머니의 눈이며 처음 걸었을 때 환호해주었던 아버지의 눈이다. 그 눈은 때로는 더 신나게 걸어가게 하고 때로는 한껏 울부짖어도 괜찮게 한다. 어떤 바라봄도 없는 상황에서 울부짖는 사람은 비참함을 경험하지만 적극적 바라봄 가운데서 울부짖는 사람은 위로를 경험한다. 상담자는 바라봄으로 내러티브에 참여하는 자이지 내러티브에 개입하고 이끄는 자가 아니다.

2) 질문자로서의 상담자

상담자는 질문을 통하여 내담자의 내러티브를 적극적으로 바라보고 있다는 것을 내담자에게 알려줄 수 있다. 상담자는 심리와 정서, 내러티브 및 치료에 관한 지식을 갖고 있다 할지라도 내담자의 내러티브에 대해서는 아무것도 모르는 자로 내담자와 마주 앉는다. 설사 상담자가 내담자로부터 수개월 혹은 수년을 만나며 내담자의 내러티브를 듣는다 할지라도 살아보지 않은 삶에 대하여 내담자보다 전문가일 수는 없다. 상담자의 지식은 내담자의 내러티브에 대한 것이 아니라 내담자가 주체화되기 위하여 자기 내러티브에 대해서 무엇을 드러내야 할지에 대한 것이다. 그렇기 때문에 상담자는 질문자이다. 질문을 통해 내담자의 내러티브를 드러내는 사람이다. 그러면 무엇을 질문할 것인가? 내담자의 내러티브에는 보편 내러티브와 개별 내러티브 그리고 억압된 내러티브가 있다. 보편 내러티브는 보편성을 개별 내러티브는 고유성을 지닌다. 사람에 따라서 누군가는 보편성을 강조하고 누군가는 고유성을 강조한다. 이때 상담자는 내담자가 강하게 드러내는 내러티브에는 공감을 보내고 약화시키는 내러티브에 질문을 던진다. 그리고 무엇보다도 모든 사람에게는 억압되어 숨기는 내러티브가 있다. 상담자의 질문은 이 억압된 내러티브를 드러내는 데 집중한다.

3) 상담자의 판단중지

상담자는 심리적·정서적 문제가 발생하는 원리를 이해하고 있기 때문에 자기 이해로 내담자의 내러티브를 분석 및 판단하기 쉽다. 그러나 상담자의 섣부른 분석과 판단은 내담자 내러티브의 고유성을 침해하고 가능성을 훼손할 수 있다. 현상학자 후설은 엄밀한 현상학을 수립하기 위하여 '사태 자체로' 사태를 바라보도록 요청하며 일체의 선입견에 대한 '판단중지'를 주장하였다(Edmund Husserl, 1964). 상담자는 일체의 선입견을 내려놓고 내담자를 사람 자체로 바라봐야 내담자의 내러티브를 있는 그대로 이해할 수 있다.

사람은 누구나 자기의식을 구성하여 외부의 정보를 받아들이는 의식틀이 존재한다. 그리고 그 의식틀은 사람마다 다르다. 그것은 동일한 학문을 배운 상담자라 할지라도 마찬가지이다. 의식틀에도 고유성이 있다. 동일한 내러티브를 바라보는 데 있어서도 고유성에 기반한 의식틀을 통하여 바라보기 때문에 상담자는 자기의 의식틀이 내담자의 내러티브의 일면만을 수용하거나 내담자 내러티브의 중요한 맥락을 생략하여 해석하지 않도록 조심해야 한다.

4) 평균적 이해를 넘어서기

모든 사람의 의식틀에는 고유성이 있기 때문에 일상의 대화에서 완전한 이해와 소통이 발생하는 것은 불가능하다. 그럼에도 불구하고 소통을 했다고 여기며 살아갈 수 있는 이유는 완전하지 않아도 대체적으로 이해할 수 있기 때문이다. 이렇듯 서로 간에 용납 가능한 이해의 수준이 있고, 이러한 용납 가능한 이해의 수준은 사회 보편적으로 통용된다. 이것을 평균적 이해라고 부른다. 상담 현장에서는 일상의 대화에서 발생하는 평균적 이해의 수준을 넘어서는 대화가 발생한다. 그 이유는 상담자가 내담자의 내러티브에 집중하며 평균적 이해의 벽으로 인해 이해받지 못했던 내러티브까지 꺼내기 때문이다. 문제를 마음에 안고 찾아온 내담자의 내러티브는 평균적 이해만으로 수용되거나 공감을 얻을 수 없는 것들이기 때문에 상담 현장은 평균적 이해를 넘어서 있는 내러티브가 벽에 갇히지 않고 흘러나오는 장소가 되어야 한다. 어떤 사람은 평균적 이해 안에 자기 내러티브의 대부분을 담아낼 수 있지만 어떤 사람은 평균적 이해 안에 자기 내러티브를 미비하게 담아낼 수밖에 없다. 이렇듯 평균적 이해 안에 자기 내러티브를 충분히 담아내지 못하는 사람은 일상 속에서 존재감을 상실할 수밖에 없다. 상담자가 드러내는 평균적 이해 밖의 내담자의 내러티브는 내담자의 존재감을 드러낸다. 이러한 이유로 평균적 이해를 넘어서는 사각의 상담 공간은 내담자의 존재감이 확인되는 장소가 된다.

5) 인문 분야의 전문가

인문융합상담전문가는 인문학의 기본요소인 공간성과 시간성, 인간성을 담고 있는 내러티브를 듣기만 하는 것이 아니라, 스토리텔링을 바탕으로 각 인문학 분야를 융합하여 구성 및 재구성한다. 내러티브 이론과 스토리텔링만으로도 충분히 효과적인 상담이 가능하지만 각 인문학 분야가 갖고 있는 치료적 힘을 활용하는 것이 인문융합치료가 목표하는 바이다. 시와 이야기를 비롯한 문학, 사진과 회화뿐 아니라 건물과 조형까지 포함하는 미술, 각 장르의 음악과 종합 인문학을 담아내는 연극과 영화. 이 모든 인문학 분야들이 그 자체로도 치료적 힘을 갖고 있다. 인문융합치료는 이렇듯 내러티브적 치료의 힘과 각 인문학 분야가 갖고 있는 치료적 힘을 융합한다. 그렇기 때문에 인문융합상담전문가는 어떤 분야이든 인문학 분야의 전문성을 개발해야 한다. 연극치료를 한다고 하여 꼭 감독이나 배우였을 필요는 없고, 미술치료를 한다고 하여 화가일 필요는 없다. 그러나 내담자의 내러티브에 나타난 결핍과 과도를 해결하기 위해 필요한 인문학 분야가 무엇인지를 선별하고 선별된 인문학 분야를 어떻게 활용하여 치료적 힘을 드러낼 지를 기획하고 구성할 수 있어야 한다. 이렇게 치료적 힘을 구성하기 위하여 문학이든, 철학이든, 역사이든, 미술이든, 음악이든, 연극이든, 사진이든, 영화이든, 내러티브와 융합할 수 있는 하나 이상의 인문학 분야에 전문성이 있어야 한다.

6) 유연한 질적 연구자

양적 연구가 보편성과 객관성을 확보하기 위해 많은 연구대상에 특정 처치를 하고 어떤 일이 일어나는가를 연구한다면 질적 연구는 고유성과 주관성을 확보하기 위해 조작되지 않은 삶의 세계에서 현상이 어떻게 드러나고 인간이 어떻게 생활하고 경험하고 상호작용하는지를 연구함으로 의미를 발견하는 연구 방법이다(김영순 외, 2018). 상담자는 질적 연구자여야 한다. 내담자는 보편성이나 객관성을 확보하기 위해 오는 사람들이 아니다. 자신의 고유성과 주관성이 어떤지, 혹은 어떤 의미가 있는지를 확인하고 싶어서 오는 사람들이다. 내담자는 이미 상담실 밖에서 보편성과 객관성에 지쳐서 상담실 문을 두드린다. 세상을 알고 싶어서가 아니라 자기를 알고 싶어서 오는 사람들이다. 그래서 프로이트는 자아(ego)를, 융은 자기(self)를, 라캉은 주체(subject)를 연구하였다. 3대 정신분석가로 알려진 프로이트와 융과 라캉의 연구들은 대체로 질적 연구였고 그것은 어쩌면 상담자로서 당연한 결과였다. 상담자는 꼭 질적 연구를 해야 한다는 의미가 아니라 상담 현장은 질적 연구의 현장이어야 한다는 의미이다. 그렇기 때문에 상담자는 유연해야 한다. 객관성과 보편성을 주장하기보다 내담자의 고유성에 흡수되고 내담자의 주관성에 같이 걸어가야 한다.

상담자는 내담자에게 유연하기도 하지만 상담과 치료를 진행하는 과정에 있어서도 유연해야 한다. 인문융합상담전문가는 내러티브와 미술이, 철학과 연극이, 혹은 역사와 음악이 융합되어 내담자의 내러티브 세계에 침입하도록 안내한다. 장르의 경계가 무너지고 이 장르가 저 장르를 흡수하며 여러 인문학 장르의 창(frame)으로 내담자의 내러티브를 휘저어 놓는다. 상담자의 유연성은 내담자의 내러티브를 흡수할 뿐 아니라 내담자와 과감히 낯선 경험으로 걸어 들어갈 수 있어야 한다. 연극치료 전문가가 내담

호모 내러타쿠스: 인문융합치료의 이해

자와 그림을 그리거나 미술치료 전문가가 내담자와 음악을 들을 수 있는 유연함이 필요하다. 인문학 자체에 치료의 힘이 있기 때문이다. 그 낯섦 사이에서 경험되는 현상들의 의미가 내담자의 내러티브를 재구조화 한다. 이 낯선 치료적 만남이야 말로 질적 연구의 과정이 된다.

3. 인문융합치료의 기법

1) 인문융합치료의 절차

인문융합치료는 「접수-진단-스토리텔링-분석-치료」의 절차를 갖는다.

A. 접수 - 주호소 문제와 부수적인 호소 문제들을 접수한다.
B. 진단 - 인문융합치료학은 단회적인 테스트를 통한 진단을 신뢰하지 않는다. 진단이 필수적이지 않으며 진단보다 내담자의 호소가 우선한다. 진단은 내러티브에 나타난 증상적 반응들을 통하여 상담자와 내담자가 함께 내린다. 내러티브에 나타난 증상에 대한 진단은 내담자의 내러티브를 인문융합치료학의 이론을 적용하여 사용한다. 진단은 상담의 절차라기보다 상담과 분석의 중에 꾸준히 탐색하는 과정이다.
C. 스토리텔링 - 상담자의 질문에 따라 내담자가 스토리텔링하는 과정으로 상담자의 숙련도에 따라 분석과정과 병행하며 진행할 수도 있다.
D. 분석 - 내담자의 스토리텔링에 기반하여 상담자가 다시 말하고(re-telling) 내담자의 의견을 묻고, 상담자의 분석 내용을 내담자로부터 수정받는 과정이다. 상담자의 분석이 확실해 보인다 할지라도 진단이 아니기 때문에 반드시 질문의 형식으로 물어야 하며 내담자의 수정을 거치도록 한다.

E. 융합치료 – A~D까지의 과정을 통해 통합된 내담자의 내러티브를 문학치료, 연극치료, 미술치료, 이야기치료, 음악치료, 영화치료, 사진치료, 명상치료, 영성치료 등 인문학의 분야와의 융합을 통해 표현, 실천하는 과정이다. 상담 및 분석 과정과 융합치료과정을 분리하여 따로 진행할 수도 있지만 숙련도에 따라 상담 및 분석 과정에 융합치료를 함께 진행할 수도 있다.

〈표 3-1〉 인문융합치료 (가) 유형

상담	분석	치료
스토리텔링	상담자의 re-telling을 통한 분석	미술, 음악, 연극, 문학, 영상, 영화, 글쓰기 등의 인문학 장르를 통한 치료

인문융합치료 (가) 유형은 먼저, 기타 인문학 장르와의 융합 없이 스토리텔링을 진행한다. 이 과정은 'talking cure'와 다름없는 상담이다. 가능한 내담자의 이야기를 많이 끌어내는 과정이며 적극적 경청과 질문을 통해 내담자와 상담자 사이에 라포가 형성되고 내담자의 정보가 상담자에게 전달되는 과정이다. 그 다음에는 상담자가 're-telling' 하면서 내담자의 내러티브를 분석하는 과정이다. 이 과정에서 상담자가 잘못 이해한 것이나 내담자 스스로 자기에 대해 잘못 표현하고 있는 것들을 수정할 수 있다. 이렇게 상호간의 내부자적, 외부자적 스토리텔링이 완료되면 미술, 음악, 연극, 문학, 사진, 영상, 영화, 글쓰기 등의 인문학 장르를 통하여 내담자의 내러티브를 재해석하고 변용한다. 이러한 과정을 통하여 내담자가 자기의 내러티브를 스스로 분석하고 변용할 수 있으면 인문융합치료는 종결된다.

〈표 3-2〉 인문융합치료 (나) 유형

상담	분석	치료
미술, 음악, 연극, 문학, 영상, 영화, 글쓰기 등의 인문학 장르와 내러티브를 상담 단계부터 융합하여 진행.		

인문융합치료 (나) 유형은 스토리텔링과 분석 과정에서부터 미술, 음악, 연극, 문학, 사진, 영상, 영화, 글쓰기 등의 인문학 장르를 활용한다. 인문학 장르 활용이 익숙한 상담자는 오히려 더 쉽게 라포를 형성하고 내담자의 내러티브를 끌어낼 수 있지만, 인문학 장르 활용이 익숙하지 못한 상담자는 인문학 장르 활용으로 인해 나타나는 예상되지 않는 상황에 반응하지 못하여 자신감이 떨어지고 당황할 수 있다. 상담자가 익숙한 인문학 분야가 있다면 (나)유형이 더 효과적이다.

2) 인문융합치료에서 질문의 의미

아무리 뛰어난 상담자라 할지라도 내담자의 고유성과 내러티브를 내담자보다 더 잘 알 수 없기 때문에 상담자가 내담자에게 할 수 있는 역할은 질문을 통해 내담자가 스토리텔링에 집중할 수 있게 하는 것이다. 더 이상 말할 수 없을 만큼 내담자 스스로는 모두 말했다고 생각되어도 상담자는 내담자가 말하지 않은 이면으로 들어가는 통로를 찾아낼 수 있어야 한다. 내담자의 스토리텔링은 상담자의 질문을 토대로 나오기 때문에 상담자의 질문이 적절하지 못하면 스토리텔링도 적절하지 못하게 진행된다.

인문융합치료에서의 상담자의 질문은 사실 여부를 묻는 것이 아니라 스토리텔링을 끌어낼 수 있는 것이어야 한다. "아버지의 직업이 무엇인가요?"나 "아버지는 어떤 분인가요?"보다 "아버지와 무슨 일이 있었나요?"와 같은 질문이 더 좋고, "왜 우울하다고 생각하나요?"보다 "무슨 일이 있었나요?"가 더 좋은 질문이다. 스토리텔링이 진행되면서 상담자는 에피소드 전후에 무엇을 질문할 것인가를 끊임없이 생각해야 한다. 상담일지에는 내담자의 스토리와 상담자의 분석뿐 아니라 상담자의 질문과 내담자의 반응도 포함되어야 한다.

질문을 하는 주제는 다음과 같다.

(1) 상담 초기의 질문

- 내러티브 전체를 알기 위한 정보를 위주로 진행된다. 최근의 호소사건부터 시작하여 점점 과거로 흘러가도록 질문한다. 처음부터 과거에 대한 질문으로 시작하면 집중력을 잃을 수 있다.
- 최근의 호소 문제부터 어린 시절에 대한 탐색까지 진행하였으면 생애곡선 그리기를 진행한다.
- 스토리텔링 과정을 통해 나오지 않은 내용들을 질문한다. 내러티브의 요건은 시간성과 공간성, 인물과 맥락성이므로 질문할 때에는 이 요건들이 빠지지 않도록 질문한다. 시간성만 강조되면 공간성과 인물을, 인물만 강조되면 시간성과 공간성을 질문한다. 혹은 특정 인물에만 치우쳐서 스토리텔링하는 경우 다른 인간관계에 대해서도 질문한다. 이러한 과정을 통해 내러티브의 맥락이 구성된다.

(2) 상담 중기의 질문

- 억압과 강요, 과도와 결핍이 나타난 장면들을 질문한다.
- 사건들을 둘러싼 감정의 흐름을 질문한다.
- 내러티브를 강화시켰다고 판단되는 사건들을 공간, 시간, 인물, 맥락을 중심으로 더 깊이 물어보고 현재 시점에서 내러티브 강화사건을 어떻게 생각하는지 질문한다.
- 내러티브에서 후회되는 장면이나 다시 하고 싶은 가상의 장면들을 질문한다.
- 내러티브를 강화하는 생각들을 분석하고 그 생각대로 삶이 진행된다면 미래에 어떻게 될지를 끊임없이 질문하여 내담자의 사유의 끝에 무엇이 있는지를 확인하도록 한다.
- 내담자의 관점에서 상담자가 내담자의 내러티브 전체를 요약하며 들려주고 내담자로 하여금 수정해 달라고 요청한다.

(3) 상담 후기의 질문

- 내러티브 속에서 발견된 내담자가 몰입되어 있는 감정, 사람, 부정적인 자아, 생각, 정체성, 욕구 등을 중심으로 내러티브를 재탐색하며, 반대 감정, 반대 욕구, 반대 생각, 반대 정체성, 반대 역할의 입장에서 생각하면 무엇이 달라질지를 물어본다.
- 처음 질문과 상황으로 돌아가서 내러티브에 대한 관점과 감정이 얼마나 변했는지 확인한다.

3) 명료화와 명세화

명료화는 불분명한 것을 분명하게 하는 작업이고 명세화는 포괄적인 것을 세분화하는 작업이다. 자기 내러티브가 불분명하거나 지나치게 포괄적이면 정체성과 존재감이 약하다. 무엇보다도 내담자의 내러티브가 상담자에게 불분명하거나 지나치게 포괄적으로 전달되면 상담자가 잘못된 분석을 진행할 가능성이 높다. 스토리텔링 작업 자체가 상호적이기 때문에 내러티브가 불분명한 채로 진행되면 주요한 질문이 어려워지고 상담자의 질문이 핵심을 벗어나면 내담자의 스토리텔링도 핵심을 벗어난다. 상담자는 내담자의 스토리텔링이 불분명하게 표현되면 다시 정리하여 말해주고 확인받아야 한다. 이러한 작업을 명료화라고 한다. 그리고 대략적으로만 이야기하면 좀 더 세세한 정보들을 물어야 한다. 이러한 것을 명세화라고 한다.

명료화와 명세화를 할 때에는 에믹(Emic)의 관점에서와 에틱(Etic)의 관점에서 이중적으로 하는 것이 좋다. 에믹의 관점이란 원주민들의 언어를 의미하는 인류학적 표현으로 내부자적 관점을 의미한다. 에틱은 해석자 혹은 보편적인 문화의 언어를 의미하는 인류학적 표현으로 인문융합치료학에서는 외부자적 관점 혹은 사회보편적인 언어를 의미한다. 상담자는 내담자의 언어와 표현, 기호를 잘 관찰하고 에믹 명료화를 할 때 사용해야 한다. 에믹 명료화는 모든 도덕적, 법적, 보편적 판단을 중지하고 완전히 내담자의 입장에서, 가능한 내담자의 언어로 내담자의 말을 다시 자세히 구술하여 들려주는 작업이다. 이를 통해 내담자는 공감받을 수 있으며 자기의 말을 더 자세히 생각해볼 수 있다. 그 후에 에틱 명료화를 진행하는데, 에틱 명료화에서는 외부자가 볼 때 혹은 사회보편적인 시선으로 볼 때 내담자의 말이 어떠할지를 들려준다. 에틱 명료화에서 조심할 것은 이 관점이 상담자의 관점이 아니라 보편적 타자의 관점에서 정리하는 것일 뿐이라는 것을 명시하는 것이 좋다. 그리고 반드시 내담자에게 에틱 명료화에 대한 의견을 묻고 그에 대한 내담자의 답변을 이해했다고 표현해주는 것이 좋다. 에믹 명료화와 에틱 명료화가 되었으면 내담자가 두루뭉실하게 표현하거나 간과한 에피소드들에 대해 명세화를 진행한다. 명세화는 내담자의 구술에서 두루뭉실하게 넘어간 사건이나, 사람에 대한 묘사를 이미지가 그려질 수 있도록 구체적으로 물어보는 작업이다. 명세화가 없으면 상담자는 자기의 의식틀로 내담자의 두루뭉실한 말을 해석하거나 상상하게 된다. 명세화도 내담자의 말에서 끝나지 않고 상담자가 확인하여 에믹적 관점에서 정리하는 것이 좋다. 긴 이야기의 경우, 에믹 명료화가 어려울 수 있지만 상담자가 최대한 관심을 갖고 내담자의 언어를 관찰해야 한다. 특히 청소년이나 노인, 이주민들과 같이 상담자와 다른 문화권에 있는 사람들이 내담자로 왔을 경우, 에믹 표현과 에틱 표현의 반복을 통한 명료화와 명세화는 더욱 자주 세밀하게 사용해야 한다.

4) 생애곡선 그리기

질문을 통하여 최근의 문제부터 시작하여 어린 시절의 내러티브까지 거슬러 올라갔으면 생애 전체를 한눈에 볼 수 있도록 생애곡선을 그림으로 자기 내러티브를 1차적으로 정리하는 시간을 갖는다. 생애곡선은 즐거움과 성공을 중심으로 한 곡선을 위를 향하도록 그리고, 어려움과 실패를 중심으로 한 곡선을 아래를 향하도록 그린다. 내러티브는 연대기적으로 나타나기보다 논리적으로 구성되기 마련이지만 연대기적으로 정리할 필요가 있다. 연대기적인 내러티브 정리는 상담과정 내내 질문의 근거로 활용될 수 있으며 내담자도 생애곡선을 그림으로 자기 생애를 한눈에 정리하는 효과를 갖는다. 즐거움의 크기가 큰 곡선의 지점과 어려움의 크기가 큰 곡선의 지점이 같거나, 어려움의 곡선이 최근에만 몰려 있거나, 어린 시절에만 몰려 있다가 현재에 다시 나타났거나 관찰이 가능한 독특한 지점들을 분석할 수 있다. 생애곡선은 상담자와 내담자가 함께 그려나갈 수도 있고 내담자에게 과제로 해 오도록 요청하고 과제를 보며 함께 이야기 나눌 수도 있다.

5) 내러티브 강화사건 탐색

내담자의 생애 스토리텔링을 통하여 고통에 대하여 듣다 보면 반복되는 어려움과 반복되는 감정, 혹은 반복되는 생각을 발견하게 된다. 이러한 지점을 발견하는 것이 상담자의 통찰이다. 이러한 반목을 내러티브 강화사건이라고 한다. 내러티브 강화사건에는 내러티브 강화 생각과 내러티브 강화 감정이 포함될 수도 있고 미포함 될 수도 있다. 스토리텔링에는 미포함 되지만 상관관계가 있을 가능성이 높다. 상담자는 이러한 내러티브 강화사건이나 내러티브 강화 감정을 발견하였다고 해서 내담자에게 "이것이 당신의 내러티브 강화 감정이다."라고 알려주어서는 안 된다. 그것은 내담자는 동의할 수 없는 지시일 수 있으며 잘못된 분석인데 오히려 내담자에게 강화시켜 주는 계기가 될 수도 있다. 내러티브 강화사건이 발견되었으면 내담자에게 그 부분에 대해서 저 자세한 질문을 함으로 내담자가 자신의 내러티브에서 특정 감정이나 특성 생각, 특정 사건이 반복되고 있음을 자각하게 해야 한다. 회피성 경향을 가진 내담자가 있다고 가정한 경우, 생애곡선에서 실패, 이동, 이탈의 기록이 반복되는 지점이 발생한다. 그때 이동이나 이탈의 배경과 생각, 감정들을 질문함으로 내담자로 하여금 이동이나 이탈이 특정 상황이나 특정 감정이 있을 때 반복되고 있음을 인지하도록 한다. 내담자 스스로 그것을 발견하고 성찰할 때 주체적으로 자기 내러티브에 반응할 수 있다.

6) 내러티브의 이면

내담자가 초기에 발화한 내러티브는 대체로 꾸며지고 정돈된 내러티브일 가능성이 높다. 그것은 아직 라포가 형성되지 않은 상담자 앞이기 때문에 의도적으로 꾸몄을 수도 있고 실제로 자기 내러티브를 무의식 속에도 숨겼을 가능성도 있다. 어느 쪽이든 상담자는 스토리텔링 과정에서 내러티브의 진실에 직면해야 한다. 내러티브의 진실에 직면하기 위해서 상담자는 내담자의 내러티브를 놓치지 말아야 한다. 내담자가 의식적으로든 무의식적으로든 숨기고 있는 내러티브가 반드시 존재하는데 정신의학자 라캉은 유머, 말실수, 거짓말, 당황을 통하여 숨겨진 내러티브가 드러난다고 하였다. 평소에 사용하지 않던 유머나 당황한 기색이 나타나거나 말실수나 거짓말이 나타난다면 상담자는 내담자를 배려하여 속아 넘어가기보다 진심으로 궁금한 마음으로 그 지점의 내러티브를 더 깊이 탐색해야 한다. 내담자에게 "왜 갑자기 농담을 하죠?"와 같이 내담자의 기분을 상하게 만드는 언어로 진실을 드러내는 것은 오히려 내러티브를 더 깊이 숨기게 만든다. 발화된 내러티브 이면의 진짜 내러티브를 드러내려면 내담자의 유머, 거짓말, 말실수, 당황은 못 본 듯 그냥 지나치고 농담을 하는 당시에 숨기려던 내러티브에 대해서 "신나게 웃었는데요, 웃기 전에 아버지의 가출에 대해서 말씀하고 계셨는데 그 부분을 조금 더 자세히 말씀해주시겠어요?" 하고 더 말해주기를 요청한다. 요청은 진지한 것이 좋고 내담자가 말하기를 분명하게 거절하면 더 이상 묻지 않는다. 다만 말하기를 거절했던 부분에 대해서는 기록해두고 숨기려는 의도를 분석할 필요가 있다.

7) 변증법적 질문과 내러티브의 변화

헤겔은 정신현상학을 통하여 지각의 순환운동을 주장하였다(Georg Wilhelm Friedrich Hegel, 1988). 감각자극이 지각으로 전환되었다고 하여 지각이 그대로 머물러 있는 것은 아니다. 지각은 순환하며 의식틀을 다시 넘나들고 재 통각화 된다. 지각의 순환 운동에 영향을 미치는 것이 '상호대립관계'이다. 사물의 속성들 간에는 서로 간섭하지 않은 채, 함께 모여 있는 '상호 무관심적 관계'와 서로의 존재를 밀어내는 상호대립관계가 있다. 상호 무관심적 관계는 공존하기 때문에 주체성에 영향을 주지 않는다. 그러나 상호대립관계에 놓여 있는 대상은 주체성을 부정하고 배제한다. 그러면 주체는 상호대립관계에 놓인 대상으로부터 부정되어 물러서거나 존재감을 확보하기 위한 운동성을 일으켜야 한다. 이 운동성으로 인해 지각은 순환하고 상호대립관계와 주체는 지각의 순환을 경험하며 서로 변하게 된다. 이렇게 변한 주체는 변하기 이전에 상호 무관심적 관계였던 대상과 여전히 무관심할 수도 있지만 상호대립관계로 전환될 수도 있다. 그러면 주체의 변화로 인해 새롭게 상호대립관계가 된 대상과 운동성을 통해 다시 지각의 순환운동을 경험해야 한다. 이러한 과정이 변증 과정이다. 이러한 변증 과정이 주체성을 만들어내며, 어떤 변증의 대상을 이끌어내느냐가 치료적으로 작용할 수 있다. 변증 과정이 필요한 상호대립관계를 찾기 위해서는 내담자의 내러티브에서 열등감, 수치심, 소외감이 발생한 지점을 찾고 그 감정들이 발생한 과정을 정리한다. 그리고 그 감정들의 주변 내러티브에서 있었던 욕구의 억압과 무시, 모욕의 현장을 탐색한다. 그 현장에 있는 인물이 상호대립관계일 수도 있고, 부정적인 감정이나 욕구 자체가 상호대립관계일 수도 있다.

내담자들이 스스로 부정적 감정과 억압과 무시와 모욕에 대하여 자신의 의사와 욕구를 언어기호로 표현할 때, 상담자가 그 표현을 격려하는 것만으로도 변증 과정에 힘을 실어주는 효과가 있지만, 더 적극적으로 상호대립관계에 있는 변증의 대상을 찾고 그 대상과 반대의 입장에서 질문을 함으로 변증 거리를 좁혀갈 수 있다. 이를테면 아버지가 정돈을 잘해야 한다고 강압적인 힘을 행사한 기억으로 인해 결벽증이 생긴 내담자가 있다고 가정할 때, 깨끗할 수 없는 상황들에 대한 질문과 입장 설명 혹은 아버지의 가르침에 대한 반론으로 결벽증이라는 증상의 변증법적 거리를 만들어갈 수 있다. 혹은 변증 대상이 내담자의 감정일 수도 있다. 이를테면 내담자가 불안을 갖고 있다면 상담자는 안심이라는 입장에서 질문을 함으로 내담자가 불안의 반대 지점을 인식 안으로 수용할 수 있다. 이러한 질문과 대답을 통하여 내담자의 내러티브가 재구성되거나 과도의 결핍의 내러티브가 통합된다.

8) 내러티브 요약

내담자가 더이상 말할 수 없을 만큼 여러 차례의 내러티브를 말하였다면 이제 상담자가 이해한 내담자의 내러티브를 요약하여 전해준다. 이 과정은 내러티브 통합감을 찾아주는 데 주요한 효과가 있다.

상담자는 에믹 언어와 에틱 언어를 사용하여 내담자의 내러티브를 두 번 요약해준다. 먼저, 최대한 내담자의 입장에서, 내담자가 사용했던 언어를 중심으로, 에믹 언어와 에믹 관점으로 내담자의 내러티브를 구술 요약한다. 내러티브 요약 단계에서는 내담자도 상담자가 에믹 언어와 에틱 언어를 구분하여 사용한다는 것을 인지하게 된다. 혹은 상담자가 내담자에게 설명해주어도 좋다. 에믹 언어로 내러티브 요약을 진행할 때는 "OO님이 아플 때 어머니가 요리를 해 주셨지요..."라고 내담자의 이름을 주어에 넣어서 구술한다. 내담자는 상담자가 요약한 자신의 내러티브를 들으며 문제가 있거나 의도되지 않은 부분을 지적하거나 수정한다. 이때 상담자는 내담자의 언어로 내러티브를 요약하는데 내담자가 수정한다면 요약된 부분과 내담자가 수정한 부분의 내러티브가 왜 차이가 있는지, 어떤 부분에서 차이가 있는지 분석하며 이야기 나눈다. 에믹 언어로 내러티브 요약이 끝나면 에틱 언어와 관점으로 한 번 더 내러티브 요약을 진행한다. 에틱 관점과 언어로 내러티브를 재 요약할 때는 "어머니는 OO님이 아플 때 다급히 요리를 하셨어요..."라며 어머니나 아버지의 시선, 혹은 상담자의 언어나 시선, 혹은 매 에피소드마다 외부자의 시선에서 바라보는 방식으로 구술한다. 에틱 관점으로 내러티브를 요약할 때의 주어는 내담자의 반대 지점에 있는 사람의 시선으로 요약을 진행하거나 최대한 객관적인 사람의 시선으로 진행할 수 있다. 내담자의 반대 지점에 있는 사람의 시선으로 요약할 때는 내담자의 생각의 충돌과 변화를 관찰하거나 이끌어낼 수 있고, 객관적인 사람의 시선으로 진행할 때는 외재화 효과를 누릴 수 있다. 누구의 시선으로 내러티브를 요약할지는 상담자의 통찰을 통해 결정할 수 있다.

9) 저항다루기

심리치료 과정에서 내담자의 저항은 불가피하다. 상담 초기에는 힘들었던 마음을 털어놓기 때문에 상담자에게 의지하고 밀착한다. 그러나 스토리텔링이 진행되다 보면 드러내고 싶지 않은 내러티브들을 드러내게 되고 말하고 싶지 않은 것을 물어보는 상담자의 질문에 당황한다. 상담자가 아무리 부드럽게 접근한다고 해도 장기기억장치 저편으로 보내버린 억압된 기억을 드러내는 것을 기뻐할 내담자는 없다. 그렇다고 상담자가 내담자의 기쁘고 즐거운 일만 물어보는 것은 내러티브 통합을 불러올 수 없다. 크기의 차이가 있을 뿐 내담자의 저항은 상담 과정에 필연적으로 찾아올 수밖에 없다. 내담자의 저항은 상담을 그만 두는 것으로 반응할 수도 있고, 상담자에게 부정적인 감정을 쏟아내는 것으로 반응할 수도 있다. 상담자를 오해하고 내담자 자신을 무시하거나 힘들게 한다고 생각할 수도 있다. 실제로 억압된 내러티브 기억을 불러내는 작업은 내담자를 힘들게 하고 숨겼던 감정들을 현재에 재경험하기 때문에 수치심과 모멸감을 느끼기도 한다. 그렇기 때문에 상담자는 상담 초기에 저항에 대해서 미리 설명하고 저항의 상황이 되었을 때 초기에 저항에 대해서 설명했던 기억을 떠올리며 조금 더 상담 과정에 동참하도록 제안하는 것이 좋다. 그래도 내담자가 상담을 중단하기를 원한다면 내담자의 요구대로 상담을 중단한다. 다만, 저항으로 인하여 상담을 중단한 경우, 대부분의 내담자는 후회하기 때문에 다시 돌아올 수 있도록 좋은 관계에서 마무리를 하고 언제든지 다시 시작될 수 있음을 고지하고 상담을 위해 다시 돌아오도록 권하는 것이 좋다. 내담자가 언제인가는 한번 넘어야 할 과정이기 때문이다.

10) 상담의 종결

인문융합치료학에서 상담의 목표는 스스로 자기 내러티브를 분석할 수 있도록 하는데 있으며, 상담의 종결은 내담자가 상담의 종결을 원할 때, 내담자의 주호소문제가 해결되었을 때, 내담자 스스로 자기 내러티브를 분석하고 통합할 수 있을 때이다. 내담자의 내러티브가 모두 소진되었는데도 주호소문제가 해결되지 않았으면 현재의 일상의 에피소드들을 스토리텔링함으로 상담을 지속한다. 새로운 하루는 과거의 연장이며 미래로부터 오는 해석이 된다. 새로운 하루를 내러티브 속에서 해석하며 정체성 협상과 인정투쟁을 실천해가는 과정이 인문융합치료의 과정이다. 종결할 때에는 갑작스럽게 끝내기보다 내담자에게 고지를 주고 상담의 주기를 서서히 늘려가는 방식으로 종결해간다. 상담의 종결이 다가오면 내담자들은 불안과 상실감을 느낀다. 이때 내담자들이 버려지는 것이 아니라 언제든 찾아올 수 있다는 말을 해주는 것이 좋다.

2부

내러티브융합치료의 실제

5장

이야기융합치료: 그림으로 푸는 이야기*

1. 이론적 배경

1) 개념과 철학적 배경

(1) 개념

이야기치료(narrative therapy)는 좁은 의미에서 말하면 마이클 화이트와 데이빗 엡스턴이 상담현장에서 임상을 통해 정리한 개념과 치료기법이며, 개인의 이야기 속에서 문제와 대안을 발견하여 새로운 정체성을 만들어가는 기법이다(최현미, 2013; 고미영, 2004).

---

* 7장에서는 오영섭(2019)의 박사학위 논문 '이주배경 중도입국 청소년의 미술-이야기융합치료 프로그램 참여경험 사례연구'와 김영순·오영섭·왕금미·김수민의 공동저서 '이주배경 청소년을 위한 미술·이야기융합치료의 이해'를 수정 보완했다.

하지만 이야기치료는 넓은 의미에서 말하면 인문학에서 발전된 인문치료의 한 분야다. 인문학은 인간을 이해하는 학문이며, 이를 위해 기본적으로 내러티브 혹은 이야기를 사용한다. 문학·역사·철학으로 대표되는 인문학은 기본적으로 언어적 표현으로 인간의 문제를 다루기 때문에 스토리텔링 치료라고 할 수 있다(한혜원, 2010). 인문학을 치료적으로 활용하기 위해 내러티브를 치료의 주요 내용으로, 이야기하기를 치료의 주요 행위로 삼는다(엄찬호 외, 2017). 그러므로 이야기치료는 넓은 의미에서 '인문치료'라고 할 수 있으며, 인문학자들은 이러한 치료를 '내러티브 활용 인문치료'라고 말한다(엄찬호 외, 2017).

(2) 철학적 배경

이야기치료를 창안한 마이클 화이트와 데이빗 엡스턴은 자신들의 이야기치료의 이론 형성에 영향을 미친 사상들을 언급하는데, 주요 이론가들은 미셸 푸코(Michael Foucault), 제롬 브루너(Jerome Bruner), 그레고리 베이트슨(Gregory Bateson), 바버라 마이어호프(Barbara Myerhoff) 등이다(White & Epston, 1990; White, 2007). 이들은 후기구조주의와 포스트모더니즘에 속한 사상가들이다(고미영, 2004; Wachong, 2009).

이러한 철학적 배경에서 이야기의 치료적인 시사점은 다음과 같다(고미영, 2004). 첫째, 사회적 상호작용으로 구성된 이야기다. 인간의 언어로 현실이 만들어지며, 이야기를 통해 현실이 확장된다. 인간이 제시한 모든 견해는 결국 언어 행위이며 이야기다. 이야기에는 현실이 반영되기도 하지만, 현실이 반영되지 않기도 한다. 그러므로 후기구조주의자에 따르면 언어를 통해 새로운 현실을 만들거나 현실 세계를 진보시키는 데 도움을 줄 수 있다. 이러한 점에서 현실은 사회적인 상호작용으로 구성된다. 인간이 가진 감각의 한계로 인해 인간이 인식할 수 있는 현실은 전체적이고 객관적인 경험이라고 할 수 없다(Bateson, 1980). 인간은 경험하는 세계에 대해 있는 그대로의 세계로 해석하기보다는 세계와 관계하는 방식, 즉 인식의 지도로 해석한다. 화이트(1989)는 인식의 지도 안에 있는 개념, 문제해결방식 등이 경험을 해석하는 데 영향을 준다고 했다. 그러므로 한 개인의 이야기는 있는 그대로의 현실이기보다는 사회적 상호작용에 의해 형성된다. 이런 점에서 한 개인의 변화와 치료는 사회적으로 구성된 현실의 이야기를 해체하고 재구성하는 데서 시작된다.

둘째, 절대적인 진리가 될 수 없는 이야기다. 인간 세계에는 다양한 종류의 담론만이 존재할 뿐이며, 모든 현상에 적용되는 거대한 담론은 존재하지 않는다. 그러므로 한 개인의 이야기를 대체할 수 있는 절대적인 이야기는 존재할 수 없다. 치료사나 상담사의 이야기가 내담자의 이야기보다 우위에 있지 않다. 그러므로 치료사나 상담사는 내담자에게 알고자 하는 자세 혹은 알지 못하고 있다는 자세를 가져야 한다(Anderson, 2005). 치료사는 자신의 이론이나 이야기를 내담자에게 강요하지 말아야 하며, 내담자와의 관계에서 우월한 태도를 갖지 않도록 유의해야 한다. 다만 치료사의 자세는 내담자의 이야기를 들을 수 있어야 하고, 내담자와 협력적 관계가 되어야 한다.

셋째, 인생의 각본으로서 이야기다. 배우들이 각본의 방향에 따라 움직이는 것처럼 이야기는 자신과 타인을 바라보는 관점을 규정한다. 그러므로 각본에 구속된 내담자의 치료는 각본으로서 이야기를 교체하거나 다시 쓰는 것이다. 하지만 각본은 인간이 속한 문화적 맥락, 즉 관습, 언어, 신념 등과 관련되어 있으므로 한 개인이 혼자서 쓰는 것이 아니라 그 사람과 관련된 모든 사람이 함께 쓰는 것이다. 그러므로 내담자는 각본의 공동저자인 자신과 관련된 사람들과 함께 이야기를 다시 쓴다면, 치료가 이루어질 수 있다. 자신의 이야기를 바꿀 수 있는 최종적인 권위자는 바로 내담자다.

2) 이야기 치료의 원리와 단계

(1) 이야기의 치료적 속성

내러티브를 활용한 인문치료에서 적용될 수 있는 내러티브의 치료적인 속성은 다음

여섯 가지로 정리할 수 있다(엄찬호 외, 2017). 첫째, 동일화다. 인간은 누군가의 이야기가 자신의 이야기와 비슷하다고 느끼면 심리적으로 동일화한다. 이야기 속에 있는 시간과 공간, 사건, 인물, 줄거리 등을 동일화할 수 있다. 내담자는 상담현장에서 상담사의 이야기를 들으면서 자신을 상담사와 동일화할 수 있다. 또한 집단상담에서는 다른 내담자들의 이야기를 자신의 이야기로 동일화할 수 있다. 내담자는 동일화를 통해 이야기를 공감하고 위로를 느낀다. 다른 치료의 선행조건으로 동일화를 먼저 시작할 수 있다.

둘째, 카타르시스다. '정화'를 뜻하는 카타르시스는 아리스토텔레스가 처음으로 언급한 단어로, 치료 원리이면서 효과다. 내담자는 희극이나 비극 이야기를 들으면서 공감하고, 웃고 울면서 감정이 정화되고 해소된다. 카타르시스는 독자적으로 작용하기보다는 동일화와 더불어 감정이 표현되거나 정화된다.

셋째, 일반화다. 일반화 혹은 상대화는 자신의 이야기가 자신만이 경험한 이야기가 아니라 많은 사람이 경험한 보편적인 이야기라는 것을 알게 함으로써 자신의 문제에서 벗어나도록 도움을 준다. 다시 말하면 내담자가 자신의 문제를 자신과 거리를 두어서 바라보도록 하는데, 이를 '문제의 외재화'라고 한다. 일반화는 내담자가 자신과 문제가 되는 이야기를 분리하면서 자신의 다른 이야기에서 치료의 자원을 발견하도록 도움을 준다.

넷째, 객관화다. 객관화는 일반화와 관련이 있지만, 동일화와는 반대로 작동한다. 인간은 자신의 문제를 객관적으로 바라볼 때, 문제를 통찰하거나 해결할 수 있다. 대표적인 방법은 관점 혹은 인칭을 바꾸는 것이다. 내담자가 이야기를 서술하는 시점을 1인칭 시점이 아니라 2인칭 시점이나 3인칭 시점으로 바꾸면, 내담자는 다른 방향에서 문제를 바라보거나 문제와 거리를 두면서 문제를 통찰할 수 있는 여유를 갖게 된다.

다섯째, 간접경험이다. 인간은 시간적으로나 공간적으로 경험의 한계를 가지고 있다. 따라서 인간은 자신이 직접 경험하지 않더라도 다른 사람들이 경험한 이야기를

호모 내러티쿠스: 인문융합치료의 이해

통해 간접적으로 배울 수 있으며, 자신의 문제를 해결하거나 완화할 수 있는 열쇠를 얻게 된다. 간접경험은 동일화나 일반화와 연관이 있다.

여섯째, 대안 제시다. 인간은 자신의 이야기 중에서 문제뿐만 아니라 대안도 가지고 있을 수 있다. 문제가 되는 이야기를 대체할 수 있는 대안적인 이야기를 발견하고 조명하고 다시 써보기를 하는 것은 이야기치료에서 중요한 작업이다. 하지만 내담자가 자신의 이야기에서 대안을 발견하지 못하면 상담사는 다른 이야기들을 창의적으로 변용하여 대안을 제시할 수 있다.

(2) 이야기치료의 원리

이야기치료를 창시한 화이트와 엡스턴은 다음과 같이 이야기치료의 원리를 제시한다. 첫째, 기본적인 전제다. 이야기치료의 핵심적인 전제는 "사람이 문제가 아니라 문제가 문제다"(White & Epston, 2015). 그러므로 이야기치료는 내담자 자체를 바꾸는 것이 아니라 내담자가 가진 이야기를 바꾸고자 한다.

둘째, 문제적 이야기다. 내담자가 상담실에 찾아올 때 보통 문제를 가지고 오는데, 이야기치료에서는 문제가 되는 이야기를 '문제에 흠뻑 젖은 이야기' 혹은 '문제적 이야기'라고 부른다. 이야기치료에서 내담자는 문제적 이야기 때문에 고통을 받는다고 본다. 그러므로 이야기치료는 먼저 문제적 이야기와 이로 인해 고통받는 사람을 구분한다. 이야기치료의 목표는 1차적으로 내담자 안에 숨겨진 문제적 이야기를 드러내고 사람과 이야기를 구분하는 것이다.

셋째, 대안적 이야기다. 이야기치료는 문제가 되는 이야기를 발견하는 데 그치지 않고 최종적으로 대안이 되는 이야기를 발견하고 문제 이야기를 대체한다. 대안적 이야기는 내담자의 삶에서 잘 드러나지 않았기 때문에 상담사는 내담자가 자신의 삶 속에서 독특한 결과를 만든 이야기를 발굴하고 조명하도록 도움을 준다.

이상과 같은 이야기치료의 원리를 사용하여 치료가 진행되는 과정은 다음에서 구체적으로 살펴볼 것이다.

(3) 치료 단계

내러티브 활용 인문치료(엄찬호 외, 2017)와 이야기치료(White & Epston, 1990)에서 사용하는 각 치료기법의 단계를 비교하고 본 연구를 위한 개념적인 치료단계를 도출한다.

① 내러티브 활용 인문치료

내러티브 활용 인문치료의 과정은 다음 다섯 단계로 구성된다(엄찬호 외, 2017). 첫째, 내담자의 자기스토리텔링 단계다. 내담자가 자신이 처한 상황과 문제를 스토리텔링하여 말하는 단계다.

둘째, 치료사의 상호적 스토리텔링 단계다. 치료사는 내담자의 자기스토리텔링을 들으면서 내담자의 문제적 이야기를 대신할 수 있는 대안적 이야기를 염두에 두면서 내담자와 대화한다. 그래서 이 단계를 '리스토리텔링(re-storytelling)'이라고 한다. 이 단계에서 동일화, 일반화, 객관화, 카타르시스 등의 치료적 속성이 구현된다.

셋째, 치료적 이야기의 구성이다. 이야기의 서사요소와 담화요소로 나누어서 구성할 수 있다. 먼저 서사요소인 내담자의 이야기로부터 대안적 이야기를 찾거나, 내담자의 이야기를 치유적으로 변용할 수 있다. 다음으로 담화요소인 인칭, 어조, 플롯 등을 변용하여 치료의 촉매제로 활용한다. 이 단계에서 대안 제시, 객관화, 일반화, 간접경험 등의 치료적 속성이 구현된다.

넷째, 대안적 스토리텔링의 완성이다. 최종적으로 내담자를 치료하는 대안적인 이야기가 완성되는 단계다. 대안적인 이야기는 자기최면, 독백, 체계적 둔감법 등 다양한 방법으로 내담자에게 심어진다. 이 단계에서 간접학습, 동일화 등의 치료적 속성이 구현될 수 있다.

다섯째, 대안적인 스토리텔링의 공고화다. 대안적인 이야기가 내담자의 마음에 자리를 확고하게 잡을 수 있도록 하는 단계다. 내담자의 지인을 증인으로 활용한 증인의식 활동을 통해 대안적인 이야기가 자리를 잡을 수 있도록 돕는다.

② 이야기치료

이야기치료의 단계는 다음 네 가지로 구성된다(White & Epston, 1990). 첫째, 해체적 경청이다. 해체적 경청은 내담자의 이야기에서 내담자가 당연하게 인식하는 관습과 현실을 뒤집는 것이다. 치료사는 모순, 맥락, 상징적인 표현, 짐작 가능한 이야기 등에 대해 질문하면서 내담자의 이야기를 진지하게 듣는다. 이 단계에서 문제의 외재화가 일어난다. 문제가 내담자의 인식에서 해체되고, 문제가 실제로 존재하는 실체가 아니라 이야기에만 존재하게 된다. 문제의 외재화는 내담자에게 문제와 거리를 두게 하고, 문제를 다른 실체로 바라보고 대항할 수 있게 한다.

둘째, 독특한 결과의 해체다. 첫 번째 해체적 경청 단계에서 나온 이야기 중에서 독특한 결과에 주목한다. 독특한 결과는 내담자를 지배하고 있는 이야기 외의 이야기이며, 주로 잊힌 이야기다. 하지만 내담자의 삶의 경험에서 중요한 의미를 가질 수 있는 이야기다. 내담자가 지향하는 가치관, 내담자가 했던 긍정적인 행동과 내담자가 원하는 모습일 수 있다. 그러므로 내담자의 독특한 결과에서 문제적 이야기를 대체하는 대안적인 이야기를 찾을 수 있다.

셋째, 대안적 이야기의 구축이다. 이 단계에서 재저작 혹은 회원재구성을 통해 대안적 이야기를 구축한다. 재저작은 내담자의 독특한 결과에서 수집된 대안적인 이야기들을 서로 연결하여 의미를 부여하는 것이다. 이야기 발생 시점인 과거, 현재, 미래를 넘나들고 행위와 정체성의 관점을 오가면서 이야기에 의미가 붙게 된다. 회원재구성은 내담자의 이야기에서 중요한 인물을 찾고, 그 인물의 관점에서 내담자의 정체성을 탐색하며, 대안적 이야기와 연결한다. 그렇게 발견된 인물은 이야기에서 중요한 역할을 할 수 있다.

넷째, 대안적 이야기 정체성의 구축이다. 이 단계에서 정의예식 혹은 인정의식을 통해 내담자의 이야기가 새롭게 정의되거나 회복된 것을 외부 증인들에게 알림으로써 정체성을 구축한다. 외부 증인들은 치료사 외에 내담자의 친구, 가족, 지인 등이라고 할 수 있다. 증인들은 내담자가 새롭게 만들고 발표한 대안적인 이야기를 들은 사람들이며, 내담자의 대안적 이야기를 풍부하게 하고 인정하는 역할을 한다. 정의예식은 이야기를 진술하고 재진술하는 것으로 구성된다. 다시 말하면, 내담자가 말한 이야기를 외부 증인들이 다시 말하면서 그 이야기를 풍성하게 하고 그 이야기가 더욱 공고해지도록 도움을 준다.

이와 같이 내러티브 활용 인문치료와 이야기치료를 비교해볼 때, 각 치료 단계는 대체로 유사하다. 따라서 본 연구는 이야기와 관련한 치료이론에서 도출된 원리와 과정을 정리하여 다음과 같은 3단계 모델을 제시한다.

첫째, 문제적 이야기다. 첫째 단계는 내담자의 심리를 지배하는 문제적인 이야기를 표현하고 구분하는 외재화 단계다.

둘째, 독특한 결과다. 둘째 단계는 내담자의 문제적인 이야기를 대체할 수 있는 중요한 사건이나 사람 등을 탐색하고 의미를 부여하는 독특한 결과 단계다.

셋째, 대안적 이야기다. 셋째 단계는 독특한 결과 단계에서 얻은 이야기 재료를 가지고 새로운 이야기로 다시 쓰는 대안적 이야기 단계다. 내담자의 새로운 이야기에 긍정적인 영향을 미치는 사람들을 재구성하고 이들을 외부 증인으로 삼아서 자신의 새로운 이야기를 선언한다. 외부 증인들은 내담자의 새로운 이야기를 듣고 인정해주는 역할을 한다.

3) 이야기치료에서 미술치료 활용

미술치료(art therapy)는 미술활동을 통한 자기이해, 자기표현, 자기수용, 승화, 통찰을 통해 내담자의 갈등을 조절하고 심리적인 문제를 해소 및 완화함으로써 내면의 성장을 촉진하는 심리치료의 한 분야다(왕금미, 2017). 1961년 울만이 '미술치료'라는 용어를 처음으로 사용했으며, 이후 미술치료는 치료 및 상담, 재활, 교육, 여가 등 다양한 영역에서 활용되고 있다. 미술치료를 활용할 때 다음의 세 가지 관점으로 볼 수 있다. 첫째, 치료를 위한 매개로서 미술을 간접적으로 활용하는 것이다(art in therapy). 둘째, 미술활동을 하는 것 자체로 치료적 효과가 있으므로 미술활동을 직접적으로 치료에 활용하는 것이다(art as therapy). 셋째, 이상의 두 가지 관점을 함께 사용하는 관점으로서 미술활동을 치료에 직간접적으로 활용한다(art in and as therapy). 여기에서 구안된 미술·이야기융합치료는 주로 미술치료 활동을 내담자의 관심과 이야기를 이끌어내는 매개로 활용하지만, 미술활동 자체가 가진 치료적 효과를 간과하지 않는다.

미술치료는 다음과 같은 장점을 가지고 있다(왕금미, 2017). 첫째, 자신의 감정을 다양하고 창의적인 방식으로 표현할 수 있다. 둘째, 환상과 무의식의 세계를 표현할 수 있다. 셋째, 미술활동에서 나온 작품은 오랫동안 보관이 가능하고 치료사는 시간을 두고 탐색할 수 있다. 특히 집단활동으로 미술치료를 할 때, 다음과 같은 장점이 있다(왕금미, 2017). 첫째, 모든 참여자가 수준별 차이 없이 접근하기 쉬우며, 풍부한 이야기 소재를 얻을 수 있다. 둘째, 집단원 사이에 의사소통을 하면서 상호작용의 중요한 통로가 될 수 있다. 셋째, 흥미가 유발되어 집단원 사이의 관심과 즐거움을 나눌 수 있다.

미술치료와 이야기치료는 각각 치료기법이 가진 특징과 장점이 있으며, 다음과 같이 비교할 수 있다(김유숙 외, 2013). 첫째, 미술치료는 구조주의를 기반으로 인간 심리의 심층구조를 탐색하는 데 초점을 둔다. 미술치료는 내담자의 현실세계와 다른 이야기를 사용하여 표현하는 은유법을 적극적으로 활용한다. 다시 말해, 내담자는 이야기를 새롭게 쓰기보다는 그림 표현에서 나타난 이야기의 의미와 상징을 치료에 활용한다.

둘째, 이야기치료는 미술치료와 달리 탈구조주의를 기반으로 '지금 그리고 여기에' 드러난 실재에 초점을 둔다. 미술치료에서 내담자가 그린 그림은 무의식의 세계를 나타내지만, 이야기치료에서 내담자가 그린 그림은 무의식이 아니라 문제를 직접적으로 표현한다. 그러므로 이야기치료에서 미술은 직유를 통해 문제를 드러내는 기능을 한다. 또한 이야기치료에서 활용되는 미술활동은 내담자와 치료사 사이를 연결하는 매개체가 되며, 그림의 상징성에 머물지 않고 새로운 이야기를 이끌어내는 데 비중이 있다.

더 나아가 인간의 언어적인 측면을 자세히 살펴보아도 인간은 은유와 환유라는 두 가지 기능의 언어를 사용한다. 언어학자 로만 야콥슨은 인간의 언어활동을 은유적 표현과 환유적 표현으로 구분한다(박혜영, 1987; 구자황, 2015). 은유가 유사성에 근거한 비유법이라면, 환유는 인접성에 근거한 비유법이다. 전자는 선택과 대치를 통해 언어를 사용하며, 후자는 결합과 문맥을 통해 담화를 만들어낸다. 전자를 '시(詩)'라고 하면, 후자는 '산문(散文)'이라고 할 수 있다. 전자가 프로이트의 동일화와 상징화라면, 후자는 프로이트의 이동과 압축에 해당한다. 이러한 은유와 환유는 서로 다른 인지적 과정이기는 하지만, 배타적으로 구분되는 것이 아니라 상호작용하면서 표현된다(이성재, 2008; 정희자, 2003).

이런 점에서 인간의 심리는 크게 은유, 직유, 환유로 표현된다고 할 수 있다. 은유, 직유, 환유는 상호작용하면서 인간의 내면을 표현한다는 점에서 경계 짓기가 모호한 부분이 있다. 또한 환유는 직유를 포함한 포괄적인 비유법이다(박혜영, 1987: 109). 그러므로 본 연구는 편의상 연구의 개념적인 틀을 구성하기 위해 인간의 심리가 두 가지 기능, 즉 은유와 환유로 표현된다고 본다. 그리고 본 연구에서 은유는 주로 미술치료를 통해, 환유는 주로 이야기치료를 통해 다루어질 수 있다고 조작적으로 정의한다.

인간에게 언어는 중요하지만, 마음을 모두 표현하기에는 불완전하다. 언어로 표현할 수 없는 마음을 드러내기 위한 방법 중 하나는 상징과 은유다(Smith & Nylund, 1997). 이런 점에서 특히 언어적 능력이 부족한 아동, 청소년 혹은 이주민에게 미술치료는 효과적이다. 하지만 이야기치료는 상징과 은유에 머무르는 것으로는 불충분하다고 본다. 환유를 통해 지금 여기에 자신의 경험을 가져오고 이야기를 재구성하는 것까지 가야 한다고 본다. 이런 점에서 미술치료와 이야기치료를 융합한 치료는 미술치료 혹은 이야기치료가 단독으로 사용될 때보다 더 큰 치료적인 효과, 즉 시너지 효과를 기대할 수 있다. 이러한 두 가지 치료기법의 장점을 활용한 이야기치료를 '이야기치료의 진수'라고 표현하기도 한다(김유숙 외, 2013). 두 가지 치료가 적절하게 융합될 때, 시너지 효과를 얻을 수 있다.

미술치료를 융합한 이야기치료는 다음과 같은 장점을 기대할 수 있다(김유숙 외, 2013). 첫째, 이야기치료의 장점이 극대화된다. 그림을 통해 심리적인 문제를 외재화하거나 문제적 이야기를 해체할 경우, 문제를 자신과 동일시하지 않고 객관적인 대상의 하나로 바라보게 된다. 문제와 사람을 분리하여 그사이에 공간을 제공하므로 긴장이 완화되고 문제를 대하는 마음이 편해진다. 미술치료를 융합한 이야기치료는 치료과정을 구체적으로 나타나게 하고, 내담자에게 치료를 이해하기 쉬운 것으로 만들어준다(Cattanach, 2006).

둘째, 미술치료 활동을 통한 은유적 전달은 빈약한 이야기에서 풍부한 이야기로 변화시킨다. 이야기치료의 최종목표는 내담자가 가진 문제적 이야기가 대안적 이야기로 바뀌는 것이다. 미술치료 활동은 내담자의 과거 경험 중에서 긍정적인 경험과 자원을 발굴하도록 돕는다. 이야기치료는 이러한 긍정적인 자원을 '빛나는 순간' 혹은 '독특한 결과'라고 부르며, 미술치료 활동은 이러한 독특한 결과를 발견하도록 인도하는 매개가 될 수 있다.

2. 미술 · 이야기융합치료의 모형

(1) 모형

본 치료모형의 이론적인 개념 틀을 도식화하면 다음 [그림 5-1]과 같다.

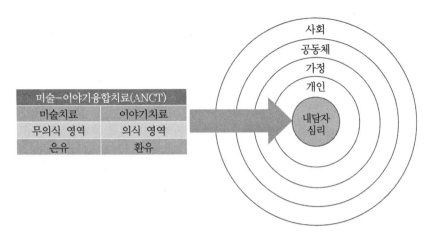

[그림 5-1] 미술·이야기융합치료

[그림 5-1]에서 보는 바와 같이 미술치료는 은유적 표현을 통해 무의식의 세계를 다루며, 이야기치료는 환유적 표현을 통해 의식의 세계를 다루기 때문에 서로 다른 두 세계를 다루는 치료가 융합될 때 단독 치료기법보다 치료적인 효과가 더 클 것으로 기대한다.

그러므로 본 연구는 내담자의 심리적인 문제를 해소하고 완화하는 데 미술치료와 이야기치료를 융합한 심리치료를 '미술·이야기융합치료(Art-Narrative Convergence Therapy: ANCT)'라고 정의한다.

미술·이야기융합치료는 미술활동을 통해 무의식적인 세계를 은유로 나타내고, 스토리텔링을 통해 의식적인 세계의 이야기를 환유로 나타내면서 인지·정서·행동의 전인적인 차원을 포괄하는 통합적인 치료모형이다.

미술·이야기융합치료는 미술활동을 매개로 얻은 내담자의 내러티브를 통해 문제적 이야기와 대안적 이야기로 재구성하여 내담자를 치료한다.

미술·이야기융합치료는 내담자를 둘러싼 개인, 가정, 공동체, 사회의 맥락에서 형성된 삶의 경험을 내담자에게 이야기하게 하며, 이 이야기를 통해 내담자가 자신의 심리를 이해하고 심리적인 어려움을 해소하고 완화하는 데 도움을 준다.

(2) 프로그램

본 미술·이야기융합치료 모형은 특별히 이주배경 중도입국 청소년을 대상으로 하여 프로그램을 구안하였다. 본 연구의 미술·이야기융합치료 프로그램 구성 및 내용은 왕금미(2017)가 중도입국 청소년을 대상으로 실시한 콜라주미술집단치료의 연구에서 제시한 미술치료활동을 기반으로, 이야기치료활동을 재구성하였다(왕금미, 2017: 54-57). 본 연구에서 구안한 미술·이야기융합치료 모형은 다음 〈표 5-1〉과 같다.

〈표 5-1〉 미술·이야기융합치료(ANCT) 프로그램의 구성과 내용

단계	회기	주제	미술치료	이야기치료	융합치료 효과·요인
초기	1	집, 나무, 사람	자신의 집, 나무, 가족을 그리기	자신의 가족, 고향집, 한국집 등에 대한 이야기하기	투사된 자신의 정서 외재화
	2	나와 나무	나무와 사람을 그리기	나무와 사람에 대한 이야기하기	자신의 그림자 이야기 찾기
	3	필름 그림	과거, 현재, 미래의 자신을 그리기	과거, 현재, 미래의 자신에 대한 이야기하기	독특한 결과 찾기
	4	두 얼굴	행복한 얼굴과 불행한 얼굴 그리기	행복한 감정이 나오는 상황과 불행한 감정이 나오는 상황에 대한 이야기하기	독특한 결과 찾기
중기	5	탄생	계란에서 태어난 자신의 소원을 그리기	가지고 싶은 물건, 하고 싶은 일 등에 대한 이야기하기	대안 이야기 찾기
	6	상장	받고 싶은 상장, 합격증 그리기	구체적으로 전공, 대학교 이름을 정하여 이야기하기	대안 이야기 찾기
	7	집, 나무, 사람	자신의 집, 나무, 가족을 그리기	자신의 가족, 고향집, 한국집 등에 대한 이야기하기	투사된 자신의 정서 외재화
	8	나의 이름	자신의 한국어 이름을 그림으로 그리기	자신의 한국어 이름의 작명 배경, 만족도에 대해서 이야기하기	독특한 결과 찾기

	9	나와 나무	나무와 사람을 그리기	나무와 사람에 대한 이야기하기	자신의 그림자 이야기 찾기
	10	손가락	좋아하는 것, 싫어하는 것을 그리기	자신의 장점과 단점에 대해서 이야기하기	대안 이야기 찾기
후기	11	두 얼굴	행복한 얼굴과 불행한 얼굴 그리기	행복한 감정이 나오는 상황과 불행한 감정이 나오는 상황에 대한 이야기하기	독특한 결과 찾기
	12	선물	받고 싶은 선물, 주고 싶은 선물을 그리기	선물을 주고 싶고 받고 싶은 사람과 선물의 내용을 이야기하기	대안 이야기 찾기

〈표 5-1〉과 같이, 프로그램이 초기, 중기, 후기로 단계별로 각 4회기씩 진행이 되며, 각 회기 마다 60~80분 정도가 소요된다. 프로그램은 미술활동과 이야기활동의 2개의 활동이 융합적으로 구성된다. 이러한 융합치료의 요인이면서 동시에 효과는 문제적 이야기의 외재화, 독특한 결과의 조명, 대안적 이야기의 다시 쓰기의 3가지이다.

초기단계는 연구자와 연구참여자 사이에 라포를 형성하고, 긴장감을 완화하고 정서를 이완하려는 목적을 가진다. 구체적으로 미술·이야기융합치료 요인과 효과의 측면에서 미술에 투사된 자신의 정서를 외재화하고, 표출되는 정서의 이면에 있는 문제적 정서를 자신과 분리하고, 더 나아가서 독특한 경험까지 탐색하는 단계이다. 1회기 '집, 나무, 사람'이라는 주제에서 가족, 고향집, 한국집에 관한 정서를 표현하면서 자신에게 어려움이 있는 이야기를 확인한다. 2회기 '나와 나무'라는 주제에서 나무와 사람에 대한 정서를 표현하면서 자신의 정체성, 즉 자신의 그림자를 객관화한다. 3회기 '필름 그림'이라는 주제에서 과거, 현재, 미래의 자화상에 대해서 이야기를 하면서, 이주 전-중-후의 과정에서 나타난 정서를 탐색하고 더 나아가서 자신의 꿈과 진로를 구상해 본다. 4회기 '두 얼굴'이라는 주제에서 행복한 감정과 불행한 감정이 나오는 상황 및 요인에 대하여 이야기를 함으로써 문제적 경험과 독특한 경험을 확인한다.

중기단계는 융합치료 요인과 효과 측면에서 초기 단계의 문제적 이야기와 독특한 결과를 반복하고 심화시키면서, 더 나아가서 대안적 이야기까지 구성하려는 목적을 가진다. 5회기 '탄생'이라는 주제로 계란의 이미지를 사용하여 자신이 품고 있으며 현실로 나타나게 하고 싶은 소원을 이야기함으로써 대안적인 경험을 탐색한다. 6회기 '상장'이라는 주제에서 대학합격증 혹은 받고 싶은 상장을 그림으로 그리고 이야기로 표현한다. 구체적으로 자신의 적성, 전공, 대학교 이름, 직업명을 구체화·객관화함으로써, 현실의 문제에서 눈을 돌려 미래에 초점을 맞추고 대안적인 이야기를 풍성하게 한다. 7회기 '집, 나무, 사람'라는 주제는 1회기와 동일하다. 이는 6회기, 즉 2달이라는 시간이 경과하면서 변화된 정서를 보고자 한다. 8회기 '나의 이름'이라는 주제에서 자신의 한국어 이름을 그림으로 표현하면서 작명배경, 한국생활에 대한 만족도, 정체성 등을 확인하고 독특한 경험을 탐색한다.

후기단계는 융합치료 요인과 효과 측면에서 초-중기 단계의 문제적 이야기, 독특한 결과, 대안적 이야기를 심화시키면서, 더 나아가서 대안적 이야기 정체성을 공고히 하려는 목적을 가진다. 9회기 '나와 나무'라는 주제는 2회기와 동일하다. 이는 정체성에 대한 고민이 많은 중도입국 청소년들이 본 프로그램으로 통하여 어떻게 변화하였는지를 확인하기 위함이다. 10회기 '손가락'이라는 주제에서 자신의 장점과 단점에 대해서 표현하면서, 자신의 강점에 삶의 초점을 맞추고 대안적인 이야기를 강화한다. 11회기 '두 얼굴'이라는 주제는 4회기와 동일하다. 이는 중도입국 청소년들이 본 프로그램을 통하여 자신의 정서와 그러한 정서를 일으키는 원인을 어떻게 분리시키고 변화되었는지를 확인하기 위함이다. 12회기 '선물'이라는 주제에서 주거나 받고 싶은 선물의 내용과 대상을 표현함으로써 중도입국 청소년의 인간관계나 가족관계에서 형성된 감정을 순화하고 자신의 삶의 중요한 회원을 재구성한다.

3. 미술·이야기융합치료의 실제

1) 연구참여자 A의 배경

A는 중국 H 시에서 태어나고 성장한 중국 한족 출신의 여자 청소년이다. 엄마가 한국인 새 아빠와 재혼하고 한국에 먼저 왔으며, A는 한국에 입국하기 전까지 중국에서 할아버지의 보호를 받으며 성장하였다. 본 프로그램의 후반기에 A의 할아버지가 돌아가심으로 인해서 A의 마음에 깊은 슬픔과 상실감이 있었다.

A가 한국에 온 지는 3년이 지났으며, 일상적인 한국어 대화가 가능하다. 현재 고등학교 3학년에 재학 중이다. 학교에서 성실하게 생활하여, 선생님이 열쇠를 맡기거나 심부름을 시킬 수 있을 정도로 학교에서 신뢰감을 얻었다. 평소에 밝은 표정으로 생활한다. 연구참여자 D와 절친한 관계이며, 학교안팎으로 생활을 같이한다. 중국어와 한국어를 구사할 수 있는 이중언어의 장점을 살려 관련 전공이 있는 대학교에 진학하고자 한다.

2) 연구참여자 A의 미술·이야기융합치료

A의 미술·이야기융합치료 프로그램 회기별 사례에서 나타나는 미술작품과 이야기를 초기, 중기, 후기 단계로 나누어서 살펴보았다. 미술작품의 자세한 내용은 부록에서 확인할 수 있다.

초기 단계에서 나타나는 연구참여자 A(이하 A)의 이야기의 주요 내용은 다음과 같다. 중국 한족출신이며 고등학교 3학년 학생인 A는 중국에서 한국으로 온지 3년 정도 되었으며, 현재 한국어로 듣고 말하는 데 큰 어려움이 없었다. 그럼에도 불구하고 한국어가 여전히 어려웠다. 학교생활적응도 잘하고 학교선생님들도 자신을 믿어주지만, 피곤한 부분이 없지 않았다. 중국이든 한국이든 어디에서든지, 과거, 현재, 미래를 막론하고 언제든지 나의 생활과 나의 마음의 중심에는 친구가 있었다.

초기 단계에 나타난 연구참여자 A의 미술작품과 이야기내용은 다음의 〈표 5-2〉와 같다.

〈표 5-2〉 연구참여자 A의 초기단계 사례

단계	회기	주제	제목	미술	작품내용	이야기의 주요내용
초기	1회기	집 나무 사람	꿈		삼림으로 둘러 쌓인 3층 집을 표현. 본인은 2층에 걸터앉음.	• 울창한 삼림 안에 있는 집에 앉아 있는 자신의 모습. • 한국에 거주한 지 3년 정도 되었음.
	2회기	나와 나무	나와 나무		나무에 기대어 휴식을 취함.	• 나무에 기대어 노래를 듣는 모습. • 학교 선생님이 자신을 믿어주고 열쇠를 맡기고 교실 문을 잠그고 가라고 함.
	3회기	과거 현재 미래	나		과거의 놀이, 현재의 생활, 미래의 꿈을 묘사	• 과거: 친구와 시소놀이를 추억함. • 현재: 고등학교에서 공부함. 일상에서는 노래방 가고 컴퓨터, 핸드폰을 함. • 미래: D와 세계여행을 하고 싶음.
	4회기	두 얼굴	나의 기분		행복하거나 슬픈 기분을 친구와의 관계를 통해서 묘사	• 친구와 ○○역 지하상가에서 쇼핑을 할 때 행복함. • 중국에서 한국으로 이주하면서 헤어진 남자친구, 가족, 친구들로 인하여 슬퍼함.

중국에서 한국으로 나올 때 친구들과 헤어져서 마음이 힘들었지만, 지금 여기에서 친구들과 관계에서 행복할 때도 슬플 때도 있었다. 고3이라서 진로에 대한 고민이 있고 대학진학을 할 것인지, 일을 할 것인지 여러 가지 대안을 생각해보고 준비하고 있는 중이었다.

이와 같이 A는 자신의 심리상태를 미술작품을 통해서 표현하였으며, 이야기를 통해서 좀 더 구체화 시키고 있다. 초기단계에서 자신의 문제적인 이야기로서 지치고 고단한 자신의 마음을 드러내면서, 휴식에 대한 욕구와 진로에 대한 고민을 드러내기 시작하였다.

중기 단계에서 나타나는 연구참여자 A의 이야기의 주요 내용은 다음과 같다. A는 초기단계에서 드러내었던 진로에 관한 이야기를 조금 더 구체화시켰다. A가 하고 싶은 직업의 목록을 제시하였는데, 웨딩드레스 디자이너, 자동차 디자이너, 메이크업 디자이너, 건축디자이너, 사진작가, 의사, 요리사 등이었다. 디자이너와 같이 새로운 것을 창조하는 직업군의 직업을 선호하였으며, 이를 위해서 공부도 잘하고 그림도 잘 그리고 싶고, 돈을 많이 벌고 싶고 커피숍을 운영해보고 싶다고 하였다. 이러한 자신의 꿈 목록을 다 펼쳐 보이니 자신의 마음이 가볍고 시원해졌다고 소감을 말하였다. 연구자가 A에게 꿈의 목록 가운데서 구체적으로 한 가지를 선택해서 집중하도록 요청하자, 중국어와 한국어를 둘 다 말할 수 있는 자신의 장점을 살려서 ○○대학교 통역학과에 들어가겠다는 대학입학 합격증을 만들어서 이야기하였다.

중기에서 주목할 이야기는 자신의 가족의 이야기를 처음으로 소개하였다는 것이다. 특히, 현재 가족의 이야기가 아니라, 미래의 가족 이야기를 말하였다. A는 현재보다 더 크고 부요한 집, 각종 과일나무로 풍성한 정원이 있는 집을 원하였다. 이 집에서 한국인 아빠는 바베큐 요리로 가족들을 대접하고, 중국인 엄마는 핸드폰을 하고 있으며, 자신은 그네를 타면서 쉬고 있는 모습을 구체적으로 묘사하고 이야기하였다.

중기단계에서 연구참여자 A의 미술작품과 이야기내용은 다음의 〈표 5-3〉과 같다.

〈표 5-3〉 연구참여자 A의 중기단계 사례

단계	회기	주제	제목	미술	작품내용	이야기의 주요내용
중기	5회기	탄생	없음		계란에서 태어난 자신의 소원을 묘사함	• 내가 하고 싶은 직업 목록: 웨딩드레스 디자이너, 자동차 디자이너, 메이크업 디자이너, 건축디자이너, 사진작가, 의사, 요리사. • 돈 많이 벌기. 그림 잘 그리기. 공부 잘하기. 커피숍 운영.
	6회기	상장	없음		자신의 소원을 구체적으로 대학합격증으로 묘사	• 언어를 잘해서 ○○대학교 통역학과에 들어가고 싶음.
	7회기	집 나무 사람	미래		미래의 가족의 모습을 묘사	• 300평이 되는 미래의 가족의 집. • 정원에 모든 과일이 있는 나무들이 있음. • 아빠는 바비큐요리를 하고, 엄마는 휴대폰을 하면서 쉬고, 본인은 그네를 타고 있음.
	8회기	나의 이름	나의 이름	나의 이름 소개하기 그림	자신의 한국 이름을 표현	• 한국이름은 부모가 지어준 이름이며, 자신의 이름을 누군가 불러줄 때 기분이 좋음. • 고1때보다 현재의 자신이 심리적으로 어려움이 있음. 할게 많고 한국어를 알아야 하는 일임.

부모가 이혼하기 전에 중국인 아빠의 성을 따라 지었던 중국어 이름이 아니라, 현재 한국인 새 아빠의 성을 따라서 지은 한국어 이름에 대하여 만족하면서 한국생활에 적응하고 있었다. 하지만, 처음에 한국에 올 때보다도 힘이 든다고 말하였다. 졸업이 가까워서 준비할 게 많으며, 한국어를 많이 알아야 할 수 있는 일이기 때문이었다.

후기 단계에서 나타나는 연구참여자 A의 이야기의 주요 내용은 다음과 같다. A의 그림에서 그네는 반복적으로 등장하였다(7, 9회기). 그 이유는 할아버지에 대한 추억의 상징이기 때문이었다. 자신을 어려서부터 길러주시고 사랑해준 할아버지가 만들어주신 그네를 타면서 A는 휴식을 얻었다. 회기 도중에 할아버지가 위독하셔서 중국에 20여일을 방문하였다. 하지만 안타깝게도 할아버지가 돌아가셔서 A의 마음에는 큰 상실감이 있었다. 돌아가신 할아버지에 대한 애도의 표현으로서 할아버지에게 드리고 싶은 선물을 미술과 이야기로 표현하였다.

자신의 대학진학을 원하지 않는 엄마와 갈등이 있었지만, A는 중어중문과에 가고 싶은 의지가 있었으며, 이에 대하여 구체적으로 시험준비를 하였다. 여전히 한국어에 대한 어려움 때문에, 학교에서 한국어로 하는 발표가 싫었다. 반면에 여전히 중국어에 대한 애정을 가지고 중국어로 된 책을 읽으면서 위안을 얻었다.

후기단계에서 독특한 이야기는 중국에서 한국에 오기까지 우여곡절의 과정에서 중국인 아빠(前父)와 중학교 선생님에 대한 것이었다. 한국에 입국하는 데 필요한 비자 및 여권을 준비하는 과정에서, 중국인 아빠가 서명을 해주어야하는데, 서명을 해주지 않았다. A를 3년 동안 담임선생으로 지도하고 아껴준 중학교 선생님은 아빠를 찾아가 설득하여 서명을 받아내어 자신이 한국에 올 수 있었다. 이 선생님 덕분에 A는 한국에 올 수 있었다면서 중국에 방문하게 되면 선생님에게 만년필을 선물로 드리고 싶다고 하였다.

후기단계에서 연구참여자 A의 미술작품과 이야기내용은 다음의 〈표 5-4〉와 같다.

단계	회기	주제	제목	미술	작품내용	이야기의 주요내용
중기	9회기	나와 나무	나와 나무		큰 나무 밑에 그네를 타고 있는 A	• 할아버지가 만들어 준 그네를 어려서 타고 놀았음. 할아버지가 자신을 키워주었음. • 대학진학에 대하여 엄마와 갈등이 있지만, 중어중문학과에 가고 싶어함.
	10회기	손가락	좋아하는 것, 싫어하는 것		왼손 가락에 좋아하는 것을, 오른손가락에 싫어하는 것을 기술	• 한국어 발표시간이 싫지만, 중국어로 된 책을 읽으면 스트레스가 풀림난 주에 중국에 방문함. 할아버지의 임종과 장례를 경험하고 난 후 마음이 슬퍼짐.
	11회기	두얼굴	없음		행복한 조건과 불행한 조건을 묘사함.	• 행복은 여행, 고기, 가족, 칭찬, 요리에서 나옴 • 불행은 D와의 관계, 다른 친구와 갈등, 배고픔 등에서 나옴
	12회기	선물	주고싶은 선물, 받고싶은 선물		할아버지에게 하고 싶은 선물, D에게 받고 싶은 선물	• 돌아가신 할아버지가 살아계셨더라면, 치과진료를 받게 해 드리고 싶음. • 한국에 오는데 중학교 선생님이 결정적인 역할을 해 주셨음.

6장

문학융합치료 : 은유와 내러티브의 어울림

1. 이론적 배경

1) 개념과 철학적 배경

(1) 서사문학융합치료의 개념

서사문학융합치료란 개인의 삶의 이야기를 바탕으로 한 내러티브를 허구성을 기반으로 일련의 사건을 이야기화한 전통적 개념의 서사문학, 즉 설화나 소설로 간주하여 작품 속 인물의 관계성에 주목하는 치료이다. 즉 개인의 내러티브를 한 편의 서사문학으로서 접근하여, 그 속에 등장하는 주요 인물 간의 관계에 집중한 후 내담자가 가진 문제를 진단하고 동일한 인물 관계의 서사문학을 통해 치료를 모색하는 것이다. 이때 동일한 인물 관계의 서사문학은 설화와 소설뿐 아니라 서사성을 가진 드라마, 영화와 같은 미디어 문학도 포함되며 동시에 또 다른 내담자의 내러티브일 수도 있다. 그래서 우리가 만나는 내담자의 내러티브는 진단을 위한 서사문학이면서 동시에 치료를 위한 서사문학이다.

한 개인의 내러티브를 서사문학으로 보는 시각은 이전부터 진행되었다. 이미 많은 연구자들이 평범한 삶을 살아온 개인의 내러티브를 사적 사건이나 경험이 아닌 생애담, 즉 문학으로 보며 그 결과물을 세상에 내놓았다. 인하대학교 다문화융합연구소에서 사회통합 총서로 출판한 〈동남아시아계 이주민의 생활세계 생애담 연구〉(김영순 외, 2019), 〈미국 한인이주여성의 초국적 삶과 공동체〉(김영순 외, 2020) 등은 이주여성의 내러티브를 문학으로 접근하여 문화적응을 분석한 결과물이다. 고려인의 강제 이주담을 조사하여 그들의 목소리를 생애담으로서 기술한 『중앙아시아 고려인의 생애담 연구』(이복규, 2012), 그리고 피난, 이산, 이념 등으로 점철된 한국전쟁을 겪어낸 사람들의 생애담을 엮은 〈한국전쟁 이야기 집성 1-10〉(신동흔 외, 2017) 등도 개인의 내러티브를 문학으로서 본 결과물이다. 이주와 전쟁과 같은 역사적 사회상을 경험한 사람들의 내러티브 외에도 70대 이상의 평범한 할머니들이 구술한 그녀들의 시집살이 내러티브를 모은 〈시집살이 이야기 집성 1-10〉(신동흔 외, 2013)도 있다. 〈시집살이 이야기 집성 1-10〉은 한국사회에서 여성들이 살아온 생생한 삶의 이야기들을 시집살이라는 단어로 함축한 내러티브이다. 일제 강점기, 전쟁과 같은 역사적 사건도 포함되어 있지만 시어머니의 구박부터 남편의 외도, 눈앞에서 자식이 죽은 사연 등 개인적인 내용의 내러티브가 대부분이다. 이처럼 개인적 또는 사회적 사건을 중심으로 들려주거나 기술한 내러티브는 생애담이라는 서사문학으로서의 자격을 가지고 서사문학융합치료에서의 진단과 치료를 위한 씨앗으로 발현된다.

그렇다면 서사문학융합치료를 위한 내러티브란 무엇일까. 개인적 또는 사회적인 이야기가 내러티브이겠으나, 서사문학융합치료를 위한 내러티브는 문학적 요건인 인물, 사건, 배경을 갖춘 문학적 내러티브를 의미한다. 인물, 사건, 배경과 같은 서사문학의 기본 조건에 충족할 때, 서사문학융합치료를 위한 내러티브라 할 수 있고 만약 단 하나라도 결여되었다면 진단과 치료를 위한 온전한 내러티브로 볼 수 없다. 서사문학융합치료를 위한 내러티브에서의 인물, 사건, 배경은 다음과 같다.

① 인물: 내러티브에 등장하는 사람에는 사건과 행동의 주체가 되는 '나' 그리고 '너'가 있고, 건강한 관계와 건강하지 못한 관계가 존재한다.

내러티브에는 당시의 사건 속에서 이야기되는 '나'가 등장한다. 그리고 이야기되는 '나'와 관계 맺기를 하는 '너'가 등장한다. 나와 너의 관계 맺기의 양상에 따라 내러티브에는 건강한 관계의 '나와 너'와 건강하지 못한 관계의 '나와 너'가 등장한다. 건강한 관계와 건강하지 못한 관계의 '나와 너'는 철학자 마틴 부버(Martin Buber, 1878~1965)[1]의 '나와 너' 그리고 '나와 그것'이라는 인간의 관계론을 토대로 하였다. 부버는 '나와 너'는 긴밀한 인격적 관계를 의미하지만, '나와 그것'의 관계에서 '그것'은 비인격적 존재로 나의 수단일 뿐이다(마틴 부버, 표재명 역, 2001: 192)라고 인간관계를 규정한 바 있다. 마틴 부버의 인간관계에 대한 분석은 나에 대한 존재론적 가치를 바탕으로 하며 서사문학융합치료에서도 내러티브 속 '나'에 대한 문제점을 발견하여 존재론적 가치를 탐구하는 과정이다. 등장인물은 나와 너이고, 나와 너의 관계성을 건강한 관계인지 혹은 건강하지 못한 관계인지 분석하는 것이 중요한 치료과정이다.

② 사건: 내러티브 속 인물 사이에는 갈등이 발생하고 갈등은 내러티브의 사건을 구성하는 중심축이다.

갈등이 존재하지 않는 내러티브는 서사문학으로서 볼 수 없다. 갈등이라는 사건을 통해 문학의 주제가 구현되고, 그 주제는 서사문학융합치료에서 내담자가 풀어나가야 하는 내적 쟁점이다. 그리고 내러티브화 된 사건은 내담자의 내적 쟁점을 상징하면서

---

1 마틴 부버(Martin Buber)는 오스트리아 빈에서 태어난 유대인 철학자로, 『종교의 철학』(1931), 『대화』(1932), 『단독자에 대한 물음』(1936), 『대화의 삶』(1948) 등을 통해 인간관계와 소통에 관한 철학적 물음에 대한 저서를 발표하였고, 이 중에서도 『나와 너』(1923)는 유럽 대륙에 엄청난 영향력을 주며 프롬, 베르자예프, 만하임,데일리, 니버 같은 철학자와 교육학자들에게 깊은 영감을 전달하였다.

호모 내러티쿠스: 인문융합치료의 이해

동시에 치료 중이라는 것을 의미한다. 내담자가 사건을 말로 구술하거나 글로 기술하는 모든 과정은 내러티브의 과정이고, 내러티브의 과정을 통해 내담자는 자신이 가진 문제를 타자화시켜 직면하고 그 속에서 문제를 해결해 나가기 때문이다. 그래서 갈등이라는 사건의 중심축이 결여된 내러티브는 서사문학융합치료에서 존재할 수 없는 것이다.

갈등이라는 사건이 결여된 내러티브는 다음과 같다.

> A: 저는 한국에서 버스를 타는 게 힘들어요. 지금은 운전하고 다니니까 괜찮지만 버스를 타면 앉지 않고 서있어요.

어느 결혼 이주여성이 한국에서 살면서 힘들었던 경험에 대하여 구술한 내용이다. 위에 내용은 서사문학융합치료를 위한 내러티브로 볼 수 있을까? 볼 수 없다면 그 이유는 무엇일까? A의 경험담에는 나와 관계맺기를 하는 등장인물 너가 부재하고, 결정적인 문제는 갈등이라는 사건이 결여되어 있다. 버스 타는 것이 힘들다는 것은 결과론적인 현상일 뿐 내담자의 내적 쟁점을 상징하는 갈등, 즉 사건이 아니다. 그렇다면 내적 쟁점을 상징하는 갈등이란 무엇일까?

> B: 제가 임신 팔 개월 때, 임신 팔 개월 때 버스를 탔는데 그때 노약자석하고 임신부석 있었잖아요. 제가 올라갔는데 그 좌석 다른 분이 앉아 계셨어요. 그래서 제가 그냥 제가 그분 뒤에 기다렸어요. 내리시면 제가 앉겠다고 아무 말 안 하고 기다렸는데 그분 일어나서, 일어나서 내려가셨어요. 그런데 버스 안에는 사람 하도 많아서 배가 나와서 빨리 빨리 올라가지 못하고. 그 다른 분이 올라오신 분은 제가 딱 봐도 한 여자분이신데 나이가 연세가 한 사십 초반 정도 돼요, 그분 바로 앉으셨어요. 저는 올라가고 있는데 저는 그분 뒤에 저는 배가 이렇게 나와서 빨리 못 갔죠. 그래서 가서, "네. 안녕하세요. 죄송하지만 저 임산부입니다." 인사는 했었는데 그분은 저

이렇게 보고, "그러는데, 응. 왜?" 근데 제가 지금 그다음에 생각해보면 그분도 그거 노약자석도 모른다고 생각을 했었어요. 근데 그분은 저보고, "아. 외국 사람이구나." 그래서 그거는 그 말은 상처받았어요. 뒤에 어떤 아가씨가 그 얘기 듣고 저한테 양보해주셨어요. 양보해줬어요. 저는 그분한테도 고맙기도 하지만 부끄럽기도 해요. 왜냐면 다 버스 안에 다 저를 쳐다보고. 좀 부끄러웠어요. 근데 왜 뭐 제가 실수, 집에 가서 진짜 울고 싶었어요. (중략) 근데 되게 오래가요. 버스는, 그다음부터 버스 타고 다니면 그 노약자석 보면 늘 그, 그 사건 떠올라서, 지금도 그래요. 지금 차 끌고 다니지만 가끔씩 버스 탈 때도 노약자석을 보면 저는 앉지 않아요. 진짜로. 저는 그냥 옆에 사람 없어도 서 있어요, 옆에서. 지금까지도 몇 년 지났죠. 칠팔 년 지났는데, 그래도 늘 상처 떠오르고 그래요(오정미, 2021: 161-162).

B의 경험담에는 내러티브 속 나와 함께 너가 등장한다. 그리고 나와 너의 관계 속에서 임산부석에 대한 갈등이 사건으로서 서사화되어 있다. 내러티브 속 나는 임신 팔 개월 만삭의 임산부이다. 그리고 나와 관계를 맺는 너로 등장하는 인물은 중년의 한국 여성이다. 나와 너는 버스 안의 임산부석을 두고 갈등이 일어난다. 임산부인 나는 아주머니에게 임산부석 양보를 요청했지만 그녀의 요청은 이국적인 외모와 서툰 한국어 때문에 묵살된다. 아주머니의 태도로 인해 버스 안의 나는 배려받아야 할 임산부에서 한국문화에 낯선 이주민일 뿐이었고, 아주머니의 태도는 나의 마음에 큰 상처를 남겼다(오정미, 2021: 162). 특히, 몇 년이 지난 지금까지도 버스의 노약자석을 보지 못하고, 그때의 상처가 떠오른다는 결혼이주여성의 말은 그녀가 경험한 사건이 일회적인 사건이 아니라 내담자의 내적 쟁점을 상징하는 갈등, 즉 서사문학융합치료를 위한 내러티브 속 사건이라는 것을 알 수 있다. 따라서 나와 너 사이에서의 갈등을 바탕으로 한 사건이 존재해야만 진단과 치료를 위한 서사문학융합치료의 내러티브로서의 자격을 갖추게 되는 것이다.

③ 배경: 서사문학융합치료의 내러티브에서 배경은 이야기되는 '나'와 '너'의 관계와 사건에 따라 공간적 배경과 시간적 배경 그리고 사회·문화적 배경이 함께 존재하며 진단과 치료에서 중요한 분석 대상이다.

시간적 배경은 내러티브 속 '나'의 생애 주기를 의미한다. 유아기, 아동기, 사춘기, 청년기, 장년기(기혼자)로 크게 분류할 수 있는 시간적 배경은 나와 관계 맺기를 하는 너를 결정짓는 중요한 배경이다. 예컨대, 어머니와의 관계에 문제가 있는 내담자라면 성인인 된 후의 사건을 토대로 일차적으로 내러티브를 구술하여도, 치료사는 아동기와 사춘기의 내러티브를 구술할 수 있도록 도와야 한다. 어머니와의 관계는 공간적 배경보다 생애 주기와 같은 시간적 배경이 중요하기 때문이다.

공간적 배경은 '나와 너'가 관계 맺기를 하는 장소로, 사적 공간과 공적 공간으로 크게 분류하여 의미를 고찰할 수 있다. 사적 공간과 공적 공간은 '나'의 위치를 결정짓는 중요한 요인으로, 사적 공간에서의 '나'라면 가족관계에서 문제를 찾아볼 수 있고, 공적 공간에서의 '나'라면 좀 더 존재론적 가치의 문제로 접근할 수 있다.

마지막으로 시·공간적 배경과 함께 서사문학융합치료에서는 내러티브에 존재하는 사회·문화적 배경이 매우 중요하다. 한국 전쟁, 일제 강점기와 같은 역사적 사건과 관련한 배경이 전형적인 사회·문화적 배경이지만 이외에도 가부장제 문화, 다문화사회와 같은 사회적 현상도 사회·문화적 배경에 속한다.

내담자가 구술하는 내러티브에는 자연스럽게 시간적 배경, 공간적 배경 혹은 사회·문화적 배경이 하나 이상 제시될 수밖에 없고, 이러한 배경은 서사문학융합치료에서 내담자의 문제를 진단하고 치료하는 데 중요한 단서이다.

(2) 철학적 배경

문학치료(Literatherapy)라는 용어는 비블리오테라피(Bibliotherapy), 포이트리테라피(Poetrytherapy), 저널테라피(Journaltherapy)를 모두 포함한 용어이다. 참여자와 치료사 사이의 바람직한 상호작용을 위해 문학을 매개체로 사용하는 것이다(Hynes & Hynes, 1994: 13). 문학치료의 효과는 먼저, 문학의 치료적 힘을 긍정하는 데에서부터 시작한다. 16세기 프랑스의 의사이자 풍자 작가였던 라블레는 환자에게 치료수단의 하나로 '문학'이라는 약을 처방해 주었던 것이다(한국도서관협회, 2008: 11). 문학의 치료적 기능은 문학의 기능에서 효용론에 바탕을 두고 있다고 할 수 있다. 문학이 궁극적으로 지향하는 것이 무엇인가를 규명하는 것이 효용론이다(윤명구 외, 1988: 48). 문학치료가 참여자에게 자기의 현실로부터 관심을 돌리게 할 수 있고 심리적 보상을 얻을 수 있는 기능이 있다는 것은 바로 문학의 본질이기도 하다. 이처럼 문학치료의 핵심은 "잃어버린 언어의 발견 또는 재발견이라 할 수 있다. 그러므로 말할 수 없었던 것, 말하지 못했던 것에 대한 언어를 재생하는 것"이다(변학수, 2006). 문학치료는 자아를 보다 잘 이해하도록 하는 데 초점을 두고 있으므로 참여자가 문학작품의 의미를 이성이나 지식으로 이해하는 것보다는 참여자 자신의 개인적 감정이나 정서적 반응으로 받아들이는 것이 더 중요하다고 하겠다. 프로이트에 따르면 치료란 무의식이 억압을 적절한 배출구를 마련하여 해소하도록 하는 것이다. 또 치료는 부정적인 방어기제 사용을 자각하고 자아를 다시 욕망의 에너지로 충분히 통제할 수 있는 건강한 자아로 키워주는 것이다(프로이트, 2014).

2. 인접 학문의 소개

서사문학융합치료는 국내에서 통용되고 있는 인접 치료학문에 기반을 두고 있다. 문학과 관련한 치료는 오랜 역사 속에서 변천 과정을 거치면서 발전하였다. 서사문학융합치료는 그동안 실천되어 온 문학을 바탕으로 한 다양한 심리치료 연구에 많은 영감을 받았고, 그 과정에서 독자적인 영역을 구축할 수 있었다.

1) 독서치료

독서치료는 리스어의 단어(Biblion: 책, 문학, Therapeia: 의학적으로 다, 병을 고치다)를 합쳐 만든 말로서 일반적으로 책을 통해 치료하는 것을 말하며, 역사가 긴 치료법 중 의 하나이다. 독서치료에 대한 정의는 하인스와 하인스-베리의 다음과 같은 말이 거의 정설로 굳어 지고 있다. "독서치료란 근본적으로 문학작품이든 비문학작품이든 책을 통해서 정신건 강을 증진시키고 개인의 문제를 해결하며 사회적 관심이 무엇인지 알게 한다"(Hynes & Hynes-Berry, 1994). 책 이외의 읽기자료나 영상자료 또는 음악자료 등도 독서치료의 중요한 매개가 될 수 있지만 책, 특히 문학작품이나 서사는 그것이 과거를 말한다는 점에서 독서 치료의 가장 중요한 자료라고 할 수 있다. 책은 독자의 성격을 측정하고 적응과 성장, 정신적 건강을 위해 사용되기도 하는데 그 책과 독자 사이의 상호작용 과정이 독서치료이다.

독서치료의 과정을 살펴보면, 참여자 스스로 문학작품에 반응할 수 있는 잠재능력을 갖고 있다는 믿음을 전제로 한다. 따라서 독서치료의 과정은 참여자가 스스로를 돕는 과정을 우선 경험하고 난후에 상담자와 상호작용을 하게 된다.

하인즈와 하인즈베리(Hynes & Hynes-Berry, 1994)는 이러한 치료의 과정을 인식, 고찰, 병치, 자기적용의 4단계로 나누어 설명하고 있다(김현희 외, 2010).

[그림 6-1] 독서치료 진행과정

첫 번째 단계인 인식은 자료에 내포되어 있는 것을 참여자가 지각하는 것이다. 이러한 인식반응이 일어나려면 자료가 참여자를 끌어들이고 흥미를 유발시키며 상상력을 발휘시킬 뿐아니라 집중시킬수 있는 요인을 포함해야 한다. 이 과정에서는 내용을 아는 것 보다는 알고는 있으나 인식하지 못했던 느낌을 일깨우는 것이 더 중요하다.

두 번째 단계인 고찰은 관련된 문학작품을 자세히 살펴보는 활동으로, '이 책에서 흥미 있는 것은 무엇인가?'나의 가치관과 인물의 가치관은 얼마나 유사한가 혹은 얼마나 다른 가?'라고 질문해 봄으로써 가치관과 관심을 조사해 보는 것이다.

세 번째 단계로는 병치인데 인식을 고찰하게 되면 그 주제에 대한 추가적인 인상이 생겨 나는데, 그것은 독자가 가졌던 처음의 반응에 수정과 변화를 가져온다. 독서치료에서 고찰은 참여자로 하여금 대상이나 경험에 대한 두 가지 인상을 나란히 놓고 비교하고 대조해 보게 하는 병치를 이끌어 낸다.

마지막 단계로 자기적용이란 작품을 통해 인식되고 고찰되고 병치되었던 느낌과 개념은 자기적용의 경험으로 진전되어야 한다. 독서치료는 평가와 통합이라는 과정을 거쳐야 그 과정이 완성된다고 할 수있다. 평가가 인식하고 고찰하여 병치를 이끌어내는 과정이라고 한다면, 통합은 자기적용의 과정이다.

2) 통합문학치료

통합문학치료에서는 실제 치료과정에서 문학적 활동을 포함한 표현예술분야의 형상화과정 전반을 포괄한다. 변학수(2006)에서는 문학치료의 영역 안에 매체의 사용에 따라 독서, 시/쓰기, 이야기, 드라마, 영화 같은 문학의 장르를 나누었다. 이를 표로 표현하면 다음과 같다.

〈표 6-1〉 문학치료의 양식

	수용적 양식	표현적 양식
문어(文語)	독서	시/쓰기
구어(口語)	내러티브	드라마

이 과정에서 문학적 활동은 읽기와 쓰기가 주는 치유적 활력을 활용하는 것이 문학치료의 기본 핵심이다. 이때 중요한 것은 참여자들은 문학이라는 텍스트에 한정되어 작품을 읽고 해석한다는 의미가 아니라, 치료사의 낭독하는 글감을 듣고 창의적으로 생산되는 자기 텍스트 작업을 수행한다. 이후 그것을 스스로 재해석하는 과정에서 일어나는 치유과정을 의미하는 것이다. 문학치료 참여자는 치료의 장에서 즉각적으로 작가가 되면서 그것을 다시 읽고 해석하는 독자가 된다. 말하자면 글쓰기를 통한 자기 드러내기, 자신의 목소리 찾기, 또는 자신에 의해 재표현(Umformulierung) 되는 중요한 문학작품인 것이다(채연숙, 2014: 113-114).

변학수는 문학치료의 진행과정을 네 개의 단계로 나누었다.

[그림 6-2] 통합문학치료 진행과정

첫 번째 단계인 도입 단계에서는 우선 책을 읽거나 글을 쓰게 하고 개별면담이나 그룹별로 일고 쓴 것을 이야기하게 하는 단계이다. 이때 치료사는 진단하거나 목표를 분명히 하기 위해 다양한 심리치료적인 기법을 활용하기도 하고 특별한 주제의 검사용 문학이 정해지지 않은 경우 여기까지 오게 된 배경, 자기소개 불안한 점 바라는 점 등을 토로하게 한다.

두 번째 단계인 작업단계에서는 참여자의 증상이나 상황에 맞는 문학을 선정하여 읽어주거나 읽게 하거나, 연극을 연행하게 하여 그중 무엇이 가장 인상 깊었는지를 물어보며 대화를 시도한다.

세 번째 단계인 통합단계에서는 작품 감상이후 최초의 인식과 어떻게 구별되는지 왜 그렇게 바뀌는지를 기술함으로써 자신의 기억을 드러내거나 표현하는 단계이다.

마지막 새 방향 설정 단계에서는 통합단계를 거친 참여자가 정체성을 새롭게 구성해 나가는 단계이다.

3) 문학치료

문학치료학의 가장 큰 성과는 '인간이 바로 문학이며 문학이 곧 인간'이라는 관점을 확립한 것이다(정운채, 2008: 247). '인간 활동' 그 자체가 문학이며, 더 나아가 '인간'그 자체가 문학이라고 본 문학치료에서의 문학에 대한 개념은 인물, 사건, 배경을 갖춘 내담자의 내러티브를 서사문학으로 접근하여 내러티브 속에서 진단과 치료를 동시에 모색하고자 한 서사문학융합치료의 배경 학문이 된다.

문학치료에서는 수많은 인간관계에서도 가족관계를 중심으로 서사이론을 개진한다. 정운채(2008)는 인류역사가 시작된 이래로 인류가 없어질 때까지 가장 기본적인 인간관계가 가족관계라 하여, 인간관계의 주체가 어떤 입장으로 그 인간관계를 바라보고 또 운영하고 있는가에 따라서 주체가 자녀의 입장일 경우에는 자녀서사, 남녀의 입장일 때에는 남녀서사, 부부의 입장일 때에는 부부서사, 부모의 입장일 때에는 부모서사라고 한 기초서사 네 영역을 설계하였다.

이때 핵심적인 요소가 되는 것이 '서사(敍事)'이다. 문학치료는 자기서사가 건강하지 않을 때 삶에 문제가 나타난다고 보며, 문학작품의 건강한 서사에 의해 사람들의 병약한 자기서사를 바꿈으로써 삶의 변화를 이끌어내고자 한다. 그것은 단순한 감정의 자극에 따른 일시적 변화가 아니라 삶의 구조와 방향을 바꾸는 지속적이고 근본적인 변화를 의미한다(정운채, 2006).

이와 같은 문학치료가 최근에 '존재'에 주목하고 있다. 신동흔(2016)은 문학치료학에서 주목한 '관계적 주체'에 한정하지 않고 '존재적 주체'로 확장하는 새로운 시각을 제시하였다. 존재적 주체가 무엇인지 신동흔의 글을 인용하면 다음과 같다.

> 부모와 자녀의 관계에 얽힌 서사로 존재적 주체를 예로 들면, 서사의 주체가 부모인가 자녀인가의 문제도 중요하지만 그가'어떤 사람인가'하는 측면이 그 이상으로 중요하다고 할 수 있다. 예컨대 부모의 권위가 자녀를 억압하려고 든다고 할 때, 그 자녀가 햄릿이냐

호모 내러티쿠스: 인문융합치료의 이해

돈키호테냐에 따라서, 또는 평강공주냐 장화 홍련이냐에 따라서 서사는 완연히 다르게 형성된다고 할 수 있다. 햄릿이나 장화 홍련이 그 권위 아래 짓눌릴 것임에 비해 돈키호테나 평강공주는 거기 맞서거나 그로부터 벗어나는 선택을 할 것이다. 이런 식으로 인물의 존재적 정체성은 관계의 성립과 변화에 크나큰 영향력을 행사하거니와, 서사에 있어 '존재'는 '관계'에 대하여 대등한 수준의 역할을 인정받아야 한다는 것이 본 연구자의 기본 입장이 된다(신동흔, 2016: 32).

존재적 주체는 서사문학융합치료에서 내러티브 속 인간관계를 '나와 너'로 분석하는 과정과 상통하기에 더욱 주목된다. 서사문학융합치료에서는 내러티브 속 인간관계를 중심으로 진단과 치료를 병행하는데, 이때 그 관계는 건강한 나와 너 그리고 건강하지 못한 나와 너의 관계로 분류가 되며 주체의 존재적 가치에 집중하고 있다. 이러한 점에서 건국대학교의 문학치료학의 발전과 변화는 서사문학융합치료에서도 주목해야 하는 연구이다.

다음으로 문학치료의 진행 과정을 살펴보면 다음과 같다. 문학치료는 자기서사 진단, 작품감상, 자기서사분석, 개선서사 단계로 진행된다. 문학치료학적 관점의 치료 프로그램은 상황에 맞는 다양한 설화를 작품서사로 활용하는 가운데 한 개인의 문제를 단순한 외적 증상이 아닌 서사 차원에서 이면적이고 구조화된 형태로 진단한다. 진단에 이은 치료의 과정 또한 서사를 기본 축으로 해서 이루어지게 된다. 자기서사의 특징에 맞춰 필요한 서사적 보충과 강화, 통합의 방향을 설계하고 적절한 작품서사를 개선서사로 제시함으로써 그리고 자기서사의 변화를 꾀하게 되는 것이다.

[그림 6-3] 서사문학치료 진행과정

첫 번째 자기서사 진단 단계에서는 서사문학치료에서 개발한 MMSS서사진단지[2]를 활용하여 질문에 답하게 함으로써 개인의 성찰을 돕고 치료에 앞서 작품 서자의 선정과 치료의 방향성을 설정한다.

두 번째는 진단을 통해 알맞은 작품을 선정하여 감상하며 본격적인 상담을 진행하는 단계이다.

자기서사 분석단계에서는 다양한 작품서사를 활용하여 서사 변화의 과정을 살펴본다. 이때 감상반응, 이어쓰기, 다시쓰기, 이야기 다시쓰기 등 다양한 문학치료 활동을 통해 문제적 서사의 근원적인 문제를 발견하고 건강한 자기서사로 변화할 수 있도록 돕는다.

마지막 개선서사 단계에서는 이야기 창작을 통해 미래 자기서사를 모색하는 단계를 거쳐 자기서사의 변화를 볼 수 있다.

4) 글쓰기문학치료

글쓰기문학치료는 표현예술치료의 한 분야로 문학작품을 매개로 훈련된 촉진자(치료자)와 참여자(내담자) 사이의 치료적 상호작용이 일어나는 '과정(process)'을 의미한다. 이러한 개념은 이봉희 교수가 이끄는 한국 글쓰기문학치료 연구소가 주창하는 개념으로 전미문학치료학회(NAPT)와 국제문학치료협회에(IFBPT)의 이념과 30년 이상 오랜 기간 이론과 임상을 통해 체계적으로 축적한 연구와 데이터를 기반으로 하는 정통문학치료학의 학문적 원리를 따른 것이다. 글쓰기문학치료의 이론을 확립하는데 선두 역할을 한 Hynes & Hynes-berry(2012)는 최초로 상호적 문학치료(interaction bibliotherapy)라는

---

2 MMSS는 신동흔이 2018년 1차 초안을 바탕으로 3차에 걸쳐 수정 보완된 민담의 서사를 활용한 문학치료 진단지이다. MMSS는 Magic Mirror of Story-in-depth of Self의 약자이며, 다수 설화를 통한 내면 특성을 다각적으로 점검하며 중요 부위와 위험 부위를 포함한 특징적인 서사 요소와 맥락을 짚어내는 검사 도구이다.

용어를 사용했으며 이 이론에 의하면 글쓰기문학치료란 문학을 촉매로 한 촉진자와 참여자 간의 '치료적 상호작용'에 의한 치료과정으로 정의할 수 있다.

[그림 6-4] 글쓰기문학치료 진행과정

첫 번째 인식 단계에서는 참여자는 촉진자에 의해 선별된 문학작품을 통해 다양한 정서적 반응을 하게 되고, 때로는 내용에 자신을 동일시하며 새로운 감정들을 경험하게 된다.

두 번째 탐구단계에서는 참여자는 자신의 개인적 감정 반응을 촉진자나 다른 참여자들 간의 토론과 대화를 통해 보다 더 명확하고 세밀하게 들여다보며 탐구하게 된다.

세 번째 병치단계에서는 인식 후 탐구 과정을 거치면서 촉진자나 다른 참여자들과의 대화를 통해 비교와 대조를 하는 단계로 지금까지의 생각이나 감정에 변화가 일어날 수 있다. 즉 촉진자와 다른 참여자들과의 상호작용을 통해 처음 문학작품을 통해 일어났던 인식을 다양하고 새로운 관점에서 볼 수 있게 되는 것이다.

마지막 자기 적용 단계에서는 인식, 탐구, 병치의 과정에서 얻게 된 통찰과 새로운 인식을 자신의 내면으로 통합시키는 단계이다. 이 과정을 통해 참여자는 자신의 문제와 경험을 창조적으로 바라보고 현실에 적용함으로써 이전과 다른 새로운 시각으로 삶을 대하게 된다. 이는 글쓰기 문학치료의 이상적인 최종목표라고 할수 있다.

5) 시치료

시치료(poetry therapy)는 '시'라는 'poetry'와 '도움이 되다, 의학적으로 돕다, 병을 고쳐주다'라는 'therapeia'의 합성어이다. 즉, 시를 활용한 총체적인 치료방법의 의미로 사용된다. 우리나라에서 시치료라고 협의적으로 해석되는 Poetry Therapy는 흔히 문학치료(Biblio Therapy)라는 용어와 함께 사용되며 특히 시, 시적 언어를 도구로 사용한다. 시치료의 개념은 시를 'poem'으로 보는 미시적인 의미와 시를 'poetry'로 보는 거시적인 의미로 구분할 수 있다. 미시적인 의미의 시치료는 시를 활용 한 상호작용을 통해 정서, 심리 상태를 바람직하고 안정적인 상태로 유지, 변 화시켜 건강한 자아로 회복시키는 방법을 의미한다. 거시적인 의미의 시치료는 치료자와 내담자가 치료적 관계에서 시적 언어를 통한 듣기, 말하기, 읽기, 쓰기, 생각하기, 노래하기, 그리기, 동작 표현 등 다양한 감각 활동으로 인간 의 정서를 치유하는 과정을 의미한다. 현대인을 위한 개인적, 집단적 소통과 치유의 방법으로는 미술, 음악, 문학, 무용, 영화, 연극, 원예, 놀이 등이 다각적으로 이용되고 있다. 그중에서도 시는 심리 치유 행위에 그 어떤 장르보다 유용한 것으로 평가되고 있다(변학수, 2006).

시치료의 원리는 인간의 내적 갈등을 해결해 보려는 의지에서 출발하였다. 그 바탕은 무의식적이고 본능적인 소망과 갈등 요인을 문학작품에서 찾으려 한 프로이트의 정신분석 이론에 있으며, 시치료에 대한 구체적인 논의는 헤닝거(Heninger, 1981)의 『American Handbook of Psychiatry』에서 살펴볼 수 있다. 헤닝거(Heninger)는 시치료의 원리를 7가지의 관점에서 고찰한다. 첫째 환기와 카타르시스(ventilation and catharsis), 둘째 자기 탐색 및 이해(exploration and understanding), 셋째 위안과 지지(support). 넷째, 적극적인 통제와 정서 조절(active mastery), 다섯째 안전한 방법(safety), 여섯째 즐거움(pleasure), 일곱째 시적 공간에 머물기(stay in poeticspace)이다. 즉, 시치료 활동은 참여자의 감정을 환기와 배출을 통해 정화시키고, 시를 읽고 쓰는 행위를 통해 자신을 탐색하고 이해하게 한다. 시치료 활동은 자신의 생각과 감정을 다양한 활동을 통해 경험하고 공유하며 위안과 지지를 받아 인간관계 개선의 효과를 주고, 지금까지 납득할 수 없었던 정서를 수용하게 한다. 또한, 시를 통한 우회적 표현 방법은 감정을 안전하게 고백하게 하고, 더 나아가 즐거움을 알게 하며, 감정을 이입시켜 시적 공간에서 스스로 치유하고 존재하게 하는 미학적 삶의 방법을 알게 하는 것이다.

시치료의 방법으로는 독서치료법인 5차원 치료법(ICOIA)(원동연 외, 2005), 돌과 돌(Doll

& Doll)의 독서치료 4단계(김현희, 2010), 하인즈(Hynes)의 독서치료 4단계와 시치료 모형인 변학수의 통합적 문학 치료 모델을 많이 적용하고 있다.

3. 서사문학융합치료 프로그램과 실제 사례

1) 서사문학융합치료 프로그램

서사문학융합치료는 내담자의 내러티브를 통해 진단과 치료가 이루어진다. 내담자의 내러티브의 과정은 인간의 경험을 서사문학으로 재창조하는 과정이며, 어제와 오늘 그리고 내일에 대하여 재구성하는 창작의 과정이다. 경험을 토대로 하였어도, 내러티브에는 사실을 기반으로 한 기억뿐 아니라 자신의 생각과 상상이 함께 융화되어 있기 때문이다.

먼저, 개념화하는 프로그램의 진행과정을 도식화하면 다음 〈그림 6-5〉와 같다.

[그림 6-5] 문학융합치료 진행과정

(1) 내러티브 구술(기술)

치료사는 내담자와 라포를 형성한 후 본격적으로 내담자에게 질문을 한다. 치료사는 질문을 바탕으로 내담자는 자신의 경험을 구술(기술)한다.

- 어릴 적에 가장 힘들었던 사건을 이야기해주세요.
- 현재 나를 가장 힘들게 한 사건이 무엇일까요.

- 한국에서 가장 힘들었던 기억이 무엇일까요.
- 나를 힘들게 하는 사람이 누구일까요.

내담자가 구술(기술)한 내러티브가 인물, 사건, 배경을 갖춘 서사문학이 될 수 있도록 치료사는 보조 질문을 통해 내러티브를 완성할 수 있도록 내담자를 돕는다. 가능한 질문을 통해 간접적으로 창작을 도와야 하며, 직접적인 개입은 피해야 한다. 또한 내러티브가 문학적 내러티브일수록 서사문학융합치료를 위해 효과적이므로, 가능한 상세하고 구체적인 내러티브를 이끌어내는 것도 치료사의 몫이다.

(2) 내러티브 진단

내러티브에는 사실을 바탕으로 한 기억과 내담자의 생각 그리고 상상력이 공존되어 있다. 치료사는 내담자가 내러티브에 나타난 생각과 상상력에 집중할 수 있도록 해야 한다. 내러티브에 나타난 생각과 상상력의 부분에는 내담자의 숨기고픈 심리 문제가 내포되어 있고, 그것을 발견하게 만드는 조력자 역할이 치료사의 역할이다. 그래서 치료사는 진단을 위하여 내담자와 함께 '사실을 바탕으로 한 기억'과 '생각과 상상'의 목록을 작성해야 한다.

제가 임신 팔 개월 때, 임신 팔 개월 때 버스를 탔는데 그때 노약자석하고 임신부석 있었잖아요. 제가 올라갔는데 그 좌석 다른 분이 앉아 계셨어요. 그래서 제가 그냥 제가 그분 뒤에 기다렸어요. 내리시면 제가 앉겠다고 아무 말 안 하고 기다렸는데 그분 일어나서, 일어나서 내려가셨어요. 그런데 버스 안에는 사람 하도 많아서 배가 나와서 빨리 빨리 올라가지 못하고. 그 다른 분이 올라오신 분은 제가 딱 봐도 한 여자분이신데 나이가 연세가 한 사십 초반 정도 돼요, 그분 바로 앉으셨어요. 저는 올라가고 있는데 저는 그분 뒤에 저는 배가 이렇게 나와서 빨리 못 갔죠. 그래서 가서, "네. 안녕하세요. 죄송하지만

호모 내러티쿠스: 인문융합치료의 이해

저 임산부입니다." 인사는 했었는데 그분은 저 이렇게 보고, "그러는데, 응. 왜?" 근데 제가
지금 그다음에 생각해보면 그분도 그거 노약자석도 모른다고 생각을 했었어요. 근데 그분
은 저보고, "아. 외국 사람이구나." 그래서 그거는 그 말은 상처받았어요. 뒤에 어떤 아가씨
가 그 얘기 듣고 저한테 양보해주셨어요. 양보해줬어요. 저는 그분한테도 고맙기도 하지만
부끄럽기도 해요. 왜냐면 다 버스 안에 다 저를 쳐다보고. 좀 부끄러웠어요. 근데 왜 뭐
제가 실수, 집에 가서 진짜 울고 싶었어요. (중략) 근데 되게 오래가요. 버스는, 그다음부터
버스 타고 다니면 그 노약자석 보면 늘 그, 그 사건 떠올라서, 지금도 그래요. 지금 차
끌고 다니지만 가끔씩 버스 탈 때도 노약자석을 보면 저는 앉지 않아요. 진짜로. 저는
그냥 옆에 사람 없어도 서 있어요, 옆에서. 지금까지도 몇 년 지났죠. 칠팔 년 지났는데,
그래도 늘 상처 떠오르고 그래요(오정미, 2021: 161-162).

> ▶ 사실을 바탕으로 한 기억
> - 나는 임신 팔 개월 때 버스를 탔다.
> - 임산부석에 너(아주머니)가 앉았다.
> - 나는 너(아주머니)에게 자리 양보를 요청했다.
> - 너(아주머니)가 나에게 "응, 왜?"와 "외국 사람이구나."라고 말했다.
> - 다른 너(아가씨)가 나에게 자리를 양보했다.

> ▶ 생각과 상상
> - 너(아주머니)는 나이가 40 초반의 여성이다.
> - 너(아주머니)가 노약자석을 몰랐다.
> - 너(아가씨)에게 고맙고 부끄러웠다.
> - 버스 안의 너(사람들)이 나를 쳐다봐서 부끄러웠다.
> - 지금도 나는 상처가 있다.

치료사는 내담자가 작성한 목록을 통해 '생각과 상상' 부분에 대하여 집중적으로
고찰한다. 물론, 사실을 바탕으로 한 기억도 함께 고찰한다.

- 왜 너(아주머니)의 나이가 40 초반이라고 생각한 것인지?

- 너(아주머니)가 노약자석을 몰랐다고 생각한 이유가 무엇인지?

- 너(아가씨)의 친절이 왜 (내러티브 속)나를 부끄럽게 만든 것인지?

- 버스 안의 너(사람들) 모두가 나를 정말 보았을지, 보았다면 왜 (내러티브 속) 내가
  부끄러운 것인지?

위와 같은 치료사의 질문을 통해 내담자는 자신의 내러티브 속 '나'를 타자화하여 객관적으로 바라보게 되고, 그 속에 존재하는 갈등의 원인을 찾는다. 그리고 유사한 갈등을 사건으로 전개하고 있는 문학작품 혹은 '나'와 '너'의 관계가 어떠한 관계인지를 주목하여 동일한 관계의 '나와 너'가 등장하는 문학작품을 찾는 다음 단계로 나아간다.

(3) 문학작품 선정과 감상

내러티브를 진단한 2단계 후에는 본격적인 치료를 위하여 유사한 갈등을 주요 사건으로 한 문학작품 혹은 동일한 '나와 너'의 관계가 등장하는 또 다른 문학작품을 선정하여 감상한다. 이때 또 다른 문학작품이란 전통적 개념의 문학작품인 설화를 비롯한 시, 소설, 희곡이고 동시에 영화, 드라마와 같은 미디어 문학도 포함된다. 그리고 무엇보다 다른 사람이 쓴 내러티브도 치료를 위한 문학작품이 된다. 이에 치료사는 면담한 내담자에게 자신이 기술한 내러티브가 다른 내담자의 치료를 위한 문학작품으로 활용될 수 있음을 사전에 허락받아야 하고, 내러티브 자료를 주제 혹은 인물 관계로 정리하여 체계적으로 수집해야 한다. 축적된 내러티브는 서사문학융합치료를 위해 세상에 단 한 편만 존재하는 문학작품으로 그만큼 귀한 자료이다.

문학작품 감상은 투사와 창조 및 비판적 사고를 통해 전개된다. 선정된 문학작품 속 주인공에게 나의 모습을 투사하고, '나'의 존재적 가치에 대하여 창조 및 비판적 사고를 한다.

예시1) A의 내러티브 요약(*위의 지문 참조)

결혼이주여성 '나'는 만삭의 몸으로 홀로 버스에 탔다. '나'는 임산부석에 먼저 앉은 아주머니에게 자리 양보를 부탁했지만, 아주머니는 "외국인이구나."라며 자리를 양보하지 않았다. 대신 다른 젊은 여성이 '나'에게 자리를 양보했지만 '나'는 부끄러웠다. 그 후로 나는 버스에 타도 임산부석을 쳐다보지 못하고 빈자리에도 앉지 않는다.

내담자가 경험한 갈등은 아주머니와의 갈등이 아니다. 사건은 임산부석을 양보하지 않은 아주머로 인해 발생했지만 그 속의 갈등은 타자로서의'나'라는 존재적 가치 때문에 일어났다. 즉 내러티브 속 '나'는 버스 안에서 임산부가 아닌 이주민이라는 타자였고 건강하지 못한 '나와 너'의 관계에서 갈등이 비롯된 것이다. 오정미(2021)에 의하면 다문화사회가 되면서 더 많은 사람들이 자신을 타자 또는 소수자로 인식하는 이주민 서사를 경험한다고 하며, 이주민 서사는 이주민에게만 존재하는 것은 아니고 누구나 경험하는 자연스러운 서사라고 한다. 즉 주체의 내면에 타자, 소수자가 강하게 작동하고 있다면, 우리는 모두 이주민 서사를 가지고 있는 것이고(오정미, 2021: 161), 이주민 서사를 어떻게 발휘하는가에 따라 건강한 혹은 건강하지 못한 이주민 서사를 경험하게 되는 것이다.

이러한 관점에서 A의 내러티브 속 '나'는 너와의 관계를 통해 이주민 서사를 경험하였고, 동일한 건강하지 못한 이주민 서사가 존재하는 문학작품을 선정해야 한다. 다름이라는 이유로 이주민 서사를 보이는 설화 〈막산이〉를 소개한다.

① 제주도 강칩의 종인 장사 '막산이'가 살고 있었다.
② 강칩이 산에 논을 만들고자 막산이에게 쉰 명의 일꾼을 모아오라고 시켰다.
③ 막산이가 혼자 쉰 명분의 밥을 다 먹고 쉰 명분의 일을 다 하였다.
④ 강칩은 막산이에게 서른 명분의 밥을 주며, "너 하나 배불리 먹게 할 능력이 없다며 노비문서를 주고 떠나라."고 하였다.

⑤ 쫓겨난 막산이는 소와 말을 기르는 곳으로 가서 일을 하였다.

⑥ 배고픈 막산이가 소와 말을 잡아 먹었다.

⑦ 그곳 사람들도 막산이를 감당할 수 없어 막산이를 죽이고 만다.

⑧ 막산이가 죽은 곳을 막산이 구석이라고 한다(오정미, 2012: 31).

막산이는 주변 사람들과 다른 사람이었다. 대식가이고 50명분의 일을 할 만큼 힘이 센 장사였던 막산이는 짐작컨대, 거구의 외모를 가진 남다른 존재였을 것이다. 그러나 불행하게도 막산이는 장사로서의 정체성을 찾지 못하고 언제나 '종'이나 '일꾼'이 되어 자신의 능력을 사람들에게 인정받고자 했다(오정미, 2012: 31). 사람들과의 관계에서 막산이는 부버의 '나와 그것'의 '그것'이었던 것이다. 부버의 이론을 빌려 표현하자면, 이용과 목적 즉 수단을 위한 도구의 관계 그리고 분리되고 소외적 성격의 소통만을 하는 존재가 막산이었다(오정미, 2021: 169). 즉 막산이는 자신의 다름을 스스로가 부정적으로 인지하며 너와의 관계에서 건강하지 못한 이주민 서사를 발휘하고 있었던 것이다.

설화 〈막산이〉를 통해 내러티브 속 '나와 너'의 관계를 탐색하는 과정이 문학작품 감상의 과정이다. 작품 속 인물에 나를 투사한 후 다음과 같은 질문을 통해 창조 및 비판적 사고를 한다.

- 거구 막산이의 신체적 다름이 나쁜가? 혹은 좋은가?
- 내가 막산이었다면 어떻게 행동할까?
- 내가 사람들이었다면 막산이와 어떻게 관계를 맺을까?
- 막산이는 왜 죽었을까?

다음은 부모와의 관계에서 비롯되는 문제를 가진 성인 남성의 내러티브이다.

예시2) B의 내러티브 요약

아내와 2명의 자녀와 함께 단란한 가정을 꾸리며 살아가는 남성, '나'가 있다. 슈퍼맨처럼 밤낮으로 일을 하는 '나'는 장남으로서 동생들과 부모님을 돌보며 살아왔다. 시골에 부모님의 집도 한 채 마련해드렸고, 동생들 학비도 모두 책임졌다. 현재는 아픈 어머니를 서울로 모셔와 치료해 드리고 있다. 그런데 이러한 생활을 10년 가까이 하다 보니, 나는 어느새 몸과 마음이 지쳤다. 경제적으로 많은 돈을 어머니의 치료비로 쓰면서 아내와 갈등도 발생하고 있다. 그리고 나는 아들과 딸에게도 미안하다.

B의 내러티브 속 '나와 너(부모님과 동생들)'의 관계에 주목하여 고전 소설 〈심청전〉을 선정하였다. 효녀를 대표한 한국의 고전 소설 〈심청전〉 속 심청이와 심봉사의 관계에서 B의 내러티브 속 '나와 너(가족과 동생들)'를 발견하고 심청이에게서 '나'를 투사할 수 있기 때문이다.

작품 속 인물에 나를 투사한 후 다음과 같은 질문을 통해 창조 및 비판적 사고를 한다.

- 심청이와 심봉사의 관계가 어떻게 생각되는가?
- 심청이가 인당수에 몸을 던지는 행위가 효의 실천인가?
- 인당수에 몸을 던진 행위가 효가 아닌 다른 행위로 해석될 수 있는가?
- 내가 심청이었다면 인당수에 몸을 던지겠는가?
- 나는 인당수에 몸을 던지는 행위를 하고 있는가?

2) 서사문학융합치료 실제 사례

코로나 19로 인하여 자가격리 중인 대상자를 대상으로 하여 실제로 적용한 서사문학융합치료 실제 사례이다. 프로그램은 1회기 50분으로 구성되었으며 1회성 상담프로그램이다. 이 프로그램을 통해 내담자가 자가격리 중에 억압된 정서를 상담을 통해 탈출구를 찾고, 자아성찰을 통한 자기성장을 도와주기 위하여 고안되었다. 프로그램은 서사문학융합치료의 4단계 절차를 통해 구성하였다.

(1) 프로그램의 구성

<표 6-2> 프로그램의 구성

프로그램: 비대면 온라인 상담 프로그램	
주제: 자가격리자를 위한 문학치료 프로그램	
제목: 토닥토닥 나에게 머물다	
화면공유: 힐링음악, 숲 이미지	
내러티브 구술	자가격리 중 경험한 마음의 변화 등 이야기하기
내러티브 진단	구술된 이야기에 대한 확장 및 나눔을 통해 현재 마음상태 확인하기
문학작품선정과 감상	정호승의 "수선화"시 읽기, 빈칸 채우기 등을 통한 시작활동 과거 가장 외로웠던 시간, 극복경험을 통한 자신만의 긍정적 에너지 발견
내러티브 재구성	계절을 주제로 짧은 시 쓰기 활동 자가격리 이후 하고 싶은 일 나누기
마무리	자가격리 중 불안 다스리기를 위한 저널치료 방법에 대한 소개 자가치유를 위한 글쓰기 방안 제시

본 프로그램에서는 비대면 형식으로 ZOOM이라는 온라인 환경에서 상담이 진행되었기에 힐링음악, 숲을 표현한 그림이미지 등 매체를 화면공유를 통해 공유하였다.

① 내러티브 구술(기술), 내러티브 진단

먼저 내러티브 구술 단계에서는 내담자가 자가 격리하게 된 사연, 그리고 현재 심경불안 두려움에 대하여 자유롭게 기술하도록 함으로써 억눌렸던 감정의 해소와 진단을 위한 과정을 갖는다. 다음 이야기한 내용에 근거하여 한국판 역학연구센터 우울척도지(CES-D)를 제시하여 우울척도 검사를 진행한다. 척도를 통한 진단은 보조용 자료로 활용하고 내담자의 이야기를 경청한다.

② 작품 선정, 작품 감상

　시치료는 총체적인 언어 수행으로 인간 내면의 억압되거나, 상실된 것을 근본적인 관점에서 모색할 수 있기 때문이다(권성훈, 2009). 프로그램에서 활용한 시는 정호승(1998)의 "수선화" 작품이다. 정호승의 시를 문학치료 텍스트로 선정한 이유는 너무 쉽거나 난해하지 않아 대중들이 자신을 성찰하고 마음을 정화하는데 용이하기 때문이다. 또한, 시종일관 관통하는 정서는 슬픔과 사랑 등 보편적 정서를 바탕으로 한 공감과 위무의 치유성으로, 시가 쉽게 읽히지만 결코 가볍지 않으며 다양한 해석이 가능하기 때문이다. 정호승 시의 치유성은 비극적 자기 서사를 드러냄으로써 그동안 억눌렸던 부정적 감정을 해소하고 긍정적 감정으로 회복할 수 있다.

수선화

정호승

울지 마라
외로우니까 사람이다.
살아간다는 것은 외로움을 견디는 일이다
공연히 오지 않는 전화를 기다리지 마라
눈이 오면 눈길을 걸어가고
비가 오면 빗길을 걸어가라
갈대숲에서 가슴검은 도요새도 너를 보고 있다
가끔은 하느님도 외로워서 눈물을 흘리신다

… 중략 …

- 「수선화에게」 전문

이 시는 화자가 청자인 수선화에게 "울지 마라"며 시작된다. "외로우니까 사람이다"에서 볼 수 있는 '존재적 외로움'은 인간은 물론 하느님과 새와 산 그 림자, 종소리 등 외롭지 않은 존재란 없음을 말한다. 혼자이지만 결코 외로운 혼자가 아닌, 우리들이 살아가는 세상은 모든 혼자들의 집합체임을 깨닫게 한다.

③ 내러티브 재구성

프로그램에서는 작품 감상이후 작품을 활용한 빈칸 채우기 시작 활동을 통해 참여자의 내러티브를 다시 이끌어낸다. 동시에 그의 인생에서 가장 외로웠던 순간, 그리고 그 시간들을 견뎌낼 수 있었던 이야기를 이끌어 냄으로서 외로움이란 에너지를 축적할 수 있는 시간, 도약을 위한 값진 경험과 기회의 시간임을 깨닫게 된다. 마무리로 계절에 관련된 짧은 시쓰기 활동을 통해 마음을 투사하고 자가격리 이후 어떤 일을 하고 싶은지에 대해 이야기를 나누면서 일상으로 복귀의 희망의 메시지를 주고 받는다.

④ 자가치료

내담자는 계속 자가격리를 해야 하는 상황이기에 프로그램의 구성에 특별히 남은 기간동안 간단한 저널쓰기를 통하여 스스로 치유할수 있는 방법들을 가르쳐 줌으로 마무리를 하였다. 즉 격리 중 혹여 불안하거나 우울한 마음이 가시지 않을 때 펜과 종이로 당시 심경에 대해 써내려가는 방법인 저널치료 기법을 활용하여 스스로 억압된 심정을 해소하고, 마음의 불안을 다스릴 수 있기 때문이다. 이러한 저널치료 방법을 통해 내담자는 자신의 현재 심경을 이해하고 올바른 자아인식에 도달할 수 있다. 저널쓰기를 통해 직면하고 있는 현실을 있는 그래로 인식하게 되고 이에 근거하여 현실을 창의적으로 다룰 수 있게 된다. 이는 자존감 향상에도 도움을 줄 수 있다. 따라서 내담자는 상담자가 없는 상황에서 스스로를 다독이고 변할 수 없는 현실에 대한 올바른 자각과 인식을 통해 현실감각을 발달시킬 수 있다.

문학치료의 목표는 내담자를 진단하기 위함이 아니라, 드러난 문제를 해결하기 위해 참여자의 강점을 발견하고 강화시키는 것이다. 본 프로그램에서도 내담자가 문학이라는 언어적 자극을 통해 다양한 반응들을 연결시킴으로써 내담자의 통찰과 성장을 이끌어내기 위해 고안되었다. 이 과정에는 내담자의 강점이 근본적인 역할을 한다. 결국 내담자는 문학치료에서 구술하는 내러티브와 문학작품을 병치시키며 자신의 실존적 문제들을 이해하는 자기이해의 과정을 거치며 자기실현을 이루어나간다(Hynesand Hynes-Berry, 2012: 15-46).

본 프로그램은 코로나 19로 자가격리 중에 있는 사람들을 위해 구성된 문학치료 프로그램으로 온라인 비대면 ZOOM을 활용하였다는 점에서 최초의 시도라는 점에서 의의가 있다. 단, 여러 가지 여건의 부족, 참여자 정보에 대한 부족으로 보편적인 프로그램을 구성할 수밖에 없었고 연구참여자들의 참여기간이 한정되어 있어 효과 검증까지 진행이 어렵다는 등 한계점을 지닌다. 추후 변화다단한 현대사회에 맞추어 다양한 비대면 상담 프로그램 그리고 인문융합치료 프로그램이 개발되고 실행되기를 기대한다.

7장

스토리텔링융합치료 : 이미지에 이야기를 입히다

1. 이론적 배경

1) 스토리텔링의 개념

스토리텔링은 이야기를 통해 상대방에게 감동을 주거나 공감을 불러일으키는 것, 또는 자신이 전하고자 하는 메시지를 납득시키는 것이다. 일방적인 메시지 전달이 아닌 상호 간의 의견 교환을 통해 '동의'를 얻는 과정이며 시간과 장소를 떠나 인류가 목소리를 내기 시작한 그 이후부터 계속되어 왔다(김영순, 2011). 이야기하는 화자나 듣는 청자에 따라 다양하게 변형될 수 있으며, 어떤 상황에서 어떤 목적으로 누구에게 이야기하느냐에 따라 그 방식도 달라질 수 있다. 스토리텔링에서 중요한 것은 이야기하는 사람이나 듣는 사람 사이에 공감의 장이 형성되고 감동의 교류를 끌어내는 것이므로 상대방의 마음을 움직일 수 있도록 만들어야 한다(김영순, 2011).

스토리텔링은 인문 콘텐츠의 가치를 실현하는 가장 강력한 도구이며, '이야기를 이야기하는 행위'로 정의하고 있다(김영순 외, 2018). 이야기는 문화적, 언어적, 연령별 분열을 연결시킬 수 있다는 점에서 보편적이다. 이야기(story)를 연결성과 완결성을 가지고 끌어가는 것이 스토리텔링이다.

이주희(2012)는 이야기 심리학자들이 스토리텔링의 요소인 '이야기'에 대해 설명한 내용을 다음과 같이 정리하였다.

첫째, 이야기는 하나의 언어 양식이다. 인간은 이야기를 하면서 살아가는 존재로서 자신의 과거와 현재 이야기 속에서 삶의 의미를 찾으며 인생을 재구성해 나간다. 우리는 어떤 일이 일어났을 때 그것을 보고하기 위해 자연스럽게 이야기를 구성하게 되며 일련의 순서대로 사건과 행위들을 기억하며 말한다. 즉, 이야기는 인간의 삶과 행위를 이해하고 설명하는데 적절한 양식이 된다.

둘째, 이야기는 개인적 신화를 내포한다. 신화는 인간 삶의 서로 다른 부분들이 모여 자신의 삶의 목적에 맞고 유리하게 이루어진 삶에 대한 특별한 종류의 이야기를 의미한다. 이야기에는 이러한 과거, 현재, 미래에 대해 정형화되고 통합된 상상의 활동인 신화가 포함되어 있기 때문에, 이야기를 통해 개인의 삶의 목적이나 가치관을 알 수 있다.

셋째, 이야기는 인간의 경험에 의미를 부여한다. 인간의 다양한 경험은 그 자체로서는 특정한 사건의 덩어리일 뿐이나, 그것들이 이야기로 구성되고 전수되는 과정을 통해 현재의 생활에 영향력을 갖게 된다. 즉, 이야기는 인간 삶의 특정한 경험들에 정당성과 의미를 부여하며, 단순한 일련의 사건들의 개요 이상의 의미를 가진다.

넷째, 이야기는 자아정체감을 형성한다. 인간은 대수롭지 않게 여겼던 이야기의 부분들을 어느 순간 의식하여 통찰을 경험하게 되고, 자기를 정의하는 경험을 한다. 이를 통해 자신을 새롭게 창조하고, 재창조된 자신의 모습 속에서 자아정체감 형성에 이르게 된다(Gergen, 1992, 재인용). 이처럼 이야기는 인간들 사이에 나타나는 하나의 의사소통 방식으로, 이야기를 통해 삶과 자아를 구성해 나가며, 다른 사람의 삶과 행위 역시 이야기를 통해 이해할 수 있다. 또한 이야기는 단순한 사건과 경험의 개요 이상으로, 인간의 자아정체감 형성을 돕는다(이주희, 2012).

인간은 다양한 스트레스로 인해서 여러 가지 방식으로 정신의 치유를 얻고자 한다. 다양한 감각을 통해서 정신의 치유를 경험할 수도 있지만, 정신의 치유에 있어서 가장 핵심적인 요소는 언어에 있다(송영민·강준수, 2014). 보통 인간이 동물과 다르다는 것을 명시할 때, 인간의 언어 능력을 언급한다. 인간은 인물, 사건, 시간, 공간 등을 담은 이야기와 상징이나 은유와 같은 다양한 표현 방식을 통해서 의사소통을 한다(송영민·강준수, 2014). 사람들은 상대방의 말에 깊은 감동을 하기도 하고 상처를 받기도 한다. 이것은 이야기를 통해 상대방을 이해하고, 소통하면서 삶을 이루어간다는 것을 의미한다. 인간이 상호 간의 이야기를 나누면서 감동과 상처를 받는 언어적 존재라는 점을 고려할 때, 이야기는 다양한 방면에서 치유 효과를 거둘 수 있을 것으로 판단되므로 스토리텔링이 치료 도구로 활용할 근거가 있다고 할 수 있다(강준수, 2013).

스토리텔링치료도 스토리텔링을 들음으로써 치료가 되는 수용적 방식과 스토리를 텔링하면서 치유 효과를 보는 생산적 방식으로 나눌 수 있다. 이야기의 치유적 힘과 그것의 활용이 실제 상담 치료에서는 여러 모습으로 실현될 수 있을 것이다(이민용, 2009). 스토리텔링을 치유적으로 활용하는 연구나 활동으로는 '스토리텔링치료'와 '이야기치료', '문학치료'를 들 수 있다. 'Narrative Therapy'는 미쉘 화이트(Michel White)와 데이비드 엡스톤(David Epston) 등에 의해 1980년대부터 본격적으로 주창되었으며, 우리나라에는 이야기치료라는 이름으로 소개되었다(이민용, 2017). 종종 이야기치료와 Narrative Therapy를 조작적 정의에 의해 다른 것으로 간주하고 사용하는 학자들도 있으나 한국이야기치료학회는 이야기치료와 Narrative Therapy를 같은 것으로 간주한다. '스토리텔링치료'라는 용어는 이민용에 의해 최초로 사용되었다. 스토리텔링치료는 스토리텔링이라는 21세기의 새로운 문화코드와 인간역사의 총체라 할 수 있는 인문학을 접목하여 현대인이 겪는 마음의 문제에 치료적으로 접근하고자 한 새로운 학문이다(이양숙, 2021).

2. 스토리텔링융합치료의 메커니즘

1) 스토리텔링치료의 단계

스토리텔링치료에서 치료의 원리가 실현되도록 스토리텔링 요소를 실행시키는 방법은 내담자가 가지고 있는 문제적 이야기를 건강한 대안적 이야기로 바꿔주는 것이다.[1] 이 과정은 네 단계의 과정을 거치게 된다. 1단계는 내담자의 자기 스토리텔링의 단계로 내담자가 자신의 문제적 상황을 얘기하며 그 상황에 물든 자신의 내면의 이야기를 밝힌다. 2단계는 상담자가 주도하는 상호적 스토리텔링 단계로 상담자는 내담자의 스토리텔링을 접하고 문제적 이야기를 해결할 새로운 이야기를 구상하며 스토리텔링을 주고받는다. 이 단계에서 동일화와 카타르시스, 보편화, 객관화가 주된 치료 요인이 될 수 있다(이민용, 2017). 3단계는 치료적 스토리텔링 모색의 단계로 새롭고 건강한 이야기를 만들어 가는 단계이다. 상담자는 내담자의 이야기에서 문제가 되는 내용들의 플롯을 새롭게 구성하는 치유적 변용을 통해 건강한 서사 요소로 대처하게 된다. 이 작업은 보편화, 객관화, 대리 학습, 대안 제시, 통찰 등의 치료적 요인이 관철되는 방식으로 이루어져야 하며 이 과정에서 내담자의 내면에 있는 건강한 다른 서사 요소와 자기 이야기를 찾아내어야 한다(이민용, 2017). 마지막 4단계는 대안 이야기의 리텔링(retelling)과 건강한 내러티브 운용 능력의 강화단계라고 할 수 있다(이양숙, 2021). 내담자의 내면에 있는 문제적 이야기를 치료적 대안 이야기로 대체하고 그것을 내담자에게 '체계적 둔감법', '자기최면', '긍정적 자기 다짐의 혼잣말'과 같은 여러 가지 스토리텔링 치료 기법을 통해 심어준다(이민용, 2017). 이 단계에서는 동일화, 대리 학습, 통찰 등의 치료적 요인들이 힘을 발휘하게 될 것이다. 이러한 과정을 통해 치료적인 개입 방식은

---

[1] 이는 문제적 이야기를 대안적 이야기로 전환하는 미쉘 화이트의 이야기치료 개념을 차용한 것으로 보인다.

상담자가 직접 개입하는 처방적·수용적 방식과 내담자가 대안적 서사를 만들어가는 상담자 간접 개입 방식인 생산적 방식이 있다(이양숙, 2021).

이야기를 제공하는 방식은 기존이야기나 새로운 맞춤이야기를 제공하는 방법으로 분류할 수 있다. 이러한 과정과 방식은 내담자의 문제 상황에 따라 통합적으로 이루어져야 한다. 종합적으로 설명하자면, 스토리텔링 치료의 메커니즘은 등장인물, 모티프, 사건, 시간, 공간 등을 포함한 스토리텔링의 핵심요소와 플롯, 시점, 관점, 문체, 어투, 시간 등을 포함한 서사담화의 핵심요소, 그리고 매체의 핵심요소들을 기본으로 하여 적용되어 치료적으로 활용되는 것을 의미한다(이양숙, 2021).

즉, 스토리텔링을 치료적으로 활용하는 것은 기존에 내담자가 가지고 있던 이야기를 바꾸도록 하는 것과 내면 이야기 형성의 관점을 바꾸고, 건강한 스토리텔링 능력을 향상하는 것이다. 스토리텔링치료 상담자는 내담자가 스토리텔링 치료과정 단계를 수행하는 경험을 통해 문제적 이야기가 건강한 이야기로 재설정 되도록 돕는다. 이 과정이 성공하면 일종의 치유가 일어나고 상담의 소기 목적에 도달하게 될 것이다(이양숙, 2021).

3. 스토리텔링융합치료의 모형

1) 스토리텔링융합치료의 모형

스토리텔링융합치료는 인문학의 기본요소인 자기 내러티브의 스토리텔링을 중심으로 미술치료의 치료기법들을 적용하였다. 스토리텔링은 인문 콘텐츠의 가치를 실현하는 가장 강력한 도구이며, 말 그대로 '이야기를 이야기하는 행위'로 정의하고 있다(김영순 외, 2018). 스토리텔링융합치료는 스토리텔링을 활용한 미술치료 프로그램으로 그림 등 표현활동을 통해 구성된 이야기를 나누는 과정을 통해 이루어진다. 프로그램의 과정은 다음과 같다(이주희, 2012).

첫 번째는 프로그램의 회기에서 제시되는 주제와 연상되는 미술활동을 마치고 난 뒤에 원하는 제목을 정하도록 한다. 이 과정에서는 제시되는 주제나 다양한 미술활동에 따라 효과가 달라질 수 있다. 두 번째는 미술매체를 활용하여 작품을 직접 만들어보는 단계이다. 미술활동은 언어로 표현하는 것이 어려운 내담자에게 유용하며, 내담자의 무의식이 잘 드러나도록 분위기를 조성하는 것도 매우 중요하다. 세 번째는 작품을 감상하는 과정으로 자신의 작품을 보면서 무엇을 표현하였는지, 무슨 느낌이 드는지를 생각해 보도록 한다. 네 번째 단계에서는 완성된 작품에 대해 이야기하도록 한다. 여기에서 만들어지는 이야기는 내면에 억압되거나 미해결되었던 내담자의 문제들을 밖으로 드러나도록 격려한다. 다섯 번째 단계에서는 치료자와 이야기를 나누면서 과거의 자신을 돌아보기도 하고 새로운 의미를 찾아가는 단계이다.

스토리텔링을 이용한 융합치료에서는 내담자 자신의 경험에 이야기의 초점이 모아진다. 자신의 이야기를 구성할 때 자연적으로 자신의 경험, 가치관과 인지 구조가 반영되기 때문에 자신의 감정과 인지를 이해하는 데 도움이 된다. 또한 미술치료의 다양한 기법을 활용하여 일상생활에서 경험하는 스트레스에 대처하고 대응하는 방법을 습득할 수 있으며, 개인적인 상황과 사회적 변화를 그림으로 표현함으로써 잘못된 인지 양식을 변화시킬 수 있다. 내담자는 치료과정에서 자신의 문제를 탐색하고, 그것을 하나의 이야기로 풀어나가면서 그로 인해 일어난 부적절한 정서 및 행동적 경과에 대한 대안을 찾을 수 있다(이주희, 2012).

스토리텔링융합치료는 미술 활동과 스토리텔링을 융합하여 설계한 프로그램이다. 상담자는 내담자와의 충분한 신뢰 관계가 형성되도록 하여 내담자의 생각과 느낌, 미해결된 문제들이 미술 활동을 통해 표현하도록 지지하고 격려한다. 미술 활동은 내담자의 내면세계를 외면화하는 과정을 보여주며 개인의 심리상태와 정서 상태를 파악해 갈등 요소들을 조화롭게 해결하도록 도움을 준다(나윤영, 2021). 내담자는 자신의 내면세계를 미술 활동을 통해 표현함으로써 심리적 안정감과 정화를 경험하기도 한다. 이러한 과정에서 스스로 내면의 갈등을 조정하거나 삶의 문제들을 해결하기도 하며 적응하는 힘을 갖게 한다. 미술 활동은 지시하거나 가르치지 않으며 자유롭게 자신을 표현하게 하며 과정을 중요하게 생각한다. 표현된 색상과 형태에 대해서 의미를 부여하기도 하지만 작품을 비교하거나 평가하지는 않는다. 내담자는 표현된 자신의 미술 작품을 보면서 자신이 경험한 다양한 생각과 느낌을 편안하고 충분하게 이야기하도록 상담자는 돕는다. 상담자는 내담자의 이야기에 반응하며 스토리텔링치료를 진행한다. 스토리텔링치료는 단계에 맞춰 차례대로 진행이 되는 것은 아니다. 상담자와 내담자의 상호작용에 의해 단계가 바뀌거나 구분되지 않을 수도 있다(이양숙, 2021).

본 치료모형의 이론적인 개념 틀을 도식화하면 다음 [그림 7-1]과 같다.

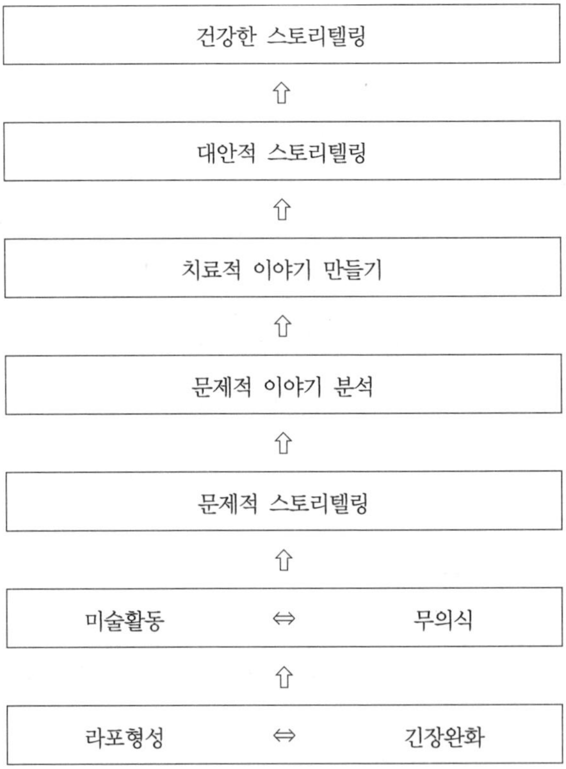

```
┌─────────────────────────────────────┐
│           건강한 스토리텔링            │
└─────────────────────────────────────┘
                  ⇧
┌─────────────────────────────────────┐
│           대안적 스토리텔링            │
└─────────────────────────────────────┘
                  ⇧
┌─────────────────────────────────────┐
│          치료적 이야기 만들기          │
└─────────────────────────────────────┘
                  ⇧
┌─────────────────────────────────────┐
│           문제적 이야기 분석           │
└─────────────────────────────────────┘
                  ⇧
┌─────────────────────────────────────┐
│           문제적 스토리텔링            │
└─────────────────────────────────────┘
                  ⇧
┌─────────────────────────────────────┐
│     미술활동      ⇔      무의식       │
└─────────────────────────────────────┘
                  ⇧
┌─────────────────────────────────────┐
│     라포형성      ⇔      긴장완화      │
└─────────────────────────────────────┘
```

[그림 7-1] 스토리텔링 치료의 과정

2) 스토리텔링융합치료 프로그램의 설계

스토리텔링융합치료 프로그램은 대안학교 학생의 학교부적응 예방을 위한 프로그램으로 구안하였다. 프로그램 구성은 왕금미(2017)의 '중도입국 청소년을 대상으로 실시한 콜라주 미술집단치료의 연구'와 이주희(2012)의 '스토리텔링 활용 집단미술치료가 아동의 역기능적 신념과 공격성에 미치는 효과', 이양숙(2021)의 '스토리텔링 인문치료가 위기에 처한 중년여성의 불안에 미치는 효과 연구' 이미정(2020)의 스토리텔링을 활용한 인문치료 사례연구, 신은자·정여주외(2020)의 '병원 형 Wee센터에서의 집단미술치료가 청소년의 학교적응, 공감, 우울과 불안에 미치는 영향을 참고로 하여 재구성하였다.

스토리텔링융합치료 프로그램의 개요는 다음 〈표 7-1〉과 같고, 세부적인 프로그램 운영안은 다음 〈표 7-2〉~〈표 7-11〉과 같다.

〈표 7-1〉 스토리텔링융합치료 프로그램 개요

단계		회기	내용	치료목표	활동내용		매체
초기단계	자기스토리텔링	1	오리엔테이션	신뢰관계 자기표현	준비한 카드를 보면서 자신의 감정을 이야기 해보기	R카드를 연결하여 현재 감정상태에서 편안하게 자신을 이야기할 수 있도록 한다.	R 그림카드
		2	난화 그리기	긴장이완 라포형성	편안한 자세로 눈을 지그시 감고 긴장을 이완시켜줄 수 있는 약한 리듬의 명상음악을 들으며 떠오르는 것들을 자유롭게 선으로 그려보기	난화를 통해 본인의 마음에 들어온 그림들을 자신의 삶과 관련하여 이야기하도록 한다.	명상집, 도화지, 파스텔, 물감, 붓, 크레파스
			콜라주	자기개방을 통해 긍정적	잡지에서 자신이 마음	잡지에서 선택한 사	잡지, 가위,

단계	분류		제목	목표	활동내용	진행	준비물
		3	자기인식		에 드는 사진을 찾아 붙임으로써 자신을 소개하고 친밀감 느끼기	진들을 선택한 이유 등을 통해 자기 자신의 감정과 욕구를 찾아가도록 한다.	사인펜, 풀
중기단계	문제적 스토리 텔링	4	만다라	심리안정감 불안해소 자신감 향상	명상을 통해 평온함과 안정감을 느끼고 미술 작업에 집중하기	현재 자신의 심상을 자유롭게 내면의 세계를 이야기하고 표출 하도록 한다.	도화지, 파스넷, 색연필, 사인펜
		5	과거 현재 미래	부정적 자기 이해 내적욕구 분출 자신의 환경에 대한탐색 타인이해 자기수용	과거의 환경과 현재의 나와의 만남을 통해 자신의 문제를 알아차리고 그 알아차림의 경험을 자각함으로써 자기와 타인의 정서를 개방적 으로 인식함을 도화지 위에 자유롭고 창조적으로 현재와 미래를 표현해 보기	현재 자신의 문제와 자신에게 가장 많은 영향을 주는 사람을 이야기 하도록 한다. 그의 입장이 되는 경험을 표현하도록 한다.	색도화지, 사인펜, 풀, 가위
	치료적 스토리 텔링	6	가면속 내얼굴	역기능적 신념 파악하기	가면으로 표현한 자신의 모습을 통해 자신의 감정과 인지 도식을 파악하기	자신의 모습을 가면으로 표현하여 일상에서 위장된 모습과 타인과의 관계를 파악해 본다.	가면모형, 채색 도구, 붓,
		7	가장 행복했을 때	자신의 삶을 되돌아보며 자신의 주관적 경험을 발견하고 인정하기	지나온 자신의 삶을 되돌아보면서 가장 행복하고 잊지 않는 기억들을 더 올리면서 자신의 내적 주관적 경험들을 자유롭게 표현하기	행복하고 잊혀지지 않는 기억들을 떠올리며 다양한 방법으로 표현하도록 한다.	잡지, 가위, 풀, 오브제 재료, 크레파스, 수채 도구
종결단계	대안적 스토리 텔링 및 건강한 스토리 텔링	8	나의 미래에 보내는 메시지	미래인식	나에게 메시지를 작성함으로써 미래에 대한 희망과 자신에 대한 긍정적 미래상을 확립하기	작성된 메시지를 읽어 보고 느낌을 다시 적어보고 말로 표현하도록 한다.	도화지, 잡지, 색종이, 가위 풀
		9	소망 나무	자기 지지 미래설계	현재의 나와 미래의 나를 다시 한번 점검하는	자신의 소망이 곧 현실의 건강하고 성숙	도화지, 색종이, 풀, 가

		긍정적 경험을 통한 삶의 변화	동시에 자신이 계획했던 삶을 남겨보기	한 자신의 모습으로 성장할 수 있는 나무들을 만들어 본다.	위, 반짝이 풀
10	나에게 주는 선물	자신에 대한 성취감 정서 안정 긍정적인 태도	자신의 소중함과 현실의 삶을 수용하고 앞으로의 소망을 현실적으로 통합해보기	수고한 자신에게 감사와 고마운 마음을 담아 감사장을 만들어 본다.	도화지, 그림 도구

〈표 7-2〉 스토리텔링융합치료 프로그램 세부 운영안 1회기

회기	1 회기		주제	오리엔테이션
활동목표	■ 스토리텔링융합치료 프로그램의 목적을 이해하고, 구성원 간의 친밀감과 신뢰감을 형성한다.			
활동내용	■ 프로그램 소개 및 규칙 정하기 ■ 자신의 이름과 관련된 이야기 나누기 ■ R카드를 활용하여 자신이 지향하는 삶에 대해 이야기 나누기			
준비자료	R카드, 심리검사도구, 소감문			
단계	활동내용			

도입
·
자기
스토리
텔링
	○ 사전검사
	내담자의 현재의 상황을 검사를 통해 알아보고 도움을 줄 수 있는 방법을 구상하기
	
	○ 기본 규칙 정하기
	진행될 활동에 대해 설명하고, 의미있는 활동이 되기 위해 성실하게 참여할 것을 약속한다.
	  첫째, 프로그램 진행 중에 나온 이야기는 누구에게도 함부로 이야기 하지 않는다.
	  둘째, 친구들의 이야기를 귀 기울여 듣고, 이해하려고 노력하며, 존중하는 마음을 갖는다.
	  셋째, 친구를 믿고, 서로 도움을 주고받아야 하며 서로에게 도움이 되도록 행동하고 이야기하도록 한다.
	  넷째, 모든 활동이 끝날 때까지 적극적이고 성실하게 참여한다.
	
	○ 스토리텔링융합치료 소개
	스토리텔링융합치료 프로그램은 미술활동과 이야기하기를 결합한 프로그램으로, 내담			

자 자신이 가지고 있는 내면의 미해결된 과제를 찾아보고 스스로 해결방법을 찾아가도록 구성된 프로그램임을 설명한다.

○ R카드를 활용하여 자신의 감정을 들여다 보고 편안하게 이야기하도록 한다.

○ 정리 및 느낀 점 나누기
프로그램에 대해 느낀 점과 원하는 것이 있다면 이야기 해보고 소감문을 작성하도록 한다.

○ 다음 회기에 대한 안내를 한다.

〈표 7-3〉 스토리텔링융합치료 프로그램 세부 운영안 2회기

회기	2 회기		주제	난화그리기
활동목표	■ 긴장이완을 통해 친밀관계가 형성하도록 한다. ■ 치료자와 내담자와의 소통을 증진시킨다.			
활동내용	■ 조용한 명상음악을 듣기 ■ 난선을 그려보고 감상하면서 자신의 이야기 만들어 보기 ■ 내담자의 정서 상태와 대인 관계에 대해 알아보기			
준비자료	명상음악, 종이,그림도구(색연필, 싸인펜, 크레파스), 소감문			
단계	활동내용			유의사항
도입 · 자기 스토리 텔링	○ 지난 활동 돌아보기 기본규칙의 의미를 되새겨보고 지난 활동 이후에 느낀 점에 대해서 이야기하기 ○ 활동안내 난화그리기는 종이에 난화(직선,곡선,지그재그,원 등)을 그리고 난화를 이용하여 그리고 싶은 것을 그려 난화를 완성하고, 그 후 그림의 내용과 그릴 때의 느낌에 대해 이야기하는 활동 ○ 스토리텔링 만들기 • 그림을 완성했을 때 그림의 내용과 그릴 때의 느낌에 대해 이야기를 나눈다.			난화그리기에 대한 충분한 설명필요

- 치료자가 내담자와 질문을 나눈후에 서로 이야기를 나눈다.
- 치료자는 그림(난화)을 그려 주고받는 과정에서 내담자의 대인관계 특성을 파악한다.

○ 정리 및 느낀 점 나누기
- 프로그램에 대해 느낀 점을 쓰고 발표한다.
- 난화를 이용하여 그린 그림과, 그것으로 만든 이야기를 통해 자신에 대해 알게 된 점과 친구들에 대해 알게 된 점을 중심으로 이야기한다.
- 프로그램에 대해 느낀 점과 원하는 것이 있다면 이야기 해보고 소감문을 작성하도록 한다.

○ 다음 회기에 대한 안내를 한다.

〈표 7-4〉 스토리텔링융합치료 프로그램 세부 운영안 3회기

회기	3 회기	주제	콜라주
활동목표	■ 사진이나 그림을 통해 자신을 긍정적으로 인식하도록 한다. ■ 치료자와 내담자와의 소통을 증진시킨다.		
활동내용	■ 지난 활동 돌아보기 ■ 잡지에서 마음에 드는 사진이나 그림을 찾아보고 내면속 자신의 이야기 욕구를 발견해 보기 ■ 집단원들이 자기 개방을 통해 긍정적으로 자신을 인식하도록 하기		
준비자료	잡지, 도화지, 풀, 가위, 색연필, 싸인펜, 크레파스, 소감문		
단계	활동내용		유의사항
초기 · 자기 스토리 텔링	○ 지난 활동 돌아보기 한 주간 있었던 긍정적인 사건 또는 떠오르는 이야기 나누기 ○ 활동안내 잡지에서 자신이 좋아하거나 마음에 와닿는 사진이나 그림을 오려 도화지에 위에 자유롭게 구성해 보도록 한다. ○ 스토리텔링 만들기		집단원들의 문제적 스토리 인식에 집중

- 그림이나 사진을 선택한 이유를 들어보고 느낌을 이야기하도록 한다.
- 치료자는 집단원들이 자신의 감정과 욕구를 찾아가도록 이야기를 나눈다.
- 완성된 작품을 보면서 자신의 감정과 욕구가 담긴 이야기를 나누도록 한다.

○ 정리 및 느낀 점 나누기
- 프로그램에 대해 느낀 점을 쓰고 발표한다.
- 자기개방을 통해 자신의 긍정적인 자신의 모습에 대해 이야기 나누도록 한다.
- 프로그램에 대해 느낀 점과 원하는 것이 있다면 이야기 해보고 소감문을 작성하도록 한다.

○ 다음 회기에 대한 안내를 한다.

〈표 7-5〉 스토리텔링융합치료 프로그램 세부 운영안 4회기

회기	4 회기	주제	만다라
활동목표	■ 불안을 해소하고 심리적 안정감을 찾아가도록 한다. ■ 집단원의 소통을 증진시켜 자신감을 향상시킨다.		
활동내용	■ 조용한 명상음악을 듣기 ■ 현재 자신의 심상을 만다라로 표현하기 ■ 내담자의 정서 상태와 대인 관계에 대해 알아보기		
준비자료	도화지, 파스넷, 색연필, 사인펜, 소감문		

단계	활동내용	유의사항
중기 · 문제적 스토리 텔링	○ 지난 활동 돌아보기 규칙의 의미를 되새겨보고 지난 활동 이후에 느낀 점에 대해서 이야기하기 ○ 활동안내 명상을 통해 평온함을 느끼도록하여 미술 작업에 집중하도록 한다. 자신의 심상에 따라 만다라 문양에 원하는 색으로 표현하면서 안정감	만다라의 의미와 작업의 목적설명

을 찾아가도록 한다.

○ 스토리텔링 만들기
• 만다라 작업을 하면서 느낀 생각이나 느낌을 자유롭게 이야기하도록 한다.
• 치료자는 집단원이 자신의 문제적 스토리를 스스로 탐색하도록 이야기를 주고 받는다.
• 집단원들의 문제적 스토리를 들으면서 자신의 문제적 스토리가 자신만의 문제가 아니라는 것을 알아가도록 집단원들과 이야기 나누도록 한다.

○ 정리 및 느낀 점 나누기
• 프로그램에 대한 이해를 확인한다.
• 프로그램에 대해 느낀 점과 원하는 것이 있다면 이야기해보고 소감문을 작성하도록 한다.

○ 다음 회기에 대한 안내를 한다.

〈표 7-6〉 스토리텔링융합치료 프로그램 세부 운영안 5회기

회기	5 회기	주제	과거 현재 미래
활동목표	■ 자신의 과거를 돌아보고 현재와 미래를 생각해 본다..		
활동내용	■ 과거, 현재, 미래가 담긴 그림 그리기 ■ 어려움을 극복하는 방법 생각하기 ■ 자기 자신이 주인공인 이야기 만들기		
준비자료	■ 종이, 그림도구(색연필,싸인펜,크레파스), 소감문		
단계	활동내용		유의사항
도입 · 문제적 스토리 텔링	○ 지난 활동 돌아보기 지난 활동 이후에 느낀 점에 대해서 이야기하기 ○ 활동안내 • 자신이 그동안 살아온 과정과 현재의 상황, 앞으로의 과정을 생각		

해 보는 시간을 갖고 가장 인상적인 것들을 그림으로 그려보도록
한다.

○ 스토리텔링 만들기
• 그림을 이용하여 자신의 이야기를 만든다. 자신을 주인공으로 과
  거의 사건 현재의 감정과 장점 등을 쓰게 한다.
• 이야기가 완성되면 내담자가 자신의 이야기를 발표한다.
• 치료자는 내담자가 발표할 때, 내담자의 현재의 위치와 과 거의
  사건과 미래의 사건이 어떻게 연결되어 있는지를 살펴본다.
• 치료자는 내담자들이 고난을 어떻게 극복하는지 귀 기울여 듣고,
  피드백을 주고받는다.

○ 정리 및 느낀 점 나누기
• 프로그램에 대해 느낀 점을 쓰고 발표한다.
• 프로그램 전체에 대한 소감을 이야기하고, 자신의 꿈을 이야기
  하도록 한다.
• 프로그램에 대한 소감문을 작성한다.

○ 다음 회기에 대한 안내를 한다.

〈표 7-7〉 스토리텔링융합치료 프로그램 세부 운영안 6회기

회기	6 회기		주제	가면속 내얼굴
활동목표	■ 자신의 내면에 감추어져 있는 자신의 모습을 표현할 수 있다. ■ 자신의 모습속에서 역기능적인 신념을 탐색할 수 있다.			
활동내용	■ 진정한 자신의 모습에 대해 생각하기 ■ 사람들이 보는 내 모습 표현하기 ■ 가면속의 주인공을 대상으로 이야기 만들기			
준비자료	색칠도구(붓,물감), 가면모형, 소감문			
단계	활동내용			유의사항
도입 · 치료적	○ 지난 활동 돌아보기 기본규칙의 의미를 되새겨보고 지난 활동 이후에 느낀 점에 대해서 이야기하기			

단계	활동내용	
스토리 텔링	○ 활동안내 • 내가 아는 나, 타인이 아는 나의 모습이 어떻게 다른지 생각해 보고, 자신의 진정한 모습에 대해 생각하도록 한다. • 가면 모형에 타인이 보는 자신의 모습을 표현하도록 한다. ○ 스토리텔링 만들기 • 가면이 완성되면 자신의 어떤 모습을 가면으로 표현하였는 지, 주로 어떤 상황에서 이러한 가면을 쓰게 되었는지 가면을 쓰고 살아갈 때의 자신의 감정을 이용하여 이야기를 만든다. • 가면을 썼을 때와 가면을 벗었을 때의 느낌에 대해 이야기하도록 한다. ○ 정리 및 느낀 점 나누기 • 프로그램에 대해 느낀 점을 쓰고 발표한다. • 가면을 쓴 자기 자신에 대해 어떤 생각이 들었는지 이야기해 본다. • 프로그램에 대해 느낀 점과 원하는 것이 있다면 이야기 해보고 소감문을 작성하도록 한다. ○ 다음 회기에 대한 안내를 한다.	

〈표 7-8〉 스토리텔링융합치료 프로그램 세부 운영안 7회기

회기	7 회기		주제	가장 행복했을 때
활동목표	■ 자신의 삶을 돌아보고 자신의 내적 주관적 경험들을 자유롭게 표현할 수 있다.			
활동내용	■ 자신의 삶을 돌아보고 가장 행복한 기억들 떠올리기 ■ 잊혀지지 않는 기억들 소환하기 ■ 행복한 순간들을 자유롭게 표현하고 감동을 함께 나누기			
준비자료	도화지, 채색도구, 소감문			
단계	활동내용			유의사항
중기 · 치료적	○ 지난 활동 돌아보기 지난 활동 이후 변화된 자신의 모습을 돌아보고 서로 이야기 나누기			집단원의 어떠한 경험이라도 존중하고 격려

	○ 활동안내

스토리
텔링
	자신의 삶을 돌아보고 가장 행복한 기억들을 떠올리거나 잊혀지지
	않는 기억들과 행복했던 순간들을 그림으로 자유롭게 표현하도록
	한다.
	
	○ 스토리텔링 만들기
	• 자신의 삶에서 가장 행복한 기억들을 떠올리거나 잊혀지지 않는
	  기억들을 이야기로 만들어 보도록 한다.
	• 집단원들의 이야기를 경청하면서 자신의 스토리를 이야기하도록
	  한다.
	• 행복했던 경험들이 현재 자신의 삶에 어떤 의미로 다가오는지
	  이야기하도록 한다.
	
	○ 정리 및 느낀 점 나누기
	• 프로그램에 대해 느낀 점을 쓰고 발표한다.
	• 프로그램에 대해 느낀 점과 원하는 것이 있다면 이야기 해보고
	  소감문을 작성하도록 한다.
	
	○ 다음 회기에 대한 안내를 한다.	

〈표 7-9〉 스토리텔링융합치료 프로그램 세부 운영안 8회기

회기	8 회기	주제	나의 미래에 보내는 메시지
활동목표	■ 자신에게 메시지를 작성함으로써 미래에 대한 희망을 갖도록 한다. ■ 자신에 대한 긍정적 미래상을 확립할 수 있다.		
활동내용	■ 미래의 자신의 모습을 생각해보기 ■ 미래의 자신에게 메시지 써보기 ■ 집단원들의 미래상을 들어보고 긍정적인 지지와 격려하기		
준비자료	편지지와 봉투, 필기도구, 소감문		
단계	활동내용		유의사항
종결 ·	○ 지난 활동 돌아보기 지난 활동 이후에 느낀 점에 대해서 이야기하기		부정적인 자아상 을 갖고 있는 집

| 대안적
스토리
텔링
및
건강한
스토리
텔링 | ○ 활동안내
미래의 자신의 모습을 떠올리며 미래의 자신에게 메시지를 써보도록 한다. 편지를 직접 꾸며보도록 한다.
집단원들의 미래상을 들어보고 긍정적인 지지와 격려를 통해 자신의 긍정적인 미래상을 확립하도록 한다.

○ 스토리텔링 만들기
• 자신의 미래를 떠올려보고 자신에게 보내는 메시지를 작성하도록 한다.
• 메시지를 읽으면서 느꼈던 감정들도 함께 스토리텔링하도록 한다.
• 집단원들의 메시지를 들어보고 자신의 생각과 함께 긍정적인 지지와 격려의 이야기를 나누도록 한다.

○ 정리 및 느낀 점 나누기
• 프로그램에 대해 느낀 점과 원하는 것이 있다면 이야기 하고 소감문을 작성하도록 한다.

○ 다음 회기에 대한 안내를 한다. | 단원은 자신의 미래에 대해 긍정적으로 인식하도록 도움 |

〈표 7-10〉 스토리텔링융합치료 프로그램 세부 운영안 9회기

회기	9회기	주제	소망나무
활동목표	■ 자신의 흥미, 능력, 관심등을 고려하여 미래를 설정할 수 있다. ■ 미래에 대한 희망과 자신에 대한 긍정적인 미래를 계획할 수 있다.		
활동내용	■ 참여자들과 함께 소망나무 만들기 ■ 자신의 소망을 그림으로 표현하기		
준비자료	■색종이, 한지, 가위, 풀, 전지, 그림도구(색연필,싸인펜,크레파스) 소감문		
단계	활동내용		유의사항
종결 ·	○ 지난 활동 돌아보기 지난 활동 이후에 느낀 점에 대해서 이야기하기		소망나무 표현이 어려운

대안적 스토리 텔링 및 건강한 스토리 텔링	○ 활동안내 집단원들 각자가 소망나무를 그려 자신의 장점들이나 소망, 계획들을 색종이에 쓰거나 그림으로 그려서 소망나무의 열매로 표현하도록 한다. ○ 스토리텔링 만들기 • 완성된 희망나무를 보며 감상하도록 한다.. • 집단원들의 소망나무에 대한 자신의 이야기를 나누도록 하여 각자의 꿈과 희망을 구체화 하도록 돕는다. • 꿈을 실현시키기 위해 자신이 할 수 있는 행동방향에 대해 이야기한다. • 자신이 표현한 자신의 장점과 꿈이 실현될 미래의 자신에게 자성예언을 하도록 한다. • 20년 후의 자신의 모습을 상상하며 이야기를 쓴다. ○ 정리 및 느낀 점 나누기 • 프로그램 전체에 대한 소감과 자신의 미래 소망을 함께 이야기한다. • 프로그램에 대한 소감문을 작성한다. ○ 다음 회기에 대한 안내를 한다.	집단원을 위해 나무 그림이나 모형 필요

〈표 7-11〉 스토리텔링융합치료 프로그램 세부 운영안 10회기

회기	10회기	주제	나에게 주는 선물
활동목표	■ 프로그램 참여를 마친 자신을 격려하고 지지할 수 있다. ■ 미래에 대한 자신감과 긍정적인 태도를 배울 수 있다.		
활동내용	■ 프로그램을 마치는 소감 이야기하기 ■ 수고한 자신을 돌아보고 받고 싶은 선물이 무엇인지 생각해 보기 ■ 자신이 받고 싶은 선물을 그림으로 표현하기		
준비자료	■도화지, 색종이, 한지, 가위, 풀, 전지, 색연필, 싸인펜, 크레파스, 소감문, 만족도 검사지		

단계	활동내용	유의사항
종결 · 대안적 스토리 텔링 및 건강한 스토리 텔링	○ 지난 활동 돌아보기 지난 활동 이후에 느낀 점에 대해서 이야기하기 ○ 활동안내 프로그램을 마치는 소감을 이야기하고 자신이 받고 싶은 선물이 무엇인지 생각해 본다. 자신이 받고 싶은 선물을 그림으로 표현하고 선물의 의미를 나누도록 한다. ○ 스토리텔링 만들기 • 프로그램에 참여한 소감을 집단원이 돌아가면서 이야기하도록 한다. • 프로그램 참여로 인해 자신의 문제적 스토리가 어떻게 변화되었는지 이야기 한다.. • 자신이 구성한 대안적 스토리텔링이 건강한 스토리텔링으로 잘 이어갈 수 있는 방법을 이야기 한다. • 받고 싶은 선물이 자신에게 어떤 의미인지 이야기 나눈다.. ○ 정리 및 느낀 점 나누기 • 프로그램을 마치는 소감을 5자로 이야기하고 마지막 소감문을 작성과 프로그램 만족도를 작성하도록 한다. ○ 추수 프로그램을 안내한다.	집단원이 종결을 이해하고 수용하도록 설명하고 추수 상담에 대해 안내

〈표 7-2〉~〈표 7-11〉에서 볼 수 있듯이, 스토리텔링융합치료의 구성은 총 10회기로 진행되며 자기 스토리텔링이 담긴 1회기~3회기까지를 초기, 문제적 스토리텔링과 치료적 스토리텔링이 담긴 4회기~7회기까지를 중기, 그리고 대안적 스토리텔링이 담긴 8회기~10회기를 종결로 진행하였다. 초기에는 집단참여에 흥미 유발과 친밀감을 형성하기 위해 충분한 자기 스토리텔링이 이루어지도록 하였다. 중기에서는 자기 이해를 위한 정서 및 욕구 탐색을 통해 자기의 문제적 스토리텔링을 발견하고 활발한 상담자와 상호작용을 통해 치료적 스토리텔링이 이루어지도록 하였다. 후기에는 자기조절과

타인이해를 중심으로 대안적 스토리텔링을 적용하고 건강한 스토리를 강화하도록 하였다.

3부

예술융합치료의 실제

8장

연극융합치료 : 몸짓과 이야기의 만남

1. 이론적 배경

1) 개념과 발달 배경

(1) 연극치료 정의

연극치료(drama therapy)란 연극적 행위를 통해 참여자 마음의 변화를 일으키고 정신에 나타난 증상을 치료하는 것이다(김종현, 2012). 연극치료의 과정은 참여자의 몸과 움직임이 주가 되는 체현(embodiment), 시각적이며 청각적이며 언어적 매체를 통한 투사(project), 극화와 상영으로 이어지는 역할(role)의 방식을 사용한다. 연극치료는 내담자들에게 극적 구조 혹은 이야기 구조 안에서 언어적 비언어적 표현방식과 해결책을 찾아낼 수 있도록 움직임, 목소리, 즉흥극, 텍스트 등 연극적 모든 기술을 선택적으로 적용한다(Jennings, 1998).

문헌에서 "연극치료"라는 용어가 처음 등장한 건 1939년 영국의학협회의 Peter Slade 의 강연이었으나 치료를 위한 연극의 의도적 사용은 그보다 훨씬 오래되었다. 연극치료는 치료의 의도를 가지고 드라마에 참여하는 것이다. 연극적 행위에 내담자 삶의 경험을 반영하고, 변형을 통해 내담자가 가지고 있었던 문제를 표현하고 해결할 수 있게 함으로 내담자의 행복과 건강을 유지하도록 한다. 예술적인 연극이 정신건강의 예방적 차원이라면 연극치료는 좀 더 치료적으로 활용되고 있다. 연극치료는 세션에서의 경험을 통해, 새로운 관계 안에서 해결책을 얻거나 마음의 위로 또는 새로운 이해, 변화된 행동 방식을 찾아낼 수 있게 도움을 주는 데 목적이 있다(Jones, 2005).

우리나라에서 주로 행해지는 예술을 도구로 하는 심리치료 방식은 주로 서양에서 도입되었다. 치료의 도입 시기는 일반적으로 40~50년의 차이를 두고 있으며 1980년대 미술치료를 시작으로 1990년대 음악치료와 놀이치료, 무용 치료가 소개되었고 연극치료는 가장 최근 도입되어 알려지게 되었다. 연극치료는 심리치료 분야에서 미국이나 영국에 비해 늦게 정착이 되었지만, 치료적 활용도에 있어서는 빠르게 자리 잡고 있다. 연극은 예술이고 치료는 과학이라고 분류하고 있는데 연극치료는 연극이라는 예술의 영역을 포함하고 있으나 객관적 검증을 통해 과학의 영역으로 넘어갔다고 볼 수 있다 (박미리, 2014). 그런 의미에서 연극치료는 융합적 성격을 갖고 있다.

(2) 연극치료 등장 배경

문화인류학이나 고고학 연구에서 대개 예술치료의 기원은 원시시대 종교의식으로 보고 있다. 연극치료 또한 예술치료의 한 분야로 종교의식에서 이용된 음악, 춤, 가면과 의상을 사용하기 시작하며 예술치료와 기원을 같이 하였다. 고대 이집트에서는 음악이나 연극이 의학과 같은 의미로 육체적, 심리적 병을 치료하는 데 사용되었다. 우리나라 또한 민족의 역사와 함께 예술적인 치료 의식인 굿을 예로 들 수 있다(Jennigns, 1993).

호모 내러티쿠스: 인문융합치료의 이해

학문적인 연극치료의 시작은 제이콥 레비 모레노(Jacob Levy Moreno)에서 비롯되었다고 보는데 정신과 의사였던 모레노는 자발적 연극을 이용하고 즉흥 기법을 활용 1920년 독자적으로 사이코드라마(Psychodrama)를 발견하여 최초의 드라마 치료사가 되었다(Moreno, 1946). 사이코드라마는 영혼을 뜻하는 그리스어 'psyche'와 행위를 뜻하는 'drama'에서 유래된 것으로 "행위를 통해 영혼을 표현한다."는 뜻을 지니고 있다(조효석, 윤학로, 2012). 오늘날의 연극치료 역시 그 시발점은 말보다 극을 통해 자신의 문제를 탐구하는 모레노의 창조적 연극 놀이로 삼고 있으며, 모레노의 자발성 검사와 역할연기 실험은 연극치료의 진단 및 평가의 원천이 되었다(박미리, 2009). 연극치료의 초기 개척자이자 작가인 니콜라이 예브레이노프는 연극을 공기나 음식, 성관계처럼 인간의 본질적 특성으로 규정하고 인간이 건강한 삶을 살아가는 데 필수적 충동이라고 보았다. 즉, 연극 자체가 지닌 욕구와 충동이 건강을 유지하고 정서적이고 심리적인 문제를 다루는 데 쓰일 수 있다고 주장하였다(Evreinov, 1927).

연극치료가 특정 학문이자 직업으로 인식된 건 1930년대 이후이다. 개별적으로 흩어져 활동하던 사람들이 집단을 형성하여 아이디어와 접근방식을 함께 개발하기 시작하면서 구체적인 개념과 치료방식이 출현하게 되었다.

드라마는 20세기가 시작될 무렵 의료복지 시설에서 처방되는 치료방식 중 치료를 보완하거나 일종의 레크레이션으로 활용되다가 본격적인 연극치료의 출현과 맞물려 1960년대를 기점으로 드라마와 치료에 대한 인식의 변화가 크게 일어났다. 연극치료는 치료 양식의 보조 수단이 아닌 드라마의 뿌리 안에서 내담자 변화에 근본적인 과정을 얼마든지 담당할 수 있으며 치료의 기술로 활용되는 것이 아니라 드라마 과정 자체가 치료를 포함한다. 1970년대 자메이카 벨레뷰 병원의 작업이나 1980년대 그리스 연극 치료협회의 결성에 이르기까지 여러 나라에서 드라마가 치료로 활용되었으나 그 과정이 모두 같다고는 볼 수 없다. 영국, 미국, 네덜란드 등 여러 나라의 개척자들이 서로 다른 환경에서 점진적으로 발전과 형식을 진화시키는 방식으로 지금의 다양한 연극치료가 만들어졌다(Jones, 2005). 국내에서는 연극치료의 기법에 따라 Sue Jennings를 중심으로 한 연극모델, 랜디(Landy)의 역할모델, 존슨(Johnson)의 발달적 모델, 저시(Gersie)와 라하드(Lahad)의 이야기 모델에 이론적 근거를 두고 있다(강운정, 2009).

2) 연극치료의 이론 모델

(1) 연극모델(Theatre model)

수 제닝스(Sue Jennings)는 연극치료사를 창의적인 예술가의 위치에 놓고, 극이 가진 고유한 치유적 본성을 연극모델로 발전시켰다. 연극모델은 참여자가 극과의 거리를 지나치게 감정적이거나 이성적이지 않고 균형을 이루는 '심미적 거리'를 강조하였다 (Jennings, 1998).

연극은 약속된 상황에서의 직접적인 행위 경험이라 할 수 있다. 그 상상의 시간과 장소에서 배우와 관객들은 'here and now'에서 행위가 벌어지는 것으로 받아들인다. 따라서 연극모델에서 치료자 역할은 작업의 촉진자이자 연출가이다. 연극치료사는 참여자 삶의 일상적 문제에 적당한 이미지를 찾을 수 있게 극적 사실을 끌어들여 스스로 정서적, 인지적 변화를 키울 수 있게 도와주는 것이다(Mitchell, 1990).

(2) 역할모델(Role model)

역할이란 한 개인 자신이 취하는 현실적인 형식으로 어떤 특수한 상황에서 어떻게 반응하는가를 말한다고 볼 수 있으며, 여기에서 역할은 역할맡기, 역할연기, 역할창조를 포함한다(이선형, 2020). 역할 이론의 역사는 심리학, 사회학, 인류학에서 찾을 수 있다. 인생과 사람을 극과 배우로 비유하여 내면의 심리 과정을 분석한 드라마치료사들로부터 발전되었다. 역할 이론의 중심에는 여러 가정이 있다. 첫째, 인간은 태어날 때부터 역할을 맡는 역할 수행자이다. 둘째, 성격은 역할의 상호작용 시스템으로 인지된다. 셋째, 역할은 고정되어 있지 않으나 융(Jung)의 원형 개념과 같이 고유한 특성에 의해 인지된다.

로버트 랜디(Robert Landy)는 극에서의 역할에 대해 성격이 서로 상호작용하는 시스템으로 보고 융(Jung)의 성격, 아니마, 아니무스, 그림자, 페르소나 등의 개념과 현대의 융(Jung)이라고 할 수 있는 캠벨(Campbell), 힐만(Hillman) 등의 영향을 받아 84개의 역할유형과 역할거리의 개념을 만들었다. 특히, 역할 이론에서 발달 된 도구 Tell-A-Story를 만들어 연극치료 분야를 풍성하게 하였다.

(3) 발달변형(Developmental Transformations, DvT) 모델

발달변형은 자유 놀이의 역동성을 이용하는 심리치료의 한 형식이다. 발달변형은 변형, 놀이, 만남, 놀이공간의 네 가지 구성요소를 지니고 있다. 존슨(David Read Johnson)은 인지발달의 심리치료 관점, 정신분석의 정신요법인 자유연상과 대상관계 이론, 로저스의 내담자 중심치료, 화이트하우스의 진정한 움직임 등 다양한 여러 이론을 이용하였다. 발달변형 모델의 핵심은 '변형'이다. 치료사와 참여자가 즉흥연기를 통해 관계를 맺으며 역할과 주제가 자연스럽게 나타나고 변화해 가도록 자유로운 흐름을 따르는 기법이다. 이 기법은 주로 기본적인 상황과 인물만으로 참여자가 자발적으로 장면을 만들어가는 사실적인 즉흥극 기법이다(송연옥, 2004).

발달변형(DvT)은 상대의 반응에 전적으로 의존하는 즉흥극 형식을 지니기 때문에 치료사의 경험과 역량이 매우 중요하다. DvT는 충분히 역동적인 치료 기법이지만 이론적 측면의 난해함이 있고 시행에 어려움이 있다(김숙현, 2013).

(4) 이야기 모델(Narrative model/Drama therapeutic model)

연극치료는 표현 매체와 관계없이 연극적 경험의 언어로 이야기와 역할을 수렴하며 치료과정은 참여자 역동을 적절하게 변형하는 일이다. 이야기란 일련의 사건을 의미 있게 배열하는 것이다. 그럴듯한 인과관계가 만들어지면 이야기에는 설득력이 생긴다. 모호한 인간의 경험에 더해지는 이야기는 이해와 의미를 부여하는 인간의 친화적 본능이다. 연극치료의 이야기에는 참여자의 경험을 담은 실제 이야기, 상상한 이야기, 문학적 서사로 기존에 우리가 잘 알고 있는 신화나 동화, 소설, 희곡 등의 이야기가 있다.

우리는 늘 이야기와 함께 했다. 과거 할머니 무릎에서 옛이야기를 전해 들었다면 이제는 드라마, 애니메이션, 인터넷 게임까지 흥미로운 이야기를 찾아다닌다. 이선형과 배희숙(2014)은 다섯 가지의 이야기 특성을 정리하여 사람들이 이야기에 열광하는 이유를 찾고자 하였다.

첫째, 인간의 삶 자체는 이야기로 구성되어 있다.

둘째, 세상의 모든 이야기는 삶의 원형[1]을 밝히는 나의 이야기가 될 수 있다.

셋째, 우리의 이야기를 창조할 수 있는 유일한 저자는 우리 자신이기 때문에 이야기는 곧 우리의 삶이 된다.

넷째, 이야기를 통해 망각했던 자신을 발견할 수 있으며 과거에서 벗어나 자신을 새롭게 할 수 있다. 새로운 글쓰기는 자신에게 중독된 상태에서 벗어날 수 있다.

다섯째, 이야기를 통해 우리는 세계와 연결된다. 가정, 학교, 집단, 국가, 세계까지 모두 이야기를 지니고 영향을 미치며 이야기로 상호작용한다.

이야기가 가진 치유적 속성을 적극적으로 연극치료 작업에 활용하는 대표적인 방법은 물리 라하드가 개발된 "여섯조각이야기 만들기(6PSM)", 로버트 랜디의 "이야기하기

---

1 분석심리학의 융(Jung)은 이야기 속에 집단적 정신작용이 들어있다는 전제를 가지고 이야기를 통해 자기를 파악할 수 있다고 하였다. 신화나 민담처럼 개인의 차원을 넘어 이미 집단의 삶이 되어버린 이야기의 상징성은 시공을 초월한 인류의 정신활동을 보여준다. 융은 신화, 민담, 전래동화 등을 연구하면서 이야기 속 원형을 담고 있는 집단 무의식의 개념을 발견했다. 이야기에는 인류 역사의 흔적이 배태되어 있고 그 안에는 인간 영혼의 발자취가 묻어 있다. 개인적 차원을 넘어 이미 집단의 삶이 되어버린 이야기는 그만큼 공감대가 넓은 것이다(박종수, 2012)

(TAS)", 파멜라 던의 "이야기극(Nara-drama)"이 있다(이지홍, 2018).

3) 연극치료의 치료 요인

필 존스(Phil Jones, 2005)는 연극치료가 어떻게 해서 치료적 효능을 발휘하는지 그 요인을 극적 투사, 치료를 위한 공연 과정, 감정이입과 거리두기, 의인화와 구현, 관객과 지켜보기, 체현, 놀이, 삶-드라마 연관, 변형 등 아홉 가지 핵심 과정을 통해 규명하였다.

(1) 극적 투사

극적 투사란 참여자가 자신의 일부분이나 경험을 극적 내용이나 연행에 투사하여 내적 갈등을 밖으로 드러내는 과정을 말한다. 참여자의 내면 상태와 외부의 극적 형식의 관계는 행동으로 형성되고 발달한다. 극적 표현은 새로운 관점을 창조함으로써 변화를 가능하게 할 뿐만 아니라 투사된 내용을 통해 탐험과 통찰의 기회를 얻는다. 극적 투사는 내담자가 다루고자 하는 주제를 탐험하는 수단으로 극적 과정에 들어가는 통로가 된다. 극적 표현은 내담자 문제를 새롭게 재현하고 투사를 통해 내담자 내면 상태와 외적 표현 사이를 연결한다. 내담자는 표현과 탐험을 통해 문제와 새로운 관계를 맺고 이로부터 새로운 관계 안에서 문제의 재통합이 일어난다. 프릿츠 펄스(Fritz Perls)는 인간의 가장 건강한 투사의 형태는 예술이라고 하였다. 그중 연극은 특히 투사의 예술이라 할 만큼 다중적이고 생생한 투사를 보여주기 때문에 연극치료의 참여자는 배우와 관객의 역할로 다층적 투사를 적절하게 활용할 때 연극치료의 치유적 가치를 배가시킬 것이다(이선형, 2012b).

(2) 치료를 위한 공연 과정

치료를 위한 공연 과정이란 다루고자 하는 특정 주제를 드라마로 표현하는 과정이다. 치료를 위한 공연은 문제를 탐색하기 위한 욕구 구체화하기, 시연하기, 보여주기 구조와 직접적인 극적 몰입에서 빠져나오게 하는 빠져나오기가 있다. 공연 제작 과정은 그 자체로 치료적이며 내담자는 여러 가지 역할을 맡는다. 특정 장면에 등장하는 인물이나 연출자가 되기도 하고 관객이 되기도 한다. 이러한 과정은 고정되었던 관점을 바꾸는 경험을 할 수 있다는 점에서 치료적이며 창조적이다.

(3) 감정이입과 거리두기

감정이입은 정서적 공명과 동일시 그리고 고도의 정서적 몰입을 촉진한다. 극적 상황에서의 감정이입의 발달은 그 자체로 치료적이다. 거리두기는 사고와 성찰과 조망에 더 무게를 둔다. 배우이든 관객이든, 참여자는 감정이입과 거리두기를 모두 경험한다. 이 두 과정 사이의 긴장과 이동은 역동적 변화를 창출한다. 감정이입과 거리두기의 수위를 도구로 연행 혹은 극적 활동에서 참여자가 극적 내용과 어떤 관계를 맺었는지 반응을 평가할 수 있다.

(4) 의인화와 구현

내담자는 극적 구조 안에서 감정, 주제나 사람, 자기 자신 혹은 자신의 어떤 양상을 재현한다. 이것은 대개 구현이나 의인화로 이루어진다. 구현은 무엇인가를 묘사하거나 자신의 일부를 연기하는 것이고 의인화는 재현을 위해 놀잇감이나 인형 등의 사물을 사용하는 것이다. 참여자는 의인화와 구현을 통해 허구적이고 상상적인 내용에 몰입함으로써 주제를 새로운 방식으로 변형하고 탐험할 수 있게 된다. 창조된 가상의 세계는 내담자에게 현실에서 억압하거나 부정했던 것들을 마음껏 펼쳐내고 탐험할 수 있는 안전망이 되어 준다.

(5) 관객과 지켜보기

연극치료에서 관객은 다른 사람들과 자기 자신을 지켜보는 기회를 얻는다. 관객은 지지자, 대립자, 안내자, 동료, 연행에 참여할 수 있는 대기자 등 다양한 방식으로 존재한다. 지켜보기는 다른 사람들이나 자기 자신에게 관객이 되는 행위이다. 관객은 상호작용적으로 구성되며 배우와 구분된다. 관객은 극적 투사의 과정뿐 아니라 집단의 역동과 시각 그리고 지지의 창조에서 중요한 역할을 한다.

(6) 체현: 신체의 극화

개인의 정체성과 신체가 관련되는 방식은 연극치료에서 중요한 요소이다. 일반적으로 체현은 참여자가 문제를 신체적으로 표현하고 '지금 여기'에서 만나는 방식이다. 이 과정은 특별한 경로로 변화를 가져온다.

첫째, 신체적 잠재력을 계발하는 것과 연관된다. 둘째, 평소와 다른 정체성을 연기하는 과정에서 얻는 이점과 치료적 가능성을 주목한다. 셋째, 신체에 영향을 미치는 개인적, 사회적 정치적 요인을 탐험하는 작업과 관련된다. 몸과 관련된 정서적 외상의 경험이나 신체상 등을 탐색하는 기회를 제공한다.

(7) 놀이

참여자가 놀이라는 특별한 상태에 들어가면 유희성이 만들어진다. 연극치료 세션은 현실과 유희적인 관계를 맺는 공간으로 참여자가 자기 자신과 삶의 경험에 대해 유희적이고 실험적인 태도를 취할 수 있게 해준다. 놀이는 참여자가 문제를 탐험하거나 표현하는 특정한 언어(사물 놀이, 놀잇감, 게임)로 사용된다. 연극치료에서 놀이의 내용은 대개 여러 가지 사물과 상징적인 놀잇감을 갖고 노는 놀이, 모형을 이용하여 작은 세상을 만드는 투사 작업, 거친 몸싸움 놀이, 인물을 맡아 연기하는 가장 놀이 등을 포함한다. 놀이는 또한 발달적 연속체와 관련되어 새로운 발달 단계로 이행하는 게 주된 내용이 되기도 한다. 놀이는 때로 문제가 있거나 고착이 발생한 어린 시절의 발달 단계로 되돌아가는 통로가 되기도 한다. 그런 경우 연극치료에서의 놀이 과정은 내담자가 당시의 경험과 자기 자신을 다시 만나 발달 단계를 제대로 다시 통과할 수 있게 돕는 것을 목적으로 한다.

(8) 삶-드라마 연관

연극치료 작업은 때때로 현실을 직접 극적으로 재현하거나 특정한 현실의 경험을 신화나 움직임과 노래 등 간접적인 방식으로 극화하기도 한다. 많은 활동이 현실과 다양한 차원에서 동시에 연관을 맺는다. 때로는 참여자가 삶 드라마의 연관성을 분명하게 의식하기도 하고 그것이 자기 자신이나 삶에 어떠한 접점이 있는지 알지 못한 채 작업에 참여하기도 한다. 연극치료 과정에서 어떤 활동을 하면서 내담자가 상황에 반응하는 방식이나 주제에 대해 느끼는 방식이 변화될 수 있다.

(9) 변형

변형은 현실의 경험이 무대에서 재현되며 일어난다. 일상에서 만나는 사람이나 사물이 극 중 다르게 변형되고 일상 현실의 경험과 존재 방식은 극적인 방식과 접촉하게 된다. 현실의 경험이 연행의 즉흥적인 특질을 취하여 그것을 연기하고 또 재연기하는 과정에서 경험의 수정과 실험이 가능해진다. 그렇게 극적 언어는 표현과 감정 그리고 관계의 새로운 가능성을 보임으로써 경험을 변형할 수 있다. 드라마를 만드는 데 창조적 만족감은 그 자체로도 변형적일 수 있다. 카타르시스(Katharsis)는 연극치료의 변형과 긴밀하게 연결되어 있는데 참여자가 카타르시스를 경험할 때 변형이 이루어진다고 보는 것이다(이선형, 2012a). 이러한 변형을 통해 연극치료 집단에서는 과거 누군가와의 관계, 지나간 경험, 기존의 반응 방식을 현재로 가져올 수 있으며 드라마 속에서 재구성할 수 있다.

2. 이야기와 연극치료

1) 이야기와 은유

(1) 은유(Metaphor) 개념

은유는 희랍어 'metaphora'에서 왔으며 이 말은 '너머로'라는 의미의 meta와 '가져가다'라는 의미의 pherein에서 연유되었다. 은유란 한 말에서 다른 말로 그 뜻을 실어 옮기는 것을 말하며, 언어학에서는 이러한 현상을 의미의 전이라고 부른다. 따라서, 은유의 핵심은 한 종류의 사물을 다른 사물의 관점에서 이해하고 경험하는 것이다. 〈살아있는 은유〉의 저자 리쾨르(Ricoeur)는 은유란 단순한 의미론적 해석이 아니라 현실과 실재에 대한 새로운 해석이며, 완결된 이해가 아닌 텍스트와 해석자 사이의 지속적인 해석학적 순환 작용을 전제로 하는 것이라고 하였다(이찬주, 2012). 은유는 인간 존재의 본성이며, 인간 정신 구성의 필수 요건이다. 인간의 뇌 구조에는 이미 "은유적 지도"가 들어있어 인간은 은유적으로 사고를 할지 말지에 대한 선택권이 없이 이루어진다(노양진, 2006).

(2) 이야기의 치료적 가능성

연극의 외적 측면이 무대 공간, 배우의 움직임, 언어, 소품 등 공연의 '보이는' 측면과 관련된 것이라면, 이야기는 내적 측면에 해당되어 극을 통해 '말해진다'. 연극치료에서 전자는 체현, 투사, 역할에 해당되며, 후자는 이야기 활용을 위한 구조화를 의미한다. 이를 통합하면 연극 고유의 표현 매체는 결국 몸과 이야기라는 두 요소라고 할 수 있다(박미리, 2011).

은유는 패러다임의 전환으로 심리의 전인적 변화의 좋은 도구로 작동한다. 문제해결에 있어 좌뇌적 방법보다 우뇌적 방법이 활용되어야 하는데 은유는 직관, 상상력과 더불어 새로운 의미를 창출하며, 합리적인 이성적 사고를 초월한 직관적 사고에 입각하여 상상력의 표현으로 작동한다(양유성, 2011). 은유는 낯설음을 통해 새로운 관념의 세계로 인도하여 반복된 일상과 습관화된 자기에서 벗어나는 기회를 제공한다. 밀턴 에릭슨은 은유적인 의사소통 방식이 내담자가 스스로 문제를 인식하고 행동에 변화를 가져오게 할 수 있게 한다고 보았고 가족치료 전문가인 사티어 역시 은유를 통해 자신의 신념을 다른 관점에서 볼 때 새로운 이미지와 지각이 일어나며 궁극적으로 변화가 생긴다고 보았다. 연극치료에서도 은유는 매우 유용하다. 연극치료 작업에서 새로운 은유적 시각은 내담자가 주제를 풀어갈 수 있도록 도와주며 치료적 효용성을 높여준다(이선형, 2012c).

2) 몰리 라하드(Mooli Lahad)의 여섯조각이야기(6 part story making, 6PSM)

이스라엘 출신의 심리학자이며 연극치료사인 몰리 라하드는 연극치료 분야에서 이야기의 치료적 드라마 모델을 활용한 여섯조각이야기(이후 6PSM으로 표기)를 개발하여 참여자들이 주어진 주제에 맞춰 그림으로 표현하게 하였다. 6PSM은 주인공, 주인공의

호모 내러티쿠스: 인문융합치료의 이해

과제, 방해자, 조력자, 과정, 결말의 6가지의 구조를 제시하였다. 치료사는 이 구조를 참여자에게 안내하고 참여자는 이에 맞추어 그림과 언어를 이용해 이야기를 만들어낸다. 누가 만들던 이 이야기 구조를 취하면 그 안에 갈등과 자신의 문제가 드러나게 된다(박미리, 2009).

6PSM는 스트레스에 대처하는 여섯 가지 유형의 자원인 신념(Belief), 정서(Affective), 사회(Social), 상상(Imaginative)를 종합하여 'BASIC Ph'라 명명하고 해석하였으나 시간이 흐르면서 다양한 배경을 가진 사람들이 나름의 방식으로 6PSM을 사용함에 따라 BASIC Ph가 아닌 다른 관점으로 이야기를 분석하게 되었다. 라하드는 확장된 6PSM의 독법 방식으로 다음과 같다.

첫째, 이야기의 제목이나 주인공이 이야기 속에서 해야 하는 일 등을 통해 "이 세상은 위험하다"거나 "나는 누구에게나 사랑받아야한다" 혹은 "나는 갇혀 있고 탈출하고 싶다"와 같이 주인공의 관심을 사로잡은 주제를 읽는 것이다.

둘째, 이야기에 내포된 관계 양상을 통해 연극치료사/연극치료에 대한 참여자의 질문과 태도를 헤아리는 것이다.

셋째, 이야기의 서술 방식에 주목하여 대립 관계를 찾아냄으로써 주인공의 무의식적 갈등에 접근한다.

넷째, 이야기에 나타난 주된 사건을 프로이트나 에릭슨 혹은 피아제 등의 발달적 관점에서 평가할 수도 있다.

다섯째, 분석심리학적 관점에서 주인공이 겪는 일련의 사건을 개성화를 향한 영웅의 여정으로 읽기도 한다.

여섯째, 라하드는 이야기에 나타난 상징을 분석할 수도 있다고 덧붙인다.

6PSM의 진행 방법은 치료사의 지시에 따라 참가자들은 종이에 간단한 이미지를 그린다. 그림을 그린 후에 중단이나 질문 없이 이야기한다. 그들은 가능한 한 다양하고 상세한 방법으로 이야기를 한다. 참가자들은 하고 싶은 대로 세부적인 내용을 첨가하기도 하고, 새로운 설명을 넣기도 한다. 일반적으로 마지막 부분에서 치료사나 연구자

는 참가자의 이야기를 정교하게 만들기 위해 질문을 이어 하기도 한다.

3. 연극치료와 정서

정서(Emotion)란 환경에서 행동할 준비가 되어있는 형태로 관계를 유지하거나 분열하게 하는 관계적 행동성향이다(성혜옥, 2010). '밖으로'라는 뜻을 가진 'e'와 '움직이다'라는 뜻을 가진 'movere'가 합쳐져서 만들어진 정서(Emotion)는 근본적으로 밖으로 움직이는 운동성(지향성)을 지닌다. 정서적 변화는 단순히 몸 자체가 아닌 행동과 시선, 언어적 표현까지 포함한다(이태승, 2020).

정서는 어떤 상황에서 내담자에게 무엇이 중요한지 알려주고 그들이 원하는 것을 얻기 위해 어떤 행동을 취해야 할지 안내해 주는 이정표다. 왜냐하면 정서의 이면에는 인간의 욕구가 자리하고 있기 때문이다. 만약 누군가 과거의 트라우마에서 벗어나지 못했거나 정서를 다루는 기술이 부족하고 정서를 회피한다면 그는 자신의 욕구를 알아차리지 못하고 정서를 조절하거나 개입하는 능력을 잃어버리게 될 것이다. 자기의 경험을 온전히 받아들이고 그 의미를 이해할 때 경험 안에 있는 정서 저변의 욕구와 소망을 발견함으로 진정성 있는 자기를 만나게 된다(김창대, 2009).

상담이나 심리치료에 있어 정서를 다루는 것은 내담자 삶의 변화를 가져오는데 핵심이라고 할 수 있다. 1980년대 정서 이론, 게슈탈트 이론과 사이코드라마 이론을 접목하여 캐나다 요크대학의 석좌교수인 그린버그와 존슨(Greenberg & Johnson)은 정서중심치료(Emotionally Focused Therapy: EFT)를 개발하였다(Johnson & Greenberg, 1985).

EFT는 전통적인 심리치료가 의식적인 인식과 행동 변화를 지나치게 강조하는 데 중점을 두고 치료과정에서 정서적 변화의 근원적 역할을 무시했다는 믿음을 전제로 발달하였다. 즉, 인간의 상호작용 이면에 숨어있는 부적응 문제를 해결할 때 정서의 자각, 수용, 이해의 중요성을 강조하며 심리치료의 핵심 역할로 보았다. EFT는 내담자

호모 내러티쿠스: 인문융합치료의 이해

가 이전까지 회피하던 자신의 고통스러운 정서를 있는 그대로 자각하고 경험하며 수용하는 것이 변화의 핵심이다. 내담자가 고통스러운 경험의 정서를 그대로 수용하게 되면 일시적으로는 부정적인 정서가 활성화되나, 시간이 지날수록 오히려 부정적 정서는 낮아지고 긍정적 정서가 높아져 정서 처리를 더 잘할 수 있게 된다고 보았다. 부적응적 정서 도식의 재구성은 정서가 제공하는 가치와 욕구를 경험하고 인지적, 행동적 변화로 이어진다(김영근, 2014).

EFT의 치료방식은 연극치료과정에서 내담자의 정서를 세밀하게 분석하고 활성화하여 심리적 변화를 이끄는 데 적합한 도움을 줄 수 있다.

4. 연극융합치료 사례

1) 연극융합치료의 과정

연극융합치료는 내러티브를 기반으로 연극치료의 6PSM과 정서중심치료의 이론을 융합한 상담 프로그램이다. 6PSM을 이용한 연극치료의 해석 방향만큼이나 치료적 접근 방법은 치료사에 따라 다양하게 사용된다. 이야기 기반 연극치료와 정서를 중심으로 한 연극융합치료의 순서는 [그림 8-1]과 같다. 치료사는 6PSM을 통해 참여자가 가지고 있는 내면의 무의식적 이야기에 구조를 주어 구체화 된 이야기로 발전시키고 이를 극화하면서 각 역할이 주는 의미를 다각화한다. 각 역할에서 자발적 놀이가 진행되면 새로운 역할을 입거나 역할에 변화가 생긴다. 이때 치료사는 역할에서 경험되는 정서에 참여자가 더 깊이 들어갈 수 있게 새로운 역할의 변형을 요구하거나 극 속 역할과 현실의 역할에서 정서가 강하게 만나는 장면을 따로 떼어내어 치료 작업에 이어간다.

치료사는 참여자가 장면에 몰입할 수 있게 공간을 꾸미고 극 진행에 요구되는 각 역할의 대사나 동작을 지시하여 생동감 있게 표현하게 도와줌으로 더욱 상황에 몰입할 수 있게 한다. 치료사는 극의 흐름에 따라 참여자가 극 속에서 주인공, 조력자, 방해자 역할 중 필요한 역할로 충분히 표현할 수 있게 한다. 역할표현에서 새로운 욕구가 올라오면 다른 역할로 바꾸어 표현하거나 역할에 변형을 주어 극을 확장하고 참여자가 일차적 정서를 깊이 만나도록 도울 수 있는데, 참여자에게 드러나는 대사와 동작으로 참여자의 주된 정서를 찾아 확대 과장함으로 억압된 욕구를 직접 만나 수용하는 경험을 한다.

[그림 8-1] 연극융합치료 과정

(1) 6PSM 만들기

아래의 6PSM 진행 안내 방식은 본 연구자가 '여섯조각이야기 만들기' 구조를 언어로 설명하는 방식을 구어체를 이용해 이해하기 쉽도록 순서대로 작성하였다.

① 지금부터 상상의 이야기를 그림으로 만들겠습니다. 그림으로 무언가를 평가하는 시간은 아니니 너무 잘 그리려고 애쓰거나 그림이 잘 그려지지 않는다고 실망하지 않으셔도 됩니다. 이야기는 상상이라는 것을 기억해주세요.

② 나눠 준 종이에 6개의 칸을 만듭니다. 펜으로 그리거나 종이를 접거나 관계는 없습니다. 다만 그림을 그려 넣어야 하니 적당한 크기를 만들어주세요.

③ 첫 번째 칸에는 주인공을 그려주세요. 주인공은 사람일 수도 아닐 수도 있습니다. 두 번째 칸에는 주인공이 해야 하는 일을 그려주세요. 해야 하는 일이 없다면 하고 싶은 일을 그려주셔도 됩니다. 세 번째 칸에는 두 번째 칸에서 해야 할 일을 방해하는 무엇이 있습니다. 사람일 수도 있고 아닐 수도 있습니다. 어떻게 방해하는지 그려주세요. 네 번째 칸에는 이러한 주인공을 도와주는 조력자가 등장합니다. 어떻게 도와주는

호모 내러티쿠스: 인문융합치료의 이해

지 그림으로 그려주세요. 다섯 번째 칸에는 주인공이 해야 하는 일을 해내는지 그렇지 않은지 그려주세요. 마지막에는 그 이야기가 어떻게 끝나는지 결말을 그려주세요.

④ 다 그리셨으면 작품의 제목을 지어주세요.

⑤ 이제 각자의 그림을 소개해주세요. 말로 소개하기 어렵다면 글로 써서 소개해도 좋습니다.

참여자 발표가 끝나면 치료사는 참여자가 발표하면서 경험되는 감정이나 분위기, 이야기의 내용과 발표 방식, 참여자 특성에 따라 추가 질문을 할 수도 있고 바로 극으로 작업을 이어가기도 한다.

(2) 6PSM 극 만들기

참여자가 발표한 내용을 바탕으로 극을 만들어 진행한다. 참여자가 주도하여 무대를 만들거나 역할을 선택하고 진행할 수 있게 한다.

(3) 역할변형

치료사는 극 작업에서 이야기 주인공(참여자)이 연출을 맡거나 원하는 역할을 맡아 극의 내용을 확장하거나 축소하는 방식으로 참여자의 핵심 주제에 접근하게 도움을 준다. 필요한 경우 역할을 바꾸어 참여자에게 필요한 내적 자원을 사용하는 기회를 제공하며 다양한 역할과 상황에서 역할이 주는 힘을 끌어와 참여자의 경험으로 사용해 볼 수 있게 함으로 참여자의 내적 자원을 확장한다.

(4) EFT적용

치료사는 극 작업에서 참여자의 정서 흐름을 인식하고 민감하게 따라가다가 참여자가 자기의 정서를 회피하거나 도구적으로 이용하면 일차적 적응적 정서를 만나고 수용하는 경험을 하도록 제안한다. 필요한 경우 역할을 바꾸어 가며 진행하고 현실의 문제를 참여자가 스스로 드러내는 경우 이와 관련된 장면을 추가로 진행할 수 있다.

2) 사례 예시

(1) 진로 고민 중인 고등학교 1학년 남학생 A(가명)

① 의뢰 사유: 본 프로그램은 학교에서 예체능 계열로 진학하는 학생들의 심리적인 어려움을 해소하기 위한 취지로 요청되었다.

② 진행 과정: 예체능 입시를 준비하는 고등학교 10명의 남학생이 참여하였고 전체 4회기 프로그램 중 3회기 과정에서 6PSM를 진행하였다. 1회기는 집단 라포형성을 위한 게임을 통해 서로를 알아가는 시간을 가졌고 2회기에는 조각상을 통해 극 작업에 들어가기 전 Warm-up을 하고 투사를 이용한 변형 놀이를 통해 공간의 특별함을 구조화하였다. A(가명)는 최근 대외실적이 잘 나오지 않아 우울감이 있었고 가정이나 학교에서 진학에 대한 압박도 받고 있었다. 프로그램 시간에는 말이 적고 몸동작도 크게 드러나지 않았다. 진행에는 순응적으로 참여했으나 자발적 참여는 잘 이루어지지 않았다.

* 6PSM: 산속 깊은 곳에 10년 정도 된 나무가 있었다. 나무는 그냥 자신이 잘 자라기만 바라고 있었는데 어느 날 마을에 있던 사람들이 전기톱을 가져와 나무를 자르려 하였다. 지나가던 사슴이 나무를 도와주려고 하자 사람들은 사슴을 잡아먹으려고 화살을 쏘았다. 사람들은 사슴을 죽이고 나무도 잘라 버렸다.

- 상징을 중심으로 해석하자면 운동한 지 10년 정도 된 A(가명)는 나무로 표현된 것으로 보인다. 꿈을 펼치고 싶으나 따라주지 않는 성적과 제한된 시간으로 인해 내적인 불안이 올라왔을 것이다. 비슷한 처지에 있는 친구들이나 선배들이 어떠한 도움을 주기에는 힘이 부족했을 것이다. 결국 나무도 사슴도 모두 현실 앞에 강한 무력감과 좌절감을 표현하였다.

[그림 8-2] A(가명)의 6PSM

치료사는 연극 활동에 들어가기 전 나무가 성장하는 과정을 각자의 warm-up 활동으로 만들었다. 하나의 씨앗이 땅에 뿌리를 내리고 비와 바람, 충분한 계절을 보내며 성장하는 나무를 몸으로 표현하며 누군가의 기대가 아닌 살아남아 성장하는 자기의 몸을 느끼게 하였다. 각자 씨앗에서 나무로 성장한 경험 과정을 나누었다. 참여자 중 한 명은 "씨앗이 돌 사이에 끼어서 잘 자라지 못할 거 같았는데 그래도 돌을 쪼갤 만큼 강하게 자라난 게 자랑스럽다. 말라서 죽을 수도 있었는데 강한 씨앗이었다"라고 나누었다. A(가명)는 나무가 자라야 한다는 게 귀찮다는 느낌이 들었다고 밝히고 다른 참여자들의 나눔에 별다른 반응을 보이지 않았다.

극 활동을 시작하면서 A(가명)는 참여자들에게 각자의 역할을 맡기면서 특히, 사람들의 역할에 힘을 실었다. 치료사가 A(가명)에게 이 나무가 어떤 나무인지 물으니 '게으른 나무'라고 불렀다. A(가명)는 사람들을 대표하는 역할을 맡아 나무를 왜 잘라버려야 하는지 사람들을 설득하고 사람들을 모아 나무를 자르러 산으로 들어갔다. 이때 나무와 사슴이 별다른 저항도 없이 죽어버리는 모습을 보고 A(가명)는 잠시 멈추었다. 치료자가 극을 멈추고 A(가명)와 사람 대표의 역할을 바꾸어 이 나무의 의미를 이야기하게 하였다. 사람 역할을 맡은 참여자가 "넌 필요 없는 나무야. 너 하나 없어도 숲은 문제없어"라고 하자 A(가명)가 웃으며 사람들의 말이 맞는 거 같다고 하였다. 참여자 모두 나무가 되어 왜 나무가 필요한지 이야기하게 하고 A(가명)에게 마음에 와닿는 말을 골라 사람들에게 말하게 하였다.

A(가명): 나무가 나무지! 나무가 있어야 숲이 있지!

소리가 반복되면서 힘이 생겼고 원하는 대로 만들어 보라고 하자 A(가명)는 스펀지 막대로 사람들을 밀어내고 나무를 지키는 조력자의 모습을 변화하였다.

A(가명)의 변화된 역할에 참여자들은 환호해주었고 자신들의 경험을 함께 나누어주었다.

③ 치료 분석: 참여자 A(가명)는 10년 동안 체대를 목표로 준비해왔는데 갑작스러운 코로나로 인해 시합 자체가 열리지 않고 성적도 잘 나오지 않아 불안을 경험하고 있었다. 부모님의 기대에 미치지 못한다는 생각에 자기를 질책하고 자존감도 낮아져 있었다. 6PSM에서는 스스로 움직일 수 없는 나무를 주인공으로 선정하고 도움을 줄 수 있는 조력자로는 아무런 힘도 없는 사슴을 선택하였다. 방해자로 선정한 사람은 별다른 이유도 없이 나무와 사슴을 죽이고 베어버렸다. 앞으로 닥쳐올 일에 대해 참여자의 막연한 불안과 좌절감, 연약함이 이야기에서 드러났다. 극을 만들어 참여자가 자신의 이야기를 미적 거리를 유지하며 바라봄으로 좀 더 가볍게 다루어 볼 수 있게 구조를 주었고 EFT접근으로 역할 안에서 자기 정서를 만나게 하였다. 이러한 과정으로 현재의 자기도 인정하고 받아들일 수 있는 내적 힘을 키우는 시간이 되었다.

(2) 성 문제로 의뢰된 중학교 2학년 남학생 B(가명)

① 의뢰 사유: 본 프로그램은 'S'지역의 한 학교에서 성과 관련된 문제를 가진 학생의 교육을 위해 의뢰되었다.

② 진행 과정: 성 문제로 함께 가해 행동을 한 남학생 3명이 성교육을 위해 의뢰되었다. 3시간씩 7회 4시간 1회로 전체 8회기로 진행되었는데 1~5회기까지는 성과 관련된 교육을 중심으로 진행하며 생활사와 가족을 탐색하고 6, 7, 8회기는 연극융합치료를 통한 집단 심리상담을 진행하였다. 참여자들은 가족 간의 갈등 문제를 가지고 있었고 최근 자해와 우울 증상이 심각히 드러났다. 1회기에는 다들 눈을 마주치지 않고 고개만 숙이고 있다가 3회기부터 사건에 대해 억울함을 호소하는 반응을 보이기도 하였다. B(가명)는 이 사건의 주동자였으나 부모의 적극적인 개입과 노력으로 오히려 다른 참여자들과 비슷한 수준의 처벌만 받게 된 상황에서 참여자들끼리의 어색한 기운이 맴돌았다. 6PSM은 6회기와 7회기를 거쳐 진행하였다. B(가명)는 6회기에 가장 먼저 극을 만들어 발표하였다.

* 6PSM: 주인공은 기타이다. 이 기타는 정말 비싸고 좋은 기타이다. 기타는 사람들에게 연주되기를 원했다. 어느 날 한 아이(철이)가 기타를 발견하고 기타를 만졌다. 그러자 갑자기 기타 주인(철수)이 나타나 자기의 값비싼 기타를 만졌다는 이유로 기타로 철이를 마구 때렸다. 철이 엄마는 자기의 아이가 맞는 모습을 보고 철수를 때렸다. 그러자 철수 아빠가 나타나 철이 엄마를 때렸다. 결국 모두 싸우고 지구는 두 쪽 나면서 멸망한다.

맥락적 해석을 하면 주인공인 기타는 연주되기를 바라고 있었다. 철이는 방해자의 역할이나 주인공이 바라는 점을 이루어 주려고 하였고 조력자인 철수는 오히려 기타로 철이를 때려 기타를 망가트렸다. 이를 가만히 보지 않던 부모들이 나서 결국 모든 걸 망쳐버렸다는 것을 의미하고 있다. 이야기는 현실 속 상황을 그대로 가져다 놓았다.

사건 이후 B(가명) 부모의 적극적 개입은 B(가명)가 오랜 기간 만나고 사귄 친구들을 배신한 상황을 만들었다.

[그림 8-3] B(가명)의 6PSM

치료사는 B(가명)가 원하는 방식으로 극을 만들어 충분히 놀이로 경험될 수 있게 하였다. 역할을 바꾸어 가면서 놀이를 진행하다가 철이 엄마와 철수 아빠가 무조건 자기의 아이 편만 들면서 상대의 아이를 무시하는 상황을 만들었다. B(가명)에게 어떻게 하면 좋겠냐고 묻자 그냥 다 끝내버리는 게 좋다고 이야기하여 지구가 폭발하고 드라마가 끝이 났다. 드라마를 마치자 극 나누기에서 B(가명)는 휴대폰까지 빼앗기면서 친구들과의 연락을 모두 끊은 게 화나고 내가 주도했다고 얘기했는데도 다른 참여자들이 주도한 것처럼 만들어진 상황이 자신도 불편하다는 이야기를 직접 하였다.

③ 치료 분석: 참여자 B(가명)가 이번 사건을 주도했으나 여러 조사과정에서 B(가명)의 부모가 매우 적극적으로 참여하여 친구들 사이에서 B(가명)가 거짓말을 한 상황이 되었다. 이들은 10년 가까이 친하게 지내던 사이였기에 더욱 어색하고 불편해졌다. B(가명)는 5회기까지 친구들이 던지는 말에 '나도 잘 몰라', '난 안 그랬어'라고 작은 소리로 말하는 정도의 반응을 보였고 오고 가는 길도 따로 다녔다. 6PSM을 하면서 양육자의

호모 내러티쿠스: 인문융합치료의 이해

개입으로 인해 친구 관계가 틀어지면서 좌절감과 분노의 감정이 이야기로 표현된 것으로 보였다. 조력자와 방해자들의 싸움을 확대 과장하고 몸으로 표현한 후 극 속에서 주인공이지만 망가지고 부서진 기타와 폭발해버린 지구의 모습이 되어보게 하였다. 회피한 슬픔의 정서를 만남으로 그동안 서로에 대한 그리움을 푸는 시간이 이어졌다.

> 참여자 C(가명): 상황이 그런 거지 B(가명)가 미운 건 아닌데 시간이 자꾸 지나니까 어색하기도 하고 같이 놀고 싶기도 하고 더 어려웠어요.
>
> 치료사: B(가명)의 극을 함께 하면서 어땠어?
>
> 참여자 C(가명): 근데 이렇게 하니까.... 미안하고.... 어차피 다같이 한 건데...
>
> 참여자 B(가명): 우리가 ...(울음)... 원래 우리 셋이 진짜 죽을 때까지 친구 하자고 했거든요.

이번 프로그램의 배경인 성의 문제는 그 밑바탕에 어린 시절부터 가지고 있었던 가족의 문제(강한 여성 혐오와 가정폭력)가 중심을 이루고 있어 성범죄 문제를 기본으로 교육하면서 이번 사건으로 인해 심각해진 자해와 우울감의 원인 중 오랜 기간을 함께 해 온 친구들과의 단절에 따른 심리적 문제에 초점을 맞추어 도움을 주었다.

9장

음악융합치료 : 리듬은 무의식을 타고

1. 이론적 배경

1) 자유연상과 음악치료의 개념

자유연상은 프로이트가 최면의 단점을 극복하기 위해 도입한 상담의 방법으로 마음 속에 떠오르는 생각과 기억에 어떤 수정도 가하지 않고 어떤 억압이나 제한 없이 말함으로 무의식을 탐색하는 것을 목적으로 한다(노안영, 2005: 129). 자유연상은 체계적 이지 않은 말을 마구 쏟아내기 때문에 내담자가 쏟아낸 말을 분석가가 정신역동 이론 을 근거로 분석해야 하는 어려움이 있으며, 내담자가 의도적으로 방어하기 어려워 무의식이 쉽게 노출된다는 장점이 있다(이무석, 2006: 201-211).

음악치료는 리듬과 조성 등의 음악적 요소를 활용하여 인지와 감정에 접근하는 심리치료 방법으로, 방어기제를 해제한다는 의미에서 자유연상과 유사한 기능을 하며 비언어적인 영역을 촉진하기 때문에 자유연상의 한계를 보완해줄 수 있다(정현주, 2005:

36). 자유연상이 언어에 기반하기 때문에 무의식을 탐색한다 할지라도 이성적인 영역에 한정되는 경향이 있는데, 음악치료는 정서적인 영역의 무의식까지 확장하며 내적인 감정을 표현할 수 있다(정현주, 2005: 37).

2) 부모화된 청소년

청소년은 몸과 정신이 성장하는 과정에 있는 '미성년'이다. 여전히 자라는 과정에 있고 사회를 경험한 적 없는 청소년이기 때문에 누군가를 보호하고 타자를 책임지는 역할은 많은 스트레스와 불안, 우울 등의 부정적인 감정을 유발한다(송현지·이소연, 2020: 354-355). 청소년은 보호와 도움의 대상이지만 청소년이 부모화되는 사회적 현상 점점 늘어가고 있으며 이에 따라 부모화된 청소년에 대한 연구도 증가하고 있다(석미정, 2016: 60). 부모화된 청소년은 주로 부모가 없거나 부모 역할이 상실되었을 때 청소년인 자녀가 가정을 책임져야 하는 상황에서 발생하며, 어린이 시절과 청소년 시절을 상실함으로 강박과 우울, 불안이 생기고 안녕감을 누리지 못하는 결과가 나타난다(석미정, 2016: 56-59). 부모화된 청소년은 물리적 부모화와 정서적 부모화를 경험하는데, 물리적 부모화는 청소, 병간호, 가정 경제에 대한 책임 등 실질적 부모 역할을 하는 것이며 정서적 부모화는 가족 구성원에 대한 위로, 지지, 갈등 해결 등 가정의 정서적 안정에 대한 책임을 의미한다(김효현, 2019: 80).

3) 원리와 단계

(1) 원리

자유연상은 표현의 자유이다. 누군가가 스스로 '원하는 것을 모두 말하고 살고 있다'고 생각한다 할지라도 사회적 기준, 타자의 시선, 자기에 대한 비판, 인정에 대한 욕구 등으로 표현의 자유는 억압된다(유재학·하지현, 2009: 133). 자유연상은 이렇듯 제도와 관습, 문화, 양육과정, 자의식 등에 의하여 억압된 내면의 소리들을 모두 꺼내서 말할 수 있는 자유를 만끽하게 해 주는 상담의 방법이다. 이렇게 억압이 해제된 상태에서 말을 하면, 말하는 자체로 카타르시스를 만끽할 수도 있지만, 말을 하면서 스스로 무의식을 의식화하며 정리할 수도 있고, 잊었던 기억을 되살릴 수도 있으며, 자발적 발화로 인한 주체성도 확보할 수 있다(유재학·하지현, 2009: 135).

음악은 감정 표현을 대표하는 영역의 예술 활동으로 이해하기 쉽지만 언어지각, 운동지각, 타인인식, 정서지각, 사물인식능력, 감각지각과 통합능력에 두루 영향을 미치는 활동이다(정현주, 2005: 75). 음악을 듣고 부르고 연주하는 활동은 뇌를 전체적으로 활용하도록 자극하는 효과를 지닌다. 때문에 음악치료는 우울증이나 불안증 등의 정서장애뿐 아니라 지적장애와 과잉행동장애, 자폐스펙트럼 장애까지 치료하는 도구로 활용된다(정현주, 2005: 80-100). 뿐만 아니라 음악치료는 치료받는다는 생각이 들지 않고 접근성이 높아서 억압이 해제되는 속도가 빠르다. 또한 음악은 자유연상을 유발한다. 음악을 가만히 듣노라면 자연스럽게 어떤 장면들이 떠오른다. 음악이 같아도 떠오르는 장면은 사람마다 다르다. 자유연상과 음악치료가 융합되면, 억압과 제한이 빠르고 방대하게 해제되며 무의식에 더 쉽게 접근할 수 있다.

인문융합치료는 인문학의 기본 요소인 내러티브를 중심으로 인문학의 각 분야를 융합하는 과정을 통해 고통의 내러티브가 치료적 내러티브로 전환하는 것을 목표로 한다. 자유연상 자체는 내러티브를 담고 있지 않지만 자유연상을 분석하는 과정에서 내러티브는 필연적으로 발생한다. "아버지는 정말 짜증나요."라는 말이 자유 연상을 통해 나타났다면 이 말만 남는 것이 아니라 이 말을 통해 그 배경에 있는 내러티브로 접근하는 것이 자연스럽다. 또한 음악도 내러티브적인 요소가 있다. 음악에도 도입이 있고 고조가 있으며 반전과 마무리가 있다. 음악의 장르가 블루스이든 힙합이든 팝송이든 클래식이든 아무런 변화가 없는 음악은 없다. 자유연상과 음악치료의 만남은 억압을 해제하며 내러티브를 발생시킨다.

(2) 치료 단계

치료의 목표는 내러티브의 변화이며, 치료 과정은 "내러티브가 담긴 음악을 통한 내러티브 호소 – 가사 만들기와 가사 바꾸기 – 리듬으로 자유연상하기 – 자기 내러티브 분석과 정리"이다

① 내러티브가 담긴 음악을 통한 내러티브 호소

내담자들이 상담을 위해 방문할 때는 심리적 어려움을 먼저 호소한다. 여러 어려움들이 한꺼번에 쏟아지기도 하고 진짜 어려운 문제를 숨기고 표면적인 어려움만을 이야기하기도 한다. 상담자는 가장 먼저 진짜 호소 문제, 주호소 문제를 찾는 것이 관건이다. 주호소 문제를 찾기 위해서는 내담자의 말자체보다 내러티브에 담긴 호소 문제를 분석할 필요가 있다. 이를테면 "우울해요."는 주호소 문제가 되기 어렵다. 우울한 감정을 갖게 만든 내러티브를 탐구한 결과로 주호소 문제를 발견한다. 이를테면 왕따 문제가 있어서 우울하다면 주호소 문제는 우울이 아니라 왕따 문제에 대한 대응이 될 수 있다. 주호소 문제가 깊이 숨겨져 있다면 '자기를 어떻게 생각하는지'를 물어보고 자아상에 접근하는 것이 한 방법일 수 있다. "나는 용기가 없어요."라고 자기에 대하여 말했다면 '용기가 없는 이유'에 나타난 내러티브에 주호소 문제가 담겨 있을 수 있다.

주호소 문제를 말로 담담하게 이야기하든, 감정적으로 격분하여 이야기하든 스스로 호소하고 싶은 마음과 목적을 갖고 찾아왔다면 주호소 문제를 찾는 것은 큰 어려움이 아닐 수 있다. 그러나 주호소 문제를 찾는 것이 어려운 내담자들이 종종 있다. 이런 경우, 음악을 통하여 주호소 문제에 접근할 수 있다. "내 고민을 들어주는 음악" 혹은 "내가 힘들 때 듣는 음악"과 같은 제목으로 내담자가 좋아하는 음악을 준비해오게 한다. 그리고 그 음악이 어떻게 고민을 들어주는지, 무엇 때문에 이 음악이 자기를 힘나게 하는지를 나누다보면 주호소 문제가 드러난다. 음악에는 추억과 삶의 역사가

있다. 어려운 시절의 감정이 있고 기쁜 상황의 추억이 있다. 과거의 음악으로 돌아가는 것은 과거의 주요 어려움을 나누는 좋은 매개가 될 수 있다.

② 가사 만들기와 가사 바꾸기

음악은 투사가 가장 강력하게 일어나는 인문학 분야이다. 음악 자체는 사람에 따라 다양한 상상을 불러온다. 음악을 들으면 신경계를 자극하여 누구든 이미지를 떠올리게 되는데 그 이미지는 사람마다 다르다(정현주, 2005: 184). 비슷한 맥락을 떠올릴 수는 있어도 완전히 동일한 이미지를 떠올리는 사람은 없다. 하나의 음악에 나타나는 다양한 이미지를 나누는 것은 그 음악에 투사된 각 개인의 정서와 경험, 생각을 알 수 있는 음악치료의 주요한 기법이다. 이렇게 음악을 통해 나타난 이미지가 음성화 혹은 문자화되면 음악 감상 경험이 의식화된다. 가사가 없는 음악에 가사를 입히거나 가사가 있는 음악의 가사를 바꾸는 작업은 자기를 드러내는 데 있어서 저항을 약화시킬 수 있다.

③ 리듬으로 자유연상하기

청소년들에게는 가사가 없는 클래식이나 올드팝송보다 힙합이 더 친숙하다. 더군다나 힙합은 리듬에 자기 가사를 쓰는 형식이기 때문에 자유연상을 적용하기에 유리하다. 처음부터 자유연상을 하지는 않고, 부모화된 청소년에 적합한 힙합의 가사를 바꾸는 것에서 시작하여 가사를 입히기 쉬운 느린 리듬을 통해 자유연상을 적용한다. 이러한 자유연상적 힙합을 힙합 가수들은 프리스타일 랩(Freestyle Rap)이라고 한다. 국내 학회에서의 프리스타일 랩의 자유연상적 기능에 대한 연구는 한국예술심리치료학회와 한국인격교육학회, 한국음악치료학회에서 각각 한편씩 발견할 수 있었다. 노윤기·강경선(2020)은 치료적 노래로서 랩을 만들고 가사 내용을 분석하는 연구를 하였으며, 윤여광·이정숙(2020)은 랩을 청소년의 심리치료의 도구로서 접근하였고, 권용주·강경선(2020)은 랩을 통한 음악치료를 실행하고 가사를 분석하였다. 세 연구 모두에서 랩을 통한 가사 만들기의 자유연상 효과를 확인할 수 있었다. 랩을 통한 자유연상은 억압된 무의식에 접근함으로 자아를 발견하고(권용주 · 강경선, 2020: 33-34), 부정적 감정과 긍정적 감정의 역동을 확인하며 지친 마음을 위로하는 효과를 가져왔다(노윤기 · 강경선, 2020: 9-10).

2. 자유연상-음악융합치료 프로그램

자유연상 – 음악융합치료 프로그램은 부모화된 청소년을 대상으로 구안하였다. ○○○ 상담센터의 내담자 중 부모화로 인하여 우울과 강박을 호소하는 청소년에게 프로그램 참여를 권하였고 24주에 걸쳐서 진행하였다. 본 연구에서 구안한 자유연상 – 음악융합치료 모형은 다음 〈표 9-1〉과 같다.

〈표 9-1〉 자유연상–음악융합치료 프로그램의 구성과 내용

단계	회기	주제	음악	활동	비고
초기	1	라포형성		1. 노래를 통해서 위로받은 기억 나눔 2. 공통된 음악코드 발견하기	
	2,3,4	호소문제 찾기	각자 좋아하는 음악 3개	좋아하는 음악에 담긴 기억나누기 힘들 때 듣는 음악의 기억나누기 음악에 위로받은 힘들었던 나의 이야기가 지금의 나에게 들려주는 이야기 생애곡선을 통해 확인하는 음악이야기	좋아하는 음악 3개 준비하기
	5,6	가사 바꾸기		좋아하는 노래 가사를 원하는 대로 바꾸기 좋아하는 노래 가사를 주제에 맞춰 바꾸기 서로가 쓴 가사 비교하고 공통점 찾기 자기가 붙인 가사로 노래부르기	2번 주제는 상담사가 정해줌
	7,8	가사 붙이기	조지윈스턴의 디셈버, 비와이의 왈츠MR	음악 감상하고 떠오른 이미지 말하기 가사 없는 음악에 가사붙이기 서로 붙인 가사 비교하고 공통점 찾기	음악은 미리 공개하지 않음.

				붙인 가사로 노래 부르기	
중기	9, 10	좋아하는 힙합	각자 좋아하는 힙합	좋아하는 힙합의 기억 나누고 가사바꾸기 바꾼 가사로 노래부르기, 녹음해서 듣기	좋아하는 힙합 1개 준비하기
	11, 12	느린 리듬 자유연상	페노메코의 코코보틀 MR	리듬에 젖으면서 이미지 떠올리기 이미지에 맞춰서 가사 쓰기 왜 그 가사를 썼는지 나누기 자기가 쓴 가사로 코코보틀 불러보기	음악은 미리 공개하지 않음
	13, 14			녹음해서 들어보기 자기에게 하는 말로서의 가사에 반응하기	
	15, 16		얀키의 글로우MR	리듬을 들으면서 바로 가사쓰기 자기가 쓴 가사로 노래 부르고 녹음하기 서로의 가사에 대해서 나눠보기	
	17, 18	빠른 리듬 자유연상	이영지의 타협 MR	1. 리듬을 들으면서 바로 가사쓰기 2. 내가 쓴 가사로 노래 부르고 녹음하기 3. 나의 가사에 대해서 나눠보기	
	19, 20		비와이의 셀러브레이션MR	1. 리듬을 들으면서 바로 가사쓰기 2. 내가 쓴 가사로 노래 부르고 녹음하기 3. 나의 가사에 대해서 나눠보기	
후기	21, 22	나의 내러티브	나의 내러티브에 맞는 노래	자기 내러티브에 맞는 노래 선정하고 나누기, 가사바꾸기 2. 새롭게 알게 된 자기와 내러티브 구술하기	자기 노래 선정하기
	23, 24	미래투사	나의 미래를 보여주는 노래	자기 미래를 소망하는 노래를 선성하고 나누기, 가사바꾸기 자기 생애사 쓰고 나누기	나이 미래에 맞는 노래 선정

〈표 9-1〉에 나타난 것과 같이, 프로그램이 초기, 중기, 후기로 단계별로 진행이 되며, 각 회기마다 60~90분 정도가 소요된다. 프로그램은 음악활동과 내러티브 나눔 활동, 가사쓰기 활동이 융합적으로 구성된다.

초기단계는 연구자와 연구참여자들, 음악과의 라포를 형성하고, 의식 속의 자기에 직면하는 목적을 가진다. 1회기에서는 음악을 통해서 위로 받은 기억을 나눔으로 음악에 대한 친밀함을 높이고 구성원 간의 음악에 대한 공통점을 나눔으로 참여자들 간의 라포를 형성한다. 2회기에서는 좋아하는 음악 세 개를 준비해와서 그 음악들을 왜 좋아하는지를 나눈다. 특히 그 음악에 담겨 있는 자기 과거 기억의 추억을 나누고 들어본다. 3회기에서는 과거에 자기에게 영향을 미쳤던 음악이 현재의 자기에게 무엇이라고 말할지를 추측하고 나눠보는 시간을 갖는다. 이러한 과정을 통해 자기가 과거의 문제에서 벗어났는지를 알 수 있고 과거의 문제가 현재의 자기에게 어떤 영향을 미쳤는지를 알 수 있다. 4회기에서는 음악의 생애곡선을 그린다. 음악으로 인해 위로받고 좋아하는 음악이 생겼던 추억들을 생애 곡선을 통해 확인하는 작업은 음악에 대한 작업이지만 생애에 대한 작업이기도 하다. 5회기에서는 좋아하는 노래 3개의 가사를 자기가 원하는 가사로 바꾸는 작업을 하고 서로 나누며 공통점을 찾는다. 가사를 바꾸는 작업을 통해 하고 싶은 이야기들이 나온다. 그리고 자기가 바꾼 가사로 노래를 불러본다. 노래를 불러보는 작업은 자기가 하고 싶었던 말을 입에 담아보는 작업이다. 6회기에서는 상담사가 청소년들에게 주제를 주고 주제에 따라 노래를 바꾸어보도록 권한다. 본 프로그램에서는 불안, 가족, 시선이었다. 7회기에서는 조지윈스턴의 디셈버를 듣고 음악에 따라 이미지를 떠올리고 떠올린 이미지대로 가사를 붙이고 붙인 가사의 공통점을 찾는다. 8회기에서는 비와이의 왈츠 MR을 듣고 이미지를 떠올리고 떠올린 이미지대로 가사를 붙이고 가사의 공통점을 찾은 후, 자기 가사로 노래를 불러본다.

초기단계가 의식적인 자기를 보여주는 단계였다면 중기단계는 무의식에 접근하는 단계이다. 9회기에서는 자기가 좋아하는 힙합을 준비해와서 노래에 담긴 기억을 나누고, 가사를 바꾼 후 왜 그 가사로 바꾸었는지 나눈다. 10회기에서는 9회기에서 바꾼 가사로 노래를 연습하고 녹음하는 시간을 갖는다. 11회기에서 14회기까지는 페노메코의 코코보틀 MR로 작업을 진행한다. 코코보틀은 리듬이 잔잔하고 느려서 힙합을 처음 접하는 사람에게 접근성이 좋다. 11회기에서는 코코보틀을 들어보고 가사를 바꿔서 왜 바꾸었는지를 나눠본다. 12회기에서는 자기가 바꾼 가사로 노래를 불러보며 녹음을 위해 연습한다. 13회기에서는 자기가 쓴 가사로 코코보틀을 녹음한다. 14회기에서는 그 노래가 자기에게 하는 말이라고 생각하고 대답을 해 본다. 그리고 서로의 코코보틀에 대하여 교차 대답한다. 15회기에서는 얀키의 글로우 MR에 즉석에서 가사를 입히고 왜 그 가사를 입혔는지 나눈다. 16회기에서는 자기가 입힌 가사로 노래를 부르고 녹음한다. 17회기에서는 이영지의 타협 MR에 즉석에서 가사를 입히고 왜 그 가사를 입혔는지 나눈다. 18회기에서는 자기가 입힌 가사로 노래를 부르고 녹음한다. 19회기에서는 비와이의 셀러브레이션 MR에 즉석에서 가사를 입히고 왜 그 가사를 입혔는지 나눈다. 20회기에서는 자기가 입힌 가사로 노래를 부르고 녹음한다.

후기에서는 자유연상을 통해 직면한 자기를 돌아보며 자기 내러티브와 미래를 의식화하는 단계이다. 21회기에서는 자기 내러티브를 표현할 수 있는 노래를 찾아와서 왜 그 노래를 선정했는지를 나눈다. 라포 형성단계에서 선정한 좋아하는 노래와 같을 수도 있고 다를 수도 있다. 좋아하는 노래는 말 그대로 좋아하는 노래이고 자기 내러티브가 담긴 노래는 좋아하지 않더라도 자기 내러티브와 닮아 있다고 판단되는 노래를 찾는 작업니다. 이 과정을 통해 자기 내러티브에 직면할 수 있는 기회를 갖는다. 그리고 비슷하지만 조금씩 다른 부분의 가사를 자기 내러티브에 맞게 바꿔본다. 22회기에서는 프로그램 진행을 통해서 새롭게 알게 된 자기에 대해서 나누고 서로간에 첫인상과 바뀐 부분을 나눈다. 더불어 자기에 대해서 새롭게 알게 된 것들을 중심으로 자기 생애를 구술한다. 23회에서는 자기 미래를 기대하거나 소망하는 노래를 준비해와서 들려주고 자기 미래가 어떠할지를 나눈다. 그리고 준비한 노래 가사에서 자기 기대와 다른 부분의 가사를 수정하고 왜 수정했는지를 나눈다. 24회기에서는 노인이 된 자기가 자기 생애사를 쓰고 나누는 시간을 갖는다.

3. 자유연상-음악융합치료의 실제

1) 연구참여자

① 연구참여자 A

16세 여중생. 우울증을 호소함. 아버지와 어머니가 맞벌이를 하시며 두 분 다 새벽에 나가서 밤에 들어오심. 부모님과 대화하거나 여행하는 등의 추억을 만들 수 있는 기회는 거의 없으며 두 명의 동생을 돌보고 학교 문제를 해결하는 등, 경제적인 것을 제외한 전반적인 부분의 실질적 가장 역할을 하고 있음.

② 연구참여자 B

16세 남중생. 게임 중독에 대한 의심을 호소함. 아버지는 무직이고 성인 ADHD이며 분노 조절이 잘 안 되심. 동생이 한 명 있고, 어머니는 직장을 다니기 위해서 집에 거의 없음. 연구참여자가 실질적인 가장 역할을 하며 특히, 아버지를 관리해야 함.

③ 연구참여자 C

17세 여고생. 불안증과 약간의 강박증을 호소함. 어머니는 가출하셨고, 아버지는 멀리 돈 벌러 가서서 3개월에 한 번 정도 집에 들림. 한 살 많은 오빠는 집에 거의 들어오지 않고 학교도 잘 가지 않으며 동생을 돌보고 청소하고 복지 지원금을 받아오는 등의 일을 연구참여자가 해야 함.

2) 자유연상–음악융합치료의 변화과정

① 초기

연구참여자 A

초기의 연구참여자 A는 자기 표현을 거의 하지 않고 소극적이었으며 우울한 음악을 좋아하였다. 김범수의 '보고싶다', 자우림의 '낙화', 로이킴의 '살아가는 거야'를 선택곡으로 골라왔다. 가사를 바꾸는 작업에서도 우울한 가사들이 많았다. 특히 가장 좋아하는 곡이 로이킴의 '살아가는 거야'였고 가사를 바꿀 것이 없다고 하였다. 좋아하는 가사는 "사실 나도 그리 강하진 않아. 보이진 않아도 상처투성이야. 나약해 보이기 싫어서 눈물을 삼키고 아무렇지 않은 척 살아가는 거야. 나를 사랑하는 당신이 나의 아픔을 마주하면 무너져 내릴까 봐 지켜주는 거야. 또 견디어 보는 거야." 부분이었다. 노래를 들으면서 갑자기 눈물을 흘렸고 한동안 말하기 어려워했다. 자우림의 낙화의 경우, "왜 나를 미워하나요? 난 매일밤 무서운 꿈에 울어요. 왜 나를 미워했나요? 꿈에서도 난 달아날 수 없어요. 사실은 난 더 살고 싶었어요. 이제는 날 좀 내버려 두세요." 부분은 가사를 바꾸고 싶어하지 않았고, "모두들 잠든 새벽 세시 나는 옥상에 올라왔죠. 하얀색 십자가, 붉은빛 십자가 우리 학교가 보여요. 조용한 교정이, 어두운 교실이 엄마, 미안해요. 아무도 내 곁에 있어주지 않았어요. 아무런 잘못도 나는 하지 않았어요."부분을 "모두들 잠든 새벽 세시 나는 옥상에 올라왔죠. 높은 빌딩들과 어두운 숲, 쉬지 않는 도로가 보여요. 어두운 골목이, 어두운 창문이 엄마, 너무해요. 아무도 내 곁에 있어 주지 않았어요. 아무런 잘못도 나는 하지 않았어요."로 바꾸었다.

조지 윈스턴의 디셈버를 들으면서는 "나는 집에 갈 거야, 그래도 난 갈 거야. 집에. 문을 열면 어두움 뿐이라도. 그래도 나는 집에 갈 거야. 다른 곳은 없으니까. 날 반겨주지 않아도 나는 집으로 걸어갈 뿐."이라고 가사를 썼고, 비와이의 왈츠 MR을 들으면서는 "쓰고 싶은 가사가 없다."고 했다.

연구참여자 B

초기의 연구참여자 B는 자기 표현을 적극적으로 시도하고 빠르고 비트 있는 노래를 좋아하였다. Duke Dumont의 'Ocean Drive', Turbotronic의 'Bunga Dance', TWICE의 'Knock Knock'를 선택곡으로 골라왔다. 가사도 적극적으로 거의 대부분을 바꿨다. 'Ocean Drive'의 가사는 "매일 학교를 가고 있어. 날이 밝으면 바로. 가방은 가득 채우지만 머리는 텅 비어 있어. 공부하는 척을 했지, 전혀 행복하지 않아. 게임으로 가득한 세상에서 이젠 말할 수 있을 거야. 시간이 점점 다가오고 있어. 흉내를 끝낼 시간이야. 아무말도 하지 마. 게임방에 달려갈 순간엔. 넌 이 차가운 세상에 불꽃을 가져다 주었지. 내가 모두 이겨 주지. 시간 문제일 뿐이야. 기다려. 아무도 나를 멈출 수 없어. 이젠 돈이 다 떨어졌고 나는 공부하는 척을 했지. 전혀 행복하지 않았어. 넌 이 차가운 세상에 불꽃을 가지고 왔지. 나의 베그."로 바꾸었다. 지루한 학교에서 공부가 끝나는 대로 게임방을 가면 행복해진다는 내용이었다. 'Bunga Dance'는 가사가 없는 노래였고, 'Knock Knock'도 가사가 별로 없었다. 'Knock Knock'의 가사는 다음과 같이 바꾸었다. "노크노크, 10시가 되면 출입금지. 10시가 되면 닫혀요. 서금만 서둘러줘요. 선생님. 종례는 좀 빨리. 초조해 오네요. 10시가 되면, 출입문이 닫히죠. 누군가 필요해. 나를 꺼내줄. 자꾸만 서성이네. 몰래몰래 훔쳐보네. 돈이 없을 땐. 주인아저씨, 조금만 더 해주세요. 10시가 되면, 보나마나 또. 세게 쿵쿵. 나가 쿵쿵. 지폐가 필요해. 내 맘을 열리게 하는 건. 오직 베그. 쿵쿵."두 노래 모두 게임에 관련된 노래였고 게임 외의 다른 곳은 지루하고 오직 게임으로만 도망갈 수 있다는 표현들이 많았다.

조지 윈스턴의 디셈버를 들으면서는 "지루한 일상, 지루한 세상. 따분해. 따분해. 따분해. 나의 따분함을 달래줄 것은 이 세상에는 없어. 자동차를 몰고 멀리 다른 새세상으로 갈 거야. 어딘가에는 전쟁이 있다는 소리를 들었어. 바로 여기처럼. 정말 지루한 일상."이라고 가사를 썼고, 비와이의 왈츠 MR을 들으면서는 "하고 싶은 게 많아. 춤, 노래, 게임. 그러나 허락된 건 공부 뿐이지. 그래도 나는 괜찮아. 학원도 다니지 않고 게임도 할 수 있으니까. 불쌍한 친구들이나 다니는 학원에. 다 좆밥이야. 베그에선 내가 최고."라고 했다.

연구참여자 C

초기의 연구참여자 C는 말을 조리있게 잘 하였으나 말하기를 조심스러워했다. 나이 트오프의 '잠', 에픽하이의 '빈차', 오왠의 '오늘'을 선택곡으로 가져왔다. 잔잔하고 우울한 느낌의 곡들이었다. 가사에 큰 변화를 주지는 않았으나 중요한 부분에서 적절히 자기 이야기를 풀어갔다. '잠'의 가사에서는 "탓할 무언가를 애써 떠올려봐도 오직 나만의 어리석음 뿐이었네"를 "탓할 무언가를 애써 떠올려봐도 가족들의 문제들 뿐이었네"로 바꾸었고, 가장 공감이 가는 가사로 "나 조금 누우면 안 될까, 잠깐 잠들면 안 될까? 애써 감춰온 나의 지친 마음도, 이젠 나 자신을 가엾어 해도 되겠지."를 들었다. '빈차'의 가사에서는 "이 넓은 세상에 내자린 없나? 붐비는 거리에 나 혼자인가? 날 위한 빈자리가 하나 없나?"를 "이 넓은 세상에 내 자린 여기뿐. 붐비는 거리로 나가고 싶어. 여기 서 있기 힘든데 나가도 될까?"로 바꿨고, 가장 공감이 가는 가사로 "처진 어깨엔 오늘의 무게, 잠시 내려놓고 싶어. 평범한 게 부럽군."을 들었다. '오늘'의 가사에서는 "집으로 가는 길은 자꾸만 멀어지는데 저만치 멀어지는 찾을 수 없는 잡을 수 없는"을 "집으로 가는 길은 왜 이렇게 가까운 건지, 여기 말고는 정말 갈 곳은 없는 걸까?"로 바꿨고, 공감이 가는 가사로는 "왜 오늘의 나를 괴롭히죠? 나는 왜 이렇게 눈치만 보고 있는 건지. 창문 밖은 벌써 따뜻한데, 나만 왜 이렇게 힘든 건가요? 오늘도 슬픔에 잠겨 밤을 지우고 있나요?"를 들었다.

조지 윈스턴의 디셈버를 들으면서는 "한걸음 차이인데, 온도는 달라요. 창밖일 뿐인데 거기는 따뜻해 보여요. 여기는 한겨울, 오들오들 떨고 있어요. 왜 찬바람은 집으로만 불어오나요."라고 가사를 썼고, 비와이의 왈츠 MR을 들으면서는 "이제 그만 일어나. 춤을 출 때야. 언제까지 춥다고 앉아만 있으려고. 슬로우 슬로우 퀵. 움직이다 보면 따뜻해 질 거야. 그렇게 앉아만 있다가는 얼어 죽기 딱 좋아."라고 했다.

② 중기

연구참여자 A

중기에서 A는 자기 표현이 많아졌고 우울했던 초기보다 밝게 웃는 횟수가 늘었다. 자기도 모르게 튀어나온 '프리스타일 랩' 가사에 스스로 놀라는 모습을 보였다. 코코보틀에 가사를 입힐 때는 "상처를 감싸줄 천쪼가리 하나 구하는 게 어려워. 엄마, 집에 대일밴드좀 사다 줘요. 그래요. 친구들은 용돈으로 사지요. 그러면 용돈이라도 주시든가."와 같이 불만을 직설적으로 표현하였고, 글로우에 가사를 입힐 때는 "그래 알아. 엄마 아빠가 우릴 위해 일한다는 걸. 그런데 엄마. 그리고 아빠. 난 아직 중3. 중2병이 없었던 게 아니야. 아직도 중2병. 치료된 적이 없어."라고 힘든 마음을 토로하였다. 타협에서는 "언제부터였는지 기억은 안나지만, 엄마 아빠가 집에서 나가. 그리고 나는 이제 못 나가. 동생들 때문이라고 원망도 했는데, 엄마가 그랬지. 우리 ○○대학교 보내야지. 난 사실 대학에 안가도 되는데. 나 때문이었어. 엄마 아빠가 집에서 나가. 그리고 나는 이제 못 나가."라며 부모님을 이해하는 마음을 표현하였다. 셀러브레이션의 가사를 쓸 때는 "친구들을 못 불러. 친구들 집에도 못 가. 집에는 동생들. 친구들을 못 불러. 집에는 동생들. 친구들 집에도 못 가. 그렇게 친구는 떠나 갔어. 그렇게 친구를 못 만나. 엄마 아빠를 못 만나는 것처럼."이라고 외로움에 대해서 탐색하는 가사를 썼다.

가사를 나누는 과정에서 자기 상황뿐 아니라 마음에 대해서도 개방을 많이 했다. 부모님에 대한 원망과 동생들에 대한 원망을 넘어서 자기 자신에 대한 원망도 있었음을 이야기 했고 시도한 적은 없었지만 자살을 생각한 적도 많았다고 이야기 했다. 왕따는 아니었지만 동생들을 돌보다보니 친구들이 없어서 왕따나 다름 없는 학교 생활을 했다고 했으며 지금은 동생들이 좀 커서 좀 나아진 상황이라고 했다.

연구참여자 B

중기에서 B는 좀처럼 게임 이야기에서 벗어나지 않았다. 가사도 대부분 게임에 대한 것이었다. 코코보틀의 경우 "업 그레이드. 무기를 장착. 현실에서는 나는 다이(die)야. 필드에 나가면 나는 다이아. 현실에서는 볼 수 없는 다이아. 베그에서는 내가 다이아. 너희들은 대학에, 나는 마스터"라고 가사를 썼고, 글로우의 경우, "뱅배레뱅뱅뱅, 우두두두두두두두. 베그에서는 내가 죽이지. 학교에서는 니가 죽이지. 자 누가 정상이지? 학교에서는 니가 죽이지. 그러면 너는 교도소. 베그에서는 내가 죽이지. 그러면 나는 마스터. 자, 누가 착한 아이?"라면서 은근한 불만과 현실 비판을 하기도 했다. 그러나 여전히 게임 이야기에서 벗어나지 못했다. 가사 나누는 가운데에서도 게임 이야기만 이어갔다. 그러나가 '타협'에서 생각하지 않고 MR에 맞춰서 즉흥적으로 가사를 쓰는데 "분노조절 안돼, 파파, 나는 집에, 안가. ○○는 매일 아파. 본지 꽤 됐지, 마마. 존나, 확, 씨발, 개같아. 나는 절대 안해 아빠. 아빠는 나한테 한방. 좀만 기다려 내가 보여줄게."라며 가족에 대한 속 이야기들이 터져 나왔다. 스스로도 당황했는지 즉흥 노래가 끝나고 나서 아버지가 얼마나 폭력적이고 가족들을 괴롭히는지를 이야기하며 자기가 이런 가사를 쓴 것에 대한 정당성을 주장하였다. 다른 연구참여자들이 충분히 이해한다며 속이 시원하다고 이야기해주자 안심하는 것 같았다. 셀러브레이션 MR에 맞춰 즉흥 가사를 쓸 때는 "나는 다이아. 그 기분을 알지. 나는 브론즈의 기분도 알아. 실버에서 골드로. 나는 그 기분을 알지. 대학을 갈 때도 이런 기분이겠지? 취직을 하고 승진을 할 때도 이런 기분이겠지? 목표는 마스터. 난 성공할 거야. 게임도 인생도."라며 현실 세계에서도 잘하고 싶은 마음을 표현하였다.

연구참여자 C

중기에서 C는 적극적으로 참여하기로 마음 먹은 듯 매우 잘 참여해주었다. 코코보틀의 경우, "엄마 얼굴은 기억이 나질 않고, 아빠 얼굴은 잊을만 하면 나타나. 내가 제일 의지하는 건 복지사 언니. 나는 지원 받는 게 창피하지도 않고 그냥 많이 받았으면 좋겠어. 오빠는 가출의 이유가 있고 나는 가출해 갈 데가 없고 동생은 집에서 나를 기다리고. 새벽 4시만 되면 왜 자꾸 깨는지. 오왠의 저주인 건가. 그래도 내가 사는 건 엄마가 보고 싶어서."라고 썼다. C는 이 노래를 부르며 몇 번이나 울었다. 글로우의 경우, "어젠 그 아이가 그랬어. 학원도 싫고, 엄마 잔소리도 싫어. 배부른 소리. 그 학원 내가 갈게. 니가 우리집 빨래 좀 해봐. 성적 갖고 달라지는 선생님의 시선을 모르는 게 아냐. 니가 우리집 빨래 좀 해봐. 나도 성적 좀 올려 보게. 그래도 동생은 공부를 잘해. 엄마는 알까? ○○가 공부를 잘해. 엄마."라고 가사를 썼다. '타협'에서는 "배우가 되고 싶었어. 작가가 되고 싶기도 했어. 나도 하고 싶은 게 많아. 이것저것 뭐가 어울리는지 나도 찾아보고 싶어. 감독도 돼 보고 싶었어. 나는 밝은 영화를 만들 거야. 그리고 슬픈 소설을 쓸 거야. 영화는 밝은 게 좋고 소설은 슬픈 게 좋아. 나는 전생에 다자이 오사무였어. 내가 인간 실격을 썼지. 이번 생애도 인간 실격을 쓸 거야." 라고 가사를 썼다. 셀러브레이션에서는 "일기를 쓰는 게 어려워. 내 맘을 누구에게 들킬 것 같아. 일기는 나의 자유연상. 누군가 일기를 본다면 나는 살기 싫을 거 같아. 일기를 쓰는 건 두려워. 누군가 볼 것만 같아. 그래도 매일 일기를 써야 해. 일기는 나의 자유연상. 내 맘을 다 아는 건 아마 일기뿐일 걸. 이제는 일기 같은 친구들이 생겼어. 우리는 서로의 자유연상."이라고 가사를 썼다. 노래를 통한 자유연상이 일기처럼 자기에게 위로가 되었다고 표현하였다.

③ 후기

연구참여자 A

후기에서 A는 자기 내러티브에 어울리는 노래로 BTS의 'Girl Of My Dreams'를 들었다. 이 곡을 고른 이유는 자기 삶을 잘 표현해 주기 때문이며 특히 "많이 웃기도 또 많이 울기도"한다는 가사가 자기 인생 같다고 했다. 그리고 "항상 사랑은 외로움을 동반"한다는 말이 자기 인생 같다고 했다. 그리고 "사랑을 끝맺음에 사랑이었음을 깨닫고 끝이나네."라는 가사를 "사랑을 끝내지 않을 거야. 이제 사랑이 시작될 거니까." 라면 희망을 의미하는 방향으로 가사를 수정하였다. 새롭게 알게 된 자기에 대해서도 긍정적인 해석을 하였다.

"그냥 다른 애들보다 어렵고 힘드니까 좀, 불만이 많았는데, 막 그런 거 말하다보니까. 훗. 좀. 잘 살았다? 뭐. ○○ 정말 잘했구나. 다른 애들은 못하는 것 많이 했구나. 그런 생각이 들었어요."

그리고 자기의 미래를 소망하는 노래로 BTS의 My Universe를 들었다. 특히 가사 중에 "널 최우선으로 하고 싶어. 넌 내 우주야. 넌 내 세상을 밝게 만들어."라는 말이 자기 미래이길 바란다며 자기처럼 어려운 가정이 없도록 밝은 세상을 만들고 싶다고 했다.

미리 써보는 자기 생애사에서는 디자이너가 되어서 작곡하는 남편을 만나고 두 명의 아이를 낳고 살아가는 삶을 그렸다. 자기는 프리랜서로 활동하는 디자이너이고 남편도 프리랜서로 활동하는 작곡가이기 때문에 늘 집에서 함께 작업하며 아이들도 함께 돌보는 가정을 만드는 생애를 그렸다.

프로그램 참여 후의 변화에 대해서는 우울감이 많이 사라지고, 자존감이 높아진 것 같다고 했다.

"좋았어요. 내가 잘했다는 생각이 많이 들고. 쫌, 기대도 되고. 밤에... 외롭고 우울하고 그랬는데, 가사 어떻게 바꿀지 생각하니까 되게 좋고. 우울하지도 않고 그랬고요. 내가 참 잘 살아왔구나. 그런 생각이 드니까 좀 스스로 대견한 거 같다는 생각도 들고. 아, 상담사 선생님이 대견하다고 해주니까. 아, 이게 대견한 거구나. 그런 생각이 좀 들었어요."

연구참여자 B

후기에서 B는 자기 내러티브에 어울리는 노래로 블랙핑크의 'Sour Candy'를 들었다. 이 곡을 고른 이유는 겉과 속이 다른 모습이 자기를 잘 설명해주는 것 같다고 했다. 특히 "난 엄청 싸이코 같기도 해. 더 친절해지라고 한다면 나는 훨씬 더 나쁘게 굴 거야. 위선적이란 말들로 날 포장한 건 너야."가 자기를 잘 표현해준다고 하였다. 그리고 "나를 고치고 싶다면 그냥 여기서 헤어져버려"를 "나를 고치고 싶다면 나에게 잘 보여봐."로 바꾸고 싶다고 했다. 새롭게 알게 된 자기에 대해서는 가족에 대한 사랑이 있다는 것을 알게 되었다고 했다.

> "아빠나 엄마나 뭐, 다 그지같고 맘에 안들고 그랬는데, 아빠는 아픈 거고, 약도 맨날
> 먹으니까. 엄마는 아빠가 돈 벌어야 되는데 아빠가 아프니까 엄마가 대신 버는 거니까,
> 우리를 떠나거나 그런 게 아니고 우리를 위해서 그런 거니까, 조금 측은하기도 하고 고맙기
> 도 하고 그런 거 같아요."

그리고 자기의 미래를 소망하는 노래로 비와이의 '가라사대'를 들었다. 선곡의 이유는 자기가 미래에 자기 말대로 다 되는 신적인 존재가 되었으면 좋겠다는 소망을 담았다고 하였다. 특히 좋아하는 가사는 "삶으로 나를 뱉어대. 역사들은 새겨 댈걸. 내 건 최고 최초. 내 날들은 매일매일 또 매번 배꼽 잡어. 배고파도 내걸 만들어. 새 걸 창조 계속하고 패권 잡어."였다.

미리 써보는 자기 생애사에서는 게임 관련한 프로그램을 파는 가게를 열거나 피씨방을 운영하고 싶다고 했다. 하루 종일 게임을 하면서 돈을 벌 수 있는 가장 현실적인 방법이고, 열심히 게임 연습하다가 기회가 된다면 프로게이머가 되고 싶다고도 했다.

프로그램 참여 경험에 대해서는 또 하고 싶고 계속 하고 싶다고 했다.

> "진짜, 학교 수업이 계속 이러면 좋겠는데, 아, 학교 선생님들은 정말. 정말 저, 이거

다음에 하면 또 하고 싶고요, 그냥 계속 했으면 좋겠어요."

연구참여자 C

후기에서 C는 자기 내러티브에 어울리는 노래로 옥상달빛의 "푸른밤"을 들었다. 이 곡을 선택한 이유는 "힘든 상황 속에서도 소소한 행복을 찾아가는 가사가 자기 모습과 비슷하기 때문"이라고 했다. 가장 좋아하는 가사로는 "하루도 쉬운 날 없고 왜 하나도 내 맘 같지 않은 건지, 알잖아. 우리는 절대 굶으면 안 돼. 먹어야 힘내서 일을 하지. 그러니 제일 중요한 건 밥은 거르지 마. 힘든 하루 끝에 앉아 서로가 서로에 게 위로가 되어주는 이 시간, 시시콜콜한 수다도 왜 그리 재미있는지."를 들었다. 바꾸고 싶은 가사는 "이 말은 꼭 하고 싶어. 고마워. 오늘도 너를 위한 이 노래, 힘든 하루 끝에 앉아 서로가 서로에게 위로가 되어주는 곳, 사랑하는 널 위해."였으며 "이 말은 꼭 하고 싶어. 오늘은. 이제는 나를 위한 노래를, 힘든 하루 끝에 앉아 서로가 서로에게 위로가 되어주는 곳, 사랑하는 날 위해."로 바꾸었다. C는 지속적으로 가족을 위해 희생하며 살아왔던 관계로 자기를 위한 삶을 살기를 원했다. 새롭게 알게 된 자기에 대해서는 억지로 가족에게 희생당한다고 생각해 왔는데 결국 자기 선택이었다는 것을 알게 되었다고 했다.

> "원망이 많았어요. 가출한 엄마도 원망스럽고, 아빠가 집에 잘 안 들어오는 것도 원망스럽고, 무책임한 오빠도 원망스럽고. 근데, 가사를 쓰면서 생각해보니까, 떠밀렸다기보다 제 선택이었던 거 같아요. 어쩔 수 없었던 게 아니라, 어쩔 수 있었는데, 어쩌지 않았던 거 아닌가. 제가 동생을 좋아하고. 그럴만한 가치가 있었다. 나는 엄마랑은 다르다. 그렇게 생각한 거 같아요."

자기 미래를 소망하는 노래로 브로콜리너마저의 '바른생활'을 들었다. 선곡의 이유 는 C가 가장 소망하는 삶인 '일상'을 말하고 있기 때문이라고 했다. 특히 자기 자신을 위한 삶을 살고 싶은데 자기 사진을 돌아보라고 말하는 가사가 미래의 모습이었으면 좋겠다고 했다. 가장 마음에 드는 가사로 "나는 나를 돌보지 않음으로 무언가를 말하려 했지. 그런 건 아무 의미 없는데 밥을 잘 먹고 잠을 잘 자자. 생각을 하지말고 생활을 하자. 물을 마시고 청소를 하자. 그냥 걸어가다보면 잊혀지는 것도 있어. 아름다운 풍경도 또다시 나타날 거야."를 들었다.

미리 쓰는 자기 생애사에서는 평범한 하루하루를 누리는 그냥 사람을 그렸다. 누군 가를 책임져 주지 않아도 되는 그런 삶이면 된다고 했다. 혹은 내가 책임지는 만큼 서로 책임져 주는 삶이면 될 것 같다고 했다.

프로그램 참여 경험에 대해서는 막막했는데 길이 보이고, 프로그램이 끝나는 게 무섭다고 했다.

> "프로그램 하는 동안은 가사에다가 제 생각을 다 쓰니까 좋았는데, 불안한 것도 많이 사라졌고요. 근데 이제 프로그램 끝나면 공허할 거 같고. 그게 좀 걱정이 돼요. 무섭고. 좋았던 건, 제가 앞으로 살아갈 게 되게 막막했는데, 가사 쓰면서 생각해보니까, 아, 길이 있구나. 끝이 아니구나. 그런 생각이 많이 들었던 거 같아요."

4. 결론

자유연상을 적용한 음악치료는 억압을 해제하고 무의식을 개방한다는 부분에서 공통점을 갖고 있는 자유연상과 음악치료를 융합한 상담 프로그램이다. 연구참여자 A는 자기를 드러내고 싶어하지 않았지만 가사를 통해 자기를 개방하기 시작하면서 스스로 담아두었던 많은 이야기들을 계속 꺼냈고, 연구참여자 B는 초기에는 게임 이야 기 외에는 거의 하지 않았지만 중기로 넘어가면서 가족 이야기와 자기 이야기를 하기 시작했다. 연구참여자 C는 엄마와 아빠에 대한 원망과 자기 비하도 있었지만 중기부터 적극적으로 속 이야기를 하기 시작하면서 어려움에 끝이 있을 것이라는 희망을 갖게 되었다. 처음에 갖고 있었던 증상에도 많은 변화가 있었다. 연구참여자 A는 우울감이 많이 사라지고 자존감이 생겼으며 연구참여자 B는 게임 외에도 즐겁게 할 수 있는 일을 발견하였고 사람을 만나는 것의 즐거움을 알게 되었다. 연구참여자 C는 불안감이 많이 감소되고 앞으로의 인생에 희망을 가질 수 있게 되었다.

10장

미술융합치료 : 그림과 이야기의 콜라주*

　이 장에서는 미술치료 기반 내러티브치료를 활용하는 미술융합치료에 대해 다루고
자 한다. 미술치료는 미술활동을 통하여 자기표현 및 자기이해, 그리고 자아수용, 통찰
과정에 이어 승화에 의해 개인의 갈등을 조정하고 심리문제를 해결하며 자아성장을
촉진시키는 심리치료의 한 분야이다(정현희, 2006). 이야기치료(narrative therapy)[1]는 개인
의 이야기 속에서 문제와 대안을 발견하여 새로운 정체성을 만들어가는 기법이다(최현
미, 2013). 따라서 이 장에서 제시하는 미술융합치료라는 의미는 미술활동을 통해 나타
나는 개인의 심리문제를 이야기 속에서 대안을 발견하여 갈등을 해결하고 새로운
정체성을 만들어가는 융합기법을 의미한다.

---

* 왕금미(2017)의 박사학위 논문 '중도입국청소년의 콜라주미술치료 사례연구'와 김영순 · 오영섭 · 왕금
　미 · 김수민의 공동저서 '이주배경 청소년을 위한 미술 · 이야기융합치료의 이해'를 수정 보완했다.
1 협의의 차원에서 마이클 화이트와 데이빗 엡스턴이 상담현장에서 임상을 통해 정리한 개념과 치료기법이
　다.

1. 미술치료 및 내러티브

1) 미술치료 및 내러티브의 개념

미술치료라는 용어는 1961년 울먼(Ulman)이 "Bulletin of Art Therapy"라는 창간호에서 처음 사용하였다. 미술치료는 교육, 재활, 정신치료, 예술 인문치료 등 다양한 분야에서 치유적 접근으로 널리 사용되고 있다. 미술치료를 연구해온 초기의 연구자들인 나움부르크(Naumburg), 크레이머(Kramer), 울만(Ulman)은 미술치료 이론에 대해 각각 다음과 같은 견해를 가지고 있다. 나움부르크는 치료적 입장을 중시하여 치료에서의 미술(Art in therapy)로서 미술치료를 바라보았다(정여주, 2010). 이러한 입장은 미술치료작품을 치료사와 내담자 사이에서 상호소통된 상징적 회화적 관점으로 여겨 치료사와 내담자 간의 치료적 관계형성을 중시하였다. 크레이머는 미술을 중시하여 치료로서의 미술(Art as therapy)이라는 관점으로 미술치료를 바라보았다. 이는 미술의 창작과정 속에는 치유적인 능력이 근본적으로 내재되어 있다는 입장이다. 내담자는 미술작업과정에서 자신의 원시적 충동을 재 경험하면서 그 갈등을 해결하고 통합한다. 울만은 미술치료를 정의하는 데 있어서, 그림을 치료의 매체로 이용하는 것과 창작활동 그 자체가 치료(Art in+as therapy)라는 견해를 모두 포함하여 통합적으로 바라보았다(왕금미, 2017). 그래서 미술치료는 미술과 치료라는 두 영역의 만남으로 이루어진 것으로 치료라는 분야는 정신의학, 심리학, 교육학적 관점으로 융합된 분야이자 통합된 분야라고 볼 수 있다(왕금미, 2017). 미술치료(Art Therapy)는 인간의 심리를 치료하는 방법 중 하나로 미술을 매개로 하여 개인의 무의식적인 갈등, 정신적인 역동성 등을 파악할 수 있다. 즉, 미술치료는 모든 시각 매체를 사용하여 인간의 손상된 부분에 올바른 변화를 줌으로써 인격을 통합하도록 도와주는 과정이다(Kramer, 1971). 이와 같은 관점에서 미술치료의 중심은 미술과 치료라는 두 개념에 근거하고 있다. 미술치료활동의 일차적 목적은 치료가 되어야 하고, 그 안에는 치료과정과 진단을 포함하고 있다. 이는 미술치료가 궁극적으로 심리적, 신체적 어려움을 겪고 있는 사람들을 대상으로 미술작업을 통해 심리를 진단하고 치료하는 데 그 목적이 있다는 것을 의미한다. 다시 말하면, 미술치료는 질병에 초점을 두기도 하며, 개인의 잠재력과 성장가능성을 개발하는 자기경험과 자기 본성을 회복할 기회를 재발견하고 병을 예방하는 데 활용되기도 한다(정여주, 2010).

위와 같이 미술치료의 목적은 사람을 대상으로 심신의 고통을 미술작업과정, 즉, 그림이나 조소, 디자인 기법 등을 활용하여 그들의 심상를 진단하고 치료하는 데 있다. 미술치료는 음악, 놀이, 무용 및 심리극, 문학, 시, 드라마, 이야기 등을 활용한 예술치료의 한 영역이다. 또한 미술치료는 정신의학, 심리학, 예술치료, 교육학 이론을 바탕으로 미술활동이 첨가된 새로운 심리치료의 한 분야이다. 이와 같이 미술치료라는 영역은 그 자체가 융합학문이다. 본 연구에서는 미술치료를 기반으로 내러티브를 활용한 미술융합치료 프로그램과 모델을 제시하고자 한다.

내러티브(narrative)는 전통적인 민담, 소설, 희곡 등의 문학에서는 물론이고 만화, 영화, 애니메이션, 라디오 드라마, TV드라마, 컴퓨터게임 등의 문화·예술분야에서 활용되고 있다. 내러티브는 문화, 예술은 물론 인문학, 경영학, 법학, 교육학, 간호학, 의학, 상담학, 심리치료, 예술학 등에서도 관심의 대상이다. 내러티브는 사람을 중심에 놓고 인간의 관점에서 삶의 의미와 가치를 살려서 연구한다(이민용, 2013).

스토리텔링은 이야기를 말하는 것이라는 의미에서 내러티브행위라 할 수 있다. 스토리텔링에서 '텔링'은 말 뿐만 아니라, 영상, 만화, 애니메이션, 컴퓨터게임, 음악 등 다른 여러 매체를 통한 의미전달을 포함하는 개념이다. 스토리텔링의 3대 요소는 스토리와 텔링(담화), 그리고 매체이다. 매체를 통한 텔링은 시대에 따라 변화하여왔다. 매체는 제스처-음성-문자-전기전자매체가 커뮤니케이션 매체로 확장되어 문화적 흐름의 변화를 보여주고 있다. 또한 스토리텔링에서 캐릭터, 모티브, 사건, 공간, 플롯, 서술 관점, 심리적 서술거리 등은 핵심요소라고 볼 수 있다(김영순, 2011). 이야기는 말이나 글로 표현되는 동화나 민담뿐만 아니라, 표정, 몸짓, 사진, 동영상 소리 등으로 전달된다. 이렇게 쓰여지는 스토리텔링은 구어체이야기, 동화책, 라디오드라마, TV드라마, 영화, 만화, 애니메이션, 신문, 기사, 박물관 전시, 놀이공원 조성, 지역관광단지 조성 등에 두루 활용되고 있다(이민용, 2017). 그러므로 스토리텔링은 평범한 일상대화에서부터 현대 인간 유의의 대부분을 차지한 영화, 게임, 텔레비전 등 영상물에 이르기까지 이 모든 것을 내포하고 있다(김영순, 2011). 이와 같이 스토리텔링은 사회문화 현상 및 인문학을 바탕으로 한 인간의 심리적 요인에 통합적으로 활용된다고 볼 수 있다.

2) 심리·인문학적 배경

미술치료는 '미술'과 '치료'라는 두 영역이 만나 이루어진 고유한 합성어다. 미술은 인류 역사와 함께 시작되었으며, 인간의 시대적 역동이 변화하는 삶을 보여주는 시각예술이다. 예술은 인간의 창의적 표현 능력 및 욕구가 시대의 문화와 정치·경제 흐름에 반영된 것이며, 미술은 인간의 기본 표현에 해당한다(정여주, 2016). 인간은 미술활동과정을 통해 "개인이 처한 삶의 어려운 상황을 표출하고 나아가 그러한 것을 받아들일 수 있는 자세, 즉 삶에 대한 용기와 의지를 얻는다"(Schäfer, 1973). 치료(therapy)는 환자의 병을 치료하거나 약화시키는 것을 목적으로 환자에 대한 진단과 적응상태에 기초한 목표 지향적 임상 관점을 다룬다.

미술과 치료라는 두 영역에서 탄생한 미술치료는 이론과 임상 관점이 미술치료사와 학자들마다 다를 수 있지만, 일반적으로 의학적 기준, 심리학적 기준, 교육학적 기준, 인간학적 기준에 따라 분류되어 발전되고 있는 치료영역이다(Malchiod, 2003). '미술치료'라는 용어는 일반적으로 예술치료, 표현예술치료, 창의적치료, 미술심리치료, 미술매체를 통한 심리치료 등으로 사용된다. 미술치료가 인간을 위한 예술로서 치유적 역할을 하는 관점에서 병원, 재활, 상담, 교육, 사회교육 또는 자기성장 프로그램 및 국적을 초월한 비언어적 소통방법으로 적용되면서 발전하고 있다. 이와 같이 미술치료는 인간의 잠재력을 드러내며 성장 가능성을 개발하고 자기 실제적 경험과 자기본성을 회복할 기회를 얻을 수 있게 한다. 또한 인간에게 내재되어 있는 건강한 힘을 재발견하여 병을 예방하는 차원에서도 의의가 있으므로 치유에만 초점을 두는 것이 아니다. 현재의 미술치료는 의학적 기준과 심리학적 기준으로 분류하여 다루기보다는 심신의 어려움으로 호소를 하고 있는 사람들을 대상에게 미술작품 활동 및 제작 과정을 통해 심리 진단과 치료하는 데 목적이 있다. 인간의 조형예술 활동과정에서는 심미적 창조성을 표출하게 되며, 개인 및 집단의 갈등을 재조정과 함께 자기표현과 승화작용을 통해 자아성장을 촉진할 수 있다. 또한 자발적인 회화 및 조형 활동과정을 통해 개인의 내적 세계와 외적 세계 간의 조화를 이룰 수 있게 한다(나윤영, 2021). 또한 미술치료는 인간이 처한 환경과의 관계를 고려해야 하며, 육체와 정신 및 영혼 관계를 통합적으로 보아야 한다. 인간학적 관점에서 미술치료는 인간의 욕구, 치유, 예방, 자기계발 영역으로 발전해나가고 있다.

　　정신분석학적 관점에서의 미술치료는 프로이트를 중심으로 한 정신분석 이론을 근거로 진행된다(왕금미, 2017). 정신분석학은 프로이트에 의해 만들어진 성격이론이자, 심리치료 기법에 관한 최초의 심리학 이론이다. 프로이트는 철저한 경험주의자였으며, 자기분석을 통해 경험한 것이나 환자에게서 관찰한 것을 바탕으로 하여 이론을 만들었다(왕금미, 2017). 정신분석 치료의 핵심내용으로는 유아기 발달이 성인기 역할 수행에 지대한 영향을 미친다는 것에서 출발한다. 인간의 정신은 5세 이전에 경험한 사건들에 의해 결정된다고 보기 때문이다. 따라서 내담자의 과거 경험을 되살리는데 초점을 맞춘다. 인간의 행동은 종종 무의식에 의해 지배되기 때문에 무의식 속에 잠재된 자료를 의식의 세계로 끌어올리면 통찰력을 얻어 문제의 원인을 발견하고 그에 대한 처방을 내린다. 심리치료 도구로는 꿈 분석과 최면 그리고 해석, 감정전이의 분석 등을 통한 무의식이다. 정신분석학적 미술치료에서 미술매체 및 작품형성과정 경험이 주는 강점으로는 매우 구체적이며 사실적이어서 시각적 상징으로 무의식적인 이미지를 드러내는 데 결정적 도움을 줄 수 있다. 프로이트는 인간이 생물학적 존재로서 모든 행동과 사고 및 감정이 무의식적인 성적 본능과 공격적인 본능에 의해 결정된다고 보았다. 그리고 인간은 삶이 지속되는 한 갈등을 겪게 된다고 주장하였다. 그는 인간의 기본적 성격구조는 초기 아동기, 특히 생후 5년 동안의 경험에 의해 결정되며, 그중에서도 초기 아동기 경험의 재구성을 필수적으로 보았다(왕금미, 2017). 또한 프로이트는 인간의 정신세계가 현재 자각하고 있는 부분을 뜻하는, 즉 '빙산의 일각'으로 작은 부분을 이루고 있는 의식, 현재 의식되지는 않지만 언제나 의식 속으로 나올 수 있는 전의식, 상식이나 합리성이 통하지 않기 때문에 접근이 어려운 정신영역인 무의식의 3층 구조로 되어있다고 보았다. 프로이트는 일찍이 환자들이 시각적인 이미지를 기술하여 의사소통하는 것을 발견했지만, 심상을 통한 무의식과의 의사소통에 대한 통찰력과 미술치료기법을 함께 사용한 학자는 나움부르크였다. 나움부르크는 진단과 치료에서 미술매체는 중요한 치료 역할을 한다는 것을 인지하였다. 내담자의 미술작품을 '상징적 언어'에 의한 형태로 보았던 나움부르크는 여전히 언어적 모델의 의사소통 안에서 작업하였다(왕금미, 2017). 따라서 그의 미술치료에 대한 접근방식, 즉 치료도구의 하나로 사용된 미술표현이라는 접근방식은 오늘날 '미술심리치료'로 발전되었다. 나움부르크는 그의 저서 〈An Introduction to Art Therapy〉에서 행동장애아동과의 미술치료를 통해 그림 분석 및 치료가정에 대해 연구하였으며, 그가 연구한 정신분석학적 미술치료과정은 다음과 같다. 첫째, 자유연상에서와 같이 개방적이고 비구조적인 치료적 접근을 통해 내담자에게 자유롭게 매체를 선택하게 하여 자신이 원하는 대로 그려 보게 한다. 둘째, 작업하는 동안 내담자가 창작과정을 편안하게 느끼도록 언어적 개입을 거의 하지 않는다. 셋째, 치료자는 적극적 경청을 통하여 내담자의 자발적인 말과 비언어적 행동을 세심히 관찰한다. 넷째, 질문은 꿈을 분석할 때와 비슷하게 미술작품에 대한 특정한 연상에 대해서만 한다. 다섯째, 정신분석적 이해는 치료자로부터 한 개인이 어떤 발달단계 시점에 고착되어 있는지를 알게 해 주고, 또 무엇을 방어하고 있는지, 어떻게 방어하는지에 대해 알려 준다. 여섯째, 작업과정에서 드러나는 매체 선정, 그림의 상징 등 자료들이 모아져 내담자의 통찰에 도움을 준다. 일곱째, 내담자는 매회기 작업과정을 통해 자신의 작품을 자발적으로 해석하게 되며, 그 과정에서 통찰, 훈습, 재학습의 과정을 겪으면서 치료가 진행된다.

위와 같이 정신분석치료에서 내담자와의 자유연상은 내담자의 떠오른 이야기를 들으며 분석가의 분석된 이야기를 재료로 한다는 점이다. 또한 분석가는 내담자의 증상을 이야기를 통하여 진단할 수 있으며 내담자의 이야기를 구성해서 다시 내담자와 이야기를 나누면서 리스토리텔링(re-storytelling) 단계로 이어나간다. 정신분석학을 내러티브 구성의 원리를 기반으로 한, 리스토리텔링의 내용을 통하여 내담자에게 새로운 대안적 이야기를 심어준다.

분석심리학적 관점에서 융은 '정신분석이론의 선구자 프로이트의 인과론'과 '개인심리학을 창안한 아들러(Adler)의 목적론'의 입장을 함께 받아들여 집단무의식의 개념을 특징으로 하는 독자적인 분석심리학 이론을 만들었다. 분석심리학적 미술치료는 원형이 만들어 내는 시각적인 표현을 통해 증상이 가진 정동성 자체를 해결하는 치료일 뿐만 아니라, 정신이 스스로 치유하려는 힘을 이용하는 것이다. 융은 정신이 인간존재의 전체성을 나타내는 것으로 '의식적이고 무의식적인 모든 심리적 과정의 총체'라고 정의했다. 융은 인간이 전체성을 지니고 태어나며, 일생동안 그 전체성을 분화해 나가고, 다시 통합해 간다고 보았다. 또한 의식과 자아에서 내가 의식하고 있는 것, 나의 생각, 내 마음, 내 느낌, 나의 과거, 내가 아는 이 세계 등 무엇이든 자아를 통해서 연상되는 정신적 내용은 의식이다(박리정, 2021). 자아는 의식의 중심에서 의식된 마음을 통솔하고, 무의식적인 마음과 관계를 맺을 수 있게 한다. 자아는 어떤 지각, 생각, 기억, 감정 등을 의식으로 받아들일지 결정하는 문지기이자 '성격의 집행자'이기도 하다. '페르조나'는 우리가 '사회'나 '현실'과 관계를 맺고 적응해 가는 가운데 인간에게는 각종 사회적인 역할과 태도가 부여된다(왕금미, 2017). 인간의 내면에는 야성적인 성향이 있는데, 그 중 현실에서 받아들여지는 자신의 성과 일치하는 성의 특징은 의식화하고 다른 성향은 무의식으로 내면화하게 된다(왕금미, 2017).[2] 융은 개성화라는 개념

---

2 이렇게 내면화된 성향들 중 남성의 무의식 속에 있는 여성적 요소를 '아니마', 여성의 무의식 속에 있는 남성적 요소를 '아니무스'라고 한다.

을 도입하여 '인간이 심리적으로 나눌 수 없는 개인, 즉 독자적인 통일체 혹은 전체가 되는 과정'을 개성화 과정이라고 불렀다(왕금미, 2017). 자기실현 혹은 개성화는 자기인식의 과정이다. 자기인식이란 무의식의 내용들을 인식하는 과정이다. 분석심리학에서 치료의 목적은 정신의 전체성을 회복하여 자신의 개성을 이루어가는 것이다. 이런 치료과정을 개성화 과정이라고 한다. 개성화 과정은 의식적, 자각적 개성화를 말한다. 즉, 무의식의 소리에 귀 기울여 그것이 무엇인지 알아내어 의식화하는 것이다. 치료과정의 발전 방향은 내담자 자신으로부터 알아보아야 하며, 이는 곧 내담자의 의식뿐만 아니라 무의식으로부터도 알아본다는 말이다. 분석심리학적으로 볼 때, 미술치료는 심인성[3] 증상을 해결하는데 중요한 치료방법으로 간주된다. 미술치료는 어떤 증상을 심적 사건에 원인을 두고 이해하기보다 표현을 유도하여 증상이 가진 강력한 정서적 문제나 정동성 자체를 해결하는 작업이기 때문이다. 증상의 원인은 증상의 해소과정에서 보다 분명히 드러나므로 분석심리학적 미술치료는 정신이 그 자체적으로 회복하고 치유하려는 힘을 이용하는 가장 특징적인 치료다. 분석심리학적 치료에서 사용되고 있는 주요 치료방법에는 꿈의 해석, 회화분석, 적극적 명상, 만다라 등이 있다. 적극적 명상은 무의식과의 대화이다. 무의식을 인식하려는 자세에 입각하여 행해지는 활동으로 의식과 무의식의 성격들이 하나로 합쳐지는 인간 최초의 정신활동에 속한다. 적극적 명상은 분석가의 도움 없이 혼자서 할 수 있는 이점이 있고, 꿈 분석을 충분히 받은 뒤에 하거나 분석을 받으면서 동시에 시행할 수 있다. 그림 작업은 적극적 명상의 좋은 매개체가 된다. 꿈이나 환상 또는 어떤 강박관념을 그림으로 표현하기 시작하면 무의식은 의식의 간섭이 없는 한 자율적인 기능을 발휘하여 무의식의 심상을 보내어 일련의 과정을 형상 속에 나타내게 된다. 적극적 명상은 치료를 목적으로 하지만,

---

3 심인성[心因性, psychogenesis] 증상, 질병의 원인이 기질적인 것이 아닌 정신 혹은 심리적 요인에 의한 현상을 말한다. 신체기능과 정신기능과의 상호작용 특히 감정이 신체기능에 미치는 영향을 강조한 정신신체의학 분야에서 강조하는 개념이다. 신체적 증후는 특히 소화성 궤양, 심장장애, 비뇨생식장애, 엘러지, 호흡장애 및 편두통 등이 있다.(교육심리학용어사전, 2000. 1. 10. 학지사)

스스로를 깨우쳐가는 심리적인 작업이라는 점에서는 종교적인 명상과 맥을 같이 한다고 볼 수 있다. 융은 만다라를 심리치료 분야에 처음으로 적용하였고, 이후 많은 학자들이 만다라에 대해 연구하였다(왕금미, 2017).[4]

칼 로저스(Carl Rogers)의 인간중심치료이론은 현상학에 근거하고 있으며 정서적 및 감정적인 요인을 크게 강조하는 반면에 내담자의 입장에 초점을 두었다. 현대에 와서는 수용치료, 의미치료, 긍정심리학, 행복학 등 학문으로 맥을 이어 발전되고 있으며, 현대 심신의학 등에서도 깊은 활용을 공고히 되고 있다. 인간중심적 치료에서 치료자는 심리치료의 기본철학과 심리이론을 철저히 이해하고 생활화가 요구된다. 이는 치료자의 기술적 수준을 초월하여 사람됨됨이의 차원에 관계되는 문제이므로 어떤 치료에서보다도 치료자의 인격과 수양이 중요시되는 덕목이라 할 수 있다.

칼 로저스(Karl Rogers, 1961)는 '좋은 삶' 또는 '이상적인 삶(good life)'을 사는 사람을 충분히 기능하는 인간(the fully functioning person)으로 기술하고 있다. 충분히 기능하는 인간은 좋은 삶, 즉 '충분히 기능하는 인간'이 되어가는 과정의 특징을 설명하였다. 칼 로저스는 인간의 성장이나 건강, 환경적응이나 사회화, 자아실현과 자율 등의 방향으로 지향하고 움직이는 사람들의 내재적인 경향에 대한 강조를 하였는데, 이러한 지향적 경향을 실현화 경향이라고 일컬었다. 인간중심 치료에서 중요한 기술로는 인간에 대한 태도의 일치(진실성), 내담자에 대한 무조건적인 긍정적 관심(존중)과 공감이다. 무조건적인 긍정적 관심과 수용은 내담자를 하나의 인격체로 보고 진실하게 대한다는 의미이다. 치료자는 내담자에게 있는 그대로 존중한다는 치료자의 의사를 전달해줌으로써, 내담자 스스로 자신의 감정과 경험을 가질 수 있도록 돕는다. 여기서 칼 로저스가 말하는 수용은 감정을 지닌 내담자의 권리를 인정하는 것이다. 치료자는 정확한 공감

---

4 켈로그(Kellogg)는 문화권을 초월한 아이들의 그림에는 만다라의 형태가 나오는 것을 발견했으며, 노이만(Neumann)은 만다라를 그리는 것이 아이들의 정체감 확립에 도움이 된다고 하였다. 핀처(Fincher)는 만다라를 제작하는 것이 그 순간 우리가 누구인지 보여 주는 개인적 상징을 만드는 것이라고 하였다.

적 이해로서 내담자의 주관적인 경험 특히, '지금-여기'(here and now)의 경험을 이해하도록 노력한다. 이에 인간중심적 치료의 성공을 위해서는 치료자는 기술에 앞서 인간에 대한 확고하며 긍정적 인간관과 기본적 태도의 터득에 힘쓰고 기독교, 도교, 불교의 여러 종교에서 말하는 도를 닦아야 한다. 인간중심적 치료이론에서 인지적 요인뿐만 아니라 내담자의 주관적, 감정적 표현을 강조하고 있다. 인간중심적 치료이론은 모든 내담자에게 광범위하고 일반적이며 동시에 동일한 목표를 설정할 수 있고 또 심리치료의 치료목표는 치료자와 내담자가 함께 있는 기간이나 상황에 따라서 결정된다.

3) 인문융합적 관점에서의 치료

사람의 정신건강이나 정신적 안녕에 대한 관심은 철학, 문학, 정신의학, 심리학, 상담학, 사회복지학, 예술치료학 등 여러 분야에서 연구되어지고 있다. 이러한 학문은 독서치료, 음악치료, 미술치료, 놀이치료, 등의 테라피의 여러 형태로 전개되고 있다. 이러한 흐름 속에서 인문학을 치유적으로 활용하려는 인문치료에 대한 관심이 발전되어 문학치료, 철학치료, 언어치료, 연극치료가 실제 활동으로 요구되며 실천되고 있다. 이민용은(2017) 인문학의 개념은 영어의 '인문학(hunmanities)'보다는 원래 '정신의 학문'이라는 뜻에서 비롯된 독일어의 '인문학(Geisteswissenschaften)'개념에 더 가깝다고 하였다. 'Geisteswissenschaften'의 개념에는 영어의 'art(예술)'과 'hunmanities(인문학)'개념이 모두 포함되어 있다. 이러한 인문학을 치유적으로 활용하는 방법으로 스토리텔링을 제안하였다. 스토리텔링은 필요에 따라 예술적 응용기법을 적용할 수 있다. 따라서 내담자의 자기서사는 문학과 예술 및 음악치료, 미술치료 등 다양한 분야의 매체 활용과 내러티브가 융합하여 인문융합적 관점에서의 치유를 극대화시킬 수 있다.

호모 내러타쿠스: 인문융합치료의 이해

2. 미술융합치료의 원리

1) 콜라주 미술치료의 원리

콜라주는 입체파 화가였던 피카소와 브라크가 1911년경 만들어낸 기법이며, '풀칠하다, 바르다'라는 의미를 갖고 있다. 1920~30년대에는 포토몽타주를 통한 환상적인 기법이 발전되었고, 포토 콜라주는 사진의 특수 기법과 인쇄매체를 혼합한 그림으로 구성되었다(왕금미, 2017). 1960년대에 유행한 팝 아트도 역시 기존의 대중매체를 이용한 짜깁기 또는 맞추어 잇는 몽타주나 콜라주 기법을 사용하여 작품을 제작하였다. 오늘날 미술치료 기법으로 활용되고 있는 잡지 그림 콜라주 기법은 1972년 버크(Buck)와 프로방처(Provancher)가 미국 작업치료지에 평가기법으로서 게재하면서 정식으로 소개되었고, 콜라주 기법은 1990년 전후를 기점으로 모래놀이치료를 모체로 하여 상담 및 심리치료에서 하나의 기법으로 사용되었다. 콜라주 미술치료는 심리치료 현장에서 다양한 콜라주를 활용하며, 작품을 통해 자기 탐색과 삶의 가치 및 의미를 찾게 된다. 작품의 의미는 내담자의 콜라주 미술치료과정에서 자신의 심상을 체계적이지 않은 스토리로 드러낸다. 이어서 치료활동과정에서 치료자의 치료적 행위를 통하여 리스토리텔링 과정을 거쳐 재구성되는 단계를 경험한다. 최종적으로 완성된 조형작품에서 내담자는 자신의 상황을 이해하게 되고, 이 이해과정, 즉 직면과정에서 자기 거부 또는 '아 하!'라는 진실 된 나인 '참 나'를 발견할 수 있다. 이와 같이 스토리텔링의 모든 과정에서 내담자는 자기 승화와 자신을 스스로 치유하는 '온전한 자기 돌봄'을 하게 된다.

2) 미술치료에서의 내러티브 활용

내러티브(narrative) 혹은 스토리텔링(storytelling)은 전통적인 민담, 소설, 희곡 등의 문학에서는 물론이고 만화, 영화, 애니메이션, 라디오 드라마, TV드라마, 컴퓨터게임 등의 문화 · 예술분야에서 활용되고 있다. 특히 문화 · 예술분야에서 인터넷매체 문화를 배경으로 내러티브의 활용에 무게를 둔 스토리텔링이라는 용어가 쓰이고 있다. 내러티브는 문학, 인문학, 경영학, 교육학, 법학, 의학, 심리치료, 상담학 등에서도 관심의 대상이다. 사람을 중심에 놓고 인간의 관점에서 내러티브를 매개로 의미와 가치를 살려서 연구하려는 것이다. 스토리텔링의 구성요소인 인물과 사건 · 모티프 등은 짜임새 있는 스토리가 있고, 그 안에는 인칭과 시점 · 관점 등을 핵심으로 한 자기서사가 있다. 자기서사담화에서 내담자의 미술작품에서 삶의 의미와 가치가 상징으로 나타나는 것을 볼 수 있다. 내러티브의 내용을 미술작품에서 상징하는 방식이나 형식의 측면에서, 내담자의 서사담화를 구체적인 언어, 말투, 시각, 관점, 거리, 시간과 장소의 배경속에서 리 스토리텔링화 하여 내러티브로 구현한다고 볼 수 있다(이민용, 2011). 그러므로 내러티브는 스토리와 서사담화를 포함하고 있다. 이러한 내러티브는 미술치료 작품의 의미를 극대화하는 요소로 내담자의 알아차림으로 이어지며 최종적으로는 자아승화 및 온전한 자기돌봄의 치유로 다가가게 한다.

3. 미술융합치료의 치료적 속성과 단계

1) 미술치료 기반 내러티브 활용의 치료적 속성

사람들은 상징을 형성하고 사용하는 능력을 인간과 다른 종을 구별하는 특징으로서 보고 있다. 상징에 대한 고려가 미술치료가들의 일상적 작업에서도 동일하게 중요하다고 생각된다. 왜냐하면 상징의 본질인 시각적 심상은 환자들에 대한 치료가 작업의 원료가 되기 때문이다. 심상의 형성과정으로는 인간의 심상은 정신의 깊은 곳에서 나오며, 진실은 무의식 속에 존재한다는 것과 집단무의식에서 떠오르는 원형상은 그로부터 진실이 명료해진다는 것을 전제로 한다. 말보다는 심상이 앞서 떠오르기에 그 때문에 심상을 통해서는 잘 알려져 있지 않는 내담자의 정신세계를 일깨울 수 있으며 의식으로 가져오게 된다. 그러므로 심상을 시각화 단계에서 초기단계에 종이에 표시를 하거나 점토를 아무렇게나 뿌려놓기 시작하는 것은 개인적 문제를 의미하며, 불안과 불신이 나타난다. 미술치료자의 기술은 이에 대한 확신감을 갖도록 해주는 것이다. 미술매체와의 관계 후에도 불확실성은 남아있다. 환자의 경우에는 불안이 증가되거나 미술 활동에서 방어적인 위축을 보인다. 심상이 형성된 후부터, 심상이 형성된 내담자 와 그 사람이 형성되어 만들어진 심상 그 자체는 환경의 변화와 문제해결의 과정속에 존재한다. 개인은 예측불허에 대한 흥미를 가지며, 자아가 심상 형성과정을 통제하기 보다는 그 과정을 바라보면서 상호 관계를 맺을 수 있게 된다. 다음 단계에서 환자 -치료자 관계에 의해 치료 과정이 이루어진다는 인식으로 발전될 수 있다. 이때 필요 한 것은 치료사 자신의 내부에서 이루어진 평형적인 치료자-환자의 내적 관계이다. 또한 다음으로 이어지는 단계는 정서의 인격화된 심상이다.

　자신의 심상과 대화를 하는 것은 중요하다. 미술을 통해 진단을 내린다면 치료 가능 성을 떨어뜨리며 심상에 의한 치료 가능성을 왜곡시킬 수 있는 것은 미술을 통해 진단을 내리는 데 있다. 무비판적인 수용으로 반응해야 할 필요가 있는 사소한 부분인 심상의 미묘한 감정적 억양이나 사인을 놓쳐 버리게 되는 경우가 문제이다. 치료자의 역할은 내담자에게 심상의 메시지로 압박감을 주지 않고 영상적인 상의 위력을 상실하 지 않으면서 심상 자체의 권위가 수용되는 치료적인 틀을 구축하는 것이다. 분리된 대상으로 나타난 심상은 형상자가 뒤로 한발 물러서서 장을 가로질러가 심상에 초점을 응시하도록 해준다. 어떠한 유형의 심상이 되었던 지속적인 유지가 중요하다. 일단 미술작업에 대한 첫 번째 조사가 끝나면 이어서 심상과 관련된 대화가 시작된다. 인격 화된 심상은 인격대상으로서 특별히 존재할 수 있는 방식을 요구할 수 있다. 심상은 마치 심상형성자의 확장된 일부분인 것처럼 환자나 치료자에게 은유적으로 관련된다. 그러나 심상에 대한 지각이 독립적으로 유지 지속되어야지만 인격화된 측면이 드러나고, 그것에 대한 연상적인 대화를 서로 허용되어지는 것이다. 그러나 원형적 요인들은 남아있으며 피할 수 없다. 또한 원형적 요인이 무의식 속에 완전한 존재로 남아있을 때 행동은 부정적으로 결정된다. 그러므로 미술치료에서 적용은 내담자 자신의 심상과 서로 상호 작용을 촉진하는 방법을 지속적으로 연구 적용된다. 어린이나 심각한 장애 자(성인)들인 경우, 보통 직접적인 해석은 거의 하지 않지만, 상징성이 존재하는 심상에 는 치료자와 환자가 상호 관여하여 대화해야 한다. 치료자의 자아는 안내자로 행동할 수 있는 한편, 미술치료과정의 몰입과 그 가치는 미술활동에 대한 역전이를 통해 표현 될 수 있고, 원형적 중심인 의식/무의식 정신(체계)의 자기와 접촉하려고 하는 치료자에 의해 표현될 수 있다. 치료자는 치료 과정에서 자아를 제거한다거나 부인 또는 거부하 지 않고, 자아 스스로 의식적 관점에서 과정의 전체를 통제하기 보다는 중재자로서 행동을 취하게 한다. 심상을 시각화하는 단계와 정서를 인격화하는 단계를 거쳐 최종 으로 승화 단계에 이른다. 이와 같이 치료자는 내담자의 심상을 시각화하고, 정서를 인격화함으로써 내러티브를 활용하여 승화단계까지 자가 치료를 이끌어 낼 수 있다. 하지만 내담자가 자신의 이야기에서 대안을 발견하지 못하면, 치료자는 다른 이야기들 을 창의적으로 변용하여 대안을 제시할 수도 있다.

2) 미술융합치료의 단계

미술융합치료에서는 심상을 시각화 과정 속 이야기와 치료 작품의 상징 내러티브로 구분하며, 스토리텔링 치료에서 사용하는 각 치료기법의 단계를 비교하고 보완하여 미술융합치료단계를 도출하였다. 도출된 결과는 다음 〈표 10-1〉과 같다.

〈표 10-1〉에 나타난 바와 같이, 미술융합치료는 심상탐색, 심상의 시각화, 정서의 인격화, 내러티브 승화 단계로 구분된다.

호모 내러티쿠스: 인문융합치료의 이해

심상탐색	⇨	심상의 시각화	⇨	정서의 인격화	⇨	내러티브 승화

〈표 10-1〉 미술치료기반 미술융합 치료단계에서와 같이 미술융합치료는 콜라주 조형예술표현을 통해 무의식을 의식화하여 직면하며, 이러한 경험을 통해 자기 해석에 영향을 직간접적으로 준다. 이러한 치료방법인 미술융합치료는 내러티브를 기반으로 한 조형예술활동과정이 작품결과와 마주하여 리스토리텔링(re-storytelling) 단계를 거쳐 자기서사를 재구성하여 온전한 자기를 위한 자기 승화를 향해 전개해 나간다. 치료단계의 전개는 먼저, 심상탐색단계이다. 심상탐색은 사람의 두뇌에 저장된 이야기 중 자신의 정체성과 생각의 기 본흐름을 지탱해 주는 이야기를 스토리텔링치료에서 자아 스토리(I-stories, self-stories)라고 하며, 이것은 우리에게 지대한 영향을 미친다. 이러한 자아스토리는 우리의 정체성을 형성하고 우리의 생각에 영향을 미치며, 우리가 세상을 바라보고 이해하고 해석하는 바탕이 되기도 한다(이민용, 2017). 다음으로 심상의 시각화 단계이다. 시각화단계에서는 창의적 제작으로 도출된 미술치료 작품속에 녹아있는 상징이 내담자의 자아서사를 반영한다. 자아서사의 전개는 마치 한편의 드라마 시나리오를 엮는 잠재된 내러티브를 공고히 한다. 이러한 내러티브는 매체를 통한 작품활동 과정과 결과물 그리고 시간과 공간을 통해 내재된 감정을 해소함으로 치료적 효과를 극대화하는 결과를 가져온다. 이어서 정서의 인격화 단계이다. 정서의 인격화는 치료 사와의 상호적 스토리텔링 단계다. 치료사는 적극적 경청 자세를 취한다. 적극적 경청 으로 내담자의 자아스토리를 들으면서 문제적 이야기를 대신할 수 있는 대안적 이야기 를 염두에 두고 내담자와 대화를 한다. 대안적이야기를 염두 한다는 것은 내담자의 자아서사에 대한 담화내용을 프로파일링 하는 과정이라고 할 수 있다. 이러한 상호적 스토리텔링의 단계에서는 동일화, 일반화, 객관화, 카타르시스 등의 치료적 속성이 구현된다. 내담자는 이러한 과정을 경험하면서 내담자의 통찰에 의한 승화로 치료는

전개된다. 그러므로 미술융합치료에서 내담자는 치료자의 프로그램에서 자아서사－콜라주미술치료－리스토리텔링－통찰 및 승화라는 경험을 통하여 스스로 자각할 수 있고, '온전한 자아돌봄'을 유지해 나갈 수 있다.

4. 미술융합치료의 모형

본 미술 · 이야기융합치료 모형은 왕금미(2017)가 중도입국 청소년을 대상으로 실시한 콜라주미술집단치료의 연구에서 제시한 미술치료활동을 기반으로 프로그램 구성 및 내용을 재구성한 것이다.

프로그램 모형은 〈표 10-2〉와 같다.

〈표 10-2〉 미술융합치료 프로그램 모형

자아 서사	⇨	미술치료를 통한 자아표현	⇨	re-story telling 다시말하기	⇨	통찰 및 자아 승화	⇨	온전한 자아 돌봄

〈표 10-2〉에 나타난 바와 같이, 미술융합치료는 콜라주 조형예술표현을 통해 무의식을 의식화하여 직면하는 경험을 통해 자기 해석에 영향을 직간접적으로 준다. 이와 같이 미술융합치료는 미술치료를 기반으로 내러티브를 활용하여 자신의 이야기를 미술행위를 통해서 표현하고, 이를 미술치료로 활용한다. 이러한 미술치료활동은 리스토리텔링(re-storytelling) 단계를 거쳐 자기승화단계로 이끌어짐으로써 '온전한 자기 돌봄'이 이루어진다.

미술융합치료 프로그램 모형의 단계를 구체적으로 표현하면 다음과 같다.

첫째, 자아서사 즉, 자기스토리는 사람의 두뇌에 저장된 스토리 중 자신의 정체성과 생각의 기본흐름을 지탱해 주는 이야기를 스토리텔링치료에서 자아스토리(I-stories, self-stories)라고 하며, 이것은 우리에게 지대한 영향을 미친다. 이러한 자아스토리는 우리의 정체성을 형성하고 우리의 생각에 영향을 미치며, 우리가 세상을 바라보고 이해하고 해석하는 바탕이 되기도 한다(이민용, 2017). 둘째, 미술행위를 통한 자아표현과 미술융합치료 프로그램과정은 창의적 제작에서 도출한 미술치료 작품 속에 녹아있는 상징이 내담자의 자아서사를 반영한다. 자아서사의 전개는 마치 한편의 드라마 시나리오를 엮는 잠재된 내러티브를 공고히 한다. 이러한 내러티브는 매체를 통한 작품활동과정과 결과물 그리고 시간과 공간을 통하여 내재된 감정을 해소함으로 치료적 효과를 극대화 하는 결과를 가져온다. 셋째, 리스토리텔링(re-storytelling)단계이다. 리 스토리텔링단계는 치료사와의 상호적 스토리텔링 단계다. 치료사는 적극적 경청 자세를 취한다. 적극적 경청에는 진솔성, 무조건적인 수용, 공감, 솔직성 등의 요소가 있다. 이때 치료자는 내담자의 자기스토리를 들으면서 문제적 이야기를 대신할 수 있는 대안적 이야기를 염두에 두고 내담자와 대화를 한다. 대안적 이야기를 염두한다는 것은 내담자의 자아서사에 대한 담화내용을 프로파일링하는 과정이라고 할 수 있다. 이러한 상호적 스토리텔링이 단계에서는 동일화, 일반화, 객관화, 카타르시스 등의 치료적 속성이 구현된다. 넷째, 통찰 및 자아 승화단계이다. 내담자는 이 단계에서 자신을 통찰할 수 있는 기회를 가진다. 치료자는 내담자의 자아서사의 이야기로부터 거울이 되어 명료화작업에 충실해 질 수 있으며, 바로 이어서 직면단계로 향할 수 있는 상황에 놓일 수 있다. 이때 진정한 나를 바라볼 수 있고, 또 다른 나 속에서 참 나를 만나는 과정을 경험할 수 있을 것이다.

다섯째, 온전한 자기돌봄이다. 온전한 자기돌봄은 결과적으로 미술활동과정에서 무의식의 내면을 상징으로 표현되어, 그 내용을 스토리텔링으로 자신의 서사를 구성하고 재구성하는 것을 반복한다. 그러므로 미술융합치료 모형은 시간, 공간, 장소, 인물, 사건 등이 대안적인 요소를 가지고 재구성하여 하나의 내러티브를 만들어 내는 융합치료모형이다. 이렇게 만들어진 미술융합치료 모형은 미술매체와 창의적 미술치료 활동이 내담자의 저하된 자아 기능의 회복과 탄력을 이완되게 함으로써 내담자의 문제적 갈등을 이야기로 해소하여 충분히 기능할 수 있는 자아로 회복할 수 있게 스스로 치료하는 것이다. 따라서 미술융합치료는 치료자의 치료적 관점의 환경에서 내담자가 가지고 있는 호소내용을 자기서사-콜라주미술치료-리스토리텔링-통찰 및 승화라는 경험을 통하여 스스로 자각할 수 있게 하고, 온전한 자기돌봄을 유지해 나갈 수 있게 도와준다. 그렇기 때문에 미술융합치료는 내담자를 둘러싼 개인, 가정, 공동체, 사회의 맥락에서 형성된 삶의 경험을 내담자에게 이야기하게 하며, 이 이야기를 통해 내담자가 자신의 심리를 이해하고 심리적인 어려움을 해소하고 완화하는 데 도움을(오영섭, 2019) 주어 온전한 자기돌봄이 가능하게 하는 융합적인 치료기법이다.

5. 미술융합치료 프로그램 사례

본 미술융합치료 프로그램은 왕금미(2017)가 중도입국 청소년을 대상으로 실시한 콜라주미술집단치료의 연구에서 제시한 미술치료활동을 기반으로 프로그램 구성 및 내용을 재구성하였다. 미술융합치료 프로그램은 〈표 10-4〉와 같다.

〈표 10-4〉 미술융합치료 프로그램

단계	회기	구성	주제	활동내용	내러티브	미술융합치료 효과요인
초기단계	1	사전 검사	K-HTP		그림 속 상징구성을 자신의 무의식과 정서인지 측면에서의 자기서사표현	·프로그램호응 기대 ·라포 형성
	2	라포 형성 및 자아 탐색	이름 꾸미기	자신의 이름을 제시된 워크지에 한글로 표현	자신에게 주어진 이름의 탄생과 의미를 자기서사로 스토리텔링	·라포 형성 ·자기소개 ·긴장감완화 ·수용
	3		문양 만다라	문양만다라에 집중과 고요체험, 만다라에	작품내용 스토리와 과정에서의 감정을 서사화	·회상 ·정서이완

			채색 후 콜라주 표현		·정체성
4		나의 나무	콜라주 워크시트에 나무구성과 함께하는 자신	매체선택에서의 의도 및 과정을 스토리로 재해석	·정서이완 ·완화 ·정체성
5	자기 이해와 해소 및 현실 인식과 직면	탄생	계란화로 내면의 욕구를 상징적 표현	심상을 리스톨링으로 재구성하여 자신의 욕구인식	·감정 표출 ·스트레스 우울 ·자기방어
6		곡물 만다라	곡물매체의 질감에서 오는 이완을 경험하고 콜라주과정을 경험	정서이완을 목적으로 매체를 통한 회상을 담화로 치료자와의 치유단계	·정서이완 ·집중과 고요 ·타인이해 ·감정조절
7		탈	유점도와 제시된 탈에 자신의 페르조나를 투사 하는 점토 오브제 표현	작품 속 무의식 갈등구조를 역학적 스토리로 대안구성	·자기인식 ·자기표현 ·타인이해
8		구분 활법	잡지사진을 9개 선택하여 시계방향으로 콜라주	심상의 욕구를 재구성 및 자기스토리를 통하여 통찰 경험	·자기인식 ·자기표현
9		필름 그림	자신의 과거 현재 미래 상을 엽서크기로 제시된 워크지에 표현	작품에서의 상징을 직면하며 자기서사를 재구성 후 자기승화	·자아 존중감, 긍정적인 자아상 향상
10	온전한 자아를 위한 돌봄	동그라미 가족화	동그라미 안에 가족표현과 주변에 색골판지로 콜라주 표현	가족 구성원의 역할과 역동성 재인식	·자기인식 ·긍정적인 자아성 향상
11		상장 만들기	선택한 색지워크지에 받고 싶은 상장, 자격증을 만들어본다.	작품을 통한 대안적 요소를 발견하며 온전한 자기돌봄으로 주관적 안녕을 도모	·자아 존중감 향상 ·자기정서인식, 자기성취
12	사후검사	K-HTP		그림 속 상징구성을 자신의 무의식과 정서인지 측면에서 자기서사 변화 인식	·장점을 강점으로 한 지지와 격려를 통한 자기돌봄

중기단계 (rows 5-9), 후기단계 (rows 10-12)

〈표 10-4〉는 미술융합치료 프로그램의 단계를 초기단계, 중기단계, 후기단계 세 단계로 구분한 것이다. 초기단계는 미술융합치료프로그램 시작 전에 사전검사로 K-HTP투사검사이다. 이 단계는 내담자와 라포 형성, 긴장감 및 정서를 이완하는 목적

으로서 개인별 심리상태와 자기개방을 위한 자아탐색 과정이다. 중기단계는 내담자의 감정을 시각적으로 표현함으로써 자기이해와 갈등해소 및 현실인식에 직면하여 자신의 미래 긍정적인 자아상과 현실에서의 자신을 직시하고 바라볼 수 있는 내면을 통찰하는 과정이다. 후기단계는 온전한 자아돌봄을 위한 승화 과정이다. 자신의 서사를 작품과 만나면서 재구성된 리 스토리텔링은 "참 나"를 찾는 온전한 자아 돌봄을 위한 승화과정으로 프로그램을 구성하였다.

참여자 A의 사례를 살펴보기로 하자. 참여자 A의 콜라주 집단미술치료 프로그램 회기별 사례에서 나타나는 행동 관찰과 작품 내용을 초기 · 중기 · 후기단계로 나누어서 살펴보았다. 프로그램 진행 활동 과정으로는 주제제시에 의한 도입 과정, 치료 실기 활동, 작품 감상, 자아 탐색, 치료사 지지, 작품 제목 제작, 개인별 완성된 작품에 대한 집단 내 느낌 나눔, 활동에 관한 소감문 작성 등으로 기술했다.

초기단계에 나타난 참여자 A의 행동 관찰과 작품 내용은 다음 〈표 10-5〉와 같다.

〈표 10-5〉 참여자 A의 초기단계 사례

단 계	초기단계		
회 기	1회기	2회기	3회기
주 제	자기소개하기	문양만다라	탈
작 품	'자기소개하기'		
제 목	'하얼빈 소나무'	'깜깜한 우주에 별과 나비가 날고 있어요'	'그냥 사람'
행동 관찰 및 자기서사	주제 제시에서 머뭇거리는 모습으로 색지를 선택했다. 네임카드 워크지에 자신의	제시된 문양을 나비 모양 같다고 혼잣말로 중얼거리며 망설임 없이 선택. 중심에 문	색유점토 매체에 대해 관심을 보이며, 만져도 되냐고 물어봄. 제시된 탈 선택 중

	이름을 4B연필과 사인펜으로 채색하며 고향의 소나무에 대해 설명함.	양만다라를 채색하여 붙이고, 밝고 따뜻한 색을 선택한 것은 잘 보여야 한다고 함.	뿔관을 쓴 남자 탈을 선택하며, 맘에드는 것을 선택하고 싶다고 함.
작품 내용	자신의 이름을 나타내는 소나무 '송(松)' 자라는 한자를 써 보이고, 성씨 'ㄱ'자는 고향 하얼빈에 소나무가 많았다고 고향 풍경을 설명	"여기는 우주에요" 라고 말함. "깜깜한 우주에 별과 나비가 날고 있어요"라고 주제를 정하고 미소를 지음	빨간색으로 코를 드러나게 꾸밈. 둥글게 구슬 모양으로 색색이 이중 작업을 꾸밈으로써 작업을 마무리함. 제목은 '그냥 사람(men)' 이라고 함.

〈표 10-5〉에서 살펴본 바와 같이 초기단계에서 나타난 참여자 A의 행동적 특징으로는 시작 전 집단참가자들의 행동을 살피며 옆 친구의 행동을 관찰하고 난 후 자신의 작업에 임하는 모습을 보였다. 신체적 외상(화상)으로 가위질 등 손을 사용하는 행동에서 불편해했으나, 미술 매체에 대한 호기심과 긍정적인 표정을 보였다. 작품 내용에서는 고향에 대한 소재가 등장했으며, 점토 작업에서는 혼합하여 다양한 색을 만들어 인체를 꾸몄다. 이러한 행위는 미술 매체에 대한 긍정적인 접근으로 자신의 정서적 안정을 회복하려는 의도를 엿볼 수 있다.

다음으로 중기단계에서 나타난 참여자 A의 행동 관찰과 작품 내용으로는 다음 〈표 10-6〉과 같다.

〈표 10-6〉 참여자 A의 중기단계 사례

단 계	중기단계			
회 기	4회기	5회기	6회기	7회기
주 제	나의 나무	곡물만다라	선물	9분할법
작 품				

제 목	'나무에 동물이 살아요'	'눈 발자국'	'함께 선물 주고받아요'	'시원하고 좋아요'
행동 관찰 및 자기서사	색지는 진한 남색을 세로로 구성했으며, 사진자료 가위질은 신체적 외상(화상)으로 인해 불편해 보임. 다른 집단원의 작품을 보며 웃기도 하며 동물에 대한이야기.	활동 매체 중 지점토와 흰색 유점토 위의 곡물로 미술활동을 한다는 것을 불편해 함. 다른 작품들을 손으로 꾹꾹 눌러보는 행동으로 매체에 대한 감각을 경험함	자신이 돈을 벌면 고급 승용차, 고급 시계를 사고 맛있는 음식을 마음껏 먹고 싶다고 하며, 아빠에게 자동차와 시계는 자신이 돈을 벌어 사주고 싶다고 했다.	도화지 위에 전체 사진 중 건물 정원 그림과 정돈된 식당, 아동용 침실을 선택하면서 입가에 미소를 지음.이러한 부분에서 성인이 되어 독립하고자 하고자하는 표현
작품 내용	가족 그림을 골라도 되냐고 조심스레 물어봄. 나뭇가지에 그네 타는 사람이 본인이라고 함. 하늘을 날고 있는 것은 참새이며, 귀여운 그림이라고 웃음	본국에서의 생활 정서와 다른 매체였고, 음식(곡물 매체)으로 장난한다고 생각하며 매우 어색해함. 작품 내용은 눈이 온 길바닥이라고 함	휴식과 잠을 잘 수 있는 편안한 침실을 선택하고, 아빠와 같이 맛있는 요리를 먹고 싶다고 함. 노란색과 초록색의 선명한 색상으로 좌우 대비 표현	선명한 초록색 바탕 위에 음식과 안락한 침실을 표현하며 여기서 자고 싶다고 함

위의 〈표 10-6〉에서 살펴본 바와 같이 중기단계에서 나타나는 참여자 A의 행동적 특징으로는 여전히 신체적 외상으로 가위로 오리는 활동에 불편함을 보였지만, 초기와는 달리 스스로 하려는 움직임을 보였다. 여러 가지 사진 그림과 색지를 통해 매체에 대한 호기심이 작품 활동성을 부추긴 듯 보였다. 이어진 작품 내용에서는 다양한 소재의 사진 그림 및 곡물로 화면을 표현했으며, 매체 탐색은 호기심과 흥미를 보여주었다. 화면에서는 선명한 색상의 보색대비로 화면구성을 나타냈다. 또한 내용 면에서 자신의 의지를 대변하는 상징적 표현으로 음식사진과 가족 이야기를 함으로써 자신의 욕구를 나타냈다. 이러한 표현은 현실적 타협으로 심리적 안정을 이루고자 하는 것으로 볼 수 있다.

다음으로 후기단계에서 나타난 참여자 A의 행동 관찰과 작품 내용은 다음 〈표 10-7〉

과 같다.

<표 10-7> 참여자 A의 후기단계 사례

단 계	후기단계		
회 기	8회기	9회기	10회기
주 제	탄생	동그라미 가족화	받고 싶은 상장
작 품			
제 목	'좋은 것이 있어요'	'가족'	'자격증'
행동 관찰 및 자기서사	달걀 워크지 콜라주 활동 중 오리기에서 머뭇거리는 모습. 욕구에 대한 상징으로 '고기'라는 표현, 사회적 소통을 하고 자신을 꾸미는 데 필요한 '돈'이라는 소재는 정서적 지지와 자신의 안정을 의식	가족을 표현한 후 집 그림은 망설이는 행동 '집'으로 표현된 소재는 후기 단계로서 본 프로그램 경험이 효과성을 나타내고 있다고 볼 수 있다.	중국말과 한국말을 자유롭게 구사. 본인의 원하는 직업으로는 동시통역사를 하고 싶다고 함. 월드컵'이라는 표현은 평소 누군가와 같이하는 것이며 축구는 혼자 하는 경기가 아니라서 친구가 많았으면 좋겠다고 함.
작품 내용	달걀표면에 단순한 색을 선택하여 파란색 글씨로 친구, 고기, 돈 그리고 좌측 상단에 사람을 막대 형태의 졸라맨이라고 함	집은 검은색으로 그려져 있으며, 가족은 손을 잡고 걸어가고 있다. 해가 좌측 상단에 있고, 하단에 가족 네 명이 손잡고 오른쪽 집으로 향하는 그림	6년 후인 2022년에는 한국과 중국을 오가는 무역회사 사장이 되어 돈을 많이 벌어서 결혼하고 부자로 살고 싶다고 했다.

위의 〈표 10-7〉에서 살펴본 바와 같이 후기단계에서 나타나는 참여자 A의 행동적 특징으로는 어릴 적 꿈이 축구선수였으며 사신은 축구를 하고 싶고, 그러기 위해서는 친구들이 많아야 한다고 하면서 사회적 고립감에 대한 아쉬움을 간접적으로 표현하는

모습이다. 또한 중국말을 잘해서 한국어와 함께 이중언어를 사용하여 동시통역사가 되고 싶다는 의견도 표현했다. 작품 내용에서는 가족, 가정, 축구에 대한 애착을 보이며, 미래의 독립적 요소도 내포되어 있다. 후기단계에서 나타난 이러한 표현에서 자신의 진정한 욕구를 현실적 접근에 비추어 현재 생활적응에 대한 노력과 미래설계에 대한 계획을 엿볼 수 있었다.

11장

명화감상융합치료 : 명화로 읽는 공감이야기*

1. 이론적 배경

1) 명화감상

(1) 명화감상의 이해

케니스(Kenneth, 1982)에 의하면, 명화는 오랜 세월 많은 사람들 사이에서 지속적인 사랑을 받고 가치를 인정받은 인류의 창작물이다. 화가가 시대정신에 입각하여 자신의 개인적인 경험을 우주적인 경험으로 승화시켜놓은 것으로서 그 속에는 개인의 가치관, 감정뿐 아니라 사회, 철학, 자연에 이르기까지 다양한 의미가 담겨있다. 아일워드

---

* 윤수진·김도경(2021)의 학술지논문 '전입신병의 명화활용 집단미술치료 프로그램 참여경험에 관한 사례연구'를 수정 보완하였음.

(Aylward, 1993)는 명화가 시대와 공간을 넘어 역사의 다양한 사건들을 보여주며 문화의 거대한 흐름과 인간 삶의 방식 및 인식의 다양성을 창의적으로 표현한 모습을 담고 있다고 하였다. 미쉘(Mitchell, 2010)은 명화가 물질적이면서 동시에 가상적인 육체를 전시하며 때로는 비유적으로 우리에게 말을 걸어 '언어가 건널 수 없는 심연'을 넘어 말없이 우리를 되돌아본다고 하였다. 즉, 명화는 단지 표면만을 보여주는 것이 아니라 보는 사람과 마주보고 있는 얼굴을 보여주는 것이라 하였다.

보는 것, 보이는 것은 인간의 의식이나 의도와 무관하게 끊임없이 자극과 영향을 주는 강력한 시감각 현상이며 자율적, 무의식적 반응(정여주, 2021)이다. 반면 본다는 행위는 자극에 단지 기계적으로 반응하는 것뿐만 아니라 대상을 의식하여 주시하는 것만을 보는 선택적 행위이다(Berger, 1972/1995). 영영사전에 '보다'의 'see'를 찾아보면 '두 눈을 통해서 지식을 얻거나 깨닫는 것'이라고 설명한다. 프랑스어 '알다' 의 'savoir'에는 '소유하다'의 'avoir'와 '보다'의 'voir'이 합성되어 있다. 반면 본다는 행위는 자극에 단지 기계적으로 반응하는 것뿐만 아니라 대상을 의식하여 주시하는 것만을 보는 선택적 행위이다(Berger, 1972/1995). 우리가 본다고 할 때는 대상을 수동적으로 바라보는 것이 아니라 적극적으로 관여하는 정신 과정이라는 점을 인식해야 한다.

아른하임(Arnheim, 1954/2003) 또한 본다는 행위는 '시각적 판단(visual judegement)'으로 '단번에 보아버리는 본질'이 있어 지식에 의한 첨가가 아닌, 즉각적으로 지각되는 통합적 요소를 지니기에 시각의 힘은 지각, 감각 또는 사고하는 것만큼 심리학적 실재성을 갖는다고 하였다(정여주, 2021). 인지심리학에서 본다는 행위는 시각적 대상인 '감각 ⇨ 지각 ⇨ 인지'라는 세 단계를 거치며 완수하는 것으로서, 보는 활동에 인식이 통합되어 있다고 본다. 즉, 본다는 것은 인지하는 것이고 본다는 행위는 곧 이해하거나 깨닫는 것이다(박휘락, 2003).

하트만(Hartmann, 1987)에 의하면 지각은 가시적인 겉모습을 통해서 내면적이며 정신적인 것 속으로 가까이 다가가는 것이라 하였다. 외면적인 것은 직접적으로 감성에 주어지며 내면적인 것을 매개하는 것이다. 우리가 사람의 얼굴에 나타나는 표정을 통하여 분노와 비애와 불신을 '본다'는 말을 할 수 있는 것이다. 퐁티(Ponty, 1962)에 의하면, 보이는 것에 속하는 보이지 않는 것, 그것은 보이는 것의 세계가 가진 하나의 빛살(rayons)에 속하는 귀속성이라 하였다. 빨강의 본질이 있다고 할 때 그것은 초록의 본질은 아니다. 그러나 그것은 원리적으로 본다는 행위를 통해서만 접근 가능한 본질이며 보는 행위가 주어지자마자 접근 가능한 본질이고 그렇게 되면 더이상 사고할 필요가 없는 본질이다. 본다는 것은 본질을 소유하기 위해 사고하는 것을 필요로 하지 않는 그런 종류의 사고라 한다. 빨강의 본질은 고등학교 때의 추억이 그 냄새 속에서 되살아나는 것처럼 빨강 속에서 발현(este)되는 것이다(남수인, 2004).

보는 것이 전제되는 감상은 주체가 어떤 대상에 관하여 스스로 관심을 갖고 미를 체험하며 판단하는 정서와 사고의 종합 활동으로써, 명화감상은 표현된 이미지를 보는 일과 동시에 작품이 갖는 의미를 느끼고 읽는 활동을 말한다. 본래 감상의 'appreciation'은 라틴어의 'appreciatis'에서 온 용어로 'appraise', 즉, 품질, 크기, 무게 등을 '평가하다, 감정하다, 값을 매기다' 등의 뜻으로 미술작품의 의미와 질, 가치를 평가하는 의미를 포함한다. 미술작품은 형, 색, 재료, 기술 등에 의하여 형성되는 시각적인 '형식'과 소재를 바탕으로 하여 나타나는 주제가 담고 있는 '내용'으로 형성되어 있다. 감상이란 일반적으로 이러한 명화의 감각적인 형식과 정신적인 내용을 맛보고 즐기는 미적 체험 활동이라 할 수 있다(박휘락, 2003).

감상의 일차적인 작용은 미적 향수이다. 오스본(Osbome, 2001)은 명화감상을 '미적 쾌락주의(appreciation as enjoyment)'로 설명하며 명화의 내용과 형식이 주는 감각적인 아름다움이나 쾌감을 음미하고 향수하는 것이라 하였다. 하지만 감상은 그것보다는 더 깊고 고차적인 정신적 가치를 지닌 활동이다. 칸딘스키(Kandinsky)는 명화에서 형태란 단지 내용(정신)의 표현 수단에 불과하다고 봄으로써 명화가 단순한 미의 창조라는 형식주의와는 대립하는 입장을 취한다. 단지 화가는 내적 필연성에 따라 형태를 선택해야 할 의무를 가질 따름이라고 하였다(Bill, 1994). 즉, 명화감상은 명화의 감각적, 현상적 층인 '전경'을 통하여 화가의 정신적 세계로서의 가치적 층인 '후경'에 깊숙하게 들어가 화가의 사상 세계와 만나 대화하는 활동이다(Hartmann, 2017).

리드(Read, 1972/2007)는 명화가 감상자를 '움직인다'고 하였다. 우리가 감상을 통해 '감동(感動)한다'는 말은 마음의 움직임이며 이러한 감동이 감상의 본질에 해당한다. 그는 이러한 마음의 움직임은 정서와 관련되며 우리가 명화를 감상할 때 자신을 작품 속에 던져 넣음으로써 그 안에서 자신의 감정들이 발견된다고 한다(정여주, 2021). 휘그(Huyghe, 1960/1983)는 감상자가 명화감상을 통해 말 없는 언어의 강력한 정서와 만나게 되고 자신의 깊은 정서 세계에 닿게 된다고 하였다. 프로이트(Freud)는 예술가란 정신 내부에 억압된 심리내용들에 대해 미적 형식을 부여하여 그들의 마음에 미적 쾌감과 신선한 의미, 내적 환상을 불러일으키는 전문가라고 하였다(Spitz, 1985). 즉, 명화는 원초적 본능과 상처를 표현한 승화의 산물이며, 감상을 통한 유사 경험의 가능성 또한 본 것이다. 또한 명화는 인간적인 감정, 욕망, 관계를 직접적으로 다루고 있어 우리의 환상을 비춰주는 거울이며 우리 경험에 반향을 일으키는 메아리로 기능한다(Cohen-Solal, 2013/2015).

감상자는 명화 앞에서 자기감정이 개입되고 판타지와 기억들은 자극을 받고 더 나아가 자신만의 생각이 시작되기 때문에 명화와 감상자 사이에 보이지 않는 비언어적 만남과 상호관계가 이루어진다. 이 만남의 과정에서 감상자의 무의식이 투사되고 역동이 일어난다(정여주, 2021). 명화감상은 명화를 매개로 화가의 삶과 만나서 대화하고 음미하면서 감상자 자신의 존재와 삶의 방식을 스스로에게 엄격히 묻고 비판하는 행위라 할 수 있다(박휘락, 2003). 때론 감상자의 무의식에 있던 어떤 내적 물음이 명화와의 대화를 통해 의식화할 수 있다. 감상자는 명화감상의 심미적 경험을 통해 자기의 의식, 전의식과 무의식의 세계를 만나는 계기가 되면서 '발견의 기쁨'과 '자기 인식', '자기 이해'를 넓히는 정신적 성장을 한다(정여주, 2021). 즉, 명화감상은 인간과 인간의 만남에서 일어나는 '공명'이고 '감동'이며 명화와 화가를 초월하여 자신을 새로운 존재로 생성시키고 주체적이고 적극적인 자기 창조활동이다(박휘락, 2003).

또한 명화감상은 감상자의 내면을 흔들어 기존의 시각에 많은 물음과 영감을 얻게

호모 내러티쿠스: 인문융합치료의 이해

한다. 쿠치바흐(Kutshbach, 1996)는 화가의 내적 시선, 세계관, 상상, 창의력을 통해 감상자는 명화 앞에서 한번도 보지 못한 신세계를 만남으로써 명화감상은 감상자의 선입견이나 편견을 깨는 각성의 순간이 되며 감상자를 정신적 성장으로 이끄는 미적 체험이 된다고 하였다(정여주, 2021). 바르트(Barthesss, 1966)는 스투디움(studium)과 대비되는 푼크툼(punctum)에 대해 언급한 바 있다. 스투디움이라는 전제되고 코드화된 맥락과 대비되는 푼크툼은 익숙한 맥락을 깨뜨리는 이질적인 그 무엇이다. 진부하고 정답으로 전해지는 과거의 그 무엇을 그저 받아들이는 것이 아니라 어떤 깨달음, 나 자신에 의한 발견으로서 감상은 이루어진다. 이해나 지식, 판단과 평가 혹은 그 근거 등으로 묘사되는 것 같은 감상자의 경험이 아니라 감상자를 찌르고 관통하는, 살아있는 감성에 의한, 마치 벼락을 맞는 것 같은 강렬한 체험이 감상의 본질이다(류지영, 2018).

반면 예술심리학자들에 따르면 명화감상은 객관적인 요인과 주관적인 요인, 즉 작품의 특성과 개인의 특성이 상호작용하는 가운데 이루어진다고 한다(Feist & Bachotka, 1979). 객관적 자극으로서의 명화, 주관적 감상자로서의 개인, 그리고 명화를 감상하는 시공간적 맥락이 추가된 복합적인 상호작용이 명화감상과 연관되어 있다(Leder, 2011). 뷔고츠키(Vygotsky, 1925/1987)에 따르면 인지적 통찰과 정서적 정화는 미술 체험의 두 축으로 이 둘은 통합되면서 미적 경험을 구성한다고 한다. 만약 명화감상이 인지만을 포함한다면 무미건조한 논문을 읽는 것과 다를 바 없고 반대로 정서만을 포함한다면 삶의 통찰이나 의미를 던져주지 못하는 환각이나 백일몽과 다를 바 없기 때문이다(안지연, 2014).

즉, 명화는 '보는 것'이기도 하며 '읽는 것'이기도 하다. 보는 것은 작품의 형식적인 요소를 중심으로 보아 감흥을 느끼는 것이고 작품을 읽는 것은 작품의 내용, 맥락적 지식, 작가의 의도 등을 읽으며 작품의 감흥을 더 잘 느끼는 것이다. 명화를 하나의 과제(text)로 상정하고 우리에게 주고 있는 메시지인 기호를 전체적인 맥락(context)에서 읽어나가는 것이다. 명화는 형식이라는 언어로 감성을 일으키며, 지성에 호소하여 의미를 구성하는 내용을 부르고, 또한 감정에 호소하여 감상자의 참여를 자극한다.

즉, 감성적이고 감정적이며 지적인 영역은 그들의 상보작용의 복잡함에서 풍요로움을 더하게 된다. 따라서 명화와의 감정 소통은 한 눈에 반하는 식으로 어느 한 순간에 이루어지기 보다는 꾸준한 학습에 의한 것이라 할 수 있다.

(2) 명화, 화가, 감상자와의 관계

화가와 감상자 간의 전달(커뮤니케이션)구조는 '화가-명화-감상자'란 세 요소로 이루어진다. 이전까지 감상의 이론이나 방법 탐색은 주로 '화가-명화'의 두 요소에 집중되어 있었다. 명화감상에 있어 감상자가 명화와 대화해야 할 구체적인 과제와 길을 화가와 의도에만 맞추려는 방법은 감상자의 자유로운 상상을 제한하고 명화를 주체적 의식에서 볼 수 없게 시야를 좁게 한다. 명화를 '위대한 작품'으로 인식함과 동시에 경배의 대상으로 다가와 작가의 의도만을 찾는 데 급급하게 만들 것이며 자유로운 해석과 판단을 허용치 않을 것이다. 이른바 이 명화는 누구누구의 작품이란 생각으로 위대한 화가=위대한 명화이란 감상으로 꼼짝없이 얽어매어 놓을 것이다(박휘락, 2003).

자우스(Jauss)는 그와 같은 감상방법은 작품을 보고 느끼는 독자의 능동적인 역할의 가치를 논하지 않는 모순과 한계가 있음을 지적하였다. 그는 이를 극복하기 위해 '작가-작품-독자' 중심의 작품해석 과정에 집중, 작품해석에 있어 독자가 차지하는 역할의 위상을 높이고 작품과 독자의 소통을 중시하는 수용미학(Aesthetics reception)을 정립하였다(김천혜, 1998). 수용미학은 1960년대 말 서독의 문예학에서 자우스, 인가르덴(Ingarden), 이저(Iser)에 의해 제기된 예술비평이론 가운데 하나로(차봉희, 1985). 수용미학이 명화 감상에 도입된 것은 1980년대 켐프(Kemp)와 알퍼(Alpers)에 의해서이다(박휘락, 2003). 켐프는 이저가 수용미학에서 독자를 '암묵적 독자'라고 하듯 그도 미술에서 '암묵적 감상자'의 존재를 부각시킨다. 이것은 명화의 의미와 가치가 작품 속에 '내재'한다는 생각에서 벗어나 명화의 의미와 가치는 '명화'와 '감상자'의 상호작용 관계에 의하여 생산된다는 미학으로 발전하게 된 것을 뜻한다. 즉, 명화에 대한 의미 구성은 雙방향의

호모 내러티쿠스: 인문융합치료의 이해

과정이며 그 과정에 있어서 감상자의 역할이 중심을 이룬다는 것을 의미한다(박휘락, 2003).

로이테리쯔(Leuteritz, 1997)는 명화란 능동적으로 인지하는 주체가 없이는 음, 철자, 색과 다른 재료들을 단순히 모아놓은 것에 불과하다며 명화감상은 명화와 화가, 감상자 사이의 복합적 상호활동을 통해 이루어지는 것이라고 언급한다. 피카소(Picasso)도 작업을 하면서 자신의 생각에 따라 작품이 변하며 작품이 완성되어도 그것을 보는 감상자의 감정 상태에 따라 변한다고 하였다. 작품은 감상자를 통해서만 생명을 가지기 때문이다(Klee, 1991). 로스코(Rothko) 또한 작품은 사람과 교감함으로써 존재하는 것이며 감상자에 의해 확장되고 생장한다고 말했다(Baal-teshuva, 2006). 즉, 감상의 주체가 되는 감상자의 의식, 심리적 상황 및 의지 등과 작품과의 상호작용 과정을 거쳐 작품이 재탄생하는 것이다(정여주, 2021).

인가르덴은 문학작품을 다중적인 구조물로 보고 각 층에는 아직 확실한 의미가 표현되지 않아 채워져 나가야 할 '틈'이 있다고 여기며, 이것은 독자의 구체화 과정을 통해 채워진다고 보았다. 이로써 독자는 독서행위에서 텍스트를 구체화함으로써 불확정적인 틈을 채워나가고 작품의 의미를 풍부하게 하면서, 스스로 작품의 내용에 관여하는 '내포독자(impliziter Leser)'가 된다고 하였다(차봉희, 1985). Iser는 작품이란 작가에 의해 탄생된 예술성과 독자의 심미적 경험(aserheric experience)을 함께 공유한다는 것으로 보았다. 작품해석 과정이 개방된 상태일 때 텍스트의 본질을 더 잘 알 수 있고 변형 및 창작의 기회가 더욱 촉진되어 다양한 의미 파악이 가능하다고 보았다. 즉, 진정한 독서란 단순히 작품의 의미가 무엇인지 파악하여 지식화하는 것만이 아니라, 독서행위에서 개인의 이해, 경험, 욕구 등을 바탕으로 상상력과 창의력을 발휘하여 새로운 의미를 생산해야 한다는 것이다. 이러한 독자의 독서 행위에 의해 텍스트의 의미가 재편성되어 또 하나의 심미적인 작품이 만들어진다는 것이 그의 입장이다(김지원, 2019).

명화감상 또한 감상자의 주도적인 지적·감성적 활동을 통해 명화 속에 내재된

다양한 층위의 틈들을 채워가면서 이전까지 경험하지 못한 것을 경험하도록 하다. 이러한 틈은 감상자에게 다양한 선택과 해석의 가능성을 제공하며 사고를 열어 유연성과 포용력을 발휘하게 해준다. 명화에 대한 열린 해석은 새로운 의미의 재생산이고 재창조이다(박미화, 2004). 명화의 불완전성이라는 것은 어떠한 결함이나 실책에 기인하는 것이 아니라 그보다는 관조자나 해설가나 감상자의 환상을 통해서 채워지고 충족되어야 할 어떤 무규정성과 일반성에서 비롯되는 것이다. 이와같이 능동적으로 받아들이는 활동을 수용하는 감상자는 명화를 단순한 수용의 상태에서 한 단계 끌어올리는 것이다(Hartman, 1987).

바르트는 저자의 죽음을 말했다. 그리고 저자의 죽음이 이제는 감상자의 탄생으로 이어지게 된다(류지영, 2018). 우리는 화가가 명화를 창작하는 과정은 능동적으로 생각하고 이를 감상하는 것은 수동적인 행위로 생각한다. 그러나 명화란 화가의 표현에서 완성되는 것이 아니라 이를 매개로 감상하는 사람에 의해서 완성되는 것이므로 감상도 능동적인 미적 창조활동이라 볼 수 있다(김흥숙, 2004).

(3) 명화감상의 치료적 특징

여러 학자들이 언급한 명화감상의 치료적 특성은 다음과 같다.

첫째, 명화는 우리에게 감동을 준다. 하트만(1987)에 의하면 명화가 존속한다는 것은 사람들에게 두고두고 용기를 북돋아 주고 감동을 주기 때문이라고 하였다. 단토(Danto, 2004) 역시 명화의 치유 효과는 사람들을 감동시키는 것이고 이것이 전부라고 하였다. 로이테리쯔(1997)는 오랜 세월 동안 화가들이 미적 지각을 통한 치료에 이바지했음을 밝히며 명화에는 합리적으로 절대 해독할 수 없는 그 무엇이 작동하는데 이는 명화가 감상자의 영혼에 직접적으로 심금을 울리기 때문이라고 강조한다(정여주, 2021). 쇼펜하워(Schopenhauer, 1859/2019)는 명화감상을 통해 화가의 내적 힘이 감상자에게 감동을 줄 수 있다고 하였다. 이러한 내적 힘과 감동은 고통받거나 삶의 위기에 처한 감상자를

호모 내러타쿠스: 인문융합치료의 이해

치유한다. 이러한 감동으로 감상자가 화가와 심리적으로 하나가 되는 상태가 되면 감상자에게 공감과 위로를 제공하며 나아가 내담자의 심리적 피난처가 된다(정여주, 2021).

둘째, 명화는 의사소통의 기능을 한다. 윈너(Winner, 1982/2004)에 의하면 철학자와 심리학자는 예술의 기능이 의사소통이라고 공통된 견해를 피력한다. 프로이트 또한 예술이 지닌 가장 중요한 가치를 의사소통에 두었는데 의사소통이란 작가가 자신의 심리 내부에 자리한 환상을 실체화시킴으로써 감상자의 무의식을 건드려 공명을 불러 일으킨다는 것으로 이해된다(조두영, 1999). 명화에 의해 전달되는 것은 화가가 무엇을 어떻게 표현하고자 했는가 하는 그 심적 과정으로 감상자는 명화를 능동적으로 인지하는 주체가 되어 화가의 심리적·정신적 상황을 받아들여 그와 내적 대화를 한다. 이때 명화는 감상자에게 심리적 거울과 같은 역할을 한다. 감상을 통한 이러한 시각적 소통은 내담자의 무의식이나 전의식에 있거나 잊었던 내용이 플래시백 되어 심리적 소통의 물꼬를 틀 수 있다(정여주, 2021).

셋째, 명화감상은 카타르시스를 제공한다. 카타르시스는 본래 인간이 억눌렀던 것, 억압된 것들이 눈물과 울음을 쏟아내면서 우리의 정서를 자극한다(조요한, 2003). 명화감상은 명화 속 인물에 자신의 감정을 이입해 봄으로써 내면의 억압된 감정의 발산을 도와준다는 점에서 치유의 실마리를 찾을 수 있다(김선현, 2006). 쉐프(Scheff, 1972)는 명화감상에서 경험하는 카타르시스는 '안전한 환경에서 과거의 정서적 위기들을 재경험하는 것'과 감상자가 '작품과 거리를 두고 감상함으로써 자기 생각과 느낌, 감정과 기분의 균형을 이룰 수 있을 때' 가능하다고 한다. 감상자는 명화를 통해 투사된 자신의 심리적 정서적 상황이 무의식적으로 표출됨으로써 자신의 억압된 문제를 의식하거나 표출할 기회를 가질 수 있으며 이는 감정의 순화, 정서의 정화를 가져온다(박정선, 2020).

넷째, 명화감상은 자기이해인 동시에 타자 이해 활동이다. 마티스(Mattisse)는 감상자가 화가가 표현한 정신과 내적 비전을 음미하고 소통하며 내면화하는 체험을 하게 된다고 하였다. 감상자가 명화 앞에서 자기 존재와 만나 자기 인식을 하고 자신을 드러내는 행위로서 감상자는 명화와 마주할 때 모호했던 자신의 감정이나 심리적 역동을 인식하거나 발견하고 통찰한다(정여주, 2021). 명화에 나타난 화가의 경험과 정신 세계에 대한 능동적인 발견과 이해를 통해 자기 내면의 관조, 내적 욕구와 의도를 파악하고 해소하는 것으로 치료적 변화가 가능해진다(박정선, 2020). 또한 명화감상을 통하며 타인(작가, 민족, 풍토 등)의 작품과 문화를 받아들여 이해하고 수용하며 타인의 생각과 행동을 존중하고 삶에 대한 새로운 시각을 받아들이는 태도를 가질 수 있다(김명신, 2003). 즉, 명화감상은 취미나 미적 취향을 넘어 인간 실존과 나아가 환경과 사회화의 관계에 대한 성찰로 연결될 수 있다(황진영, 2011).

다섯째, 명화감상은 재창조의 역할을 한다. 화가는 새로운 인간상, 새로운 세계관과 감정 등을 예술적 수단을 빌어 명화에 관철시키려고 부단히 노력하기(정여주, 2021) 때문에 명화는 화가의 새로운 창조 세계, 새롭게 탄생한 하나의 우주 세계이다. 명화감상에 의한 재창조는 감상자의 정신적 내면에서 형성되는 자기 자신의 새로운 창조임을 뜻한다. 화가의 세계관을 감동적으로 감수하고 이해한다는 것은 자기를 새롭게 창조하고 한층 더 높은 차원의 자기 형성의 계기를 마련해주는 것과 같은 것이다(박휘락, 2003). 감상자는 명화감상을 통해 화가의 창조적 생산에 동행하면서 자신의 내면에 있는 창조적 자원을 탐색할 수 있다. 이를 통해 감상자는 자기 삶을 창의적으로 변화시킬 수 있다.

2) 명화감상 집단미술치료와 내러티브

(1) 명화감상 집단미술치료의 이해 및 치료적 요인

윈너(Winner, 1982/2004)는 예술에 대한 정신분석 이론은 예술이 바로 심리치료와 연결됨을 밝힌다고 하였다. 로이러리쯔(Leurerirz, 1997)는 미술의 지각 및 수용과 그에 대한 의식적인 논쟁인 수용미학에 근거하여 미술치료에서도 명화 감상이 치료 방법이 될 수 있다고 하였으며 정여주(2021)도 명화감상을 화가, 명화, 감상자 사이의 복합적인 상호활동을 통해 이루어지는 것이라고 보며 창의적 작업을 하는 화가뿐 아니라 예술을 수용하는 감상자도 화가의 심리적·정신적·영적 상태를 받아들이고 그와 대화하는 소위 '훌륭한 창의적 생산'을 하는 것이라 하였다. 이에 미술치료에서도 그림을 그리거나 조형 활동을 하는 것뿐만 아니라 명화를 수용하고 감상하는 것을 치료적 목적에 적용할 수 있다고 하였다.

지금까지 명화감상은 예술의 표상이 감성적이라는 전통적인 인식으로 인해, 개인의 주관적 경험을 감각에 의존하여 표현한 느낌과 결부된 창작물로 간주되었다. 이는 서구문화에서의 강력한 철학적 이원론이 마음을 신체에서, 인지적인 것을 정서적인 것에서, 실재적인 것을 상상적인 것에서 그리고 과학을 예술에서 분리시킨 결과이며, 이로서 명화감상은 인지적 수단보다는 감정을 정화하고 정서 표현을 활성화하는 정의적 수단이 되었다(이모영, 2019). 이 같은 인식론에 의문을 제기한 쉐플러(Scheffler, 1986)는 '인지가 감정으로부터 깨끗이 잘려 나와서 과학이라는 분야에 배당될 수 없고 감정이 인지적 시도에 항상 적대적이지도 않을 뿐만 아니라 우리의 인지가 일반적으로 감정적 개입으로부터 자유롭다고 결론지을 수도 없다고 하며 인지와 정서가 결부되어 인간의 심리 성장에 기여함을 일찍이 지적했다(이주하, 2007). 이는 명화가 단지 취향과 관련된 정서 활동으로 머물지 않고 개인의 삶에 대한 관점을 변화시키는 치료 매체로 작용할 수 있다는 것에 착안되었으며 상담 과정에서 내담자는 명화에 나타난 화가의 경험과 정신세계에 대한 능동적인 발견과 이해를 통해, 자기 내면의 관조에 의한 치료적 변화를 얻을 수 있다는 것이다(박정선, 2020).

또한 미술 활동을 통한 인지 변화의 경로를 파악하고자 하는 학제 간 연구가 이루어지면서 미적 경험에 의한 정서가 인지에 미치는 영향 및 상호연관성이 경험적으로 확인되어 '체화된 인지이론'이 구축되었다. 윌슨(Wilson, 1995)은 우리가 지식을 습득하고 이해하는 것이 항상 언어적으로 명료하게 설명되거나 이성과 사고만을 강요하는 것은 문제가 있다고 보았으며 인지가 몸에 근거하고 있다는 입장을 전개한다(이정모,

2009). 그가 밝히는 체화된 인지란, 신체 경험을 하나의 수단으로 활용하여 정보를 처리 및 기억하고 표상화하는 것을 의미한다. 이는 이성적이고 논리적인 마음의 측면 그 이상을 보아야 한다는 것으로써, 우리의 신체를 통한 감각적 경험인 보고, 듣고, 만지는 등의 인간과 환경 간의 상호작용에 의한 이해와 소통이, 인지(마음)를 구성한다는 것으로 이해될 수 있다(Varela, Thompson & Rosch, 2013). 미술치료에서는 내담자가 외부 환경이자 구체적 대상인 매체의 다양한 특성을 보고 만지며 듣고 그리며 조작하는 감각 체험, 감각 운동을 통한 실제적인 활동과 작품을 통해 심리적 역동이 일어나게 한다(정여주, 2021).

미술작업이 지닌 창조적 에너지에 집단응집력 미술작업이 결합된 형태의 집단미술치료는 미술치료의 정서적 속성을 그대로 반영하여 집단이라는 힘이 더해져 구성원들이 감정이입과 공감을 주고받는 집단구성원 간의 상호작용은 지지, 보살핌, 직면 등 개인치료에서는 기대할 수 없는 잠재적인 치료 효과를 거둘 수 있다(한영의, 2018). 집단미술활동을 통한 창작과정은 혼자가 아닌 두 사람 이상이 함께 노는 놀이가 되어 자기표현과 집단구성원들 사이에 새로운 관계를 형성시켜준다. 놀이는 신체성을 지닌 인간 개별자가 자발성과 흥미를 갖고 긴장에서 벗어나 감정을 공유하며 공동의 삶을 체험하게 하며 놀이 자체가 치료라 할 수 있다(Winnicott, 1992). 미술활동 자체를 통한 소통은 갈등을 해소하고 긍정적인 변화를 주며 계속해서 치료와 성장으로 이끌 수 있는 새로운 개념을 형성시킨다(Malchiodi, 2007).

이에 명화감상 집단미술치료의 치료적 특성은 다음과 같다.

첫째, 자기방어를 완화한다. 위너(Winner, 2004)는 내담자가 명화감상을 통해 자신의 금지된 소망을 무의식적으로 충족한다고 한다. '명화를 창작하는 일과 감상하는 일 모두 금지된 소망을 충족한다'라는 그의 입장은 명화가 방어기제 완화와 연결되어 있다는 것을 보여준다(정여주, 2021). 이처럼 내담자는 명화를 통해 자신의 억압이나 금지된 소망, 즉 초자아의 통제를 무의식적으로 투사하면서도 미술활동을 통한 작품이 자신을 대신 표현해주어 자신의 감정이나 의도를 직접적으로 드러내야 한다는 위협을 줄여줌으로써 안정적으로 치료 환경과 활동에 접근할 수 있다(박미화, 2004; 최혜린, 2018).

둘째, 자기표현의 동기를 유발한다. 명화감상 집단미술치료에서 명화감상이 선행될 경우 미술활동에 두려움이나 거부감을 갖고있는 내담자에게 자발적 동기를 유발시킴으로써 미술활동에 안정적으로 접근하게 된다(이상화, 2009). 명화감상은 내담자에게 화가의 메시지를 받아들이고 내면화하여 자신만의 미술활동의 동기가 된다(이상화, 2009). 즉, 명화감상은 표현의 근원적 에너지가 되기도 하고 또한 표현 세계의 폭을 확대시키고 질을 심화시켜주는 것이다(박휘락, 2003). 허버혼즈와 한슨(Herberhorz & Hanson, 1995)은 명화감상 후 이루어지는 미술표현 활동은 단순한 모방의 과정이 아니라 감상 과정을 구체화하는 재해석의 과정이라 하였다. 감상과 표현은 본래 표리일체의 관계에 있을 뿐만 아니라 상호 상승 작용의 효과성을 가진다고 볼 수 있다(유구종 외, 2003).

셋째, 감정표출을 돕는다. 명화는 감정의 표출을 유도하는 매개물로 명화감상을 통한 감정이입은 자신에게 억제되어 있던 부정적 감정들을 표출할 수 있도록 돕고(조문영, 2013) 명화를 통해 투사된 자신의 심리적, 정서적 상황이 무의식적으로 표출됨으로써 억압된 문제를 의식하거나 표출할 기회를 가질 수 있다(정여주, 2021). 미술이라는 안정된 공간 안에서 내면에 축적된 것을 배출하여 심리적으로 정화된 카타르시스를 느끼며(천지혜, 2011) 명화감상으로 표출되는 내용을 통해 내적 욕구와 의도를 이해하고 해소하는 것으로, 치료적 변화가 가능해진다(박휘락, 2003).

넷째, 창조의 기쁨을 준다. 창조에는 상당한 치료적 의미가 있다(Heidegger, 1962; May, 1967; Storr, 1993). 메이(May, 1967)는 미술은 창조적 노력에 힘을 주는 것이고 창조적 과정은 자아의 표현이며 실존적 갈등을 직면시킨다고 확신하였으며 창조성이 정신건강의 핵심이라고 믿었다. 또한 베르그손(Bergson, 1920)은 즐거움이 있는 곳은 어디나 창조가 있다고 하였다. 창조적이라는 것은 스스로의 힘과 언어로 자기 존재를 만나고 구성하는 것이며 명화 감상은 미술치료의 창조성을 이끌어 낸다. 창의적 과정은 자신의 삶에 대한 자신감을 주며(Bachmann, 1993) 성취감과 자기성찰(Riedel. 1992/2000), 삶의 주체가 되게 한다(Beuys, 1991).

다섯째, 내담자, 치료사, 집단원 간 소통을 돕는다. 명화감상 집단미술치료에서 명화는 내담자 자신만이 아니라 내담자와 치료사, 집단원 사이의 관계 소통에도 매개가된다(정여주, 2021). 내담자는 우선 명화감상을 통해 내적인 의사소통을 하며 이후 자기감정 및 의식에 관해 치료사 및 집단원과 대화하는 과정을 거친다. 이는 내담자가명화감상을 통하여 자신에게 투사된 내용을 재작업하는 과정에서 무의식적으로 자기내면과 의사소통을 하고 치료사와 집단원과 작품에 관하여 대화하는 의사소통 과정에서 자신에 대한 의식화가 이루어진다. 내담자의 미술활동과 내담자와 치료사 및 집단원들과의 작품 감상이 필수적인 과정인 미술치료에서 작품의 이러한 소통은 치료의전체 과정을 성공적으로 이끄는 중요한 기반이 된다(정여주, 2021).

여섯째, 문제해결력과 정체성 함양을 돕는다. 미술치료에서 내담자는 명화를 감상하며 자신의 욕구, 잠재된 자원과 에너지를 발견할 기회를 얻고 명화와 관련된 주제, 정서 등을 자신의 표현으로 재구성하는 미술표현 활동을 함으로써 자기 상황을 이제까지와는 다른 방법으로 접근하거나 극복할 융통성과 힘을 얻는다(정여주, 2021). 다른내담자의 작품을 감상하고 이야기를 나누며 문제해결을 위한 다양한 접근 방법에대한 아이디어를 얻기도 한다. 이러한 과정을 통해 감상자는 건설적 에너지를 얻게되고(Kramer, 1998) 문제해결력도 향상된다. 또한 자신이 작업을 하는 것은 자신의 자율성, 자아성찰, 기억 등으로 자아를 표현하는 정체성 함양과도 연결되며 명화와 화가, 집단구성원들, 치료사와의 상호적으로 이야기를 나누면서 자신의 정체성을 변화시키고 새롭게 해석하게 된다(김영애, 2015).

(2) 명화감상 집단미술치료와 내러티브와의 관계

도널드(Donald, 1988/2010)에 의하면 언어는 우리가 인간이라는 독특한 존재를 표현하게 해주는 요소이며 공동체의 산물인 동시에 개인의 소유물이라고 언급하고 있다.

호모 내러티쿠스: 인문융합치료의 이해

그것은 우리가 세계를 의미 있는 것으로서 표현할 때 언어가 매개물로 작용하기 때문이다. 인간이 사용하는 언어의 양식에는 여러 가지가 있으나 사회·역사적 삶에서 경험하는 사건이나 체험을 이해하고 전달하는 효과적인 도구가 되는 것은 바로 이야기를 통해서이다(강현석, 2005). 누구든지 사람들이라면 이야기를 통해서 자신의 존재를 드러내고 자신의 삶을 표현하며 정체성을 드러낸다. 이야기란 우리의 내적 자아가 외부세계와의 관계 속에서 빚어내는 자기 해석의 틀이다(May, 1991). 사실 우리는 이야기하기를 통해서 우리 자신과 타인 그리고 이 세계와 관계성을 맺고 있다(김영애, 2015).

이처럼 인간은 의사소통의 수단으로서 이야기, 즉 내러티브를 자연스레 구성하며 경험과 언어를 더욱 의미 있게 연결해나가고 있다. 강현석(2005)은 내러티브란 인간이 삶을 해석하는 데 있어 인간이 경험하는 사건, 인물, 행위, 감정과 정서, 의도와 생각, 상황과 장면 등을 총체적으로 통합시켜 주고 특정 경험이 이루어지는 맥락 속에 위치시켜 주는 인식의 틀이라고 정의한다. 인간 삶의 다양한 경험을 의미있는 관계성을 맺을 수 있게 즉, 유의미하게 연속되는 이야기를 표현한 것이며 이러한 이야기를 개인의 경험을 토대로 재해석하여 새로운 의미를 구성해나가는 사고방식이라고 정의할 수 있다. 우리는 이야기의 사실성을 떠나서 그것이 우리의 삶과 관계된 것이라는 강한 연결성으로 인해 이야기 속에 몰입되고 이러한 이야기 속에서 우리는 감정의 카타르시스를 경험할 뿐만 아니라 수없이 많은 삶의 정보를 얻게 된다. 또한 이야기 속에서 새롭고 창조적인 예술적 영감을 받기도 하며 이러한 이야기들은 시간을 거슬러 다양한 방식으로 재창조된다(박성희, 2011).

명화감상은 명화의 정지된 화면 속에서도 인물, 상징물, 의상, 배경 등을 통해 지각적이고 감각적으로 느낀 것을 상상적 내러티브로 산출할 수 있다(김미영, 2008). 감상자는 마치 수수께끼를 풀어가듯 명화의 내러티브를 추적하며 감상하게 된다. 이는 미술만의 독창적 내러티브의 가능성을 제시한다(류한승, 2007). 망겔(Manguel, 1994/2004)은 우리가 보는 것은 우리 자신의 경험에 의해 해석된 것이라 하였다. 즉, 명화의 이야기에 무한한 생명력을 불어넣으며 자신의 이야기로 바꾸어 간다는 것이다. 시각예술의 내러티브에 대한 설명은 보통 이미지가 어떻게 서술할 수 있는가 라는 문제에 초점을 맞춘다. 이미지는 통일되어 있지 않으며 역동적인 과정으로 볼 수 있다. 감상자는 명화 주위를 움직이면서 다양한 위치에서 자신의 시선을 정박한다. 이 위치들은 다원주의적 시각이 옹호하는 대안적인 위치일 뿐 아니라 서로 얽혀있고 끼워져 있는 위치들이기도 하다(민병진, 2009).

설리반(Sullivan)은 의식과 무의식, 그로 인한 정신분석, 정신치료의 내용들은 모두 우리가 살아가는 것에 대한 이야기로 돌아가는 것이라고 하였다(김효정, 2016). 미술치료는 비언어적인 미술매체를 사용한 창의적인 조형 활동을 통해 개인의 감정을 미술작품으로 표현하며 그것을 내러티브로 표출하게 한다. 미술치료에서 미술은 언어로 명료화하기 힘든 자신의 무의식적 사고를 시각화함으로써 무의식적 방어와 왜곡, 부정적 정서까지도 자유로이 드러나게 한다(박민정, 2021). 미술치료에서 나타난 자신의 작품은 자신만의 세계를 구축하는데 기여할 뿐만 아니라 구상성 공간에서 자신의 내면세계를 들여다보고 자각할 기회를 제공한다. 이러한 '그림언어'는 자신만의 고유한 언어화를 통해서 능동적 의사소통과 창조적 결과물을 유도한다(김진아, 2016). 이러한 체험들은 그 어떤 예술이나 상담학의 이데올로기를 벗어난 지극히 존재론적인 이야기를 담고 있다. 나는 그저 있는 그대로의 나를 받아들임의 이야기였다. 새로운 나로서 발아하는 '나아(裸芽)'의 이야기이다(김효정, 2016).

또한 미술치료 장면에서 자신의 작품은 언어 즉, 표현과 소통의 수단이 된다. 명화 감상 집단미술치료에서 명화와 자신 및 참여자의 작품을 감상하는 가운데 참여자들은 서로 이야기를 주고받으며 대화의 지평을 연다. 이야기를 나누는 과정에서 느낌과 생각이 다른 타자들의 감정을 인식할 수 있고 감정을 공유하여 집단 간 대화의 존재 지평이 넓어지며(김영애, 2015) 자신의 내러티브가 확장되는 경험을 한다. 이렇게 이야기하기는 나=세계(공간성), 나의 과거 – 현재 – 미래(시간성)라는 주제를 중심으로 의미화하는 실존적 의미 구성의 과정이며, 인간은 실존적 내러티브를 통해 자신의 삶의 의미, 가치, 목적을 끊임없이 생성해 나간다(김영애, 2015).

2. 명화·미술융합치료 프로그램 개발

1) 프로그램 개요

(1) 프로그램 목표 및 개입 전략

본 연구는 전입신병의 군 생활 조기 적응을 목표로 한다. 전입신병은 군 조직의 위계적인 특성과 비자발적인 입대, 단체생활에서 오는 스트레스로 인해 심리적 어려움을 경험하고 있다. 이에 본 연구의 세부 목표는 다음과 같다. 첫째, 자기표현을 촉진하여 위축되거나 억압되지 않고 자신을 표현함으로써 긍정적 자아정체감을 형성하고 원만한 의사소통을 할 수 있도록 돕는다. 둘째, 심리적·정서적 갈등을 안전하게 표출함으로써 부정적인 정서를 완화하고 긍정적인 정서를 강화한다. 셋째, 자신의 경험을 탐색하고 의미를 찾아가며 자기성찰을 한다. 넷째, 전입신병 간 상호작용을 통해 타인을 이해하고 수용하여 상호지지를 경험한다. 다섯째, 내적 자원을 발견함으로써 자기지지의 힘을 키운다. 이상의 목표는 [그림 11-1]과 같다.

이와 같은 목표를 위해 본 연구에서는 다음과 같은 여섯 가지 개입전략을 설정하였다. 첫째, 명화감상을 통한 감정이입으로 다양한 정서를 경험하게 하고 미술에 대한 호기심을 유발한다. 둘째, 개방적이고 허용적인 분위기 속에서 공감·지지해주며 긴장을 완화한다. 셋째, 개인 활동과 더불어 소그룹, 중그룹, 대그룹의 집단활동을 통해 긍정적인 상호관계를 증진시킨다. 넷째, 매 회기 다양한 매체를 활용하여 감정과 인지를 자극하고 흥미를 갖게 하며 미술활동의 몰입으로 일상에서 벗어나 here and now를 느끼며 창의성, 자발성, 자기만족을 느끼게 한다.

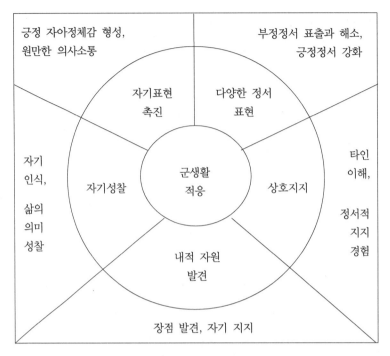

[그림 11-1] 프로그램 목표

(2) 프로그램 구성

① 전체 프로그램 단계

본 연구의 집단미술치료 프로그램은 총 10회기, 회기당 90분의 구조화된 내용으로 구성하였다. 집단의 형식은 연구참여자들이 자신의 경험을 진솔하게 표현하고 개방하기에 용이한 폐쇄집단으로 운영하였다. 프로그램의 단계별 목표는 다음 〈표 11-1〉과 같이 3단계로 구성하였다.

〈표 11-1〉 단계별 목표

단계	회기	목표
1	1~3	라포형성, 자기표현
2	4~8	정서표현, 자기이해, 타인이해, 상호관계 형성
3	9~10	공동체의식 함양, 긍정적인 자아상과 미래상 형성

1단계는 1~3회기로 치료사와 연구참여자, 연구참여자 간의 라포를 형성하고 자신에 대해 탐색하는 것을 목표로 한다. 집단미술치료에 대한 낯설음을 없애고 치료사, 연구참여자와 신뢰감을 형성하며 내적 흥미를 유발한다. 또한 지지적인 분위기에서 자신에 대한 표현과 탐색을 시작하는 기회가 되도록 하였다.

3단계는 4~8회기로 연구참여자 간의 상호작용 속에서 나를 탐색하며 자기 이해와 타인 이해를 목표로 한다. 초기의 내면 표현에서 발전하여 깊은 감정을 수용할 수 있도록 유도하고 자신의 잠재력과 자원을 탐색하고 집단활동과 타인에 대해 생각해봄으로써 타인이해를 돕는다.

4단계는 9~10회기로 중기에 표출했던 정서를 안정화하고 감정을 긍정적으로 승화하는 작업을 통해 감점을 내재화하고 이를 연결하여 연구참여자가 자아에 대한 변화적 관점을 시도할 수 있도록 하였다. 또한 연구참여자 간 집단 안에서의 수용, 정서적 지지와 성취감을 통해 대인관계에 대한 새로운 가치관을 확립하여 긍정적 관계의 내면화를 고무시키고자 하였다.

② 각 회기별 단계

본 연구의 각 회기별 진행단계는 도입, 감상, 미술활동, 나눔, 정리의 5단계로 진행되었으며 각 회기의 주제에 따라서 차이는 있지만 대체로 도입 5분, 명화감상 10분, 미술활동 25분, 나눔 40분, 정리 10분 정도로 시간을 안배하였다. 이상의 각 회기별 진행 단계는 [그림 11-2]와 같다.

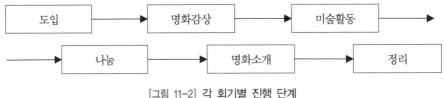

[그림 11-2] 각 회기별 진행 단계

도입단계에서는 연구참여자가 현재 상태와 기분 등 개인적인 일들에 대한 의견을 나누는 시간을 가짐으로써 긴장을 풀고 편안하게 집단미술치료에 참여할 수 있는 분위기를 조성하였다.

감상단계에서는 각 회기 주제에 적합한 명화를 감상하고 느낀 점을 간단하게 표현하였다. 명화는 한 개 또는 여러 개의 명화를 제시할 수 있으며 여러 개의 명화를 제시할 경우 한 작품씩 함께 보면서 작품이 주는 느낌을 탐색한 후 다른 작품으로 이동하였다. 연구자가 명화를 보여주는 방법은 화가의 소개보다는 명화에 집중하여 감상하도록 유도하였다. 곰브리치와 리드(Gombrich & Read)도 명화를 온전히 감상하기 위해서 화가나 작품에 대한 지식으로 인한 선입견을 품지 않을 것을 강조한 바 있다.

미술활동 단계에서는 명화감상으로 야기된 심리적 정서적 자극과 영향을 자신만의 주제, 기법 등으로 자율적이고 창의적으로 표현하게 하였다(정여주, 2021). 명화감상 미술치료에서 미술활동은 명화감상에서 유도되어야 하고 명화를 활용한 활동이어야 한다. 미술활동은 명화를 활용한 활동으로 동일한 주제로 표현하기, 동일한 기법으로 표현하기, 동일한 모티브로 표현하기, 명화의 내용 요소와 형식요소를 재해석하여 자기 나름대로 표현하기, 편집된 명화에 표현하기, 명화에 내용 첨가하기 등으로 구성하였다.

나눔 단계에서는 미술활동의 결과물인 미술작품을 감상하고 연구참여자가 자유롭게 작품에 대해 나눔 시간을 가졌다. 여기서 연구참여자들은 자신과 다른 연구참여자의 작품도 감상하게 되며 감상과 피드백을 주고받는 과정에 명화가 자신과 어떤 관계가 있으며 자신과 명화와의 만남에 대해 탐색하고 의식하게 된다.

명화 소개 단계에서는 각 회기에 제시된 명화를 그린 화가의 개략적인 생애와 이 명화를 그릴 당시의 심리상태 등을 설명하며 명화에 대한 화가의 시각을 제공하였다.

정리단계에서는 활동에 대한 전체적인 소감을 나누고 느낀 것들을 돌아보며 경험보고서를 작성하였다. 경험보고서는 연구자가 연구목적과 부합되는 문항을 제시하여 만족도와 주관적 반응을 기록하도록 하였다.

③ 명화 선정 근거

명화 선정은 연구자의 개인 취향이나 선호가 아니라 연구참여자의 치료목표에 근거해야 한다. 명화 선정은 각 회기별 프로그램의 주제에 따랐으며 정여주(2021)가 제시한 명화감상의 치유적 효과(의사소통/방어기제 완화/정서적 해방감/공감과 위로/희망/자아성찰/창의성/잠재자원 활성)에 부합하도록 구성하였다. 각 회기별 명화 선정 근거는 다음 〈표 11-2〉와 같다.

〈표 11-2〉 명화 선정기준

회기	주제	명화	목표	내용
1	라포 형성 · 자기 표현	고흐, 피카소, 렘브란트, 바스키아, 쿠르베, 뒤러	방어기제 완화	자화상은 자신의 외형적 모습뿐 아니라 무의식과 감정을 드러냄으로써 자신의 내면세계를 소개할 수 있다. 화가가 전입신병의 나이와 비슷한 20대에 그린 다양한 표정의 자화상을 감상하며 자신에게 끌리는 자화상을 골라 자신을 탐색해본다.
2	라포 형성 · 자기표현	바스키아 '무제'	방어기제 완화	낙서 방식의 미술활동은 무의식의 표출, 카타르시스, 상징적 표현, 승화를 통해 치료가 이루어진다. 1회기에 다양한 자화상을 감상하였다면 2회기에는 바스키아의 낙서화 작품 중 인물이 들어간 명화를 선택하여 집단원이 콜라주와 낙서 방식으로 자신을 자유롭게 표현하며 자기개방을 유도한다.
3	라포 형성	잭슨폴록 '무제'	방어기제 완화	잭슨폴록은 액션페인팅 작업을 통해 무의식이 나를 표현하게 한다고 하였다. 난화는 심리적 이완, 방어기제

	· 자기 표현	· 정서적 해방감 · 창의성	완화, 자유로움과 해방감을 느끼게 한다(정여주, 2021). 난화기법은 억압이 많은 성인에게 더 유효하다. 무의식 적으로 아무렇게나 마구 선을 긋고 즐기는 행위를 통해 심리적 안정을 찾고, 심리가 투영된 이미지와 부합된 언어 표현활동의 전개를 통해 두 사람이 이야기를 만들 어감으로써 대인관계를 자극한다.
4	감정 표현	마크 로스코 '무제'	정서적 해방감	색채는 인간의 감정과 연결되어 정서에 영향을 미치고 다양한 심리적 반응이 일어날 때 지각된다(Eisner, 1999). 색채상징은 의식과 무의식을 보다 객관적으로 볼 수 있는 연결점이 된다(정여주, 2004). 색채를 통한 감정표현을 중시한 마크 로스코의 작품 속 다양한 색채 를 통해 억제된 상황 속에 있는 전입신병들이 마음의 문을 열고 자신의 감정을 표현해본다.
5	자기 이해 · 타인 이해	샤갈 '나와 마을'	공감과 위로	샤갈은 "그리운 고향마을이 암소의 얼굴이 되어 떠오른 다. 암소의 눈과 나의 눈이 뚫어지게 마주보고 눈동자와 눈동자를 잇는 가느다란 선이 종이로 만든 장난감 전화 처럼 이야기를 나누고 있다"고 하였다. 샤갈의 작품 속 샤갈과 암소의 형상을 통해 관계를 의인화하여 나에게 긍정적인 영향을 미친 가족, 친구, 고향, 공간의 의미에 대해 알아보고자 한다.
6	자기 이해 · 타인 이해	오키프 '달로 가는 사다리'	의사소통 · 잠재자원 활성 · 창의성	대지와 달 사이에 있는 사다리는 허공에 떠 있다. 오키 프가 그린 사다리는 그 마을에 사는 사람들이 집을 들어 가기 위한 유일한 통로였다. 또한 사다리는 꿈을 찾아가 는 도구로서의 상징적 의미가 있다. 전입신병의 20대 초반은 성장욕구와 갈등이 많은 시기로 집단원들과 '꿈 꾸는 공간'을 만드는 협동작업을 하는 가운데 자신만의 사다리를 만들면서 미래를 향한 발돋움을 하며 자신의 강점을 찾아본다
7	자기 이해	쩡판즈 '가면 시리즈'	자아성찰	Jung은 사람들의 이중적인 모습을 페르소나와 그림자라 고 불렀다. 페르소나는 소속된 집단사회의 행동규범이나 역할을 따르는 것이며 그 반대개념인 그림자는 무의식 속에 존재하는 자아의 열등한 성격을 말한다. 쩡판즈의 '가면 시리즈'는 아무렇지도 않게 살아가는 가면 뒤에 숨겨진 현대인의 불안을 함께 보여준다. 가면활동을 통해

				이러한 자신의 양면적인 모습을 수용하고자 한다.
8	자기 이해 · 타인 이해	클림트 '생명의 나무' 장욱진 '가로수'	자아성찰 · 잠재자원 활성	나무는 삶과 자아의 변화의 성장을 나타내기 위해 사용되어 온 상징 중의 하나이다. 자기상, 마음상태, 에너지, 정신적 성숙도를 나타낸다. 자신의 나무를 통해 자기이해를 돕는다. 또한 나무에 열린 열매에 집단원들의 장점을 서로 적어 줌으로써 자신의 장점을 알아본다
9	긍정적 미래상	프리드리히 '안개낀 바다위에 방랑자'	희망 · 잠재자원 활성	작품 속 인물은 등을 돌린 채 무한히 펼쳐지는 자연을 바라보고 있다. 중앙에 배치된 얼굴이 보이지 않는 인물은 보는 사람의 모든 감정을 포용하며 인물이 그림 전체를 장악하는 느낌이 든다. 프리드리히의 작품 속 인물에 감정이입을 함으로써 높은 곳에서 바라보는 미래의 나를 계획해본다.
10	공동체 의식	키스해링 '무제'	의사소통 · 공감과 위로	키스해링은 "그림은 사람과 세상을 하나로 묶어준다. 그림은 마법처럼 그렇게 존재한다"고 하였다. 회기를 종료하는 과정에서 모두를 위한 예술을 꿈꾸며 소통을 강조한 키스해링의 작품을 통한 집단들의 공동작업으로 공동체 의식을 가져본다.

2) 최종 프로그램

본 연구의 명화감상 집단미술치료 프로그램은 다음 〈표 11-3〉과 같다.

〈표 11-3〉 명화감상 집단미술치료 프로그램

단계 목표	회 기	제목	회기목표	활동내용	명화
	1	나를 소 개해요	· 친밀감형성 · 자기탐색 · 타인에게 자신을 표현하는	· 다양한 자화상 명화를 감 상 후 끌리는 작품을 골라 OHP 필름 위에 자화상 그 리기 · 별칭 짓고 자기소개하기	고흐 피카소 렘브란트 바스키아 쿠르베

	경험하기				뒤러	
					동일한 주제로 표현하기	
라포 형성 · 자기 표현	2	나, 이런 사람이 야	· 친밀감형성 · 흥미유발 · 긴장이완 · 자기개방 · 자기탐색	핸드폰 셀카 중 자신이 가장 마음에 드는 사진을 고른 후 잡지에서 상징물(내가 좋아하는 것이나 관심 있는 것, 자신을 나타낼 수 있는 것)을 오려내 나의 사진과 함께 꾸며보기	바스키아 '무제' 동일한 기법으로 표현하기	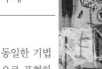 
	3	내 멋 대로 난화 (2인 1 조)	· 친밀감형성 · 흥미유발 · 긴장이완 · 역동 관찰 · 창의성자극	2인 1조로 난화 상호이야기법을 활용하여 빈 종이에 돌아가며 난화를 그린 후 난화 속에서 연상물을 찾아 이야기 꾸미기	잭슨폴록 '무제' 동일한 기법으로 표현하기	
자기 이해 · 타인 이해 · 상호 관계 형성	4	내 마음 이 들리 니?	· 감정인식 · 감정표출 · 다양한 감정 이해	색상을 통해 다양한 감정을 표현한 명화를 감상 후 평소 느끼는 감정들을 색상과 연결하여 핸디코트로 표현하기	마크로스코 '무제' 동일한 주제로 표현하기	

5	내 인생에 영향을 준 사람 (3인 1조)	· 대인관계 탐색 · 지지하는 사람의 중요성 인식 · 긍정감정 인식	· 자신의 삶에 큰 영향을 준 사람에 대해 표현하기 · 집단원의 옆모습을 그려주며 협동활동하기	샤갈 '나와 마을' 동일한 주제, 동일한 모티브로 표현하기
6	너와 나의 희망 연결 (3인 1조)	· 유대감과 친밀감형성 · 상호작용 경험 · 적절한 자기주장 촉진 · 타인 의견 존중 · 자신의 강점 발견	· 3~4인 1조로 우리가 꿈꾸는 도시나 마을을 만들면서 협동활동 하기 · 명화 안의 사다리를 모티브로 쿠킹호일이나 나무젓가락, 수수깡으로 나만의 사다리를 만들며 꿈꾸는 도시를 향해 나아가기 위한 자기 강점 찾아보기	오키프 '달로 가는 사다리' 동일한 모티브로 표현하기
7	버리고 싶은 나, 간직하고 싶은 나	· 페르소나 및 그림자 탐색 · 욕구 탐색 · 진솔한 내면 개방 · 타인과의 관계속에서 자기 발견	남에게 보여주고 싶은 나의 모습과 보이고 싶지 않은 나의 모습을 가면의 안과 밖에 표현하며 자신의 외·내적인 가치를 이해하기	쩡판즈 '가면 시리즈' 동일한 주제, 동일한 모티브로 표현하기
8	장점 찾아 주기	· 집단원의 장점을 알아보며 집단원과 긍정적 지지 나누기 · 친밀감증진 · 자아존중감 향상 · 나의 자원 인	· 나만의 나무를 꾸민 후 옆으로 그림을 돌려가며 집단원의 장점 찾아 칭찬열매 달아주기 · 집단원이 써 준 장점을 읽으며 나의 장점 찾기	클림트 '생명의 나무' 장욱진 '가로수'

		식 · 강점내재화		동일한 모티 브로 표현하기 
공동 체 의식 · 긍정 적인 미래 상 형성	9	내 꿈을 키워요	· 미래에 대한 개인의 바람 과 희망 설계 · 긍정적인 자 아상 고취 · 자기격려 · 삶의 목표와 방향성 잡기 · 군생활동기 부여 · 자신감향상	· 편집된 명화로 미래의 나 의 모습 표현하기 · 자신의 원하는 미래에 대 해 생각해보기 · 자신이 미래에 이루고 싶 은 소망 및 그것을 위해 현재 군 생활 안에서 매일 실천할 수 있는 일을 적고 공유하기	프리드리히 '안개낀 바다 위의 방랑자' 편집된 명화 로 표현하기
	10	통하는 우리 (공동 작업)	· 공동체의식 함양 · 집단친화력 향상 · 상호존중감 향상 · 정서적 지지 · 관계수용과 긍정적 상호 작용	· 자신의 팔을 본떠 오린 종 이에 회기를 마치며 하고 싶은 말을 적은 후 벽에 전지를 붙이고 공동작품 만들기 · 그동안의 작업을 통해 집 단원들이 어떤 의미였는 지 이야기 나누기 · 집단작업을 통해 변화된 자신을 이야기하고 집단 원에게 서로 감사하는 시 간을 가지며 정리하기	키스해링 '무제' 명화에 내용 첨가하기

288 ┃   호모 내러티쿠스: 인문융합치료의 이해

3. 명화·미술융합치료 프로그램 실제

명화감상 집단미술치료는 주 2회, 회기당 120분, 9명을 대상으로 진행되었다. 본 저서에서는 대표 사례로 연구참여자 A의 사례만을 소개한다. 연구참여자 A의 작품 및 내용은 다음 〈표 11-4〉와 같다.

〈표 11-4〉 연구참여자 A의 회기별 작품 및 내용

회기	작품	내용
1		보자마자 이 명화(꾸르베)가 맘에 들었다. 이거다 싶었다. 경악스러운 표정이 지금의 나를 대변해주었다. 아침에 기상나팔 울릴 때의 나의 표정이다. 빨간색 입술은 검정색과 대비를 주기 위해 그렇게 그렸다. 바탕도 명화에서처럼 대비를 주었다. 군에 있다는 거 자체가 힘들다. 어쩔 줄 모르는 내 힘으로 안되는 상황을 표현했다.
2 (2인 1조)		어느 추운 겨울날 갑작스럽게 의식이 생긴 눈사람이 지나가던 사람들을 구경하다가 문득 사람이 되고싶어졌다. 최대한 사람처럼 보이기 위해서 안경을 주워 썼다. 지나가던 사람들에게 미지의 대륙에서는 눈사람도 사람이 될 수 있다는 이야기를 듣게 된다. 그래서 풍선을 들고 날아가려고 하는데 실패한다. 눈사람은 포기하지 않고 카누를 구해서 바다로 나간다. 바다에서 고래를 만나 길을 물어보며 결국 미지의 대륙에 도착했다. 그 곳에서 쑥과 마늘을 먹으면 사람이 될 수 있다는 소문을 듣고 쑥과 마늘을 열심히 찾아다녔다. 마늘은 찾았으나 쑥을 찾지 못해 주변에 있는 양파를 먹었는데 역시나 사람이 되지 못했다는 슬픈 이야기이다.
3		입대 전 친구들과 광대 짓을 할 때 찍은 사진이다. 1주일에 한번씩 친구 4명과 영상통화를 할 때 멜로디언으로 시차라는 노래를 불었다. 우리는 광대 짓 하는 것을 좋아하고 재미있었다. 다른 친구들도 모두 썬글라스를 끼고 있었고 이번 주에는 친구들에게 어떤 독특한 걸 보여줄까 고민했었다. 그림 속에 시계가 많은 이유는 사진 속에서 시차를 불렀기 때문이다. 시차는 시간 차 라는 의미이다. 뱅글뱅글 돌아가는 그림은 나의 혼란스러운 상황을 표현해봤다.

4 	군에서 가장 많이 드는 감정은 그리움이다. 아래의 바다는 진한 과거의 나의 일상생활이다. 군에서 바닷물을 잡으려 하는데 잡히지 않고 흩어지는 모습을 그렸다. 그리워서 잡고 싶은데 안 잡혀 슬프다. 예전에는 통일이 돼서 군에 안 가도 될 줄 알았다.

친구들에게 영향을 많이 받는 편이라 다양한 사람들을 다양한 색으로 표현하고 각자 자신의 길을 뛰어가고 있지만 서로의 뇌가 연결되어 있음을 표현했다. 이 그림은 세 사람이 아니라 다수를 표현했다. 같이 어울리다 보면 생각이나 가치관도 공유되는 느낌이 들고 좋은 영향을 많이 받고 싶다. 하지만 지금은 갇혀있는 것 같고 장애물에 걸린 느낌이 든다. 조금 더 시간이 지나야 영향을 받을 것 같다.

우리는 2023년 전역하는데 그때 사회의 모습이 구체적으로 어떨지 몰라 물음표로 나타냈고 현재 군대 생활을 표현하고 사회에 나가는 것을 표현해보았다. A는 군대를 주변이 바다로 둘러싸인 성으로 그리고 갇혀있는 느낌이지만 국방부의 시간을 흘러간다고 믿고 긍정적인 마음을 가지려 한다. B는 군에서 도시의 큰 건물에 압도되는 느낌이 드는데 사회에 나가기 위해 준비를 잘해가고 싶다. C는 부대 마크를 그렸고 시간이 해결해줄 거라 긍정적인 마음을 가지려 한다. D는 봄 여름 가을 겨울을 그려 환경이 변화하더라도 마음가짐이 가장 중요하다는 것을 표현하였다.

6
(4인
1조)

머리에 든 게 많은 사람처럼 보이고 싶다. 눈은 노랑색, 초록색으로 그려 친절해 보이고 싶은 마음을 표현했다. 검은색은 내가 상대방에게 선을 넘지 않겠다는 의미이다. 입에 여러 가지를 붙인 이유는 재밌게 말하고 싶고 재밌는 사람으로 보이고 싶었다. 얼굴에 지나가는 파란색은 흘러가는 물처럼 나도 남들에게 비난을 받아도 너무 연연하지 않고 그대로 흘려내겠다는 의미이다. 보여지기 싫은 나의 모습은 현명하지 않은 모습, 실수하는 모습, 게으른 모습이다. 실수하면 안되는 타이밍에 실수하면 자책을 하게 된다. 현명하게 보이지 않으면 '뭐야, 애 이런 애야?'할 것 같고 나에게 실망할 것 같다. 가족이나 친한 친구들에게는 나를 있는 그대로 보여도 괜찮지만 그 외의 사람들에게는 좋은 모습을 보여주고 싶다.

7

8		뿌리를 은색으로 표현하여 결국 모든 경험은 나 자신으로 흡수된다는 뜻이다. 나뭇가지의 다양한 색은 많은 사람들을 만나면서 자라나는 것을 표현하였다.
9		바다 위에 떠 있는 것들은 미래의 섬들이다. 섬의 꼭대기에는 꽃이 피어있다. 하나의 산에 올라갔다 해서 모든 것이 완성된 것이 아니라고 본다. 한 가지 일을 하다보면 '어, 이것도 또 필요하네?'하면서 해야할 다른 무언가가 생기고 또 다른 것을 향해 나아가는 것을 그렸다. 목표는 세우는 것이 아니라 무언가를 하다보면 저절로 생기는 것이라 생각한다. 별을 그린 것은 밤하늘의 별을 보면서 희망을 갖겠다는 뜻이다.
10 (9인 1조)		마지막회기에 공동작업을 진행하였다.

4부

초월적 인문융합치료의 도전

12장

영성융합치료 : 공존적 인간의 완성

1. 종교와 영성

　기술 과학의 진보와 포스트모더니즘적 사고는 종교(거룩함)의 영역을 상당히 위축시킨 듯하지만 실제로 인간 삶의 많은 영역에서 발견되는 '초월 체험'의 '초-자아적(trans-personal)'이고 '탈-자아적(beyond ego)'인 문제들은 '영성'을 취급하는 전문가들에게 수많은 과제와 책임의식을 가지게 한다. 신체적, 정신적 건강과 심리적 대처에서 영성의 역할에 대한, 경험의 보고들과 학문적 연구는 급격하게 전개되고 있다. 또한, 이러한 연구 결과와 성과가 내과, 정신과, 심리학, 행동주의의 모든 주요 의학, 심리학 저널에서 언급되고 있다는 것도 유의미한 사실이다. 효과들이 충분히 이해되지 않았고, 그 증거가 때때로 과장되는 면이 없지 않지만, 건강과 심리학적, 영성적 요소들이 인간의 건강한 생존의 지속가능성과 밀접한 연관성이 있다는 것이 경험적으로 제시되고 있다는 것이 당면한 현실이다.[1] 전통 정신의학과 심리학이 인간 정신과 뇌를 이해하는 데 있어서 큰 발전을 이루어 왔지만, 인간의 정신과 기능에 대해 필요 이상의 제한된 관점을 고수하고 있다. 자아초월 심리학(Transpersonal psychology)은 이러한 경험과 발달의 수준을 연구하고 이에 대한 다양한 작업을 진행하며 오늘날에 이르렀다(Bruce W. Scotton, Alian B. Chinen, 2008).

자아초월 심리학(Transpersonal psychology)은 현대심리학의 도구를 가지고 인간의 영성적, 종교적 측면을 통합시킨 제4세대 심리학이다. 이것을 '영성심리학(spiritual psychology)'이라고 정의하기도 한다. 하지만 자아초월 심리학을 연구하는 연구자들의 내부에서도 이 용어와 명칭이 그리 달가운 것은 아니다. 자아초월은 "정체성 혹은 자기감이 인류, 생명, 심혼 혹은 우주 전체를 포괄하는 개체적 혹은 개인적 수준 너머로 확장되는 경험"으로 정의된다. 이는 또한 "인습적, 개인적 혹은 개체적 수준을 넘어선 발달"로 정의되기도 한다(Harris L. Friedman, 2020). 그러기에 기존의 종교 안에서 정의되고 사용되었던 '영성(Spirituality)'이라는 표현과의 차별성을 두기도 어렵고, '자아초월'이라는 단어가 영성에 속해 있는 듯한 인상을 여전히 지울 수는 없었고, 대중적인 이해의 지점에서도 '자아초월', 혹은 '탈자아', '초자아', '초개인주의' 등의 혼란한 개념규정과 단어의 등장으로 학문적인 이해와 성취에도 불구하고 '영성'이라는 용어의 사용은 기존 제도종교의 아류 혹은 이단 정도로 이해되기도 했다.

특정 기성종교에 소속되기를 원하지는 않지만, 영적인 욕구와 특성을 가지는 사람들이 많다. 그들은 자신의 영적인 특성과 인간존재와 세계의 궁극적 의미와 목적을 찾기 위해 고뇌의 시간을 보낸다. 논리와 합리가 지배하는 세계 안에서 영성을 추구하는

---

1 정신건강의학과 외래 환자들 가운데는 특별한 신체적인 이상 없이 신체 증상을 호소하는 '신체증상장애(somatic symptom disorder)' 환자들을 보게 되는데 많은 경우 이들은 정신적인 문제, 즉 우울, 불안 및 왜곡된 사고에 의해 증상들이 발현된다고 보고된다. 또한 '정신신체장애(psychosomatic disorder)'로 불리는 여러 신체적 질환들, 즉 과민성대장증후군, 위궤양, 천식, 고혈압, 편두통, 아토피, 소양증 같은 많은 질환들이 정신적인 요인과 관계있다고 보고 있다. 이러한 정신과 육체의 관계에 의해, 모든 병은 마음에서 비롯된다는 데에 기본 원리를 두며 인체가 지닌 자연치유력을 증진시켜 치료효과를 얻고자 하는 심신의학(mind-body medicine)이 대두되었다. 심신상관의학은 마음(정신적, 정서적 과정)이 신체(생리적 기능)에 영향을 미칠 수 있다는 전제에 기초하며, 심리상태와 정신의학적 치료 사이, 생리학과 병태생리 과정 사이의 관계를 규명하는 통합의학의 한 분야라고 본다.

사람들은 비논리, 비과학적, 비합리적이라는 오명이나 오해를 받기 쉽다. 종교 안에서의 전통적인 수행이나 종교 안에서의 영성적 활동들은 인간의 정서적인 측면(억압이나 그림자)에 대한 깊이 있는 이해가 부족하거나 전혀 없다. 그러나 살아가면서 겪는 영적인 위기들 안에서 그것을 충분히 설명해주거나 이해할 수 있는 길을 찾는 것이 어려워 심각한 무력감이나 약물치료의 방법만으로 상황이 더욱 악화되는 많은 임상사례들을 만나게 된다. '신병'[2]이 난 사람에게 상담과 약물치료는 오히려 독이 되는 경우들도 있다(손진태, 1948). 오히려 '내림굿'이라는 무례의 입문절차를 거쳐 온전한 일상으로 돌아오는 적지 않은 무속인들의 경우가 보고되고, 연구된다. 신병은 영성적인 측면에서 바라본다면 샤머니즘의 핵심인 엑스터시(망아상태)[3]를 준비하며(류동식, 1975), 결국 엑스터시의 보다 순수한 형태를 경험하는 것을 목표로 한 병고(病苦)라 할 수 있다.[4]

---

2 이 병은 의약으로는 낫지 않고 무당이 되어야 비로소 낫는다고 한다. 민간에서는 이러한 병을 '신병(神病)'이라 부르고, 학계에서는 입무(入巫)의 병이라는 뜻에서 무병(巫病, Schamanen-krankheit)이라 부르고 있다. 신병은 시베리아 및 중앙아시아를 위시하여 세계 각지에서 볼 수 있던 샤머니즘(shamanism) 사회의 입무(入巫)에 이르는 병(initiation disease)과 같은 목적과 기능을 지닌 현상이다. 즉, 신병은 그가 신에 의하여 무당이 되도록 선택되었다는 증표이며 이를 통하여 무당으로서의 능력을 얻을 수 있는 신성한 입무의 조건이다. 보통 신병을 통하여 무당이 된 경우를 강신무(降神巫)라 하여, 세습과 학습에 의하여 입무한 세습무(世襲巫)와 구별한다. 그런데 강신무라 할지라도 뒤에 학습의 과정을 밟는 경우가 많고 세습무라고 해서 입무에 이르는 고행을 전적으로 무시한다고는 할 수 없다. 다만 체험의 강도와 엑스터시(ecstasy)의 중요성을 강조하는 데는 세습무보다는 무병을 겪은 강신무가 더욱 큰 구실을 하고 있다고 할 것이다. 그러나 무당이 되기 위해서는 고통을 겪어야 한다는 관념은 근원적인 성무(成巫)의 조건이었으리라 짐작된다.

3 엑스터시는 내림굿을 통하여 신병을 앓을 때의 피동적 체험에서 조절 가능한 능동적 체험으로 발전된다. 신병을 앓는 자는 또한 서서히 의식의 약화와 해이에 발맞추어 상대적으로 강해진 무의식의 초월적 기능, 시간과 공간을 상대화할 수 있는 능력의 영향하에 있게 된다. 우연한 무구의 발견, 예언의 적중 등은 모두 이러한 무의식의 능력에 따른 분석심리학, 이른바 비인과론적(非因果論的) 원리로서의 동시성 현상(同時性現象, synchronicity)이라 할 수 있다. 신병은 모든 종교적 귀의에 수반되는 고행과 마찬가지로 '의미 있는 고통'이며 소명(召命)과 신선(神撰), 나아가서 무당의 엑스터시 능력을 부여받을 수 있는 힘의 원천이라 할 수 있다. 이것은 노이로제를 인격 성숙을 위한 의미 있는 고통이라고 보는 몇몇 근대 정신의학자의 소감과 같은 맥락을 지니고 있다.

4 엑스터시는 자아와 자아 너머의 세계와의 강력한 정동(情動)을 수반한 관통이며 일치의 상태이다. 엑스터시와 빙의(憑依, possession: 근거하여 의지함)를 구별하는 사람이 있으나, 이들은 자아를 초월하는 어떤 신성한 세계 또는 그 존재와 접촉하여 관계를 맺는다는 점에서 이끌리는 기분으로 산으로

2. 자아초월과 영성의 인문학적 융합

자아초월(trans-personality)과 영적이라는 용어는 의미 면에서 종교적이라는 용어와는 구분되어 이해될 수 있고, '영성(spirituality)'이라는 말과도 올바른 자리매김을 해야 할 것이다. 종교와 영성은 구분되어 이해되지만, 관련되어 있음은 부인할 수 없다. 존재하는 모든 것을 과학으로 이해할 수는 없다. 과학은 또한 윌리엄 제임스가 말한 것처럼 "보이지 않는 실재" 혹은 "무지의 어두운 그림자"로 비유되며 언어나 그 어떤 도구로 표현 되어질 수 없는 무엇이었다(Len Sperry & E. P. Shafranske, 2005: 20-21). 영성은 개인적으로 매일의 우리 존재를 살아 있게 하고 우리의 깊은 소망을 반영하며, 우리의 삶을 목적 있는 삶으로 의미 있게 만드는 것들을 말한다. 전체적인 의미로는 '삶의 의미가 무엇인가?' '모든 것이 무슨 의미인가?' 와 같은 존재론적이고 근원적인(radical) 문제들에 대한 질문들과 연관되어 있다. 이러한 심리학의 새로운 범주는 윌리엄 제임스를 시작으로 프로이트, 융과, R. 아사지올리, E. 에릭슨, A. 머슬로우, 캔 윌버에 이르기까지 의미 있는 심리학자들이 '자아'에 대한 집착에서 벗어난 상태와 상황에 대한 관찰을 진행했음을 엿볼 수 있다. 그들은 모두 자신들의 연구에서 '영성(spirituality)'이라는 단어를 사용했지만, 정작 자신들 이론의 어느 부분에 자리하게 할지 난감해했다. 프로이트와 융의 결별도 바로 이 지점에 있었다.

먼저 '자아초월(transpersonality)'[5]과 '영성적(spiritual)', '종교적'이라는 용어들은 구분돼

치달아 올라가든가 하는 체험으로 미루어볼 때, 저승의 초월적 존재와의 교류가 엑스터시 체험의 내용을 이루고 있음을 볼 수 있다. 고통과 죽음과 재생이라는 성인과정의 원초적 유형은 한국 무속에서는 극도의 금욕, 육적인 것의 부정, 세속적인 것의 기피, 세속으로부터의 추방, 저승과의 근접과 귀령(鬼靈)의 세계에의 몰입의 여러 과정으로 상징되는 '고통과 죽음', 잡귀의 발양(拔壤) 뒤에 초신(招神)하여 이루어지는 무신과의 합일, 그 증거로서의 신선(神宣)으로 표상되는 '재생'의 과정으로 나타나고 있다. 이런 과정이 반복되면서 빙의된 '제귀신(諸鬼神)의 정련(精鍊)'이 일어나고 이는 무당이 되고 나서도 계속되는 것이다. 그것은 마치 개인적인 '그림자'로 가려져 있는 무의식(無意識)의 자기원형(自己原型) 혹은 아니마(anima), 아니무스(animus)가 그림자를 벗겨 버림으로써 보다 순수하게 의식의 자아와 만나게 하는 과정과도 같은 것이다.

야 한다(임영익, 2014: 259). '종교적'이라는 표현은 특정 믿음을 가진 단체의 신념체계(belief system)를 가리킨다. 그들 구성원의 공통된 '자아초월적' 체험들 혹은 신앙의 체험들이 특정 내용과 맥락을 중심으로 구심력을 발휘한다. 반면 '영성적'이라는 말은 인간정신의 영역, 곧, 육체적 경험으로 체험되지 않는, 그렇다고 제한되지도 않는 영역의 인간특성이다. 인간의 경험세계를 취급하는 자아초월적 경험에는 영적 체험뿐 아니라 더 높은 차원의 인간적 경험이 포함된다. 인간의 숭고한 가치를 드높이며 공동선을 위해 자신의 삶을 희생하고 포기한 많은 사람들의 삶은 개인의 생존과 지속을 초월한 인간현상이다(Len Sperry & E. P. Shafranske, 2005).

'자아초월'이라는 용어의 시작은 윌리엄 제임스(William James)의 강의에서였다. 그러나 자아초월심리학은 1960년대에 이르러 심리학의 제3세력(Third Force)이라고 불리는 '인본주의 심리학(humanistic psychology)' 운동의 하나로 생겨났다고 바라본다(Bruce W. Scotton, Alian B. Chinen, 2008). 아브라함 머슬로우는 이러한 영적 운동의 초창기에 중요한 영적 안내자였다. 스타니슬라프 그로프(Stanislav Grof)도 빅터 프랭클과 함께 '자아초월'이라는 용어를 사용하는 데 함께 했다. 이어 1968년에 이르러 J. 아담스, J. 레비, 머슬로우, 소냐 마굴리스, 마이클 머피, 그로프, 비치, 수티치 등은 '제4세대 심리학'이라고 명칭하며 기존 심리학의 '개별적인 자기(individual self)'에 초점을 두는 한계를 넘어서고자 하였다. 그들은 인본주의 심리학과의 구분을 위해, 자아초월 심리학(transpersonal psychology)이라고 명명했고, 연구소와 협회를 창설했다. 협회의 설립목적을 주목할 필요가 있는데 심리학에서 영성과 의식의 변성상태에 대한 관계를 탐구하는 데 있었다(Len Sperry & E. P. Shafranske, 2005).

---

5 라틴어 접두사 trans(prefix)는 희랍어 'meta(메타)'와 같은 의미를 가진다. 'meta(메타)'는 그리스어로 '넘어서, 위에 있는, 초월하는' 등의 의미를 가진 접두사(prefix)인데, 이 접두사로 만들어진 대표적 단어로는 형이상학을 의미하는 meta-physics가 있다. 글자 그대로 보면 자연(물리계)을 초월하는 그 무엇인데, 이 단어는 기원전 1세기경 그리스 철학자 안드로니코스(Andronicos)가 아리스토텔레스(Aristoteles)의 철학을 정리하면서 만든 용어다.

당시 미국의 정치 문화적 맥락, 곧 정치적, 종교적, 문화적 변화가 시민들에게 커다란 충격을 주고 있었고, 베트남 전쟁 이후에 학생들의 전쟁 반대 운동이 유럽으로까지 확산되었다. 이후 생태, 여성해방, 인종차별철폐, 동성애자 인권운동 등으로 다각화되며 이러한 탈정치적 흐름이 강력한 영적 흐름과 함께 했다. 반체제 운동이 동양종교로 방향을 돌리며 카리스마 있는 신비적인 그리스도교 운동과 종파가 번성하기 시작했다. 프랑스는 68혁명 이후 세속화, 근본주의로 치달았다. 가톨릭을 조롱하고, 영성은 무너졌다. 젊은 세대 영성의 붕괴는 다양성의 파괴로 이어졌다. 불안정한 사회는 이내 획일화, 동질화되기 시작했다. 에밀 뒤르켐의 〈자살론〉은 19세기 말 프랑스를 진단하며 마르크스가 종교를 민중의 아편으로 취급하고 있을 때, 뒤르켐은 도리어 종교를 깊이 숙고했다. '왜 고등교육이 보급되고 고도성장이 이루어지는데도 자살하는 이들은 도리어 늘어나고 있는가'를 심도 있게 연구했다. 근대사회에 만연한 의미의 상실, 내가 이 땅에 존재하는 의미(意味)의 부재를 예민하게 포착한 것이다. 세계를 해석하는 것이 아니라 세계를 바꾸는 것이 중요하다고 외쳤던 전투적 계몽주의자들이나 마르크스주의자들과는 달리 뒤르켐은 해석의 지평을 상실한 현대사회가 '죽음에 이르는 병'을 낳고 있다고 파악한 것이다. 이는 키르케고르의 '죽음에 이르는 병'과 같은 맥락에서 말해진다.[6] 뒤르켐은 자유주의와 사회주의 등 최신의 이념들이 종교가 제공해주었던 삶의 의미를 대체해주지 못한다는 주장을 펼친 것이다. 그래서 그 신구(新舊) 사이의 방황 상태를 '아노미'라는 개념으로 짚어냈다. 도덕적 진공 상태, 에밀 뒤르켐은 '영성의 공백' 상태가 지속된 프랑스는 정서적, 심리적 위기에 처해있다고 스스로 자신들의 당면한 상황을 진단한다. 당시 영성은 추상적인 개념이 아니라 상당히 구체적인 개념이며 현실이었다(김명권, 2008). 서구의 새로운 반향과 의식이 '영성'이라는 다소 추상적인 단어로 대체 되면서 인문학에 대한 새로운 전망들이 싹트고 있었다. 서구적 의미에

---

6 키르케고르는 사람들이 '죽음에 이르는 병'에 걸려 있어 절망에 빠질 수밖에 없다고 말했다. 그에게 '죽음에 이르는 병은 자기 상실이며, 다시 말해 자기를 있게 한 신과의 관계를 상실했을 때 발생한다고 봤다. 그는 "절망에 대한 안전한 해독제는 신에 대한 믿음"이라고 말했다.

서는 Humanities로 번역되는 '인문'은 인간 문명, 인류문화 등을 의미한다. 특히 인문학 'humanities'라는 단어는 라틴어 'humus'에서 기원한다. 'humus'는 원래 '땅', '흙'이라는 의미다. 인간이 '흙에서 왔다'라는 그리스도교의 신학(Theology)이 세계의 대학과 인문학의 출발이기도 했다. 기원전 387년 무렵, 고대 그리스의 아테네에 플라톤이 세운 학교인 '아카데미아'에서 대학의 기원을 찾을 수 있지만, 우리가 흔히 '대학'이라 일컫는 고등교육기관은 12세기 중세 유럽에서 시작했다. 이탈리아의 볼로냐 대학, 프랑스의 파리 대학, 영국의 옥스퍼드 대학 등이 대표적이다. 대학을 뜻하는 '유니버시티'(University)는 라틴어인 '우니베르시타스'(Universitas)에서 유래했는데 이는 다수, 복수, 사람의 집합체 등을 뜻하는 말이다. 교사와 학생이 가르치고 배우기 위해 스스로 조직한 기초적인 조합이 바로 중세의 '대학'이었던 것이다. 중세의 성직자를 양성하던 대학을 거쳐 1810년 지금의 독일에는 최초의 근대적 대학으로 불리는 베를린 대학이 세워졌다. 중세 대학의 목표가 성직자를 양성하거나 교양인을 길러내는 것이었다면 베를린 대학은 대학 사상 최초로 '학문연구'를 지상 과제로 삼았다. 인문학의 시작은 종교 안에서 비롯된 것임을 간과해서는 안 된다. '초월'과 '영성'이라는 주제 역시 종교 영역 안의 문제 만이 아니라 인문학적 주제로서 연구되었던 영역이고 이제 우리는 '마음의 원리'를 과학적으로 사유하는 융합적인 심리학의 영역에서 '초월'과 '영성'이라는 주제를 인문융합적 사유로 접근하고 있는 것이다. 이전에는 학문을 세분화, 분과(分科)화하여 전문가를 양성하기 위해 학제 간 구분과 커리큘럼을 세분하였지만, 이제 학문의 경계는 무너져 내렸다. 새로운 시대 정신은 학문과 학문을 연결하거나 통합하는 과정을 요구한다. 학문 간의 통합, 부서 간의 통합, 기능의 통합, 전문영역들의 통합은 새로운 시대에 적응해 나가는 지적 노력의 일환이다. 구별해야 할 것은 하나 더 나아가 '통합'은 대학에서의 학과통합처럼 이질적이고 물리적인 단위들을 단순히 묶는 과정일 수 있다. 반면 '융합'은 하나 이상의 것이 녹아서 하나가 되는 과정으로 화학적으로 두 단위를 합치는 것이라 할 수 있다.

'인문융합'의 의미는 인문학의 새로운 시작을 의미한다. 과학과 기술의 급격한 진보

가 인간을 소외시키고 있다. 인간은 눈부시게 발전하는 과학기술로부터 소외되고 객체
가 되어가기 시작했다. 자연을 정복했다는 자만에 빠졌던 인간이 스스로 개발한 과학
으로부터 위협을 받으며 살아가는 과정에서 인간을 회복해야 한다는 절실함이 인문학
의 복원을 수면 위에 떠 오르게 한 것이다. 인문학은 앞서 언급한바 인간과 문화에
관련한 모든 것이다. 인문학의 복원은 인간의 위기에 근거한 것이고 위기 안에 놓인
인간의 회복을 위한 몸부림이다. 동시에 이러한 인간의 회복을 위해 우리는 그동안
인류가 축적해온 문화적 도구들을 활용한다. 음악, 미술, 문학, 종교와 영성, 철학,
역사, 심리학과 상담학 등의 문화적 도구들이 융합된다. 이렇게 과학기술의 진보와
발전에는 '인간'의 문제, 인문과학이 융합되어야 한다.

3. 인문융합치료와 영성심리학

1) 인문융합치료의 맥락에서 영성심리학과 영성심리 분석상담 치료

웹스터 사전은 영(靈)을 '생명을 주는 원칙 혹은 생명에 관한 원칙, 물리적 조직에
그 물질적 요소에 대비되는 생명을 주는 것, 생명의 호흡'이라고 정의하고 있다. 인간은
자신의 존재 근원에 대한 '근본적인' 또는 '궁극적인' 물음을 하며 살아간다. 인간은
근본적으로 영적인 존재이다. '나는 왜 태어났는가?', '내 인생의 의미는 무엇인가?'
'나는 왜 지치거나 우울하거나 패배감을 맛보면서도 살아야 하는가?', '만사에 무슨
가치가 있는가?', 우리는 우리가 하는 일과 경험하는 것의 의미와 가치를 찾고자 하는
종 특유의 인간적인 갈망을 갖지 않을 수 없으며, 사실은 이것이 인간을 정의하는
것이다. 종교는 신념, 가치, 상징, 행동의 집합을 공적으로 그리고 사적으로 나타내는
한 방법이며 신성하다고 생각되는 것과 관련된 실천으로 이해될 수 있다. 종교(religion)
라는 말의 어원은 라틴어 re+ligo(결합)에서 기인하며 인간보다 더 위대하고 강력한

어떤 것과의 결속을 시사한다. 이는 산스크리트어 유사표현인 요가(yoga)와 일치하는데 요가 역시 '결속하는' 또는 문자 그대로 '묶는 것'을 의미한다. 종교의 실체적 측면, 실체적 성질은 종교적 행위에 동참하는 것에서 관찰되는데 전례로 구조화된 기도, 개인의 정서 심리를 다루는 명상, 종교집회인 미사와 예배, 혹은 찬양, 또는 의식으로 이들은 개인의 종교적 표현을 구성하고 일반적으로 공유하는 문화적 지식에 깊게 결부되어 있다.

영성과 종교는 밀접하나 다른 현대적 문제들과 마찬가지로 다문화주의의 성장과 함께 전통적인 연결은 점차로 약해지고 때로는 분리되어왔다. 영성은 전적으로 종교라는 울타리 안에 둘러싸여 있는 것만은 아니다. 많은 경우 비종교적 방법에서 영적 실현을 성취하는 경우들을 발견할 수 있는데 자연과의 소통, 또는 제도종교 밖의 다양한 실천들에 참여하는 것을 통해 이루어진다. 종교적 조직과 분리된 "개인적 명상(meditation)"이 하나의 예일 수 있다. 영성은 사람들이 그들의 일상 속에서 신성함(sacrality)을 찾고, 보존하고, 필요하다면 변모(transformation)시키기 위해 생각하고 느끼고, 행동하거나 서로 관계하는 모든 방식과 관련 있는 것이다. 우리가 따르기로 선택하는 삶의 규율과 습관들은 우리의 몸, 마음, 영혼 속에서 어떤 큰 통합이나 붕괴를 이끌 것이고 현실 안에서도 통합과 붕괴로 이어진다. 우리가 신(神), 타자(他者), 우주와 관련된 방식에서도, 마찬가지로 큰 통합이나 붕괴를 이끌 것이다. 영성은 모든 이들의 생명의 통합과 붕괴를 이끄는 중요한 동력이며, 이러한 영성은 우리 매일의 생각과 느낌, 행동들에 반영되면서 생명을 주거나 혹은 파괴적인 힘을 가하고 있다(Ronald Rolheiser, 2014).

융이 자신의 영성 영역에서 말하는 '자기(self)'란 자기실현의 시작점이자 종착점이다. 하나 더 나아가 우리가 말하려고 하는 '영성적 자기(spiritual Self)'란 전체정신, 통합정신, 융합심리 즉, 의식과 무의식이 하나로 통합된, 그리고 자아(ego)와 초자아(beyond-ego)가 통합된 '영성적 자기(spiritual Self)'이다. 그것은 인격성숙의 목표이며 이상이기도 하지만 '초월적 자아(trans-personality)' 이상의 포괄적이고 통섭[7]적인 의미를 지닌다. 이는 의식의 중심에 있는 '나(자아)'를 훨씬 넘어서는 엄청난 크기의 전체정신의 중심이며 의식의 영역과 무의식 영역의 핵이다. 이는 융이 말한 '원형' 중의 핵심이며, 의식과 무의식의 조화로운 통합을 위해 스스로 조정하고 질서 지우는 우리 정신의 내적인 방향타이며 나침반이며 양자물리학이 말하는 입자와 파동의 움직임 마냥 정신 원형의 초월적 접근을 통해 'soul(anima)'과 'spirit(animus)'의 내적인 상호작용을 발견할 수 있다. 그리고 아래 [그림 12-1]과 [그림 12-2]처럼 이미지화(imagination)할 수 있겠다(곽영직, 2008).[8]

'영성적 자기(spiritual Self)'는 고등종교에서 최고의 신, 최고의 진리라고 생각하는 것의 상징, 마치 태양계의 많은 혹성의 배열을 결정하며 운행을 조정하는 알 수 없는 궁극의 원리(ultimate principle) 같은 것, 그것이 '영성적 자기(spiritual Self)' 원형이다. 융은 인간 무의식 속에서 하느님과 같은 신성을 발견했다. 우리는 자기원형 그 자체를 인식할 수 없다. 우리가 인지할 수 있는 것은 자기 원형(arche)의 상(Image)이다.[9] 원형(arche)이란 철학적인 관점에서는 사물이나 현상의 근원을 이루는 성질인, 원리의 개념으로 쓰일 수 있는데 이는 물질뿐만 아니라 동양철학에서 말하는 이(理), 기(氣), 도(道)를 포함할 수 있는 개념이다. 서양철학사에서 탈레스는 '물', 데모크리토스는 '원자(atom)'로, 피타고라스는 '수(nember)'로 세계의 구성을 설명하려고 하였다. 자연과학에서 원형은 '기본입자(elementary particle/fundamental particle)'로 언급되는데 입자 물리학에서 물질

---

7 Consilience 이라는 단어는 1840년에 윌리엄 휴얼이 쓴 귀납적 과학의 철학이라는 책에서 처음으로 등장한다. 이 말은 라틴어 'consiliere'에서 온 것으로, 여기서 'con-'은 '함께'라는 뜻을 가지고 있고 'salire'는 '뛰어오르다', '뛰어넘다'의 뜻을 가지고 있다. 이를 합하면 '더불어 넘나듦'으로 풀어서 설명하면 '서로 다른 현상들로부터 도출되는 귀납들이 서로 일치하거나 정연한 일관성을 보이는 상태를 의미한다.

8 양자역학은 초미시 세계를 지배하는 물리 법칙으로, 우리가 사는 일상생활 속과는 다른 기이한 특성을 많이 보인다. 그중 하나가 모든 물질이 입자와 파동의 특성을 동시에 지닌다는 '파동-입자 이중성'이다. 이중성은 약 100년 전인 20세기 초에 빛 입자(광자) 하나를 이용해 처음 실험으로 증명된 이후, 전자 등 다른 입자에서도 작동하는 양자역학의 보편적 성질이라는 사실이 증명됐다.

9 아르케(arche)는 그리스어로 '처음·시초'라는 뜻으로, 원형과 그 뜻이 통한다. 자연과학에 대한 연구가 활발했던 고대의 그리스에서 물질의 근원에 대한 철학적 질의가 등장함에 따라 아르케의 개념은 자연스럽게 논의의 중점이 되었다.

호모 내러티쿠스: 인문융합치료의 이해

을 구성하는 가장 기본이 되는 물질 요소이다. 이는 물질 내부에 더 간단한 다른 입자가 없는 입자를 말한다. 현대의 용법에서 기본입자는 물질의 아원자 입자를 가리키며, 장에서 발견된 입자(또는 양자)를 가리키기도 한다. 지금까지는 렙톤(lepton)과 쿼크(quark)가 기본입자라고 알려져 있으나 단정할 수는 없다.

머리 겔만은 쿼크를 발견했다. 쿼크는 u(up, 위), d(down, 아래), c(charm, 맵시), s(strange, 기묘함), t(top, 꼭대기), b(bottom, 바닥)의 6종류가 있다. 또한 쿼크는 분수의 전하를 띠며 반쿼크를 갖고 있다. 렙톤은 내부 구조와 공간상의 부피도 거의 없는 기본 입자이다. 렙톤에는 강력 이외의 전자기력, 약력, 중력이 작용하며 전자, 중성미자, 뮤온, 타우 입자(tau particle)가 있다. 강입자는 강력이 작용하는 입자로 중간자(meson), 중입자(baryon)로 구분할 수 있다. 이렇게 철학과 물리학, 생물학, 화학 등의 범주에서 원형을 찾아 나가는 연구가 진행되는 것처럼 심리학 안에서도 원형(arche)을 찾아 나가는 노력은 끊이지 않고 전개되어져 왔다. '심리학적 원형(psychological arche)'은 인간의 꿈, 환상, 신화, 민담, 종교적 표상 속에 나타난다. 원형이란 지리적 인종적 차이, 문화, 시대사조의 차이에 관계없이 언제 어디서나 시간 공간을 초월하여 인간이면 누구에게나 갖추어져 있는 인간 형태의 원초적 조건이다. 무의식의 의식화 작업을 통하여 그림자와 아니마, 아니무스를 의식화하고 자기를 실현한다고 해서 무의식의 세계가 낱낱이 밝혀지고 완전한 인간이 되는 것은 아니다. 자기는 언제나 자아보다 크다. 우리는 자기실현을 통하여 '완전한 인간'이 되는 것이 아니라 '온전한 인간'이 되는 것이다. 융의 놀라운 연구성과에도 불구하고 세월이 흐르면서 그 연구는 새롭게 확인되는 과학적 성취와 경험 자료의 축적으로 융이 경험한 임사체험(Near Death Experience)뿐만 아니라, 빙의(Possesion)나 엑스터시(ecstasy), 유체이탈(out-of-body experience, OBE, OOBE) 등의 초월적인 자아에 대한 연구가 심리학 분과뿐만 아니라 정신의학, 물리학 등의 자연과학 분야에서도 심도 있게 연구 되어지며 새로운 개념 정의와 구분, 분류의 작업이 필요해 지고 있다는 것이다. 이러한 상황에서 심리학은 융합학문의 영역으로 도약하기 시작한다. 곧 철학의 한 분과로 시작한 심리학이 이제는 통계학, 사회학, 의학, 물리학 등의 도움을 받아 인간 정신에 대한 탐구를 융합적으로 연구 고찰하고 있는 상황으로 진입하고 있다는 것이다. 융합심리학은 심리학적 원형(psychological arche)을 찾아내고 심리원형의 운동 원리를 발견하고, 분석하고, 예측 가능한 빅데이터를 형성하는 방향으로 나아가게 될 것이다. 곧 융합심리학은 인문과학, 사회과학, 자연과학이 융합하는 새로운 시대의 융합학문이며 학제간 협력 연구의 영역으로 새롭게 태어나고 있다. 그러기에 새로운 시대의 심리학은 '영성심리학' 분과를 새로운 연구의 대상으로 융합심리학을 새로운 학문적 방법론의 측면으로 연구할 필요성이 절실해 지고 있다. 그것은 기존의 심리학이 현실(분석과 임상)에서 가지는 여러 가지 한계를 뛰어넘는 대상의 운동에 대한 예측과 전망이 가능해지고 있다는 것을 말해준다.

'영성심리학(spiritual psychology)'이란 이러한 영성(spirituality)의 문제와 심리학(psychology)의 긴밀한 통합(integration), 융합(convergence) 그리고 마침내 통섭(consilience)[10]의 과정을 통해 인간 영혼의 지도를 이해하는 학문의 영역이다(Edward Osborne Wilson, 2005). 융합과 통섭이 화두인 시대가 열렸다. 진리는 학문의 경계를 타고 움직이는가? 그렇지는 않다. 학문과 분과를 설정한 것은 사실 16세기를 기점으로 지식을 탐구하는 방법과 사람들이 쪼개지기 시작한 것일 뿐이다.[11] 이제 융합심리학적 연구는 끊임없이

---

10 통섭(統攝, consilience)은 "지식의 통합"이라고 부르기도 하며 자연과학과 인문학, 사회과학을 연결하고자 하는 통합 학문 이론이다. 설명의 공통기반을 만들기 위해 분야를 가로지르는 사실들과 사실에 기반을 둔 이론을 연결함으로써 지식을 통합하는 것으로 설명되며 이러한 생각은 우주의 본질적 질서를 논리적 성찰을 통해 이해하고자 하는 고대 그리스의 사상에 뿌리를 두고 있다. 자연과학과 인문학의 두 관점은 그리스 시대에는 하나였으나, 르네상스 이후부터 점차 분화되어 현재에 이른다. 한편 통섭 이론의 연구 방향의 반대로, 전체를 각각의 부분으로 나누어 연구하는 환원주의도 있다. 그 이후 통섭이란 말은 20세기 말까지 널리 알려지지 않았으나 윌슨의 저서 《통섭, 지식의 대통합》을 통해 다시 알려지기 시작했다. 이때부터 지금과 같은 의미의 통섭이라는 말이 널리 사용되게 되었다. 한국에서는 이를 윌슨의 제자인 이화여대 최재천 교수가 처음으로 '통섭 (한자: 統攝)'으로 번역하였는데 이는 '사물에 널리 통합'이라는 뜻을 가진 '통섭(通涉)'과는 다르며 불교와 성리학에 흔히 사용되는 용어로 '큰 줄기를 잡다'라는 뜻을 가진다.

11 21세기는 학문 분야의 통합(integration)의 바람이 거세게 불고 있다. 각 대학마다 융합학문, 학제간 통합과정(cooperate departments)을 통한 학문적 협력, 콜라보레이션(협력기반 공동작업), STEAM(Science, Technology, Engineering, Arts, Mathematics: 여러 분야의 지식과 기술 학문 간의

호모 내러티쿠스: 인문융합치료의 이해

쪼개어가면서 심리원형(psychological arche)을 찾아 나가고, 넓고 깊게 제 학문과 융합하면서 심리원형(psychological arche)의 운동원리를 발견해 나갈 것이다.

'영성심리학'은 영성과 심리학의 융합이 만들어 낸 학문의 영역이며 이는 '분석상담'이라는 구체적인 상담의 영역에서 활용되어 '영성심리 분석상담' 치료의 장을 열게 되었다. '영성심리 분석상담(spiritual psychology analysis counseling)'은 프로이트의 정신분석과 융의 분석심리학의 성과를 융합하여 자아(ego)를 탐색, 분석하고 내담자의 전인적인 치유로서의 '영성(Spirituality)'이라는 측면을 인간존재의 내적인 통합과 조화, 균형을 통해 정서적, 심리적인 안정을 지원하고, 자아의 완성과 초월을 이루어 낼 수 있도록 도와주는 상담의 새로운 연구영역이다. 프로이트가 설명하는 '자아(ego)'는 '초자아(super-ego)'와 '원초아(id)'의 긴장과 변증법적 통합(sin-tesi)을 통해 형성되어간다. 자아는 의식의 영역에서 움직이지만, 간혹 초자아(super ego)의 과도한 개입이나, 통제되지 않는 원초아(id)의 분출로 자아의 균형이 무너지고 심리적인 위기에 직면하는 경우도 있다. 융은 바로 이러한 정서적 심리적 위기에 있는 '자아'에게 손을 내민다. 그는 내담자가 자신의 페르소나(persona), 가면의 실체를 이해할 수 있도록 도움을 주고, 자아와 그림자를 통합할 수 있도록 도와주며, '의식화 작업(그림 12-1 참조)'과 '개성화 작업(individuation)', 곧 프로이트의 정신분석과정(그림 12-2 참조)과 동일한 맥락의 작업을 통해 내면의 원형인 아니마/아니무스, 대극의 통합을 이루어내고, 내면 깊은 곳의 자기(self)를 발견할 수 있도록, 내면의 '현명한 노인(old wise man)', 혹은 '대모(great mother)'로 표현되는 자기 내면의 지혜로운 소리를 들을 수 있도록 도움을 준다. 양자물리학의 입자와 파동으로 감지되는 존재는 'soul(anima)'과 'spirit(animus)'의 역동과 긴장, 이것은 이미 융이 대극의 통합을 말하며 설명한 바를 이미지화(imagination)하여 다음 [그림 12-1] 처럼 묘사할 수 있다.

융합을 의미)교육 등 최근 자주 회자 되는 용어에서 드러나듯 사회 각 분야에서 영역 간 울타리를 허무는 시도가 활발하다.

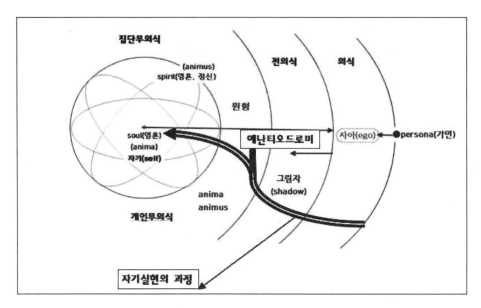

[그림 12-1] 양자물리학의 입자와 파동, 융의 자기(self) 안의 soul과 spirit의 양자역학적 역동

힐만(Hillman, 1975)은 'spirit'은 사람을 "위로, 밖으로(up and out)" 부르고, 반면 'soul'은 "아래로, 안으로(down and in)" 향하게 한다고 설명한다. 'spirit'은 높이에 관한 것, 'soul'은 깊이에 관한 것으로 이해했다(J. Hillman, 1975). 마찬가지로 카라스(Karasu, 1999)는 'soul'의 여행은 경험의 어두운 부분과 계곡으로 들어가는 것이며, 'spirit'의 여행은 자기와 다른 사람들과의 관계를 통해서 자기 초월을 향하는 것이라고 설명한다(B. Karasu, 1999). 'soul'과 'spirit'은 전인적 인간 이해와 정서적, 심리적 발달에 필수적인 역동이며, '자기초월(transpersonality)'을 향한 여행은 자기 안에 기반을 두고 자신의 의식에서 출발하여 페르소나, 자아, 그림자를 거쳐, 원형의 영역이라 할 수 있는 아니마/아니무스의 '대극적 통합'을 향한 역동을 지나 온전한 '자기(self)'로 나아간다. 그림자가 자아와 융합해 제3의 정신, '영성적 자기(spiritual Self)'로 다시 태어날 때 인격(personality)을 초월(trans-personality)한다. 초월(transcendent)은 단지 벗어나는 것을 의미하는 것이 아니다. 그것은, 보다 본질적인, 핵심적인 '중심'으로 나아가는 것이며 가장 궁극의

원리(ultimate principal)에 이르는 것이다. '자기'(Selbst, self)는 우리의 표층적 의식인 자아 (Ego)를 뛰어넘어 무의식 전체를 의식과 통합해 이루는 '전체정신'을 가리킨다. 융은 이렇게 의식과 무의식을 통합해 온전한 전체를 이루는 것을 '자기실현'이라고 불렀다 (그림 12-1 참조). 융은 이렇게 극단을 오가는 정신의 동요를 '에난티오드로미'라는 용어로 설명하기도 했다. '에난티오드로미'[그림 12-1 참조]란 '대극의 반전'을 뜻하는데, 자아의식이 한편으로 치우치게 되면 무의식에서 그 반대 극이 똑같이 강력하게 형성돼 자아의식을 사로잡게 되는 현상을 가리킨다.[12] 개성화 과정은 다음 [그림 12-2]와 같다.

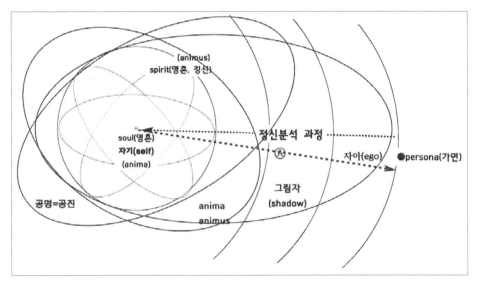

[그림 12-2] 정신분석의 과정과 개성화 과정, 자아초월의 양자역학적 역동모델

---

12 '에난티오드로미(Enationdromie)'는 심적 대극의 반전 현상으로, 주로 인생 후반기에 일어나는 급격한 심리적 변화를 가리킨다. 예를 들어 외향적 감정형이던 사람이 어떤 계기로 그 대극인 내향적 사고형으로 돌변하는 경우가 있다. 이런 극단적인 심리적 변화를 잘 감당하지 못하면 정신질환에 걸리기 쉽다.

이런 '대극의 반전'을 통해 균형을 잡게 된 자아는 한걸음 씩 대극 통합을 향해 나아간다. 대극 통합의 과정에서는 먼저 페르소나(집단정신)에서 자아를 분리하는 단계가 선행되어야 한다. 그다음 '무의식의 의식화' 단계를 거쳐야 한다. 그동안 의식하지 못하고 있던 그림자(그늘)를 인식하고, 아니마·아니무스를 의식화하며 자기(Self)의 메시지를 렐리기오[13]의 태도를 통해 듣고, 자기 '전체로서의 삶'으로 구현해 나아가야 한다. 이러할 때 진정한 개성화가 이루어진다. 그 과정은 죽는 것과 같은 깨어짐과 아픔이 따른다.[14] 이러한 자아의 팽창과 대극의 반전, 자기의 발견과 실현은 동시에 새로운 역동으로 공명하며 가까운 타인에게, 혹은 지구 반대편의 타인들에게까지 공진하며 자기를 전달하는 '세계 안의 나'로 우리의 길을 이끈다. BTS의 영성이 세계를 흔들고, 그레타 툰베리의 영성이 세계인들에게 지구위기에 대한 영감(inspiration)을 주는 것은 아주 구체적인 창조적 영성의 공명, 공진으로 이해할 수 있다.

여기에서 우리는 인문융합치료의 의미를 재차 정의한다. 인문융합치료는 인문과학과 사회과학 그리고 자연과학의 융합을 통해 곧, 제반 학문들 심리학, 교육학, 사회학,

---

13 다시(re) 결합하다(ligio). 다시 생각한다는 뜻이다. 자기가 상징을 통해 보내는 메시지에 자아가 깊은 관심과 주의를 기울이는 태도를 가리키는 용어다. 삶에 에너지를 주는 원천, 즉 삶의 기반에 주목함으로써 자신의 뿌리를 만나고자 하는 태도다. 자기실현을 위해서는 반드시 렐리기오의 상태를 견지해야 한다. 사실 religion은 '종교'라는 말로 번역되기도 한다.

14 '개성화(자기실현)'에서 경계해야 할 점을 살펴보고 넘어갈 필요가 있다. 첫째, 개인지상주의 (Individualismus)와 혼동하면 안 된다. 고의적으로 개인적 특수성을 강조하는 것은 자아의 특질을 내세우는 것에 불과한 것으로, 진정한 개성화라고 볼 수 없다. 히피운동에서 보듯이 개인 지상주의자들일수록 무의식적으로 더욱 강하게 집단에 의지하는 경향이 있다. 둘째, 자기팽창(Self-Inflation)과 구별해야 한다. 원형층이 자아의식을 점차 동화시켜가면 의식에 변화가 생겨 자아가 신화적 인물과 동일시되어 이른바 악마적 인격이 되기 쉽다. 초인적인 힘을 가지고 있는 것처럼 느끼고 스스로 영웅이나 구세주가 된 것 같은 기분으로 행동하는 것이 그러한 것이다. 조울증의 조양증 분열 환자의 과대망상에서 이런 현상을 보게 된다. 정상적인 일반인의 경우에도 자기가 무슨 위대한 사명을 받은 것이나 신의 예언자가 된 것처럼 흥분상태에서 행동하는 것을 보게 된다. 이런 것은 자기실현인 것 같지만 사실은 자기팽창에 불과하다. 자기팽창은 의식성의 결여와 객관성의 상실을 초래한다. 셋째, '개성화과정'이 완전성(Vollkommenheit)을 의미하는 것이 아니다. 완전한 자기실현은 불가능하다. 완전주의를 추구하게 되면 오히려 독단적이고 파괴적으로 변하기 쉽다. 완전성이 아니라 원만성을 추구하는 가운데 대극의 통일을 이루어야 한다는 것이 융의 마지막 생각이었다.

호모 내러티쿠스: 인문융합치료의 이해

정신의학, 종교학, 상담학 등의 다양한 학문과 통섭하여 지식의 교류가 상호방향으로 활발히 이루어지게 하고, 학문 이론과 치료 방법을 심층적으로 탐구하는 학문적 시도이다. 인문융합치료는 세상과 연결된 한 개인이나, 지역, 공동체, 국가 등의 다양한 개인, 집단, 조직 안에서 발생하는 존재의 위기상황을 인문융합적으로 관찰하고, 비판하고 사변하는 일련의 프로세스 전반을 시작으로 당면한 문제를 극복할 수 있는 사회적, 심리적 그리고 영성을 융합하는 치료 프로그램의 기획과 조직, 개발과 평가를 운용하는 전 과정을 학문적, 실천적 연구의 대상으로 상정한다. 치료의 과정에는 다양한 문화적인 도구들 곧, 음악, 미술, 문학, 종교, 심리학과 상담 등의 모든 인문학의 도구들을 융합하여 치료의 효과를 제고(提高)한다.

여기에서 언급되는 '치유'라는 말은 몸과 마음의 병을 낫게 하기 위한 일련의 행동 모두를 포괄한다고 볼 수 있다. 치료는 어원학적으로 1846, 현대 라틴어에서 "질병의 치료" therapia, 그리스어에서 therapeia "치료, 치유, 병자에 대한 봉사; 회복되다(본래의 모습으로 돌아가다)"에서 therapeuein "치료하다, 의학적으로 치료하다"는 말 그대로 "참석하다, 봉사하다, 회복하다, 돌보다"(참조 therapeutic)는 의미로 정의되었다(R. Beekes, 2010).[15] 인문융합치료가 개인의 내적인 문제의 필요로 전개될 때는 내담자를 둘러싸고 있는 제반의 환경들에 대한 사회과학적인 인식을 토대로 개인에게 생겨난 정서적 심리적 문제에 대한 이해와 공감, 적극적 지지를 통해 삶을 어렵게 했던 부정적인 인식으로부터 해방될 수 있도록 도움을 준다. 반면 사회적으로 연결된 그룹이나 조직, 재난 지역, 혹은 특수한 재난으로 형성된 피해자 그룹들을 대상으로 하는 인문융합치료는 그들이 당면한 사건이나 사고, 재난이나 위기 상황에 대한 분석과 비판 그리고 문제를 해결하기 위한 사회적인 노력과 개선을 위한 의식화, 문제 해결능력을 배양하는 교육이나 강연, 그룹테라피, 온라인 연결 등을 통한 정서적, 심리적 지지체계 구축

---

15 "치료"라는 말의 어원은 그리스어 "테라페이아: θεραπεία"에 기원한다. '테라페이아', 그리스문화 안에서 치료의 의미는 질병이나 기타 부작용을 치료하는데 사용되는 모든 행동과 수단으로 '전인적 의미의 건강을 회복'을 의미한다, 곧 '본래의 모습으로 돌아간다'는 의미였다.

등의 다양한 정책적 제안이나 기획, 개발과 평가 작업을 진행할 수 있다. 이렇듯 인문융합치료 영역 안에서 영성심리 분석상담 프로세스를 치료적 측면에서 이해할 수 있고, 영성심리분석상담은 인문융합치료의 구체적인 분과이기도 하다.

2) 영성심리분석치료의 원리: 프로이트의 정신분석과 융의 분석심리학의 융합

(1) 억압의 해소: 네러티브를 통한 카타르시스(정화)

억압(depression)은 표현(expression)되어야 한다. 전통적으로 아리스토텔레스의 시학(Poetica)에서 '카타르시스'는 비극을 감상하는 사람의 감정에 나타나는 것으로서 감정의 승화를 통하여 인격을 합리적이고 완전하게 만드는 것으로 해석되어왔다. 이러한 해석은 아리스토텔레스의 철학 체계에 상응한다. 그러나 아리스토텔레스의 감정의 카타르시스, 즉 '감정의 정화'라는 개념은 해석에 따라 다양해진다. 감정의 정화로서의 카타르시스는 주체와 대상의 측면에서 바라볼 수 있는데, 이는 감정의 정화개념이 종교적인 것으로 이해되었기 때문이다. 니체는 종교와는 관계없이 예술, 특히 음악에서 비극적 인생을 정화할 수 있는 것으로서 감정의 정화가 해석되고 있으며, 현대에서는 H. 베르그송이 신비체험을 통한 감정의 환희에서 감정 정화의 근원적인 의미를 찾고 있다(송영진, 2011).[16] 19세기 중엽 버네이스(Bernays)에 의해 면밀히 주목된 이래 카타르시스 논의는 도덕주의적 해석 대신 의학적 해석이 주도하게 되었다. 그는 이러한 논리를 토대로 카타르시스를 감정 치료로 해석하는 관점을 확립했고, 이것은 오늘날까지 많은 지지자들을 가진 지배적 해석이 되었다. 이제 현대적 의미의 '카타르시스'라는 개념은 새롭게

---

16 아리스토텔레스의 비극론에 나타난 '감정의 카타르시스(catharsis)'의 다양한 의미, 충남대학교 인문과학 연구소, 389-425

호모 내러티쿠스: 인문융합치료의 이해

이해되고 있다. 곧 카타르시스를 통한 인간 마음의 정화(purification)는 종교의 '정화'예식으로서뿐만 아니라 인감 감정의 '정화'와 '승화'를 통해 인간의 심리적, 정서적 건강에 도달하고 신체적 건강과의 연관까지를 포함하는 폭넓은 의미에서 전인적 '치료'의 의미로까지 확장되고 있다. 종교, 문화, 예술, 영성이 구분 되어진 분과임에도 불구하고 서로 융합, 통섭하여 인간의 풍요로운 삶을 위한 도구로 기여한다.

융에 의하면 "자기 내면에 존재하는 어둠 속으로, 무의식의 세계로, 어두운 저승의 세계로 내려감으로써 참된 '자기자신 self'[17]에게로 나아갈 수 있다"라고 설명한다. 융은 우리가 자신의 어두운 그림자의 세계, 무의식의 어둠 속으로 내려갈 수 있는 용기를 가질 때, 비로소 우리 자신과 참된 자기자신을 발견하게 된다는 사실을 이해하였다. 겸손은 자신의 고유한 그림자, 어두운 그림자를 있는 그대로 바라보고 인정하는 용기이다. 자신의 약점을 인정하는 것만이 어두운 부분을 압박하여 감추는 기계적인 행위로부터 우리를 보호할 수 있다. G. 뒤르크하임은 성장하는 길은 실존에 대한 많은 체험이라고 설명한다. 자기 내면의 어두운 부분, 외로움, 좌절, 슬픔의 감정 아래로 내려갈 용기가 필요하다고 설명한다. 사람이 큰 어려움을 겪을 때, 실존에 대한 진정한 자기 체험을 하게 된다. '카타르시스'로 나아가는 길은 자주 한계와 궁핍에 대한 체험, 힘센 낯선 존재들로부터의 위협과 불안, 절망, 불의, 고독 그리고 슬픔에 대한 체험을 거치면서 마주한다. 치유에 대한 희망을 가지고 용기를 가지고 자기를 대면할 때 우리는 '카타르시스'를 통해 자신의 내면 안에 있는 억압된 감정들을 밖으로 내보낼 수 있으며, 그때 자신의 진정한 모습과 만날 수 있게 된다. 이러한 억압된 감정을 풀어내기 위해서는 먼저 참된 겸손의 의미를 명확히 이해해야 한다. 겸손을 의미하는 라틴어 humilitas 는 'humus(땅)'과 연관을 가진다. 즉, 우리가 땅에 밀착하고 있다는 사실, 땅에서 벗어날 수 없다는 사실, 우리의 본능적인 욕구의 세계들, 우리들이 지닌 어두운

---

17 의식과 무의식을 통틀어 언제나 사람으로 하여금 진정한 자기가 되게 해주는 구심점이다. 다시 말해 인격이 분열되지 않고 전체적인 통일을 이루도록 하는 근원적 가능성이다. 어느 누구도 아닌 '그 사람 전체'를 뜻한다는 면에서 진정한 의미의 개성과 같은 말이다.

그늘과의 화해야말로 참된 겸손이라는 사실이다. 겸손은 윤리적이고 도덕적인 영역에서의 의미만이 아니라 우리 인류의 무한한 역사의 과정을 담아내고 있다. 인문학(人文學, humanities)은 인간과 인간의 본질적인 문제, 인간과 인간의 문화, 인간의 가치와 인간만이 지닌 자기표현 능력을 바르게 이해하기 위한 과학적인 연구 방법에 관심을 갖는 학문 분야이다. 이상적인 요소들은 인간에게 매우 긍정적인 역할을 한다. 내가 앞으로 나아가기 위해서는 또 성장하기 위해서는 모범이 되는 존재들이 필요하다. 특별히 젊은 사람들은 그들이 따르고자 하는 이상적인 인물이 설정되면 내면의 무수한 무질서들이 정돈되고 이상적인 인물을 기준으로 삶에 대한 방향과 희망을 정돈해 나간다. 그러나, 이러한 노력도 잠시, 자신이 설정한 이상적인 인물과 실재의 자신의 모습을 동일시하려는 노력이 실패로 돌아간 것을 깨닫는 순간, 내면의 커다란 분열이 생겨난다. 그리고, 자신이 설정한 이상을 유지하기 위해 자신의 어두운 부분(Shadow)을 억압하고, 투영하고(Project), 비난하고 격분하게 된다. 이는 쉽게 타인을 죄인으로 단죄하고, 타인을 참아내지 못하는 병을 만들어 낸다(Anselm Gruen, 2007). 그래서 다음 단계, 프로이트가 말한 변하는(verwandeln) 단계로 자연스레 진입하려 하는 강한 동기와 원의가 발생한다.

(2) '변하게 하다'(verwandeln): 바꿀 수 없는 과거의 사건을 새롭게 '해석'하는 저널링

해석학자인 가다머는 '고통을 극복하다'라는 의미를 가진 'verwinden'을 강조한다. 그것은 고통을 대면하여 그 아픔을 이겨내는 과정을 뜻한다. 정신분석학에서 프로이트가 사용하는 '변하게 하다'(verwandeln)라는 동사는 결코 바꿀 수 없는 과거의 사건을 새롭게 '해석'함으로써 '히스테리적 비참을 평범한 불운으로 바꾸는 치유과정'을 뜻한다. 그런 의미에서, 넘어설 수 없는 고통을 전제로 그 고통의 극복을 강조한 가다머의 고통에 대한 이론이 정신분석학의 변화 개념에 더욱 가깝다고도 할 수 있다.

호모 내러티쿠스: 인문융합치료의 이해

자신이 처한 주위 사람들, 조건들이 주는 고통을 변화시키면 행복해질 수 있다는 믿음이 있다. 옳지 않다. 이것은 어리석게도 세상을 재정리하기 위해 엄청난 힘을 낭비하는 것이다. 보다 나은 외모로, 보다 나은 직업으로, 보다 나은 거주지로, 소속단체나 생활양식, 그리고 성격을 바꾸기 위해 우리는 너무나 많은 힘을 쓰고 있다. 하지만 아무리 마음에 드는 (외적인) 조건들을 만들어 낸다고 해도 우리의 마음(내적인 조건)이 변화하지 않는 이상, 우리는 늘 불만족과 부조화를 체험한다. 또는 "모든 욕망이 충족되면 행복해진다!"라는 도식을 우리는 여전히 포기하지 않는다. 우리에게 있는 긴장, 좌절, 신경과민, 불안, 두려움을 주는 것은 바로 욕망과 집착이다. 이러한 그릇된 믿음들을 사실이나 현실로 받아들여 우리는 거기에 많이 익숙해져 있다. 우리가 "집착하고 있는 그것들이 우리에게 상처를 주는 힘을 가지고 있다"라는 사실도 알고 있다. 소유하고 있는 모든 것들은 우리를 '틀(frame)'에 가둔다. 우리를 얽어매고 있는 것들은 우리가 소유하고 집착하고 있는 모든 것들이다. 이제 그 사슬을 바라보고 깨달아야 한다. 과거의 사건들을 새롭게 해석해야 한다. 자신의 실존 또는 행동방식을 잘 살펴보면, 우리 생각 속에 하나의 "고정된 틀", 즉 세계는 어떠어떠해야 하고, 나는 어떤 사람이어야 하고, 무엇을 원해야 하는가! 하는 요구들이 꽉 차 있음을 발견하게 된다. 우리 안에는 어떤 "틀"이 만들어져 있다. 그것 없이는 행복하지 않을 것이란 그릇된 과거의 믿음에서 벗어나야 한다. 우리들의 소망과 욕구, 물건에 대한 기호나 가치관, 태도 등을 결정하는 것은 우리를 둘러싸고 있는 많은 조건이다. 부모, 사회, 문화, 종교, 과거의 경험 등 우리들의 기억 속에 저장된 명령들과 가치들이 매 순간 작동하고 지시한다. 우리들의 의식이 깨어있는 한 그것들은 끊임없이 우리 안에서 움직이고 명령한다. 하지만 이러한 명령들이 언제나 건강한 것은 아니다. 때로는 잘못된 부모들의 교육이나 억압, 그릇된 사회적인 통념, 잘못된 인식들이 우리를 명령하고 조종할 수 있다. 그것은 이미 앞서 프로이트가 말한 '초자아(super ego)'의 형성과정에서, 에릭 번이 말한 '자아상태(ego state)'에서 극명하게 드러난다. 이미 저장된 명령들에서 벗어나게 되면 좌절과 분노, 쓰라림이 우리를 괴롭힌다. 주변의 사물들을 마음대로 통제할 수 없거나 미래가 불확실해질 때 기존의 "틀"은 심각한 위기의식을 느끼게 된다. 이렇게 기존의 명령에서 벗어나면 우리 안에는 부정적인 감정이 생겨나고 이것들을 처리하기 위해 더 큰 노력이 필요하게 된다. 자신의 "틀"의 억압에서 해방되어야 한다. 바로 그때 우리에게 자유가 찾아온다.

　정신분석에서 가장 중요한 한 단어를 선택하자면 그것은 '해석'이다. 위에 언급된 '틀'을 부수는 것이다. '해석'은 몸, 건강, 고통과 관련된 정신분석학의 중심 주제어다. 정신분석학은 무의식을 강조하고 무의식의 작동방식을 분석하는 학문이지만, 치유로 나아가는 정신분석학적 해석은 의식에 의해 진행된다. 프로이트는 1900년 이전에 이미 최면과 같은 극적인 도구들보다 '자유연상'이라는 의식과 의지의 산물이 결과적으로는 더욱 극적인 효과를 생산하게 된다는 것을 깨달았다. 이것은 융의 '적극적 명상(active meditation)'과도 상통한다. 물론 극적인 효과란 새로운 해석을 의미한다. 고통의 극복을 위해 정신분석학적 해석은 상당히 중요하다. 정신분석학의 기본 전제인 정신-신체(psycho-somatic)라는 개념 자체가 우리에게 알려주는 것은 몸과 정신이 연동되어 있다는 사실이다. 프로이트가 최면요법을 떠나 자유연상 기법을 선택한 이유 역시, 치유를 위한 가장 중요한 요소가 환자의 능동성과 그러한 능동성이 바탕이 된 '주체적 해석'이라는 사실을 강조하기 위한 것이었다. 해석의 중심에서 의미를 생산하거나, 숨기거나 왜곡시키는 모든 과정의 중심에 '표상'이 작용한다(김서영, 2018).[18] 정신분석은 '이유 없이'라고 명명된 부분에 집중하여 빈 곳에 이야기를 만드는 실천적 치유 학문이다. '왜 정신분석은 항상 과거에 집착하고, 이유를 따져 묻느냐?'고 비판하는 경우들이

---

18 브로이어와 프로이트는 환자들을 분석하며, 최면의 극적인 효과보다는 의식이 있는 상태의 '이야기' 속에서 환자가 자신의 삶과 고통에 대한 더 많은 정보를 깨닫게 된다는 것을 이해했다. 브로이어와 프로이트가 가장 강조한 단어는 표상(Vorstellung)이었으며 프로이트는 표상이 작동하는 방식을 '압축'과 '전치'로 설명할 수 있게 되며, 그것이 꿈의 언어를 분석하는 방법론으로 자리 잡았다. 표상(Vorstellung)은 '심상' 또는 '관념'으로 번역되기도 하지만, 그보다는 두 개념을 모두 나타낼 수 있는 '표상'이 더욱 적절한 번역이다. 'Vorstellung'이란 마음이 눈앞에 그린 것, 마음으로 빚어낸 상상의 산물을 뜻하는 개념이다.

호모 내러티쿠스: 인문융합치료의 이해

있다. 현재가 중요한 것은 사실이다. 그러나 현재는 과거의 조각들에 의해 구성되고, 프로이트의 말대로 미래는 과거의 닮은꼴로 만들어진다(S. Freud, 1900). 그리하여 다른 미래를 가능하게 만들기 위해서는 현재의 시선이 달라져야 하며, 현재를 조망하는 시선이 바뀌기 위해서는 과거에 대한 해석이 달라져야 한다. 해석이란 현재의 태도와 현재에 초래된 결과를 분석함으로써 다시 과거를 불러내는 일이며. 이렇게 소환된 과거에서 새로운 이야기를 창조하는 과정이다. 해석은 찾는 것이 아니라 창조하는 것이다. 정답으로 제시된 과거의 해석을 무너뜨리고 새로운 의미를 창조하기 위해 과거를 바라보는 것이다. 어떻게 과거의 히스테리적 비참한 상황이 현재 속에서 평범한 사건으로 변하게 되는가? 무엇이 과거를 바꾸는가? 물론 그것은 과거에 대한 새로운 '해석'이며 그것을 새롭게 해석할 수 있는 내적인 힘과 능력이다. 그러한 힘과 능력을 수련하고 연구하는 실천적 학문의 새로운 영역이 바로 '인문융합치료' 과정이다. 가다머(Hans Georg Gadamer)는 "고유한 삶에서 무엇보다도 […] 신체(유기체)가 지닌 힘들을 강화시키려고 노력"해 왔다는 점을 강조하며, 고통을 통제할 수 있는 시대가 된 것이 과연 진보인지, 그리고 그것에 의해 우리가 과연 행복해졌는지에 대해 질문한다. 그가 제시하는 대안은 전인적 측면에서의 고통과 대화하는 것이다. 다른 말로 바꾸어, 고통과의 대화란 고통을 통해 문제를 인식하고 그것을 해결해 나가는 의지를 뜻한다. 그는 이 과정의 중심에 '극복하다'(verwinden)라는 단어를 배치한다. 고통을 해결하려는 자(고통의 크기에 상관없이 용기를 잃지 않는 자)는 '아픔을 이겨낼 수 있다'(verwinden). '아픔을 이겨낸다'는 말은 고통의 극복을 의미한다. 가다머는 고통이야말로 하나의 "기회"라고 강조한다. 고통은 "우리에게 부과된 그 어떤 것을 해결하기 위한 아주 대단한 기회"이다(H. G. Gadamer, 2003). 치유란 과거의 진실을 찾아내어 그것을 다른 방식으로 바꾸는 과정이 아니다. 우리가 찾아야 하는 과거의 진실 그 자체는 존재하지 않는다. 그것은 해석을 통해 창조될 수 있을 뿐이다. 해석을 위해 필요한 것은 자신의 "삶의 힘"이다. 과거를 바꾸어서 지금의 삶이 바뀌는 것이 아니라, 지금 여기를 '삶의 힘'으로 해석해 냄으로써 오늘을 살아갈 힘을 만들어내야 한다는 것이다.

니체의 철학은 프로이트와 융의 '치유' 이론이 시작되는 출발점이라고 이제는 말할 수 있다. 실제로 프로이트는 '자아와 원초아(Das Ich und das Es)'에서 원초아 '이드' 개념이 니체에게서 시원한 것이라고 밝힌다. 융은 니체를 수용하며 현실적 토대보다는 신화를 강조한다. 니체가 '짜라투스트라는 이렇게 말했다'에서 가장 강조하는 것은 인간을 '넘어서는' 초월하는 변화이다.[19] 그가 희망했던 정오의 희망은 인간에게는 성취 불가능한 현실일 수 있으나, 그러한 인간 의지의 발현은 변화를 만들어내는 시작이다. 인간이 자신의 그림자와 하나가 된다는 것은 그 자신을 넘어서는 일이며, 짐을 내려놓고 무장을 해제한 후, 온몸이 웃을 수 있는 초인의 상태로 변신한다는 뜻이다. 정오라는 시간은 해가 머리 꼭대기에 올라 그림자가 사라지는 유일한 시간이다. 이 상태에서 초인은 더이상 과거의 지배를 받지 않으며, 과거에 사로잡힌 현재에 갇히지도 않게 된다. 과거는 지금 여기(here & now) 그에게 새롭게 해석된 현재와 다른 미래가 허락되는 것이다. 그렇지만 결국 초인은 초월의 지배를 받는다. 해가 움직여 정수리에 뜨는 것에 초인은 참여할 수 없다. 그것은 '초월자'에게 가능한 영역이다. 그래도 자아를 넘어선 존재, 그림자와 하나가 된 존재, 온전한 몸으로 돌아온 신체, 대지로 복귀한 초인은 인간을 넘어서는 고통과 초월의 과정을 거친 이들이다. 초인이란 고통을 통해 이전의 한계를 극복하고 그 너머로 나아가 "그림자 없는 정오의 투명성 아래 전인적 완성을 이룬 인간, 언제 어디서나 항상 깨어있는 순수한 인간"을 뜻한다(김정현, 2006). 니체에게 질병은 "'극복'해야 할 것"으로 간주 되었으며, 가다머에게 질병은 "'인식'해야 할 것"으로 이해된다. 가다머의 경우, 극복이란 과거의 고통을 대면하여 그것을 견뎌내는 '극복의 과정(Verwindung)'을 뜻한다. 프로이트가 히스테리 연구의 마지막 장에서 언급하는 '변화의 과정(Verwandlung)'은 전자보다는 후자의 설명에 근접하는 치유 여정이

---

19 4부 중 69장 「그림자」와 70장 「정오에」는 융의 분석심리학적 원칙의 결정체가 집약되어 있는 부분으로서, 인간 내면의 통합과 통합 이후의 성장을 묘사하고 있다. 그림자가 없는 정오의 아름다운 풍경, 짜라투스트라가 가장 행복한 시간으로, 그는 이 시간에, 세상이 완벽해진 듯한 희열을 느낀다. 짜라투스트라는 이 순간 "아! 행복하다! 아! 행복하다! […] 세상이 완벽해"라고 외친다.

호모 내러티쿠스: 인문융합치료의 이해

다. 즉 그것은 고통과 대화하며 매 순간 그것을 대면하는 가다머적 극복의 과정과 과거를 바꾸며 고통을 넘어서는 니체적 극복의 과정이 연계된 변화의 과정이다. 우리가 과거 사건의 장소로 되돌아가 과거를 바꾸는 것은 불가능하다. 그러나 만약 과거가 바뀌지 않는다면, 그러한 과거를 기반으로 주조된 현재와 그렇게 구축된 현재에 기반을 둔 미래는 모두 특정 방향으로 흘러갈 수밖에 없다. 정신분석에서 과거를 극복하고 미래로 나아가는 치유의 과정에는 언제나 과거 자체의 변화가 수반된다. 분명 돌아갈 수 없는 과거, 되돌릴 수 없는 실수들이 있다. 우리가 앞으로 나아간다는 것은 되돌릴 수 없는 것에 대해 새로운 해석을 제시한다는 뜻이며, 이 해석에 의해 '오늘'의 새로운 의미와 가치를 발견하여 지금 여기를 살아간다는 것을 의미한다. 건강한 삶이란, 몸과 정신에 대한 관찰을 통해 매 순간 새로운 해석을 시도하고, 우리의 몸과 정신을 가두는 과거를 극복해내는 여정 가운데 드러난다. 우리를 멈추게 만드는 모든 과거의 사건들을 새롭게 해석하고 변화 속에서 새로운 현실로 나아가는 극복의 과정이 바로 '인문융합치료'의 원리로 이해될 수 있다. 이전과는 다른 새로운 해석을 위해서는 기존에 바라보지 못했던 나를 둘러싸고 있었던 여타의 문제들을 응시하고 이해할 힘을 인문융합적 이해와 분석, 사변을 통해 새롭게 해석해 낼 수 있어야 한다. 기존의 갇혀 있는 인식의 한계를 가지고 당면한 문제를 해결할 수 있는 새로운 해석의 힘을 가질 수는 없다.

(3) 영성심리학적 이해: 프로이트의 정신분석과 융의 분석치료 융합의 내러티브

프로이트의 정신분석 과정은 초기 단계에서 '라포'를 형성하는 상담관계를 형성하는 것이 가장 중요한 지점이다. 내담자의 사고를 비판 없이 수용하는 관계 형성에서 내담자의 마음속에 떠오르는 것을 말하게 하는 내러티브의 과정은 매우 중요하다. 내러티브는 인문융합치료에서 중요한 치료적 도구로 활용된다. 내러티브 치료에서 가장 중요한 인물은 마이클 킹슬리 화이트(Michael White)이다. 1970년대 초반 화이트는 임상사회복지사로서 당시 병원에서 우울증을 치료하는 과정에서 내담자들이 딱딱하고 비인도적인 방식으로 진단받고 치료받는 것에 대해 문제의식을 가졌다. 병원에서 반복되는 상담자와 내담자 사이의 불공평한 권력 관계가 새롭게 눈에 들어왔다. 화이트는 1980년대 중반 이후 현실의 사회적 구성에 관심을 보였고 개인이 어떻게 의미 부여 시스템을 발전시키는지, 또는 우리 자신에 대한 생각이 최소한 부분적으로는 사회구조 안에서 만들어진다는 과정에 관심을 두었다. 그래서 내러티브 치료는 내담자들이 자신들의 내러티브를 점검하고 이해하도록 하고, 그들 깊숙이 침투해있는 스토리를 스스로 해체하게 하며 새로운 내러티브를 만들도록 돕는다(이영의·김남연, 2017). 내러티브는 이야기이다. 내러티브는 우리가 누구인지를 정의하고, 우리는 일생 동안 우리의 삶을 이야기하고 있다. 우리는 살아가면서 우리의 삶을 포용하는 수많은 내러티브와 이야기를 만들어 내고 우리가 살아감에 따라 우리의 이야기도 변화한다. 전이단계에서 상담은 전이감정을 표현하게 하고, 전이욕구를 상담자에게 충족 받으려고 시도한다. 특히 전이단계에서는 꿈 분석을 중요한 상담의 기법으로 활용하게 되는데 꿈에서는 내담자의 방어기제가 약화되어 표현 되어지고, 상담자는 꿈에서 본 것에 대한 내러티브를 통해 내담자의 심리적인 갈등을 포착한다. 통찰 단계에서는 구체적인 분석이 이루어지는데 이때 내담자는 자신의 욕구의 좌절로 생겨나는 적개심을 상담자에게 표현한다. 내담자의 전이와 저항이 거세어지는 단계이다. 과거에 중요하게 생각했던 사람에게 느꼈던 감정을 상담자에게 느끼게 되는 전이(transference)와 상담을 방해하고 현재의 상태를 유지하려고 하는 의식적/무의식적 생각이나 태도, 감정, 행동을 저항(resistance)으로 인식할 수 있겠다. 해석단계에서 상담자는 내담자의 불명확한 부분에 대해서 해석하고 의식화하는 작업을 도와준다. 무의식을 의식화하며 현실을 수용한다는 것은 자기분석능력을 가지게 하는 것을 의미한다. 마지막으로 통합과 변화의 단계에서는 통찰을 현실 속에서 유지하게 하는 노력의 단계이며, 통찰을 적용하기 위해 상담자의 적절한 강화가 필요하다. 이러한 프로이트의 정신분석의 거의 모든 단계에서 내러티브는 정신분석의 중요한 도구로 활용되어 진다. 다음 〈표 12-1〉은 프로이트의 정신분석 과정과 주요지침을 설명한 것이다.

<표 12-1> 프로이트의 정신분석의 과정과 상담의 전개와 기법, 지침

프로이트의 정신분석 과정	상담과정	상담의 전개와 기법	주요지침
초기단계	상담관계형성 (라포형성) 내담자의 사고를 비판 없이 수용	네러티브/ 이야기 치료/ 자유연상	마음 속에 떠오르는 것을 말하게 함 비논리적인 것도 모두 말하게 함
전이단계	전이감정을 표현, 전이욕구를 상담자에게 충족 받으려고 함	꿈 분석	꿈에서는 내담자의 방어기제 약화, 표현/ 상담자는 꿈분석을 통해 내담자의 심리적 갈등을 통찰
통찰단계	분석이 이루어지는 단계 욕구 좌절로 생기는 적개심을 상담자에게 표현	전이 & 저항	과거에 중요한 사람에게 느꼈던 감정을 상담자에게 느끼는 것 상담을 방해하고 현재상태를 유지하려는 의식적/무의식적 생각,태도, 감정, 행동을 의미
해석단계	불명확한 부분에 대해 상담자가 통찰하여 내담자에게 설명해주는 단계	해석/의식 화 작업	무의식을 의식화 하며 현실을 수용하고 자기분석능력을 가지게 한다.
통합과 변화	통찰을 현실 속에서 유지하게 위해 노력하는 단계, 통찰을 적용하기 위해 상담자의 적절한 강화가 필요	현실에 적용/ 강화	현재의 문제와 과거의 억압된 갈등을 탐색 결국 자기에 대한 이해를 넓히고 건강한 자기를 이해하며 성숙한 인간관계, 현실을 직시하는 사람으로 변화된다.

융은 자신의 분석심리학적 상담을 전개하면서 고백 – 해명(명료화) – 교육 – 변화 – 개성화(의식화) 과정을 전개한다. 고백은 가톨릭교회 전통의 고해성사 방식을 차용하여, 억압에 의해 숨겨져 왔던 비밀, 억제된 감정과 정동들을 치료자 앞에서 고백의 형식으로 토로하여 타인, 곧 치료자와 공유함으로써 치료의 과정에 이르게 된다. 해명(명료화)의 단계에서는 꿈이나 환상, 억압된 소망자료들을 인과론적이고 환원론적으로 해석함

으로써 전이와 무의식의 원인을 규명하여 치료하는 방법으로 이는 융이 프로이트의 문하에서 공부했던 정신분석학적 치료의 모델이 그대로 삽입된 부분이다. 이러한 해명의 과정을 프로이트는 정신분석이라 명명했던 것이다. 내담자에게 정신분열을 야기할 만한 완고한 습관과 틀은 내담자의 통찰만으로 고쳐지지는 못한다. 적절한 인지와 교육이 필요하며 이는 사회적인 적응과 정상화를 목표로 한다. 잘못된 과거의 부정적인 스키마를 제거하고 행동을 수정하고 변경할 수 있는 능력을 가질 수 있도록 인지행동치료는 상당히 중요한 치료적 도구, 과정으로 이해될 수 있다. 이러한 인지행동치료의 과정 이후 내담자의 구체적인 변화(transformation)를 도모하는 변증법적 치료, 철학적인 치료가 시작된다. 앞선 세 단계는 작은 치료, 과학적 치료라 명명하며 후자의 변화와 개성화, 의식화 과정을 통한 자기실현의 과정을 '큰 치료'라고 명명할 수 있겠다.

융의 문제를 정돈하며 꼭 짚고 넘어가야 할 문제는 종교이다. 융에게 종교는 인간 이성의 막다른 골목, 자아의 분열, 세계의 모순에 대한 중재의 지점에 서 있다. 융은 중년의 위기의 본질은 종교를 잃어버린 까닭이라고 말한다. 융은 중년의 위기를 병적인 증상으로 보지 않고 일종의 자기 '치유과정'으로 보았다. 즉 중년의 위기는 마음이 병들었다는 증거가 아니라 마음이 건강하다는 증거다. 따라서 중년의 신경증 때문에 그 전의 인격이 무너지는 경험을 새로운 차원의 의식을 가져다주는 의미 있는 과정으로 본다(노안영·강영신, 2011).[20] 중년 이후라는 인간의 생의 극적인 지점에서 종교의

---

20 우리가 직접 알고 있는 정신의 부분이 의식이다. 의식은 자아에 의해 지배된다. 자아는 비록 정신 전체 속에서는 작은 부분을 차지하고 있지만, 의식에 이르는 문지기라는 대단히 중요한 역할을 하고 있다. 인간은 자아를 통해 자신을 외부에 표현하고 외부 현실을 인식한다. 의식과 관련하여 중요한 내용인 태도와 기능을 이해하는 것이 필요하다. 첫째, 태도는 의식의 주인인 자아가 갖는 정신적 에너지의 방향이다. 즉, 자아가 외부 대상에 지향하는 방향이 수동적인가 능동적인가에 따라 성격태도가 결정된다. 능동적인 태도를 외향성(extra-version)이라고 한다. 외향성은 의식을 외적 세계 및 타인에게 향하게 하는 성격태도이다. 내향성(introversion)은 의식을 자신의 내적 주관적 세계로 향하게 하는 성격태도이다. 융은 우리 모두가 이러한 두 가지 성격 태도를 모두 가지고 있으며, 둘 중 어느 태도가 지배적이냐에 따라 태도가 결정된다고 보았다. 둘째, 의식의 기능은 주관적 세계와 외부세계를 지각하고 이해하는 서로 다른 방식을 의미한다. 융이 제안한 정신적 기능의 구성요소는 사고, 감정, 감각, 직관이다. 이러한 구성요소는 그가 제안한 정신의 반대 원리에 따라 합리적 차원(사고-감정)과 비합리적

회복은 나름의 심리적, 정서적 안정과 지지에 매우 긍정적인 영향을 준다는 것은 확실하다.

3) 인문융합적 심리분석과 통합: 영성심리 분석상담 과정

인간의 전인적 치료로 정의되는 인문융합치료는 신체적 치료뿐만 아니라 정신적, 사회적, 영적 치료[21]를 통한 건강한 상태의 인간을 지향한다. 발병(發病)의 육체적, 심리적, 사회적, 영성적 원인들을 분석하고 연구하고 보완 대체치료를 통한 치료의 효율성을 높이기 위한 다양한 테라피를 연구 적용하여 인간의 건강한 삶의 유지, 보전을 증진하며 이를 통한 전인적 치유와 성장을 통해 건강한 사회를 지향함이 인문융합치료 과정의 목표이자 비전이다. 다음 〈표 12-2〉는 융의 분석심리단계와 상담기법을 설명한 것이다.

차원(감각-직관)으로 구분된다. 이러한 기능 중 어느 것을 우선적으로 사용하는가에 따라 기본적인 성격이 달라진다고 하였다. 융은 심리적 태도와 기능을 조합하여 여덟 가지 심리적 유형인 외향적 사고형, 외향적 감정형, 외향적 감각형, 외향적 직관형, 내향적 사고형, 내향적 감정형, 내향적 감각형, 내향적 직관형이 결정된다고 보았다. 인간의 타고난 성격 유형을 검사하는 데 현재 많이 쓰이는 MBTI는 이러한 융의 이론에 기초하고 있다.

21 의학계에서 영혼의 건강을 이야기하면서 불교의 명상과 수행이 미국의 대학병원에서 필수 코스가 된 곳이 많다. 그렇다면 우리 한국사회의 종교학 연구 분야에서 영혼의 건강에 대해서 어떤 연구를 진행하며 기여하고 있는가? 종교가 인간의 다양한 심성의 변화와 위기에 대처할 다양한 종교적 메시지를 준비하며 최근에는 심리학과 심리치료에서 영적인 문제들을 다루도록 요청되고 있다. 심리학이나 심리치료는 영적 영역과 대립하는 것으로 보여져 온 것이 사실이다. 대부분의 심리치료사들이 특정한 치료적 접근들(예를 들어 인지행동치료, 정신분석치료, 인본주의적치료 등)에 상당히 폭넓은 훈련과 경험을 쌓아왔을지라도 이러한 특정 접근들 내에서 생긴 영적인 문제들을 다루도록 훈련된 경우는 거의 없다. 2차 세계대전 이후 정신분석은 무의식적 충동을 다루는 이드(id) 심리학에서 자아(ego) 심리학으로 방향을 전환한다. 무의식의 존재나 그 기능과 상징성에 관한 관심이 약해지고 자아의식과 대인관계에 더 무게를 싣는 경향이 있다. 하지만, 심층심리의 귀중한 발견은 오늘날 종교공동체에서 영성의 훈련과 자기발견을 위한 내면의 치유에 소중한 도구로 자리매김 되고 있다.

융의 분석심리 단계	상담과정과 기법
고백	죄의 고백과 유사하게 억압에 의해 숨겨져 왔던 비밀, 억제된 감정과 정동들을 치료자 앞에서 고백의 형식으로 토로하여 다른 사람과 공유함으로써 치료가 이루어진다.
해명, 명료화	이 방법은 꿈이나 환상, 억압된 소망자료들을 인과론적이고 환원론적으로 해석함으로써 전이와 무의식의 원인을 규명하여 치료하는 방법으로, Freud가 사용했던 전통적인 정신분석학적 치료가 이에 속한다.
교육	이는 Adler의 개인심리학으로 대표되는 치료법으로, 신경증 등으로 만들어진 완고한 습관은 통찰만으로는 고쳐지지 않고 적절한 교육이 필요하다고 하여 교육을 중시한다. 이들의 목표는 사회적인 적응과 정상화
변화	**고유한 개성화 과정과 전체 정신으로서의자기(self)를 체험하도록 돕는 것.** Jung은 정신치료의 네 단계 중에서 고백(Confession), 명료화(Elucidation), 교육(Education) 단계의 암시요법을 '과학적 치료', '작은 치료'라 부르고, 네 번째 변환(Transformation)의 단계인 변증법적 치료를 '철학적 치료', '큰 치료'라고 불러 후자의 중요성을 강조
개성화, 의식화 과정	인생의 전반기 환자의 경우에는 사회적응과 정상화를 위해 자아(ego)를 강화하는 쪽이라면, 후반기 환자의 경우에는 전인격적인 개성화 과정에서 자신의 삶의 의미를 이해하고 전체 정신의 중심인 자기(self)를 경험하도록 돕는데 있다.

융합심리학은 심리학의 통합(integrate)을 넘어선 융합(convergence)을 지향한다. 프로이트의 정신분석학의 주요 개념과 융의 분석심리학의 핵심적 개념과 이미지를 양자물리학이라는 자연과학적 이해를 기반으로 융합(convergence)하고, soul과 spirit의 양자역학적 관계와 역동을 표상하는 영혼의 지도를 통해 인간 정신과 심리를 분석하고 상담할 수 있는 과정을 진행시켜 나가는 영성심리 분석상담, 마음 분석의 도구가 바로 융합심리학(Convergence Psychology)적 관점에서 접근한 '영성심리분석상담'기법이다. 영성심리분석상담의 프로세스는 인문융합적이고 목표는 '치료'와 '회복'이다. 앞서 설명했던 '영성(spirituality)'개념은 프로이트와 융의 '영혼(psycho)'을 넘어서 제4세대 심리학인

자아초월심리학(trans-personality psychology)의 통합(integrate), 융합(convergence)적 측면을 고려한 것이다. 통합과 융합은 엄격히 다른 프로세스다. 가령 사회학적 문제인 줄 알았는데 알고 보니 행정학과 법학은 물론 또 다른 여타의 학문 분야 의학이나 물리학과 연결되어 있다는 것을 알게 된다면 상호교류가 없는 분과학문으로 당면한 문제를 과연 해결할 수 있을까? 우리는 이제 학제적 연구(Inter-disciplinary)에서 다학문적 연구(multi-disciplinary)로 그리고 범학문적(trans-disciplinary) 연구로 통합적인 그리고 융합과 통섭의 연구 방향을 잡아나가야 할 것이다. 윌슨은 인문학과 자연과학의 만남을 줄기차게 주장했다. 문과와 이과를 구별하는 원시적인 제도는 이제 내려놓아야 한다고 말한다. 인문학적 소양이 결여된 자연과학이나 기술의 진보는 인류에게 오히려 재앙이 될 수 있다. 반면 과학이 결여된 인문과학은 설득력을 잃어버릴 위험이 있다. 윌슨은 "우리는 도대체 우리가 어디로부터 왔으며 왜 여기에 있는가?"에 대해 뭔가 말할 수 있어야 한다고 생각했다. 성경은 우주의 섭리를 설명하고 인간을 우주에서 중요한 존재로 부각시키려는 최초의 글쓰기였는지도 모른다. 아마 과학도 이와 동일한 목표를 달성하기 위한 연장선 위에 있을 것이다. 다만 과학은 기존 종교와 다른 방법들로 여러 가지 시험들을 견뎌낸 근거의 뒷받침을 받고 있다. 이런 의미에서 "과학은 해방되고 확장된 종교다."라고 말한다. 종교는 과학과 다른 무엇이 아니라 바라보는 위치와 도구가 다르다는 것을 이해해야 한다. 자칫 과학에 대한 맹신도 종교적 광신 못지않은 오류와 어둠을 헤맬 수 있다.

융합의 주체로서 인간의 '자기(Self)'란 자기실현의 종착점이자 시발점이다. 그러나 동시에 우리가 찾아가는 '영성적 자기(spiritual Self)'의 '자기(Self)'는 언제나 '자아(Ego)'보다는 크다. 심리학적인 자기(self)는 자기실현을 통하여 '완전한 인간'이 되는 것이 아니라 '온전한 인간'이 되는 것이다. 하지만 영성심리 분석상담이 찾아 나가는 '영성적 자기(spiritual Self)'는 그러한 의미에서 자기원형과 본래의 자기를 찾아 나가는 구도의 과정과도 같으며 그러한 구도의 과정은 자기완성, 자기초월의 길이다. 치료의 과정에서 내담자는 먼저 앞선 융의 '고백(confession)'의 과정과 동일한 접근으로 프로세스를 시작한다. 가톨릭 고해성사의 핵심은 초월자의 능력으로 자신의 죄를 발견할 수있는 힘을 가지게 되어 이전에는 알 수 없었던 자신의 모습을 바라볼 수 있는 힘이 생겨, 자기객관화, 죄의 성찰이 가능해지게 된다. 이를 '조명(illumination)'의 단계라 하는데 이러한 조명을 통해 발견한 결함과 분열, 억압에 의해 숨겨져 왔던 비밀, 억제된 감정과 정동들을 치료자 앞에서 안전하게 고백의 형식으로 토로하여 치료자와 공유함으로써 치료가 이루어진다. 카타르시스 또는 정화법(purification)이 이에 속하는데, 철저하게 마음을 털어버리는 카타르시스 방법은 진심을 토로함으로써 모든 것을 드러내고 정돈 할 수있는 기회를 만들어 낼 수 있다. 상담자의 철저한 비밀 엄수가 중요하다. 상담자 는 내담자와 신뢰(confidence)를 형성해야 한다. 내담자의 고백 이후 분석의 단계로 접어 든다. 분석단계에서는 내러티브의 치료적 효과를 극대화시키는 방법으로 저널링 (journaling)을 통해 내면의 억압된 것들을 지면에 묶어 둘 수 있다. 많은 경우 내담자들은 상담의 초반부에서 혹은 자신의 결점이나 돌이키기 어려운 심리적 상처나 트라우마 앞에서 저항(resistance)이 생겨난다. 저널링은 이러한 말로 하기 어려운 것들을 '글말로' 표현함으로써 저항을 완화 시키고 자신의 인생을 내러티브 할 수 있도록 도와줄 수 있는 저장공간으로 기능한다. 상담자는 고백을 통해 얻어진 소중한 정보와 적극적 경청을 통해 얻은 자료 외에도 저널링을 통해 얻은 구체적인 내담자의 정보를 통합하 고 분석할 수 있는 충분한 정보와 시간을 가질 수 있다. 물론 여기에는 '적극적 경청'이 라는 소중한 상담의 테크닉이 발휘되어야 한다. 앞서 설명했듯이 내러티브, 이야기들 은 우리 삶의 모습을 만들고 우리 삶을 구성하며 우리 삶을 포용한다. 사람들이 겪는 다양한 사건들과 기억들, 감정들은 처리되지 못한 채 어딘가에 색인(index)없이 저장된 다. 색인 없이 정리되지 않은 기억의 창고들 안에 적치된 해결되지 못한 감정(unresolved emotion)과 사건(event)을 말과 글로 적어 표현하게 되면 나의 기억 속의 사건과 감정들과 의 적절한 거리를 두며 한걸음 물러서서 전체상황을 되돌아보고 성찰하며 정리하는 시간을 가질 수 있다. 상담자는 내담자의 내러티브와 저널을 깊이 있는 통찰로 이해하 며 해석할 수 있는 능력을 가져야 한다. 바로 해석의 단계로 접어들어 상담자는 '인지행

호모 내러티쿠스: 인문융합치료의 이해

동치료'에 대한 충분한 이해력을 가지고 있어야 한다. 내담자 안에서 발견되는 부정적인 스키마의 발견과 인지된 스키마의 작동원리를 설명해주고 개선을 유도해야 한다. 또한 부정적인 스키마의 변경과 제거를 위한 패턴 전환훈련을 해야 한다. 내면에서 자동적으로 작용하는 부정적인 스키마의 역동은 심리적 건강과 정서적 안정에 상당히 부정적인 영향을 미친다.

영성심리분석상담은 인생의 의미와 목적을 새로운 관점에서 바라볼 수 있도록 지나간 시간을 새롭게 해석할 수 있도록 도와주고 '지금 여기'를 바르게 자각하고 내일을 바라볼 수있는 힘을 가질 수 있도록 도와준다. 내담자는 병적인 문제를 지니고 있는 존재만이 아니라 스스로 전체성과 완전성을 실현하고자 하는 전인적, 통합적인 인간으로 바라볼 것을 강조한다. 여기에서 영성적 통합의 과정이 시작된다. 이것은 자아실현의 과정을 넘어선 자아초월의 과정이며 자아완성의 과정으로 나아가는 시작이다. 내담자는 평온을 유지하면서 명상(meditation)과 관상(contemplation)을 진행한다. 명상은 일상의 번잡함을 일시적으로 떠나 잠시 외딴곳에 머물며 본래의 '자기'와 일상의 '자아'의 대립과 분열을 바라보며 이해하고 통합하는 고도의 정신훈련과정이다. 가톨릭교회의 전통적 정신수련의 과정인 피정(retreat), '피세정념'의 프로세스를 지나며 자기의 본래 모습을 바라보고 자기와 자아의 통합을 이끌어내는 일종의 관상활동을 통해 내면의 얽힌 문제들을 해소하고 정돈할 수 있다. 다음 〈표 12-3〉은 영성심리 분석상담 과정의 주요지침을 설명한 것이다.

〈표 12-3〉 영성심리분석상담 과정의 주요지침과 이해

영성심리분석 상담 과정	치료기법	상담자의 역할	주요지침과 이해
고백 Confession	카타르시스, 정화	공감, 이해	고백의 기원은 **가톨릭 고백성사의 전형**에서 발견된다. 이 단계에서는 죄의 고백과 유사하게 억압에 의해 숨겨져 왔던 비밀, 억제된 감정과 정동들을 치료자 앞에서 고백의 형식으로 토로하여 다른 사람과 공유함

			으로써 치료가 이루어진다. 카타르시스 또는 정화법이 이에 속하는데, 철저하게 마음을 털어버리는 카타르시스 방법은 진심을 토로함으로써 모든 것을 드러낼 수 있다. 상담자의 철저한 비밀 엄수가 중요하다. 내담자의 신뢰를 형성해야 한다.
분석 Analysis	네러티브, 저널 테라피	적극적 경청	이야기들은 우리 삶의 모습을 만들고 우리 삶을 구성하며 우리 삶을 포용한다(White, 1995). 사람들이 겪는 다양한 사건들과 기억들, 감정들은 처리하지 못한 채어딘가에저장된다. 정리되지 않은 기억의 창고들의 해결되지 못한 감정과 사건을 말과 글로 적어 표현하게 되면 나의 기억 속의 사건과 감정들과의적절한 거리를 두며 한걸음 물러서서 전체상황을 되돌아보고 성찰하며 정리하는 시간을 가질 수 있다. 상담자는 내담자의 네러티브와저널을 깊이 있는 통찰로 이해하며 해석할 수 있는 능력을 가져야 한다.
해석 Verwandeln*/ transform	부정적 스키마 제거	인지행동 치료	부정적인 스키마의 발견과 인지/인지된 스키마의 작동원리 설명/개선유도 부정적인 스키마의 변경과 제거를 위한 패턴 전환 훈련
통섭 consilience	조화와 균형	영성적통합	영성심리분석상담은 인생의 의미와 목적을 새로운 관점에서 바라볼 수 있도록 지나간 시간을 새롭게 해석할 수 있도록 도와주고 '지금 여기'를바르게 자각하고 내일을 내다볼 수 있는 힘을 가질 수 있도록 도와준다. 환자에 대해 병적인 문제를 지닌 존재가 아니라, 스스로 전체성과 완성을 실현하고자 하는 전인적인 통합적인 인간으로 볼 것을 강조한다.
자아초월 (trans- personality)	명상과 관상	집중적 영성수련	명상은 일상의 번잡함을 일시적으로 떠나 잠시 외딴 곳에 머물며 본래의 '자기'와 일상의 '자아'의 대립과 분열을 바라보며 이해하고 통합하는 고도의 정신훈련 과정이다. 피정(retreat), '피세정념'의 프로세스를 지나며 자기의 본래 모습을 바라보고 자기와 자아의 통합을 이끌어낸다.

영성심리분석과정에서 재차 기억해야 하는 중요한 지점은 해석학자 가다머의 '고통을 극복하다'라는 의미를 가진 'verwinden', 그것은 고통을 대면하여 그 아픔을 이겨내는 과정으로 이해된다고 여러 번 강조했다.

정신분석학에서 프로이트가 사용하는 '변하게 하다'(verwandeln)라는 개념은 결코 바꿀 수 없는 과거의 사건을 새롭게 '해석'함으로써 상담은 종반부로 이르고 마지막에는 치료의 목표를 성취할 수 있다. 영성심리분석상담의 중요한 핵심은 바로 변할 수 없는 과거의 사건에 묶여 있는 인간의 내면세계에서 바꿀 수 있는 것, 내담자의 지난 과거의 해석을 새로운 현재의 해석으로 변경해 주고, 이렇게 생겨난 현재의 힘으로 다가올 미래를 보다 낙관적이고 긍정적인 힘으로 변화시켜 나갈 수 있도록 도움을 주는 것이다. 과거－현재－미래라는 시간 축의 융합도 중요한 요소라는 사실을 잊지 말아야 한다. 새로운 해석을 통해 얻어진 분석의 힘은 현재를 개선하고 미래를 변화시킬 수 있는 치료를 위한 가장 훌륭한 도구가 될 수 있다.

아래 제시되는 영성심리학적 이해 기반, 프로이트의 정신분석과 융의 분석치료 융합은 내담자 자신의 자기인식과 객관화, 자기실현과 자기 초월에 이르는 성장과 치유의 과정이다. 다음 〈표 12-4〉는 영성심리학적 이해, 프로이트의 정신분석 그리고 융의 분석치료 융합을 설명한 것이다.

〈표 12-4〉 영성심리학적 이해 기반, 프로이트의 정신분석 그리고 융의 분석치료 융합

중심논리	영성심리학적 이해 기반, 프로이트의 정신분석 그리고 융의 분석치료 융합
기본철학	현상학적－실존적 방식으로 인간의 정신을 영성심리학적 측면에서 다루고자 함. 상징적 접근방법에 의하여 의식과 무의식의 변증법적 관계를 이해하며 합(Sintesi)을 도출한다. 정신(psyche)은 내부의 힘이 더욱 충분한 자각의 삶을 지향하려는 목적으로 작용하는 자기조정적 체계이며 영성(Spirituality)은 에고를 초월하고 통합해 나가는 자기통합적 자기초월적 체계이며 인간의 선험적인 능력으로 간주된다. 영성심리 분석상담에서는 꿈, 환상 및 그 밖의 무의식적 산물들을 통해서 내담자의 의식상태와 그의 집단 및 개인무의식 사이에서의 갈등과 분열자의 대화를 통해 조화와 균형을 찾아나가는 길을 제시한다.

중요개념	융의 성격이론은 분리되면서도 상호작용하는 자아(ego) 개인무의식(personal unconscious)집단무의식(collective unconscious)의 3가지 체계로 구성되어 있다. 자아는 의식의 영역으로 태도(내향/외향), 합리적 기능(사고/감정), 비합리적기능(감각, 직관),이 상호작용하여 심리적 유형을 형성함. 개인무의식(컴플렉스), 집단무의식(페르조나, 아니마, 아니무스, 그림자, 자기), 반면 영성은 에고(ego)로 규정되지 않는 인간존재 주변의 모든 실재들을 그 대상으로 한다.
치료목표	자기인식, 자기실현, 자기객관화, 개성화, 성장과 성숙, 자기초월,
치료관계	상담자에 따라 큰 차이가 있다. 일반적으로 심리상담과 내담자의 상호관계를 위한 시간을 분할하여 기본적인 상호 호감과 존중감의 관계를 가진 후 분석과정에 생산적으로 협조할수록 친밀감과 우호관계가 돈독해진다. 점차 관계는 상담자–내담자의 관계에서 동료관계로 변화함.
치료기법	수용, 내부세계와의 관계. 전이, 꿈 작업의 도입. 운명적 요소(변화될 수 없으며 받아들여야 하는 것을 결정)와 변화시킬 수 있는 요소(과거를 재발견함으로서 현재를 변화시키고 미래를 새롭게 개척해 나갈 수 있는 능력을 가지게 함)를 구별하는 깨달음과 인지행동치료를 융합함. 기술(의식적으로 정립되고, 가르쳐주고, 의사소통할 수 있는 기법들의 통합) 예술(직관 및 느낌과 관련 통합하는 무형의 어떤 것)
적용	개인분석, 집단심리치료, 가족치료, 내담자의식의 상태에 대한 철저한 탐색을 적용. 방어기제를 정신적 필요성의 표현으로 적용. 환경과 조건형성의 영향을 중요하게 적용(소인을 거스르는 반응을 조건형성 할 수 없다) 정신병리를 질병이나 일탈로 보지 않고 충족이 요구되는 과제에 대한 무의식적 메시지로 적용. 독창적 개념으로 인정받는다.
공헌	사색적 철학의 영역 내에 남아있는 중요한 인간 문제에 효과적인 접근법을 제시했다. 궁극적인 목표인 자기인식이나 자기실현은 어렵지만, 목표를 미래에 두어 자기초월을 향한 동기를 유발하는 힘으로 작용하여 희망을 갖고 살아가게 한다. 자기인식의 조건 중 성격의 모든 체계는 중년층이 되어야 비로소 발달하므로 중년기를 심리적 건강의 결정적 시기로 보고 있으며 중년 위기의 시작이 상담의 시작점으로 새로운 인생의 시작과 통합의 시간이 될 수 있도록 기여한다.
제한점	완전한 자기인식이나 자기실현은 어렵고도 힘이들며 성취가 거의 불가능하므로 자신에 대한 객관적인 지식을 얻는 것이 필요하며 훈련, 인내, 지속성과 오랜시간의 고된 작업을 강조한다. 영성심리학은 종교적이고 신비주의적에 가깝다는 비판을 받는다. 이론적인 면에 비해 치료 기법적인 발달이 요구된다. 개성화 단계에 이르기 위해서는 매우 지적이고 풍부한 교육을 잘 받은 사람들이 가능하다. 집단 무의식, 자아실현, 평온성, 균형성 대극의 합일과 같은 개념은 그 성취를 어떠한 지표로 가늠하기가 어렵다.

4. 다가오는 새로운 연구 주제 앞에서

21세기 코로나 팬데믹이 만든 독특한 현상 가운데 하나는, 물론 이전부터 가능태로서의 잠재성을 가지고 있었지만 메타버스(meta-verse) 세상이 다가왔다는 것이다. 메타버스 내 가상세계는 가상적으로 확장된 물리적 현실과 물리적으로 영구화된 가상공간이 융합(convergence)되어 나타난 문명의 장이다. 컴퓨터 인터페이스의 기능과 역할이 커지면서 가상에 대한 패러다임이 전환되었다, 가상은 현실을 복제하는 단계를 넘어서서 상상력을 통해 독자적인 '가상세계(Virtual World)'를 구현하기에 이른다. 사이버스페이스(Cyber Space), 가상세계(Virtual World), 가상현실(Virtual Reality), 가상환경(Virtual Environment)이라는 인간 문명의 공간이 등장했다. 레비(2002)는 '사이버스페이스'는 인간 집단의 의사소통과 사유의 장소라고 말한다(Peter Lewis, 1989).[22] 즉 가상현실은 협의의 기술적 공간이며, 가상세계란 기술이 아닌 기술을 매개로 탄생한 광의의 사회적·문화적 공간인 것이다. 하임(1994)에 따르면 '가상(virtual)'이란 '사실상 그렇지 않으나, 마치 …인 듯한'을 의미한다. 이때 가상을 '현존하지 않는 가짜'로 인식하느냐, '잠재성의 발현'으로 인식하느냐에 따라서 가상세계에 대한 낙관론과 비관론은 갈라진다(Michael Heim, 1997). 이러한 가상은 환영(Illusion)으로 실재 세계를 전복시킬 위험도 있지만, 인간의 의사소통과 사유의 장소가 될 수도 있다. 가상세계는 사용자들이 아바타(Avatar)를 만들어서 거주하고 상호작용하는 컴퓨터 기반의 시뮬레이션 환경으로, 게임, 의사소통, 상거래 등 다양한 종교, 문화, 예술, 사회, 경제활동을 할 수 있는 공간이다. 이것은

---

22 가상현실의 본질은 ① 시뮬레이션 ② 상호작용 ③인공성 ④ 몰입 ⑤ 원격현전 ⑥ 온몸몰입 ⑦ 망으로 연결된 커뮤니케이션 ⑧ 능동성과 수동성⑨ 조작과 수용성 ⑩ 격리된 현전감 ⑪ 증가된 실재이다. 여명숙(1998)은 "사이버스페이스는 고성능 컴퓨터와 광범위한 통신망에 의해 열려진 공간 혹은 장소이고, 가상현실이란 그 속에 존재하는 사물, 사건 혹은 경험"이라고 두 용어를 구별한다. 라도삼(1997)은 가상공간의 기술을 다시 네트워크 공간과 가상현실로 구분하는데, 이때 가상현실 영역은 인터페이스의 확장을 통해 상호작용성을 통한 몰입을 발생시키는 기술적 수단으로 축소해 이해한다고 본다.

마치 플라톤이 말했던 이데아의 세상일 수도 있고, 중세가 그려낸 천국과 연옥, 지옥일 수도 있다. 일단 생생한 삶의 현실과 감각으로부터 벗어나 있는 실재인 것이다.[23] 융합의 주체와 객체 그리고 대상에 대한 고려가 이제는 실재와 가상의 공간에서 실재와 가상의 주체와 객체로 교차되는 일들이 빈번해질 것이고, 이때 우리가 치료의 대상으로 지정하고 있는 '실재의 세상과 인간'은 '가상의 세계와 아바타'로 분열되어 다가올 것이다. 그러면 주관 안에서 통제되는 아바타는 가상이라는 내부가 아닌 외부의 가상계에 존재하는데 이것을 객관으로 말할 수 있을까? 수많은 문제들이 변화하는 시대에 다가온다. 인문융합치료는 그러한 면에서 열려있는 새로운 인문과학, 인문융합, 인문융합상담치료의 장을 열어나가는 열린 학문으로서의 태세전환이 필요하다.

새로운 세대는 기존의 종교와 기존의 상담으로부터 이탈한다. 그것은 마치 근대의 문이 열리면서 무기력해지고 나약해진 종교의 자리를 심리학이 차지한 것과 비슷하다. 심리학의 시작은 철학이었다. 철학은 종교의 시녀로 살아야 했던 시절도 있었지만, 종교의 쇠퇴로 철학자들은 심리학에 주목하였다. 심리학은 종교를 단숨에 집어삼켜버렸다. 종교가 무력해진 자리에서 심리학과 영성이 시작되었다. 인간 존재의 경험은 단순히 행동과학이나, 정신분석 혹은 인본주의 심리학만으로 설명될 수 없다. 인간은 영적인 존재라는 인식을 가진 많은 심리학자들과 치료사들은 종교와 영성을 심리치료 과정 중에 통합하려 노력한다. '초월적인 실재(transcendent reality)'를 설명함에 과학은 제한되어 있다. 과학은 '보이지 않는 것의 실재(reality of the unseen)'를 파악하고 표현할 수 있는 도구나 언어를 가지고 있지 않다. 과학은 모든 면에서 의미 있지만, 존재론적이고 전체적인 의미에 있어서는 아무 말도 통합해 내지 못한다. 가령 우리들을 살아

---

23 가상이란 보드리야르의 '시뮬라시옹'과 일치하지 않는다. 가상세계가 활성화된다고 해서 실재와 가상이 구분되지 않거나, 가상이 실재의 가치들을 무마시켜버리는 SF적 디스토피아가 도래하는 것은 아니기 때문이다. 국내에서 'virtual'을 일반적으로 '가상'으로 번역하는 경우, 용어 자체에 대한 불신이 함의되어 있다. "엄밀한 의미에서 '실제로는 존재하지 않는 거짓된 모습'이라는 뜻을 지닌 가상이라는 단어는 'virtual'의 바람직한 번역어가 아니다."라고 지적한다. 즉 'virtual reality'의 경우 보다 엄격히 번역할 경우에는 '가상적 실재'로 번역하는 것이 타당하다고 본다.

움직이게 하고, 우리들을 희망하게 하며, 우리들의 삶을 목적이 있는 삶으로 의미 있게 만드는 것들은 무엇인가? 삶의 의미는 무엇인가? 모든 것이 무슨 의미인가? 더 구체적으로 나의 인생은 무슨 의미를 가지고 있는가? 이러한 질문들은 과학이나 심리학에서 던져지는 질문들이 아니며 그곳에서 답을 구할 수도 없는 문제들이다. 그러기에 인문융합치료는 상담환경의 변화에도 불구하고 새로운 학문들과 융합하며 새로운 시도를 할 수 있는 다학제 융합학문으로 자리잡아 나가고 있다, 향후 다가올 VR을 통한 가상세계에서 빅데이터를 활용한 실재하지 않는 이들의 등장을 활용하는 다양한 상담의 기술적 진보가 인문융합치료의 장에서 이루어질 것으로 예상된다. 가령 사망한 배우자나 자녀, 연인의 사진이나 비디오 파일, 문장, 음성파일이나 다양한 디지털 빅데이터를 활용해 가상의 과거의 인물이나 사건을 현재에 시현함으로써 그들과 나누지 못한 대화를 통해 내면의 슬픔과 고통, 상처와 좌절을 해소하고 건강한 일상으로 돌아갈 수 있는 상담의 기법들이 인공지능, 과학기술의 진보와 함께 성장할 수 있는 상담의 영역으로 자리잡게 될 것이다. 인문융합치료는 바로 이러한 사회의 격변에 가장 유연하게 타 학문들과의 융합을 통해 새로운 인문학적 성찰과 과학적 성과를 기반으로 한 상담치료 모델을 연구 개발 지원할 수 있는 학문의 분과로 자리매김될 것이다.

13장

명상융합치료 : 자기 마음과의 대화

1. 이론적 배경

근대과학과 산업화는 인류 문명의 발전과 함께 생활의 편리함을 가져다 주었다. 그러나 다른 한편으로는, 환경 파괴와 많은 정신적 문제를 일으키기도 했다. 정신적인 문제라고 한다면 우울감, 고독감, 불안감과 같은 스트레스이다. 더 이상 인간은 기계의 부품으로 다루는 것이 아닌, 한 사람의 소중한 존재로 존중 받아야 하는, 치료가 아닌 치유가 필요한 시대가 되었다. 이러한 의미에서 의학의 패러다임 시프트가 필요하다. 새로운 패러다임 시프트란 서양의학과 심리학의 토대가 되었던 과학적 접근과 예로부터 내려오는 전통의학이 통합되는 것이다.

1) 질병과 데카르트, 심신이원론

근대 이전에 질병의 역사 중 인류 역사상 가장 많은 사망자를 냈던 사건은 무엇일까?

호모 내러티쿠스: 인문융합치료의 이해

그것은 전염병이다. 중세시대의 페스트는 유럽 인구의 3분의 1이 사망하는 암흑의 시대였다(BBC news, 2020). 전염병을 극복하게 된 계기는 1881년 루이 파스퇴르의 백신이었다(매일경제, 2020).

17세기 프랑스의 철학자 데카르트는 심신이원론을 제안한다. 인간은 마음이라는 추상적 개념과 몸이라는 구체적인 실체로 이루어져 있다는 것이다. 그 결과, 몸과 마음에 대한 다른 접근이 필요하게 되었다. 결국 몸의 구체적인 실체를 탐구하는 것은 과학적 연구 대상이 되었다. 당시는 미신과 종교가 공존하던 시대였는데, 데카르트의 이원론은 몸을 과학적으로 연구해서 의학을 진보시키는 데 효과적이었다. 그 이후 의학적 진보의 성과에 따라, 로베르트 코흐(1843, 독일 세균학자)와 루이 파스퇴르(1822, 프랑스 세균학자)는 어떤 특정한 미생물이 대부분의 질병과 감염증을 발생시킨다는 특정 질병설의 근거를 마련했다. 이로써 임상의학과 세균학이 발전하게 된다. 임상의학은 침상에 있는 환자 관찰 혹은 사후 부검을 통한 사인 규명을, 세균학은 질병을 일으키는 세균이 신체 내부가 아닌 외부에 있다는 관점에 따라 외부 환경을 개선하기 위한 위생학을 발달시켰다(강신익, 2004).

서양 과학의 발달은 20세기의 과학적 치료법으로 이어졌고, 인류를 위협하는 전염병과 질병을 극복하게 해줬다. 하지만, 몸을 기계처럼 생각한다는 점과 임상 검사 결과로 명확하게 나타나지 않는 질병이 존재한다는 한계가 있었다.

2) 서양의학의 외과술과 약학 그리고 동양의학

동양의학에서는 침술과 뜸이 발달을 했고, 서양의학에서는 외과술이 발달했다. 동양의학에서 외과술이 발전하지 못한 이유는 무엇일까? 사상의 차이에서 그 기원을 찾을 수 있다. 동양의 유교의 전통적인 사상은 무엇인가? 신체발부수지부모 불감훼상(身體髮膚 受之父母 不敢毁傷)이다. 부모님에게 물려받은 신체를 훼손할 수 없다는 것이다. 조선시대 선비들은 수염과 머리를 기르고 상투를 틀었다(권오륜, 김정효, 2021). 부모로부터 물려받은 신체를 훼손할 수 없다는 이러한 생각은 해부학의 발달을 어렵게 하는 사회적 환경이었다. 조선 사회를 지배한 양반 계급은 전통적으로 내면의 수양을 통한 양생법에 많은 관심이 있었다. 질병으로부터 자신을 지키고 건강을 유지하는 것은 자신의 내면을 다스림으로써 가능하다고 생각했기 때문이다(박기용, 2019).

그렇다면, 서양의 경우에는 어떻게 해부학이 발달을 했을까? 이것은 기독교적인 사상에서 기인한다. 인간은 영혼과 몸으로 이루어져 있다. 인간이 죽으면 영혼은 하느님의 곁으로 간다. 반면 몸은 흙에 묻혀 썩어서 없어진다. 따라서 중요한 것은 몸이 아니라 영혼이다. 이 영혼이 천국으로 가느냐, 지옥으로 가느냐가 중요한 문제가 되는 것이다. 이러한 생각은 인간의 몸을 해부하는데 생길 수 있는 거부감을 없애 줬다. 영혼은 하느님의 곁으로 갔기 때문에, 몸의 내부 장기를 확인하는 것은 전혀 문제가 되지 않았다. 이러한 관점, 생각의 차이가 외과술의 발전에 지대한 영향을 미치게 되었다고 해도 과언이 아니다.

서양의학이 몸의 구조와 형태, 그리고 몸의 기능을 중심으로 한다면, 동양의학은 자연과 사회, 몸의 현상을 유기적으로 파악한다. 또한 서양의학이 기계적 우주관을 가지고 있다면, 동양의학은 천인합일의 우주론을 기반으로 몸을 바라보았다고 할 수 있다(강신익, 2004).

3) 의학적 치료와 심리치유

최근 치유라고 하는 말이 빈번하게 사용되고 있다. 치유는 병이나 상처를 낫게 하는 것 혹은 마음의 고통을 해소하는 것을 의미한다. 산업화는 물질적인 풍요를 가져다 주었다. 하지만 정신적인 문제를 호소하는 사람은 계속해서 늘어나고 있다. 인간의 평균 수명이 크게 늘어남에 따라서 건강에 대한 불안감, 건강한 삶에 대한 의문, 의료에 대한 기대와 불신감도 그만큼 늘어났다.

치료와 치유의 차이는 무엇일까? 신체의 부분적인 이상에 대해서, 그 원인을 제거해

호모 내러티쿠스: 인문융합치료의 이해

서 정상적으로 기능이 회복하도록 하는 것이 치료이다. 그렇다면 단순히 질병이 없으면 건강한가. 그렇지 않다면 건강이란 무엇인가. 치유는 인간을 신체적 정신적 사회적 영적인 존재로 여김으로써 이 질문에 대한 답변을 제시한다.

여기서 치유에 대한 재인식이 요구된다. '몸과 마음은 밀접한 관계를 가지고 있다'는 심신일원론은 오래전부터 존재했는데, 근세까지도 과학적이지 않다는 생각이 있었다 (김인자, 2020). 고대 그리스의 히포크라테스는 "건강은 자기자신의 내부와 자신을 둘러싸고 있는 환경과의 조화가 이루어졌을 때 실현된다. 마음의 한 가운데서 일어나는 것은 전부가 몸의 현상에 영향을 미친다." 라고 하였다(Jacques Jouanna, 2004). 이러한 견해는 의학의 진보에 따라서 환자는 연구를 위해 임상 데이터를 수집하는 대상물이 되었다. 의사는 증상에 맞추어서 치료법을 제시하고 검사결과를 통해서 증상을 경감시킨다. 여기서 주로 사용되는 치료법은 약, 수술, 방사선 등이지, 인간의 몸과 마음을 활용한 자연치유력은 아니다.

인간을 전체적이고 통합적인 존재로 인식을 한다면, 몸과 마음, 영혼을 가진 존재로 볼 수 있다. 그리고 여기에서부터 인간이 본래 가지고 있는 잠재적인 능력과 기능을 끌어내는 것이 필요하다. 데카르트로부터 이어져 온 기계론적 생각 즉 인간의 몸을 기계적인 부품으로 보는 것이 아니라, 전체적이고 통합적인 관점에서 접근하는 시도가 이루어져야 한다.

캐논(Cannon, W.)은 몸에는 내부환경을 일정하게 유지하려고 하는 시스템이 있는데, 이것을 호메오스타시스(homeostasis)라고 했다. 호메오스타시스는 신경계와 생물학적 물질 상호 간에 조화를 유지하는 상태뿐만 아니라, 일상생활 중 여러 가지 생활사건이 몸에 영향을 미친다는 점을 포함한다.

심리적 외상체험이 어떤 종류의 신체적 질환이라고 하는 형태로 나타난다는 프로이트(Freud, S.)의 정신분석학 이론은 그 후에 신체적 질환에 적용된다. 알렉산더(Alexander, F.)는 일상생활에서 경험하는 스트레스를 만성질환의 원인으로 꼽으면서 새로운 학문으로 '심신의학'을 새로운 학문으로 발전시킨다. 그 후로 심신상관에 관한 적극적인 검토가 시도되었다. 마음의 상태가 몸의 상태와 질병에 미치는 영향에 대해서 예부터 내려오는 생각이 재인식되었다(津田, 2002).

4) 동양의 심신일원론(心身一元論)과 서양의 심신이원론(心身二元論)

산업화가 진행되면서 스트레스로 인한 각종 질병이 늘어나고, 사회적 비용과 의료비용이 증가하면서, 스트레스에 대한 관심이 늘어났다. 서양의학에서 해부학의 발달은 외과술로, 세균학은 백신의 발견으로, 산업화는 약의 대량생산으로 이어지게 되었다. 그 결과, 인간수명의 연장과 질병의 역사 속에서 인류는 가장 많은 사상자를 만들었던 전염병으로부터 벗어나게 되었다(정세권, 2020).

반면 산업화와 함께 인류의 사망원인이 전염병에서 암이나 심혈관계 질환으로 전환이 된다. 그리고 암이나 심혈관계 질환은 스트레스와 깊은 연관성을 가지고 있다는 것이 밝혀진다(조선헬스, 2007). 그런데, 스트레스를 연구하면서 기존의 서양의학에서 설명이 되지 않는 현상이 나타난다. 스트레스로 인해서 마음에 병을 얻는데, 이것이 왜 몸에 병을 일으키냐는 대한 것이다. 기존의 서양의학은 몸과 마음을 분리해서 보는 심신이원론에 기반을 둔다. 심신이원론은 스트레스로 인한 마음의 상태가 암, 고혈압이나 당뇨병과 같은 질병에 영향을 미칠 것으로 연결 짓기가 어려웠다(김인자, 2020).

한편, 동양적인 세계관은 전통적으로 심신일원론이다. 즉, 몸과 마음이 하나라는 것이다. 몸은 마음에 영향을 주고, 마음은 몸에 영향을 준다. 이러한 동양적 세계관에서는 스트레스가 마음에 영향을 미치고, 몸에 영향을 미치는 것이 너무나도 당연한 일이다(김인자, 2020).

5) 동양의 심신일원론 명상수련법의 이완술 효과

70년대 미국은 산업화로 인해서 스트레스와 관련된 질병에 관심을 가지게 된다.

호모 내러티쿠스: 인문융합치료의 이해

특히 고혈압으로 인한 각종 질병 심혈관계 계통의 문제가 발생함으로 인해서, 고혈압에 대한 대응이 필요했다. 당시는 고혈압을 해결하기 위해서 약물요법을 활용하고 있다. 이런 시대적 배경과 함께 하버드 대학의 벤슨이 선두에서 연구를 진행하고 있었다(Benson, 2001). 처음에는 인도의 초월명상 수련가들이 방문을 요청하는데, 벤슨은 이를 거절 한다. 초월명상가들이 벤슨을 만나보고 싶어했던 이유는 요가를 통해서 혈압을 낮출 수 있다는 것을 실험을 통해서 밝혀보고 싶어서였다. 당시 벤슨은 동물실험을 위주로 하고 있었기 때문에 인간을 대상으로 하는 실험에 대해서 좀 다르게 생각하는 면이 있었다. 혈압을 낮추기 위해서는 불수의근을 움직여야 하는데, 이것이 불가능하다고 생각했기 때문이다. 그러나 수련가들의 간절한 요청에 의해서, 벤슨과의 만남은 성사되고, 여기서 호흡을 통해 혈압을 낮출 수 있다는 것이 입증된다. 즉, 스트레스로 인해서 고혈압이 발생 하는데, 호흡을 통한 이완술이 스트레스를 완화하고 혈압을 낮출 수 있다는 것을 실험을 통해서 검증하게 된 것이다. 이 내용을 정리해서 출판한 책자가 이완술(relaxation)인데, 당시에 베스트 셀러가 된다. 서양과학이 동양의 전통적인 수행법 중에 하나인 명상을 적극적으로 수용하게 되는 계기라고 할 수 있다.

6) 동양 전통수련법 기공과 명상의 건강증진

동양의 전통수련법인 명상수련법은 고대로부터 심신을 수양하고, 몸과 마음의 건강을 증진시키는 방법의 하나로 계승발전되어 왔다. 전통적인 수련법은 2가지 형태로 발전되어 왔다. 한가지는 수행의 방편이다. 대표적인 예는 불교에서 깨달음을 얻기 위한 방편으로 수행하는 것이다. 다른 한가지는 양생법 즉 마음수양과 음식, 기공, 명상과 호흡법 등을 활용해서 평소에 건강을 관리하고 증진시키는 방법이다. 이 중에서도 셀프트레이닝을 통해서 자신의 건강을 증진시키는 방법으로 발전해 온 기공과 명상을 생각할 수 있다. 특히 최근에는 명상수련에 대한 관심이 높아지고 있다. 스트레스가 만연하면서, 스트레스와 관련된 질병이 증가하고 있기 때문이다. 스트레스 관리

(stress management)를 할 때, 주목받고 있는 것 중에 하나가 명상법이다. 명상은 고대 동양 문화에서 그 근원을 가진다. 훈련을 통해 숙달이 되면 자율신경계 기능을 스스로 조절할 수 있으며 스트레스를 완화시킬 수 있다. 명상을 통해 평온한 마음의 상태를 경험한다면 자율신경의 각성수준이 감소되어 심박동이 느려지고 혈압과 호흡률이 감소된다. 이로 인해 산소 소모율이 저하되고 뇌파가 느려지는 등의 생리적인 변화가 일어난다. 즉, 명상상태에서는 생리적으로 낮은 대사 상태 또는 부교감 신경계의 활동이 증가하는 상태를 반영한다. 이러한 명상수련법은 기공이나 요가, 태극권과 같이 양생법으로 알려진 동양의 전통적수련법에 공통적으로 포함되어 있다. 특히 기공은 체조, 호흡조절, 의식훈련을 통하여 기를 길러 보충하고 기를 원활하게 소통시킴으로써 심신의 건강을 증진하는 건강법이며, 진기의 운행을 조절 및 회복시켜 인체의 자연 치유능력을 극대화함으로써, 치병은 물론 건강증진의 한 방법으로 주목 받고 있다(한창현, 이상남, 권영규, 최선미, 2008). 기공은 운동 강도가 높지 않아서 누구나 쉽게 행할 수 있다는 특징이 있고, 수련체계 안에 명상과 호흡법을 포함한다.

2. 명상융합치료의 모형

여기에서는 인문융합치료의 방법으로 기공과 명상법에 내러티브를 결합하여 명상융합치료의 모형을 제시하고자 한다.

기공이란, 원래는 도교·유교·불교·신도·무술·의료 분야의 수련법으로써 동양에 전해져 왔다(Griffith, Hasley, Liu, Severn, Conner, & Adler, 2008). 기공의 특징은 이하의 3요소를 가진 심신의 트레이닝 기법이다. 한가지는 자세를 조절하는 「조신」, 두 번째는 호흡의 상태를 조절하는 「조식」, 그리고 이미지 등을 이용하는 의식상태를 조절하는 「조심」이다. 이 3요소 각각의 구체적인 트레이닝 방법은 다양한 유파가 다수 존재하기 때문에 수천 종류가 있다고 한다.

「내기공」은 기공법의 기본이라고 일컬어진다. 자기 스스로 트레이닝을 하며, 자신의 건강증진을 목적으로 한다. 그 종류에는 입식(서 있는 자세), 좌식(앉아 있는 자세), 와식(누워 있는 자세)의 자세를 조용하게 유지하는 타입의 「정공」과 신체를 천천히 혹은 다이나믹하게 다양한 형태로 움직이는 타입의 「동공」으로 나누어진다.

명상법은 정신 집중이 요구되며 한가지 대상에만 초점을 두어 집중하는 훈련이다. 또한, 감정 및 사고에 대한 자신의 내면 세계에 들어갈 수 있는 자기 수련이다. 명상은 집중명상과 통찰명상으로 구분할 수 있다. 집중명상(concentration meditation)은 하나로 주의를 모의는 것을 의미하고, 통찰명상(insight meditation)은 알아차림이라고 하는 '지금, 여기에' 주의가 각성되고 머물도록 한다. 이러한 명상수련은 자신의 내면으로 주의를 전환하고, 자기 자신에 대한 관찰과 실천을 통해 총체적으로 자신을 이해하게 되는 과정이며, 개인의 신체적 심리적 문제를 해소하는 효과가 있다(신혜숙, 2019).

최근 내러티브를 활용한 인문융합치료 교수모형이 개발되는 등 산업, 경제, 교육, 의료등 여러분야에서 내러티브가 주목받고 있다(김영순, 오영섭, 2020). 내러티브 탐구는 질적연구방법론의 하나로 개인의 이야기화된 경험을 시간에 따라서, 상황에 대한 이해와 고려를 해 가면서 탐구하는 연구방법이다(홍영숙, 2015). 삶의 의미는 삶의 경험에서 비롯된다고 할 때, 경험에 대한 이해는 이야기를 통해서 확인이 가능하고, 그 이야기를 통해서 의미부여가 가능해질 것이다. 따라서 명상수련을 통해서 자신의 내면을 바라보고, 자기 자신에 대한 관찰과 이해를 통해서 알아가게 되는 경험은 충분히 내러티브 탐구의 가치를 가지고 있다.

1) 명상과 기공수련으로서의 활명법

여기에서 명상융합치료의 방법으로 활용할 것은 기공과 명상법을 동시에 가지고 있는 활명법이다(Kim, Lee, & Sohn, 2017). 활명법은 우리나라에 고대로부터 전해 내려온 기공의 한 종류이다. 무인들이 전쟁이나 훈련 중에 상처를 입었을 때 치료를 목적으로 행해져 왔다. 현재는 건강증진법으로 활용되고 있다. 활명법의 이점은 남녀노소 큰 제약이 없이 누구라도 배울 수 있으며, 특별한 장소나 시설이 필요 없고, 허약하고 자신이 없는 사람이라도 자신의 수준에 맞게 시작할 수 있다는 점이다. 또한, 지금까지 과학적인 실증연구를 통해서 불안, 우울, 긴장 등의 부정적인 기분이 개선되고, 주관적인 건강감(subjective well-being)이 증가하는 효과가 입증되었다(Kim, Murata, & Tsuda, 2009; Kim, Tsuda, Horiuchi, & Okamura, 2009).

활명법에 대해서 구체적으로 소개를 하면 다음과 같다. 활명법의 구성은 6개의 기본자세와 팔을 돌리는 원그리기, 호흡법, 정공과 동공, 준비체조, 정리동작의 조합으로 이루어져 있다. 정공(靜功)은 한 자세를 그대로 유지하면서 호흡을 조절하는 과정을 말하고, 동공(動功)은 자세를 움직임으로 바꾸어서 동작을 연결해 가면서 연마하는 것을 의미한다.

6개의 기본자세에는, 마법(말을 타고 있는 자세), 소도(소가 밭을 가는 자세), 대도(발의 간격을 크게 한 자세), 금계(한 쪽 발로 서는 자세), 허공(범이 먹이를 노리는 자세), 범도(뒷 발에 체중을 실고 서는 자세)가 있다. 이 기본자세 중에서 마법, 소도, 범도 자세를 구체적으로 소개하면 다음과 같다.

마법은 말을 타고 있는 자세로 불린다 [그림 13-1]. 양 발을 어깨 넓이만큼 혹은 다소 넓게 벌려서, 무릎을 굽히고 엉덩이를 뒤로 내밀고 선다. 무릎을 굽힐 때는 뒤쪽에 의자가 있다고 생각하고 앉듯이 자세를 낮추면 된다.

[그림 13-1] 활명법의 기본 자세 마법

소도는 다리를 좁게 한 채로 서있는 자세인데, 소가 밭을 가는 자세라고도 불리운다[그림 13-2]. 한쪽 무릎을 굽히고 다른 한쪽의 무릎 역시 굽히고 서는 자세이다. 보폭이 좁고, 무릎을 굽히고 서야 하기 때문에 다소 어렵다. 처음 연습을 할 때는

[그림 13-2] 활명법의 기본 자세 소도　　　　[그림 13-3] 활명법의 기본자세 범도

가능한 범위 내에서 시작해서, 차츰 가급적 오랜 시간 한 자세를 유지할 수 있도록
연습한다.

　범도에서는 한쪽 다리에 중심을 이동시켜서 균형을 잡으며 자세를 유지한대그림
13-3]. 앞발에는 체중을 싣지 않고, 뒷발에 체중을 싣는 것이 포인트이다. 기본자세
가운데 초심자가 비교적 쉽게 배울 수 있는 자세 중 하나이다. 무리하지 않는 범위
내에서 [그림 13-3]처럼 자세를 유지하면서 선다. 차츰 익숙해지면 길게 서는 연습을
한다.

　[그림 13-4]는 반원그리기 자세이다. 마법자세에서 다양한 원그리기를 할 수 있다.
기본 자세에 상반신의 다양한 원운동을 결합하는 것이 활명법의 특징이다. 반원그리기

[그림 13-4] 활명법의 원그리기

의 경우는 하체는 마법자세를 유지하면서 양손을 좌우로 교차해 반원의 움직임을 만들어 낸다. 반원 그리기가 충분히 연습이 되면, 한쪽 방향으로 원을 그리는 원그리기, 밖으로 원그리기, 안쪽으로 원그리기와 같이 다양한 원운동을 할 수 있다.

기본자세를 충분히 연습한 후에 동공(動功)을 연마하게 된다. 전진하거나, 좌우상하로 자세를 움직인다. 자세의 움직임에 다양한 원 그리기를 조합하여, 일련의 연속적인 동작(연결식)을 연마한다. 남녀노소 누구라도 배울 수 있을 만큼, 움직임에 무리가 없고 신체 각 부분의 밸런스도 잡아준다. 2~3개의 동작을 연결하는 단순한 연결식으로부터 몇 십 개의 동작을 연결하는 복잡한 연결식으로 변화되어 간다. 하지만 초심자라도 단계별로 난이도를 높여가면서 즐겁게 배울 수 있다. 동공을 연마할 때는 연속적인 동작이 끊어지지 않고 물 흐르듯 부드럽게 이어지게 하는 것이 포인트이다. [그림 13-5]는 동공 연결식 모습을 나타낸다.

활명법에서 초심자의 호흡법 연습은 주로 앉은 자세에서 실시한다. 호흡법을 연습하기 위해서는 바른 자세가 가장 중요하다. 바른 자세를 위해서는 허리를 곧게 펴고, 어깨의 힘을 빼고 이완된 자세를 유지해야 한다. 고개가 숙여지거나 등이 굽는 등의 자세는 주의를 기울여야 한다. 처음에 연습을 할 때는 호흡에 최대한 집중을 해서 실시한다. 호흡의 들숨과 날숨 때 숨에만 집중을 하는 것이다.

호흡을 실행할 때는 「천천히, 조용하게, 깊게」라고 하는 3개의 원칙에 따른다. 먼저,

[그림 13-5] 활명법의 동공 연결식

호모 내러티쿠스: 인문융합치료의 이해

[그림 13-6] 활명법의 호흡법

「천천히」는 숨을 들여마쉬고, 내쉴 때 최대한 천천히 하라는 것이다. 「조용히」는 코에서 소리가 나지 않게 조용히 호흡하는 것을 말한다. 「깊게」는 아랫배(단전)가 있는 곳이 부풀어 오르도록 호흡을 깊이 들이마시는 것을 의미한다. 활명법에서 추구하는 호흡의 반대는 달리기를 하고 한 후 자신의 모습을 상상하면 쉽게 알 수 있다. 전속력으로 달리기를 하고 난 후 숨이 매우 거칠어진 자신의 모습을 상상해 보자. 매우 짧고, 빠르게 숨을 쉬는 자신이 떠오를 것이다. 반면 반신욕을 하고 있는 자신의 모습을 상상해 본다면 활명법의 호흡법을 쉽게 알 수 있다. 반신욕을 할 때 자신이 쉬는 숨을 생각해 보자. 매우 편안하게 천천히 숨을 쉬는 자신의 모습을 상상할 수 있을 것이다. 이처럼 활명법의 호흡법은 통해 최대한 이완하는 것을 목표로 삼고 있다. [그림 13-6] 활명법의 호흡법을 나타낸다.

2) 활명법의 내러티브 탐색

최근 명상수련을 통한 경험에 대한 내러티브 탐구가 이루어지고 있다(신혜숙, 2019). 활명법 수련을 통해서 경험하는 몸과 마음에 변화와 성장의 과정에 대해서 내러티브 탐구가 가능하다. 인문융합치료의 교수모형은 주의, 재현, 연대라는 3가지 유형의 서사능력(narrative competence)에 기반을 두고 있다(Charion, 2007). 서사능력에서 말하는 주의(attention)은 내담자의 내러티브를 상담자가 주의 깊게 경청하는 것을 의미한다. 상담 현장에서 상담자는 내담자의 언어 혹은 비언어적인 표현, 감정과 같은 심리적인 상태에 대해서 깊은 이해가 필요하다. 새현(representation)은 상담자가 내담자의 내러티브의 의미를 확인하면서 내담자의 이야기를 재현하는 것을 말한다. 임상현장에서 내담자들은 혼란스럽고, 비논리적이고, 비형식적인 가능성이 높다. 따라서 상담자는 이야기를 재현할 필요가 있는데, 이때 서사적 글쓰기를 통해서 이루어진다. 마지막으로 연대(affiliation)는 상담자와 내담자 간의 공감하는 관계를 가지는 것을 의미하며, 더 나아가서는 상담자의 내면을 성찰하는 것이다. 여기서 서사적 글쓰기를 할 때는 자기서사적 글쓰기가 도움이 된다(이숙정, 김혜영, 이수정, 2014). 왜냐면 활명법수련은 자기성찰을 동반하는데, 성찰은 개인의 경험과 다른 사람과의 관계를 살펴볼 수 있고, 보다 깊은 자신에 대한 이해와 함께 성장의 기회를 제공한다. 따라서 자기서사적 글쓰기를 통한 활명법수련은 자기이해를 종합적이고 총체적으로 자신의 심리적, 정서적, 신체적, 인간관계 등에 대한 자기성찰을 유도한다.

3) 명상융합치료로서의 활명법 모형

여기서 활명법에 내러티브를 결합한 명상융합치료 모형을 프로그램으로 소개한다. 프로그램을 실천하는데 걸리는 시간은 40분 정도로 하루에 한 번 아침시간이나 저녁시간을 활용해 볼 것을 권한다. 먼저 한 달간 꾸준히 실천을 하는 것을 목표로 한다.

(1) 준비체조(5분): 시작하기 전에 몸을 풀어주는 가벼운 준비체조를 실시한다. 본격적인 트레이닝을 시작하기 전에 몸을 풀어주어 부상을 예방할 수 있다. 먼저 전신의 관절을 천천히 풀어준다. 목돌리기부터 시작해서 손목돌리기, 허리돌리기, 무릎돌리기, 발목돌리기의 순으로 실시한다.

(2) 기본자세 연마(10분): 정공을 중심으로 마법, 소도, 범도의 각 자세를 숙지한다. 자세를 유지하는 과정에서 호흡이 거칠어지지 않도록 주의하면서, 호흡법을 실시한다. 반원그리기는 좌우로 반원을 그리면서 연습한다. 하체는 마법자세로 확고하게 유지하면서 가급적 천천히 연습한다. 호흡법은 전과정에서 가장 중요하게 여기는 포인트이다. 앞서 설명한 것처럼, 호흡이 거칠어지지 않도록 하면서 천천히, 깊게, 호흡이 소리가 들리지 않을 정도로 조용하게 연습한다. 소도와 범도라고 하는 자세는 초심자라도

호모 내러티쿠스: 인문융합치료의 이해

간단하게 배우는 것이 가능하며, 하체 근육을 단련하여 자세를 안정적으로 만들어준다.

(3) 동공수련(10분): 동공을 중심으로 연습한다. 자세별로 반원그리기를 하거나, 각 자세를 연결하여 연결식을 연마하는 과정이다. 마법에서 반원그리기를 하면서, 기본자세의 동작과 동작을 연결해서 천천히 부드럽게 연습한다. 마찬가지로 호흡이 거칠어지지 않도록 주의하면서 연마한다.

(4) 명상(5분): 마지막으로는 앉은 자에서 호흡과 기분을 안정시켜주는 호흡법을 실시한다. 활성화된 기분을 안정시켜준다. 바른자세를 연마하고, 몸을 움직여 심신을 활성화 시킨 후 마지막에 명상을 하는 것이 활명법의 특징적인 프로그램 구성이다. 명상은 처음에는 5분 정도로 시작하지만, 차후에는 차츰 시간을 늘려 가급적 20분 이상 실천해본다.

(5) 자기서사적 글쓰기(10분): 명상을 마치고 차분한 마음으로 다음 3가지 관점을 가지고 글쓰기를 한다. 첫째, 활명법 수련하면서 경험한 신체나 감정의 변화 혹은 떠오른 생각(인지)을 적어본다. 둘째, 기억에 남는 수련의 경험이 있다면 적어본다. 마지막으로 자신의 변화에 대한 자기성찰적인 관점에서 적어본다.

이상의 활명법과 내러티브을 활용한 명상융합치료 프로그램을 〈표 13-1〉에 정리하였다.

〈표 13-1〉 명상융합치료 프로그램

순서	프로그램의 내용	사진
준비체조 (5분)	전신의 관절을 천천히 풀어준다. 목돌리기를 시작으로, 손목, 어깨, 허리, 무릎, 발목까지 천천히 돌린다.	
기본자세 연마 (10분)	기본 자세를 배운다. 자세를 유지하면서 호흡법을 실시한다. 기본자세로 마법(말을 타고 있는 자세), 소도(소가 밭을 가는 자세), 범도(범이 먹이를 노리는 자세)를 배우고, 실천한다. 자세를 오래 유지하는 것을 목표로 한다.	
동공수련 (10분)	기본자세를 동작으로, 연결식으로 연결하는 과정이다. 천천히 동작을 하면서 안정적으로 호흡하는 것이 연마의 포인트이다.	
명상 (5분)	자리에 앉아서 몸과 마음을 안정시킨 후 호흡법을 실시한다. 호흡에 최대한 집중하면서, 이완을 하는 것이 포인트이다. 명상을 마치면 가볍게 몸을 두들겨 준다.	
자기서사 적 글쓰기 (10분)	신체, 감정, 생각의 변화, 기억에 남는 수련의 경험, 자기변화에 대한 자기성찰적 관점에서 적어본다.	

명상융합치료가 앞으로 더욱 중요해지는 이유는 다음과 같다. 첫째, 인간의 몸과 마음을 건강하게 하는 유용한 수단으로 발전할 수 있다. 둘째, 인간의 의식에 대한 탐구와 자기자신에 대한 이해와 성장, 성찰에 대한 새로운 지평을 열어 줄 것이다.

14장

인문융합진로상담 : 미래를 향한 탐구*

1. 이론적 배경

1) 진로상담과 일의 심리학

다문화적 시각은 하나의 독립된 이론이라기보다 모든 상담에서 고려해야 할 상담자의 내, 외적 태도와 행동이다(김봉환 외, 2016: 257). 다문화주의적 상담은 정신분석학, 행동주의, 인본주의 그리고 그 다음으로 이어지는 제4 세력(the fourth force, Pederson, 2000)으로 불리며 상담 분야에 주된 영향을 미치고 있다. 그리고 이러한 흐름은 다양한 인종 및 민족 집단과 문화적 다양성을 가진 집단에서 기존 진로상담 이론 적용에 대한 한계를 논의하게 되었다. 기존 진로상담 이론은 주로 개인주의, 자율성, 모두에게

---

* 본 장은 김진선(2022)의 박사학위 논문 '다문화가정 청소년의 진로집단상담 프로그램 참여경험 사례연구: 인문융합치료를 중심으로'를 수정 보완한 것임.

개방된 기회구조로 직선적, 점진적, 합리적 진로 발달과정을 전제로 발달하였다(Gysber, Heppner, & Johnston, 1998).

20세기 초 파슨스(Parsons, 1909)는 특성-요인이론을 개발하였고, 이는 홀랜드(Holland)의 개인 환경적 합성 이론으로 발전하였다(Blustein, 2018: 55). 홀랜드의 직업 성격유형 이론은 매칭 이론으로 직업 선택 시 개인의 흥미와 직업환경을 구체적으로 설명하며 각 각의 특성을 고려하여 적합성을 중시한다. 그러나 홀랜드 이론은 개인의 삶에 영향을 미치는 문화적 맥락을 고려하지 않기에 다양한 민족과 인종에 적용하기에는 한계가 있다(Brown, 2000). 홀랜드(1997) 자신도 이 이론이 성, 사회계층, 기타의 다른 중요한 변인들을 포함한 환경적인 관련성을 예측하는 데 한계가 있다고 하였다.

20세기 중반에는 진로에 발달이론을 접목하여 시간이 지나감에 따라 개인의 흥미와 열망이 지속적으로 변화하는 것에 주목하였다. 대표적으로 수퍼(Super, 1990)의 진로발달이론(Career Development Theory)이다. Super의 전생애 발달이론은 성장기 - 탐색기 - 확립기 - 유지기 - 쇠퇴기의 5단계 대순환 모형을 중심으로 하는 진로발달과정이며 직접적 자아개념발달과 실행과정이다. 개인의 진로발달 수준을 진로성숙이라 하는데 자신의 연령 수준에서 맡겨진 진로과업을 수행할 수 있는 준비도를 말한다. 특히 아동 및 청소년기의 진로성숙도는 진로의사결정 준비도와 관련이 있다. 수퍼의 진로발달이론은 이전까지 직업 중심이던 진로이론을 진로에 대한 자기개념으로 보는 새로운 패러다임을 제시하였다(김영숙, 2020: 26). 하지만 최근 연구들에서 수퍼 이론이 발달심리학 이론의 발전에 따른 맥락적 관점을 충분히 반영하지 못한다는 점을 지적하고 있다(Blustein, 2018: 60). 특히 수퍼의 전 생애적 관점은 한 개인의 전체성이 기능하는 방식과 각 변인 간의 관계가 모든 사람이 동일하다는 관점에 근거한다는 비판이 제기되었다(김봉환 외. 2016). 또한 소수인종과 민족의 경우 처한 환경적 맥락 즉, 사회적 지위, 차별, 경제적 어려움이 수퍼의 자아개념보다 진로결정에 더 크게 영향을 미치거나 자아개념 실현을 방해할 수 있다는 연구도 있다(채향화, 2020).

이와 같이 전통적 진로상담이론들은 개인주의, 자율성, 모두에게 개방된 기회구조에서 직선적, 점진적, 합리적 진로발달 과정을 전제로 한다. 그러나 다문화적 시각으로 볼 때 기존 진로이론들을 다문화 내담자들에게 일률적으로 적용하기는 어렵다. 같은 국가에 거주하는 모든 인구에게 기회가 동일하게 개방되지도 않고 진로발달과정도 누구에게나 직선적, 점진적, 합리적으로 일어나지도 않는다(김봉환 외, 2016: 210).

따라서 다양한 문화집단 간 차이에 민감한 진로상담 이론들이 개발되었고 그 중 개별인종과 민족 집단에 가장 유용하게 적용 가능하다고 주목받는 이론이 사회인지진로이론(Social Cognitive Career Theory: SCCT, Lent et al, 1994)이다. 사회인지진로이론(SCCT)은 사회적 소수자였던 여성의 진로발달 과정에 관한 관심으로 시작된 이론이다. 여성이 남성에 비해 상대적으로 진로 대안을 폭넓게 설정하지 못하는 원인을 설명하려 하였다(김봉환 외, 2016: 212). 즉, 성이나 인종, 그리고 사회계층과 같이 태생적으로 결정되며 스스로 선택할 수 없는 인구학적 특성은 개인에게 어려움을 야기하거나 도움이 될 수 있는데 이런 개인의 환경 변인이 진로탐색과 계획 및 결정에 미치는 영향을 함께 설명한 이론이 사회인지진로이론이다(김봉환 외, 2016: 261; Blustein, 2018: 63). Lent 외(1994)는 특히 진로장벽과 관계적 지지에 대한 인식이 내담자의 자기효능감과 긍정적 기대를 촉진하여 어떻게 진로의사결정에 영향을 미치는지 주목하였다. 개인의 내부적인 인지과정이 개인의 외부적인 환경요인들과 상호작용을 끊임없이 함으로써 진로선택에 영향을 준다는 것이 이론의 핵심이다. 장벽에 관한 관심은 중요한 이론적 발전이었고 맥락적 장벽에 대한 논의가 이루어졌다. 사회인지진로이론은 과거와 현재의 맥락적 변인에 주목하여 개인 요인들(자기효능감과 결과기대)과 환경요인들(지원과 장벽, 배경적 행동 유도성)간의 보다 복잡한 상호작용을 파악할 수 있다는 점에서 기존이론들과 차별성이 있다(Blustein, 2018).

최근 일의 심리학 이론(Psychology of Working Theory: PWT, Duffy et al., 2016)은 새롭게 주목받고 있다. PWT는 개인의 인구학적 배경 및 맥락 변인 등 진로장벽을 고려한다는 점에서 사회인지진로이론과 유사하나 사회적인 차별이나 소외를 경험하는 개인의 경우 선택의 기회 부족 등에 주목하여 맥락 사회구조적 제약에 관심을 가진다(안진아,

정애경, 2019; Duffy et al., 2016). PWT는 기존이론에서 강조하는 흥미와 일치성, 그리고 자기효능감, 결과기대 및 진로적응성 등의 개인 내적 변인들을 우선적으로 생각할 수 없는 환경의 개인 진로발달을 이해하고자 하였다. 그리고 외부 환경적 한계에도 일로서 최소한의 요건을 갖춘 괜찮은 일을 발견하는 과정을 규명하고자 연구되었다 (Duffy et al., 2016). 특히, 사회적으로 차별 및 소외를 경험하거나 빈곤상황에 있으며 일과 관련하여 환경적으로 맥락적 제약을 경험하는 개인을 이해하기 위해 고안된 이론이다. PWT의 시각은 응용심리학과 진로분야와 관련된 담화들을 비판하는 데서 시작되었다. 특히 사회적 특권을 갖고 있지 못한 사람들의 일에 대한 관심으로 시작된 연구로 전통적인 진로연구에 비판하는 사회정의 이론을 기반으로 한다(Blustein, 2018: 11). 따라서 PWT는 다문화관점과 사회정의를 옹호하는 입장에서 다양한 배경과 맥락을 가진 개인들의 진로발달을 설명하고자 하였다(Duffy et al., 2016). PWT에 따르면 이주배경을 가진 내담자들의 각 개인이 가지고 있는 다양한 맥락과 배경, 및 정체성(종교, 성별, 계층, 장애, 나이 등)은 고려되어야 하고(김태선, 신주연, 2020: 684), 이러한 과정에서 개인들의 진로 발달은 설명된다. PWT의 의의는 사회계층과 기득권, 사회적 자본의 지각과 같은 환경적 맥락요인을 진로상담에 적용하여 맥락요인과 일을 통합적으로 해석한다는 관점을 제공한다는 것이다(안진아, 정애경, 2019). PWT 관점에서 진로상담자는 내담자가 경험하는 맥락적 제약과 소외가 내담자의 진로포부, 일 가치관, 진로선택에 어떻게 영향을 미치고 귀인하는지 살펴볼 필요가 있다. PWT는 사회구성주의와 관련하여 연구되고 있다. 사회구성주의는 담론, 언어, 관계와 문화에 대해 초점을 맞추려는 접근법이다(Blustein, 2018: 50). 리차드슨(Richardson, 2012)은 시장노동, 개인적 돌봄노동을 통해 자신의 삶을 구성하고 있는 사람들을 위해 새로운 담론을 제안하였는데, 상담에서 내러티브적 접근법의 활용은 사람들이 자신의 삶을 공동 구축하고 삶에 대한 대안적인 의미를 만들어 낼 수 있도록 하게 한다고 하였다. 이러한 진로이론의 패러다임은 Savickas(2012)의 구성주의 진로상담 또는 내러티브 진로상담 등과 맥락을 같이한다.

개인의 다양한 맥락과 배경들은 개개인의 삶을 설명하려는 개별 내러티브에 의해 이해된다(Blustein, 2018: 51). 기존에 당연하게 여겼던 것들에 대해 질문을 던지고 다른 방법들을 생각하며 대안적인 시각을 추구한다. 개인에게 있어 진로경로를 완성해 나가는 것도 중요하나 비업무적 삶인 가정과 가족, 친구와 사회적 연결망, 자기개발과 성장, 지역사회와 시민생활 등도 성공적인 진로에 통합적으로 작용할 수 있다(Blustein, 2018). 직업심리학, 다문화심리학, 일의 사회학, 상호교차성(intersectionality) 연구를 바탕으로 개발되었으므로(Duffy et al., 2016) 다문화 진로이론과 연구에 시사점을 제공한다. 진로에서의 적극적 도움이 절실하게 요구되는 사회적 소수집단의 진로상담에서 PWT는 개인의 맥락적인 이해를 제안하고 있다(안진아, 정애경, 2019: 221). 특히 최근 증가하는 다문화가정 청소년이나 탈북청소년의 진로발달과 진로장벽에 대한 교육과 상담에 PWT연구가 기여할 수 있을 것으로 기대된다.

2) 진로상담: 다문화가정 청소년을 대상으로

청소년의 진로에 관한 관심은 전 생애에 걸친 수많은 의사결정과 관련한 중요한 사건들의 총집합체이다. 홀(Hall)은 청소년의 시기를 심리적 변화가 큰 시기로 소위 '질풍노도의 시기'라 정의하였고, 이 시기의 청소년은 자의식과 현실적응 사이에 긴장과 혼란을 경험한다(신명희 외, 2017). 이 시기에 청소년들은 자아정체성을 확립하고 독립심을 발달시키며 신체 변화에 관한 적응의 과정을 거치게 된다. 대부분 청소년은 자아정체성에 형성에 대한 고민과 함께 많은 발달적 과업을 수행하며 어려움이 없이 청소년기를 보내기는 쉽지 않다. 특히, 청소년기에는 진로발달 과정에서 반드시 요구되는 자기개념을 안정적으로 성취해야 하는데 이 과정 중 다양한 개인요인과 환경요인이 복합적으로 상호작용을 한다(김봉환 외, 2016).

그러나 다문화가정 청소년의 경우 일반적 청소년기 발달과업 외에도 이중 문화적응이라는 과업이 부여된다(차한솔, 2020). 다문화가정 청소년들은 다문화가정의 자녀로 그들의 가정 내에서 체득하여 습득된 가정의 가치관, 태도, 언어, 생활 습관 등 문화적 차이를 경험하게 된다. 또한 이러한 차이로 이들은 차별이나 편견, 언어능력이나 문화 차이로 인한 의사소통의 어려움(조영달, 2006), 외모의 차이로 인한 위축감(정하성, 우룡, 2007) 등으로 부정적 경험을 하기 쉽다. 또한 그들은 성장 과정 동안 그들의 가정이 속해 있는 사회적 위치 및 이중문화 배경, 그들 다문화 집단에 대한 사회적 편견 등을 경험한다. 이 과정에서 경험한 부정적 요소들은 다문화가정 청소년의 진로장벽으로 작용하여 진로발달을 어렵게 한다(선혜연, 2015).

다문화가정 청소년은 비다문화가정 청소년과는 다른 진로발달 단계상의 어려움을 경험하고 있으며, 이 어려움은 이들의 진로준비 및 선택과정에 부정적 영향을 미칠 가능성이 있다. 다문화가정 청소년은 비다문화가정 청소년보다 자아, 인지, 정서, 사회성들의 다양한 영역에서 더 위기적인 상황을 경험한다(양미진 외, 2012). 다문화가정 청소년들의 낮은 진로발달을 나타내는 선행연구들(김봉환 외, 2016; 김지연, 이윤희, 2019; 양계민 외, 2018; 황매향, 선혜연, 2013)은 그들이 진로장벽을 높게 인식하고 있을 가능성을 보여준다. 또한 비다문화가정 학생보다 다문화가정 학생들의 직업포부 수준이 낮고(임경희, 2013), 그들은 직업 및 진로탐색의 정보 부족(남부현, 최충옥, 2012)으로 인한 어려움을 경험한다. 다문화가정 청소년이 인식하는 진로장벽은 그들의 진로선택을 조기에 포기하게 하고 진로 영역에 대한 낮은 결과기대로 적절한 진로발달을 어렵게 한다(하여진, 2021). 따라서 다문화가정 청소년들을 위한 그들의 특징을 고려한 차별적인 진로 개입이 필요함을 시사한다.

다문화가정 청소년들을 위한 진로 집단상담프로그램은 대부분 자기이해, 일과 직업세계 이해, 진로계획 및 결정으로 구성되어, 일반적 진로상담 프로그램의 구성과 비슷하다. 그러나 다양한 관점을 통한 다양성 이해, 진로장벽의 내용으로 다문화 배경에 대한 이해와 사회적인 차별이나 소외 등에 대해 주목하여 사회정의를 기반으로 구성하였다는 점에 차별성이 있다. 따라서 다음은 다문화가정 청소년들을 위한 진로 집단상담의 주요 변인인 자기이해, 진로장벽, 진로성숙 및 진로 집단상담의 특징과 인문융합치료의 활용에 대해 살펴보고자 한다.

첫 번째, 자기이해의 중요성이다(김민경, 2015; 김현영, 2017; 정욱영, 유형근, 2021; 최현주, 김희수, 2017). 자기이해는 진로탐색의 시작 단계로서 자아정체감 형성의 기본이 된다. 자아정체감은 청소년의 중요한 발달과업으로 부모와 교사 및 친구와의 관계형성, 상호 의사소통 등 환경의 영향에 따라 발달한다(이혜미, 김유미, 2019). 특히 청소년들은 '내가 누구인가'라는 의문을 품게 되고 자신의 능력이나 성취, 가치관, 이념, 진로 등과 연관을 지어 해결하고자 한다(김현영, 2017).

서로 다른 문화적 배경을 가진 부모들의 자녀들인 다문화가정 청소년들은 언어, 문화, 그리고 가치관 차이로 인한 정체성의 혼란을 경험하게 된다(신경, 송원일, 2018). 특히 다문화가정 청소년들의 경우 다문화가정 학생들은 부정적인 시선이나 편견 경험으로 인해 자신의 긍정성을 보지 못하기도 한다(송선진, 2007). 양계민(2021)은 다문화가정 청소년들이 진로와 관련한 자기이해 부족으로 낮은 진로태도의 발달 수준을 보이고 있음을 언급하였다. 따라서 다문화가정 청소년의 자아정체감에 대한 연구는 꾸준히 되고 있으며 진로 집단상담을 통한 향상된 결과(송혜정, 2013; 윤영식, 2015; 한수선, 2015)를 얻고 있기에 다문화가정 청소년을 위한 진로 집단상담 프로그램의 구성요인으로 자기이해가 필요한 것으로 보인다.

두 번째, 진로장벽의 이해와 대처는 진로지도와 상담에 있어서 중요하다(황매향, 이아라, 박은혜, 2005). 진로장벽이란 진로목표와 계획을 방해하는 내적 및 외적 요인들(Crites, 1969)인데, 다문화가정 청소년들은 비다문화가정 청소년들보다 더 많은 진로장벽을 경험하는 것으로 나타났다(김민경, 2014; 박진우, 장재홍, 2014; 성윤희 외, 2020; 양계민 외, 2016). 진로장벽에 대한 이해는 진로대안을 현실적으로 확장할 수 있게 한다(손은령, 2004). 다문화가정 청소년들은 그들의 진로와 관련하여 함께 의논하고 조언을 구할 사람이 없다고 느끼고(이아라, 이주영, 손보영, 2018), 진로와 관련된 우울감과 위축감을 겪고 있으며(김영미, 현안나, 2020), 다문화가정에 대한 차별 등의 부정적 인식에 의한 불안을 호소하고 있다(박미숙, 이미정, 2014; 이아라 외 2018). 자신의 흥미와 적성의 이해 부족도 진로장벽의 요인이 된다(박동진 외, 2020). 한국어 사용 관련되어 어려움을 경험하고 있으며 진로준비와

취업정보의 부족을 느낀다(박진우, 장재홍, 2014). 또한 진로준비와 선택에 있어서 경제적 부담감을 가지고 있다(Blustein, 2018). 특히 다문화가정에 대한 차별과 편견 및 언어적 어려움, 지지체계 부족 등은 다문화가정 청소년이 비다문화가정 청소년과는 차별적으로 경험하는 진로장벽요인이다(성윤희, 장은영, 2021; 이아라 외, 2018). Duffy 외(2016)는 다문화가정 청소년이 경험하는 진로장벽이 사회구조적 제약인 사회적인 차별이나 소외로 진로선택의 기회 등의 부족에 기인한 것인지 탐색할 필요가 있다고 하였다. PWT 관점에서 이들이 경험하는 맥락적 제약과 소외가 자신의 진로포부, 일 가치관, 진로선택에 어떻게 영향을 미치며 어떻게 귀인하고 있는지 탐색해야 한다. 또한 진로장벽에 영향을 미치는 요인에는 자아긍정적 감정의 정도, 자기가치감, 현재 자신을 중요하게 여기는 정도가 있다(Rosenberg & Smith, 1985). 자존감이 높을수록 진로장벽을 낮게 지각하고 낮은 진로장벽 인식은 다시 진로결정 수준을 높인다(성윤희, 장은영, 2021). 따라서 다문화가정 청소년들이 사회구조적 불평등과 차별을 인식하고 이로 인한 어려움이 개인의 책임이 아닌 것을 이해하며 자신의 긍정성을 발견하여 자기가치감을 높이는 것이 필요하다.

세 번째, 진로성숙도는 자기이해를 바탕으로 자신의 진로계획과 진로선택을 통합 및 조정하는 것이다(김민경, 2015). 청소년의 시기는 진로와 관련된 자기이해를 본격적으로 시작하는 시기로 구체적인 진로선택이나 결정을 강조하기보다 다양한 직업세계를 이해하고 긍정적인 태도를 갖추어 진로기회에 대한 정보를 찾아 평가 및 해석할 수 있는 능력을 발달시켜야 한다(성윤희, 장은영, 2021). 따라서 청소년의 진로성숙도 향상에 중점을 두는 상담프로그램들이 개발되고 효과를 검증하는 연구들이 주로 이루어졌다 (윤종오, 강용비, 2014; 황제이, 2009). 또한 소수이지만 다문화가정 청소년을 위한 진로상담 프로그램도 진로성숙을 목적으로 연구되었다(김민경, 2015; 김현영, 2017). 자신을 올바르게 인식하고, 다양한 직업세계를 이해하며 진로를 선택 및 결정하고 진로를 준비하며 계획하는 과정을 통해 진로성숙도를 높이는 것이 필요하다.

네 번째, 다문화가정 청소년을 위한 진로상담 프로그램은 집단으로 진행되었다. 집단상담은 개인상담보다 적은 시간과 노력으로 높은 효과를 기대할 수 있고, 소규모

집단뿐 아니라 잘 구조화된 프로그램을 활용하여 많은 내담자를 참여시킬 수 있다(김계현 외, 2003). 집단원들은 자신과 비슷한 스트레스와 문제들을 경험하고 있다는 것을 알게 되면서 자신의 문제를 재해석하는 경험을 하기도 한다(김신애, 조향, 2020), 따라서 집단상담을 통하여 다문화가정 청소년들은 집단원들이 자신과 비슷한 고민을 하고 있다는 것을 알게 되거나 다른 이들의 성장과정을 관찰하면서 스스로 성찰하는 과정을 경험할 수 있다.

다섯 번째, 인문융합치료의 활용이다. 김진선과 김영순(2021)은 국내 청소년 대상 인문융합치료 관련 동향분석에서 주로 청소년의 심리, 대인관계, 그리고 진로 관련 주제가 다루어졌음을 보였다. 청소년들은 급격한 신체적, 정신적 발달과정 중 다양한 심리적 어려움을 겪으며 우울과 불안 등의 부적응 모습을 보이기도 한다. 특히 다양한 치료기법이 융합되어 활용된 프로그램은 청소년의 진로에 관심을 가지고 연구가 이루어지고 있다. 여기서 사용되는 치료는 인문학에서 사용되는 치료(이영의, 2010)의 개념으로 건강한 마음과 건전한 인성 발달의 교육으로 볼 수 있다. 청소년 시기는 진로를 탐색하고 준비하는 시기로 진로주제는 중요한 주제로서 다양한 기법을 활용하는 인문융합 관련 치료프로그램이 연구되고 있음을 알 수 있다. 인문융합학문연구는 우리나라뿐 아니라 국외에서도 관심을 가지고 진행되고 있는데(장혜진, 2020), 영국의 경우 인문학적 소양, 사회적 도덕관과 심리적 요소 등을 중요하게 연결하며 문화예술의 융합을 강조하고 있다. 미국의 경우 예술, 인문학 대통령위원회를 설립하여 다양한 인문학과 융합된 연구들이 수행되고 있다. 특히 독일의 경우 난민과 이민자 다문화가정의 자녀들, 소외 지역 아동과 청소년들을 위한 인문예술연구가 치료뿐 아니라 교육의 형태로 진행되고 있다(김진선, 김영순, 2021). 인본주의 창시자인 로저스의 딸 나탈리 로저스도 로저스의 내담자 중심상담을 이어받으며 통합적 인간관을 추구하여 각종 치료기법을 사용한 인간중심 표현치료를 실행하고 있다. 특히 상담 과정에 언어만을 관여하는 것에 의문을 품고 동작, 미술, 음악 등 다양한 표현 매체를 구사하여 자신의 내면을 자각하고 자기표현을 촉진하여 몸, 정신통합을 목적으로 한다(Rogers, 2007). 이처럼 다

호모 내러티쿠스: 인문융합치료의 이해

양한 기법의 치료 융합은 국내뿐 아니라 국외에서 심리학, 인문학, 사회과학, 예술 분야 등에서 다양한 융합의 형태로 연구되고 활용되고 있다.

　다문화가정의 청소년들은 대부분 언어의 어려움을 호소하고 있다. 국제결혼가정의 국내출생 청소년은 한국어를 구사하는 데는 어려움이 없으나, 학습시 필요한 어휘나 문장을 이해하는 데 곤란을 겪기도 하고, 중도입국자녀의 경우 부족한 한국어 구사능력으로 공교육으로의 진입과 적응에 어려움이 있다. 이들에게 인문융합치료를 활용한 프로그램은 언어 외에 다양한 표현 매체를 통하여 자신을 탐색하고 이해하며 성찰하는 데 도움을 줄 것이다.

2. 인문융합진로상담의 모형

　본 프로그램은 특별히 다문화가정 청소년들을 대상으로 하여 구성하였다. 본 프로그램의 목적과 목표는 다음 [그림 14-1]과 같다.

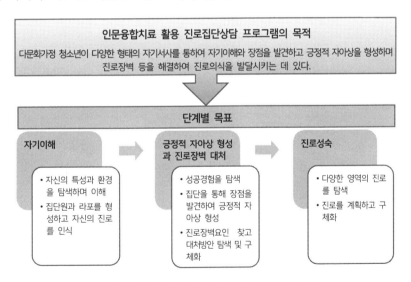

[그림 14-1] 진로집단상담 프로그램의 목적과 목표

[그림 14-1]과 같이 다문화가정 청소년을 위한 진로집단상담 프로그램의 목표는 다문화가정 청소년이 자기이해와 자신의 강점을 발견하여 긍정적 자아상을 형성하고 진로장벽 등을 해결하여 진로의식을 발달시키는 데에 있다. 따라서 본 프로그램의 목적과 목표를 구현하기 위한 인문융합진로상담 단계는 다음 [그림 14-2]와 같다.

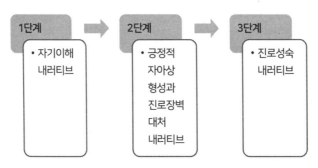

[그림 14-2] 인문융합치료활용 진로상담 단계

[그림 14-2]와 같이 진로상담은 3단계로 구성되었으며 다문화가정 청소년의 진로의식을 발달시키기 위해 자기서사를 중심으로 다양한 심리치료기법을 다루는 인문융합치료와 진로상담을 융합하였고, 내러티브 방식을 활용하였다.

내러티브 방식은 구조주의 진로상담(Savickas, 2012)에서도 활용되고 있는데 자신의 서사를 통해 자신을 이해하는데 적절하다. 따라서 인문융합치료 활용 진로상담 단계에 따른 프로그램은 다음 〈표 14-1〉과 같다.

〈표 14-1〉 인문융합 진로 집단상담프로그램

	회기	구성		회기 활동 내용
		대주제	소주제	
초기	1	자기이해	관계형성	• 프로그램 안내하기 • 집단구성원 소개, 별칭(불리고 싶은) 짓고 나누기 • '길' 음악 영상 시청 • '길' 그림을 그리고 이야기하기 • 현재 나를 표현하는 사진과 삶에서 이루어지길 소망하는 사진 고르기 • 회기에 대한 자신의 생각과 감정을 표현하는 한 줄 쓰기
	2		자기탐색	• 윤도현 '나는 나비' 뮤직비디오 영상을 통해 자기 탐색에 대한 호기심을 가지게 한다. • 동물 그림 이미지에서 자기를 표형할 수 있는 동물를 선택하여 채색한 후 집단원에게 소개하기 • 도화지 앞면에는 외적인 나, 뒷면에는 내적인 나의 얼굴을 그려서 표현하여 보고 이야기나누기. • 보드게임 '딕싯' 을 통하여 자신과 타인의 생각 탐색과 공감하기 • 회기에 대한 자신의 생각과 감정을 표현하는 한줄 쓰기.
	3		자신의 환경이해	• 인형치료 카드를 활용하여 가족 가계도를 완성하여본다. • 인형치료 카드를 활용하여 자신에게 영향을 미치는 주변 어른들을 매칭하고 집단원에게 이야기 • '마당을 나온 암탉 '영화를 보고 차별과 억압 경험에 대해 이야기 • 회기에 대한 자신의 생각과 감정을 표현하는 한줄 쓰기
중기	4	긍정적 자아상	성공경험 탐색	• '크리스마스캐럴' 영화를 보고 주인공의 감정 변화 이미지를 그려보고 자신의 과거, 현재, 미래도 탐색하고 이미지로 표현하고 이야기. • 살면서 가장 기뻤던 순간이나 성공했던 경험(어떤 노력이 원인이 되었는지)을 탐색한 후 그림그리기 • 회기에 대한 자신의 생각과 감정을 표현하여 한 줄 쓰기
	5		강점찾기	• 박지성 '장점' 영상을 시청한다. • 게임을 통하여 서로의 장점선물하고 선물받은 장점카드를 자신이 원하는 순서대로 배열하고 이유를 설명하며 자신의 강점발견하기

			• 자신의 단점을 탐색하여 이야기를 하고 집단원들은 이야기 맥락 속에서 장점을 발견하여 알려준다. • 집단원의 장점을 서로 공감해주고 지지해주기 • 회기에 대한 자신의 생각과 감정을 표현하는 한 줄 쓰기
6	진로 장벽 대처	장벽 요인 및 대처방안	• 영화 '완득이'를 보고 사회적 장벽을 이해하고 공감한다 • 자신의 진로장벽 요인들을 탐색한 후 풍선에 적은 후 풍선 터뜨리기를 통한 진로장벽 깨뜨리기 • 진로장벽 대처 방법을 탐색해보기 • U자 모양의 웅덩이 속에 자신을 그리고 자신을 도와줄 수 있는 사람을 탐색해보며 이야기 • 회기에 대한 자신의 생각과 감정을 표현하는 한 줄 쓰기
후기	7	진로 성숙	진로흥미 및 탐색	• '직업인'들의 영상을 통하여 다양한 직업을 탐색한다. • 카드를 사용하여 직업가치관 경매하기(중요하게 여기는 직업가 치관 5가지) • 카드를 활용하여 선택하고 싶은 직업, 선택하지 않을 직업을 찾기 • 회기에 대한 자신의 생각과 감정을 표현하는 한줄 쓰기
	8		진로계획	• 인생계단 만들기(자신이 원하는 직업선정 후 삶의 전반 계획하기, 5년 후, 10년 후...) • 미래명함 만들기(○○○한 ○○○) • '말하는 대로' 영상을 보며 함께 노래 부르기 • 회기에 대한 자신의 생각과 감정을 표현하는 한줄 쓰기

〈표 14-1〉과 같이 본 프로그램은 초기, 중기, 후기의 세 단계로 구성되며 초기 3회기, 중기 3회기, 후기 2회기의 총 8회기로 구성되었고 각 회기당 90분씩 진행되었다. 프로그램은 미술, 영화, 음악, 영상, 동작의 활동이 융합적으로 구성되어있다. 또한 다문화 관점 진로상담 이론에 따라 구성되어 진행되었다.

초기단계는 자기이해 단계로 상담자와 집단참여자인 내담자들 사이에 라포를 형성하고 참여자들에게 진로에 대한 호기심을 유발하여 자기탐색과 자신의 주변 환경에 대한 이해를 높이고자 하였다. 1회기는 관계 형성 단계로 참여자들 각자는 스스로 자신의 별칭을 만들고 소개하며 집단의 긴장을 완화하고 정서를 완화하며 라포를 형성하였다. 그리고 국내 음악프로 비긴어게인의 '길' 영상 시청을 통해 진로에 대한 호기심을 유발하고자 하였다. 이 영상은 여러 명의 가수가 함께 부르는 것으로 참여한 가수들 각자의 '길'에 대한 이야기를 들을 수 있었다. 특히 한 외국인 가수가 한국에서 '가수라는 길'을 어떻게 가고 있음을 고백하는 영상을 시청하였다. 마지막으로 참여자들은 자신이 생각하는 자신의 '길'을 그림으로 표현하고 이야기하였고, 자신의 현재 상황, 감정 등을 표현하는 사진을 선별하고 이야기하며 자기서사를 내러티브로 표현하였다. 2회기는 자기탐색 단계로 가수 윤도현의 '나는 나비'의 뮤직비디오를 시청하며 자기 탐색에 대한 호기심을 유발하였다. 자신을 동물로 표현하며, 자신을 객관화시켜 탐색하며 이해할 수 있게 하였다. 또한 자신의 내, 외적인 이미지를 그림으로 표현하여 스스로를 이해하게 하였고, 이야기 보드게임임 '딕싯(Dixit)' 활동을 통하여 자신의 생각과 타인의 생각이 가지는 공통점과 차이점을 경험하며 공감하는 경험을 하게 하였다. 3회기는 자신의 환경이해 단계로 인형치료카드를 활용하여 자기의 가족 가계도와 주변 어른들과의 관계도를 만들어보고 이야기하게 하였다. 이 단계는 자신뿐 아니라 자신의 환경도 이해하기 위한 단계로 〈마당을 나온 암탉〉 애니메이션을 통해 그들 자신이 경험하는 차별과 억압에 대해 이야기를 나누었다.

중기단계는 긍정적 자아상 형성 진로장벽 대처 단계로 구성하였는데, 우선 긍정적 자아상 형성에는 경험 중 성공했던 경험과 자신의 장점 및 단점 탐색을 통해 긍정적 자아상을 형성하고자 하였다. 진로장벽 대처 단계는 자신이 현재 경험하고 인식하고 있는 진로장벽 내용을 찾아보고 대처방안을 탐색하고자 하였다. 4회기는 성공경험 탐색 단계로 디즈니애니메이션 〈크리스마스 캐롤〉 영화를 감상하고 성공한 주인공에 대한 이해와 의미를 살펴보았다. 또한 자신이 살면서 경험하였던 기뻤던 순간이나 성공했던 경험을 탐색하고 이미지로 표현하여 그리고 이야기하였다. 5회기는 축구선수 박지성의 '강점' 영상을 시청하여 강점에 대해 생각해보고, 장점카드 게임을 통하여 서로에게 가장 알맞은 장점을 선물하여 각자는 자신이 받은 장점에 관해서 이야기하였다. 또한 자신이 생각하는 자신의 단점을 집단원들에게 이야기하고 집단원들은 경청한 후 단점을 장점으로 바꾸어 서로에게 이야기하여 주었다. 그리고 서로의 강점을 공감하여주고 지지해주었다. 이 활동은 앞선 자기이해 단계에서 충분한 라포형성과 서로에 대한 이해가 잘 형성되었을 때 진행해야 효과적이다. 다음으로 6회기는 진로장벽 대처 단계로 영화 〈완득이〉를 보고 주인공이 경험하는 사회적 장벽에 대해 이해하고 자신이 경험하는 장벽에 대해 탐색하였다. 탐색한 진로장벽을 극복할 수 있는 방안을 도화지에 도식화하여 보고 이야기를 나누었다. 또한 장벽요인들을 풍선에 적어 터뜨리는 동작 활동도 하여보았다.

후기단계는 진로성숙 단계로 연구참여자들이 자신의 특성에 맞는 직업을 탐색하고 미래를 구상하여 보는 데 그 목적이 있다. 7회기는 진로흥미 및 탐색단계로 영상 '아무튼 출근'을 통하여 다양한 직업인들의 직업 활동과 이야기를 통하여 직업에 대한 정보와 흥미를 유발하였다. 다음으로 직업가치관 경매하기 활동을 통하여 자신이 중요하게 생각하는 직업가치관을 탐색하게 하였다. 또한 자신이 하고 싶은 일들에 대해 탐색하고 선택하며 자신의 이야기를 하였다. 8회기는 진로계획 단계로 참여자들은 자신의 5년 후, 10년 후, 20년 후, 30년 후의 미래모습을 인생 계단으로 표현하였고 자신이 하고 싶은 직업의 명함을 만들어 집단원들에게 나누어주며 자신의 이야기를 하였다. 마지막으로 참여자들은 '말하는 대로' 음악 영상을 함께 보며 소리를 내어 노래를 불렀다.

3. 인문융합진로상담 사례: 다문화가정 청소년 참여자

1) 내담자 A의 배경

내담자 A의 친부와 친모는 모두 중국인으로 한국에 이주노동자로 거주하다가 결혼하였고 한국에서 내담자 A를 출산하였다. 하지만 연구자의 부모님은 내담자 A가 생후 1살 때 이혼하였고 내담자 A는 중국인 친모와 함께 중국으로 이주하였다. 내담자

A는 중국에서 친모와 외할아버지, 외할머니, 이모와 함께 살았고 외할머니가 돌아가시면서 경제적, 심리적으로 어려움을 겪었다. 그러던 중 한국에 거주하던 중국인 친부가 내담자 A가 한국에서 공부하는 것을 권유하여 중국인 친모와 13세 내담자 A는 한국으로 돌아왔다. 한국에 돌아온 후 엄마가 한국인 새아빠와 결혼하여 A는 중국인 친모, 한국인 계부와 함께 살게 되었다. 내담자 A는 중국에서 한국 유치원을 다녔고 내담자 A가 12살 때 한국에 사는 중국인 친부가 한국에 초청하여 한국에 와 본 경험을 가지고 있다. 그러나 내담자 A가 15세 때 한국에서 학업을 권유했던 중국인 친부는 그 이후로 A와 연락을 하지 않고 있다. 내담자 A는 한국에서 대학까지 공부하고 중국으로 돌아가 취업을 하고 싶어했기에 중국 국적을 가지고 있다. 내담자 A는 13세에 한국에 입국하여 한국어 공부를 한 후 16세에 중학교 1학년에 입학하였고 현재 중학교 3학년으로 또래들보다 2살이 많은 18살이다.

내담자 A는 한국어를 말하고 듣기는 어렵지 않지만 읽고 쓰기에 어려움을 경험하고 있다. 일상생활은 어렵지 않으나 한국어 능력 부족으로 학업 수행에 어려움을 경험하고 있다. 특히 소설가가 되고 싶으나 한국어로 글을 쓰고 읽는 것이 어려워 다른 진로를 찾고 있다. 매 상담 시간보다 일찍 상담 장소에 도착하여 상담을 기다렸고 회기 내 활동을 적극적으로 참여하였다. 자신의 생각과 의견을 잘 정리하여 이야기하였고 이해가 되지 않는 글은 스마트폰을 이용하여 바로 번역하여 적극적으로 이해하려 노력하였다.

2) 내담자 A의 인문융합진로상담

내담자 A가 프로그램에 참여하면서 이야기했던 자기서사는 다음 〈표 14-2〉와 같다.

<표 14-2> 내담자 A의 자기서사

구분	초기(1-3회기)	중기(4-6회기)	종결(7-8회기)
자기 서사	하고 싶은 것이 많은데 포기해야 할 것 같아서 고민 중이다. 혼자이을 때가 많고 내면적으로 혼자 대화를 많이 하기도 한다. 엄마가 걱정되고 새 아빠가 든든하게 지켜주셨으면 좋겠다. 담임선생님은 나무처럼 안정감이 느껴진다.	고등학교 진학에 대한 불안과 긴장감이 있지만, 미래에 대한 기대감도 있다. 생각이 깊고 신중하며 성실하고 열정적인 장점을 발견하였다. 낮은 성적, 어려운 가정경제, 꿈을 이루기에는 부족한 그림 실력이 진로장벽으로 그림 연습으로 장벽을 낮추고자 한다.	법 관련 진로에 대해 관심이 있었음을 깨닫게 되었다. 변호사가 된 이후에 메이크업아티스트, 번역가, 요리사 등 다양한 일을 해 볼 수 있길 원한다.

내담자 A의 인문융합치료 활용 진로상담 프로그램 회기별 사례에서 나타나는 자기 서사를 초기, 중기, 후기 단계로 나누어서 살펴보았다. 작품의 자세한 내용은 부록에서 확인할 수 있다.

초기 단계에 나타난 내담자 A는 다양한 진로에 관한 관심과 열의를 가지고 있으나 자신의 한국어가 부족하다고 느끼어 자신이 원하는 진로로 갈 수 없을 것이라고 걱정하고 있었다.

자신의 '길' 그림에서 하고 싶은 것들이 많지만 포기할 수밖에 없는 속상함과 진로 방향 설정에 대한 고민을 이야기하였다. 그러나 자신을 표현하는 사진에 대해 현재는 어렵지만, 미래에는 햇빛처럼 좋은 기회들이 올 것에 대한 기대하는 마음과 소망하는 사진에 대해 가정이 경제적으로 부유해지기를 바라는 마음의 이야기였다. A는 혼자서 있는 것을 즐기며 생각이 많고 공상적이며 내향적 특성을 표현하였다. 1회기 별칭을 지을 때 자신을 슬픈 과거가 있는 게임 캐릭터 '케야'라고 불러달라고 하였다. 또한 자신을 '코알라'로 표현하며 혼자서 있는 시간을 즐긴다고 하였다. 하지만 '딕싯' 보드게임에서 자신이 선택한 그림카드를 '행복'이라고 하였고 이유로 그림이 같이 사는 느낌이라고 하였다. A는 홀로 있는 시간을 즐기기도 하지만 가족이 함께 살 때 '행복'하다는 이야기도 하였다. 화나는 감정, 우는 감정 등을 자신 얼굴 그림에 표현하며 자신이 느끼는 감정에 대해 잘 이해하고 있었다. 자신의 한국인 새아빠에 대해 긍정적 감정을 가지고 의지하고 있으나, 새아빠가 일 때문에 지방으로 자주 가셔서 만나지 못해서 아쉬운 마음도 표현하였다. 새아빠를 표현할 인형치료카드를 선택하는 데 오래 고민하였다. 고민 끝에 새아빠를 불곰으로 표현하였는데 무서운 이미지보다는 자신과 엄마를 지켜주는 존재로 표현하였다. 엄마는 토끼로 표현하였으나 이모들과 삼촌들은 불곰, 호랑이, 버팔로, 악어 등의 크고 무서운 동물로 표현하였고 친척들이 타국에 거주하고 있음을 이야기하였다. 담임선생님을 나무로 표현하며 선생님에 대해 의지하는 감정을 표현하였다 이와 같이 초기 단계에서 내담자 A는 진로에 대한 고민과 자신에 대한 탐색에 집중하였다. 그동안 자신이 고민해 왔던 진로문제에 대해 이야기하고 싶어 하였고 자신의 진로에 대한 고민을 철조망 사진으로 표현하였다. 자신의 내향적 성향을 별칭과 동물 이미지를 통해 표현하였고, 자신의 상황 및 가족에 대한 탐색을 통해 자신의 주위에 누가 있는지와 그들에 대한 이해를 할 수 있게 되었다. 특히 자주 보지 못하는 새아빠에 대한 자신의 감정을 '불곰'으로 표현하며 힘이 세고 가족을 지켜 줄 분으로 기대감을 보였다. 이를 통해 자신에 대한 이해를 더욱더 할 수 있게 되었다고 하였다.

내담자 A는 외국인 가정의 국내출생자녀였으나 친부모의 이혼과 친모의 한국인 남자와의 재혼으로 국제결혼자녀가 되었다. 현재 내담자 A의 가정은 재혼가족으로, 재혼가족은 가족생활주기의 분열인 동시에 새로운 가족생활주기의 시작이다(김유숙, 2017: 40). 즉 이전의 가족생활주기 중 일부가 유지되면서 새로운 가족의 새로운 가족생활주기가 시작된 것이다. 하지만 현재 내담자 A는 새아빠의 잦은 출장으로 만나지 못하여 새로운 가족관계 형성에 어려움을 경험하고 있다. 이는 중도입국 청소년들이 주로 경험하고 있는 것으로 새로운 문화와 새로운 가정환경 속에서 심리적 불안과 위축된 정서가 나타나게 한다(김연정, 2015). 그러나 내담자 A는 새로운 가정환경의 심리적 불안 속에서도 다양한 분야에 관심을 보이고 있었다. 내담자 A의 초기단계 사례는 다음 〈표 14-3〉과 같다.

〈표 14-3〉 내담자 A의 초기단계 사례

대주제	소주제	인문융합	작품	자기 서사
자기 이해	관계 형성 (1회기)	음악 (그림)	비긴어게인 '길' 	하고 싶은 것이 많아서 고민 중이다. 하고 싶었던 것이 있었는데 포기한 것도 있다.
		사진		앞으로 가는 길이 어렵고 속상할 수 있지만 뭔가 햇빛도 있어서 할 수 있을 것 같다. 집에 가득히 있는 부자가 되고 싶다.
		소감문	재미있고 더 꿈을 뭔지 고민해 봐야 된다.	
	자기 탐색 (2회기)	음악 (그림)	윤도현 '나는 나비' 	코알라는 혼자있을 때가 많은 것 같고. 나랑 비슷하다.
		그림		얼굴 옆에 무늬들은 행복한 감정이다. 내면에서는 혼자 대화를 많이 하기도 하는데 화나는 감정도 있다.
		보드게임		행복했다. 이유로는 같이 살고 있는 느낌이다.
		소감문	재미있다. 생각을 따르다. 더 이해한다.	

			아빠는 무섭기보다 힘이 세시다. 든든하시다.
환경 탐색 (3회기)	인형치료 카드		담임선생님은 나무이다. 안정감이 있다. 책임감이 있다.
	영화 (이야기)	'마당을 나온 암탉' 차별에 관한 이야기 같다.	인터넷 게임을 하는데 여자라고 거절당한 적이 있다.
	소감문	관계를 정리하면서 여러 더 잘 이해하고 재미있다.	

중기단계의 참여경험은 '긍정적 자아상'과 '진로장벽'의 두 가지 주제로 구분하여 탐색할 수 있다. 첫 번째는 '긍정적 자아상'에 대한 것으로 내담자 A는 영화 〈크리스마스 캐롤〉의 스크루지가 꿈을 꾸고 나서 변화된 삶을 살아가는 것은 그 주변의 사람들에게도 나비효과처럼 영향을 줄 수도 있음을 이야기하였다. 이때 그 변화가 긍정적일 수도 부정적일 수도 있기에 나의 행동이 주변인들에게 영향을 미칠 수도 있다고 생각하였다. 또한 시간의 소중함과 관계의 소중함도 알게 되었다. 내담자 A는 긍정적인 과거 경험을 웃는 표정으로 표현하였고, 고등학교 진학에 대한 불안한 현재를 붉은색 땀방울로 이미지화하였다. 그리고 자신의 미래상을 긍정적으로 표현하였고 자신의 의지로 주변 환경이 바뀔 수 있다고 생각하였다. 현재 자신은 고등학교 진학에 대해 긴장감을 가지고 있으나, 미래에는 선글라스를 쓰고 해외여행 가는 내용을 행복한 표정으로 이야기하였다. 자신은 18살로 학교 친구들보다 먼저 조만간 어른이 될 것이고 지금은 어른이 되기 전 단계로 긴장과 불안이 있지만 기대감도 있다고 하였다. 특히 자기의 말과 행동이 관계 형성에 영향을 미칠 수도 있음을 이야기하였다. 또한 집단상담에서 진행된 강점찾기 프로그램은 자신이 미처 깨닫지 못한 자신의 감정을 집단원인 친구들이 발견하여 줘서 놀랍고 고마워하였다. 내담자 A가 항상 열심히

생활했던 것을 친구들은 성실함과 열정으로 이해하였으며 어른들께 인사하고 선생님들과의 약속을 잘 지키는 내담자 A 모습에서 예의가 바르고 생각이 깊다는 것을 집단원인 연구참여자들이 발견하여 주었다. 내담자 A 자신은 사람들을 만날 때 많이 긴장하고 낯을 많이 가려서 스스로 자신을 바보와 같다고 생각했는데 집단원이 이런 모습이 신중하며 진중하게 사람들과의 관계를 형성하는 것 같다고 하거나 사람들에게 천천히 다가가는 것은 행동이나 말에 실수가 적을 것이라며 장점을 발견해 주었을 때 놀라움을 느꼈다. 이와 같이 내담자 A는 초기단계에서 나타났던 자신의 신중하고 성실한 성향을 중기단계에서 장점으로 발견하고 발전시켰다. 내담자 A는 스크루지의 행동 변화가 주변에 미치는 영향에 대해 깊게 생각하며 자신이 하는 행동이 주변에 미칠 영향도 고려하였고 긍정적인 미래를 기대하고 있었다. 무엇보다 자신의 내향적 성향이 단점이라 생각했는데 집단친구들이 자신이 단점에서 신중함과 진중함을 발견하고 이야기하였을 때 내담자 A는 스스로에 대해 신뢰함을 얻은 것으로 보였다.

내담자 A는 집단에서 자신의 장점을 발견하며 자기수용과 자기존중을 가지게 하였는데 이와 같은 결과는 자아존중감의 발전으로 볼 수 있다. 청소년기의 자아존중감은 또래 관계형성 및 학교생활 적응과 관계가 있으며(장연주, 신나민, 2015), 자기유능감 및 만족감을 경험하게 한다(박선희, 2010). 내담자 A의 중기단계 사례는 다음 〈표 14-4〉와 같다.

〈표 14-4〉 내담자 A의 중기단계 중 '긍정적 자아상' 사례

대주제	소주제	인문융합	작품	자기 서사
긍정적 자아상	긍정적 경험 탐색 (4회기)	영화 (그림)	〈크리스마스 캐롤〉	다시 현실로 돌아가게 해달라는 미래장면에서 나비효과가 생각났다. 현실에서 내가 무언가를 바꾸면 나의 다른 주변의 것들도 영향을 받아서 혹 그들에게는 안 좋은 일로 영향을 미치지 않을까

			하는 생각이 들기도 했다
		그림	과거는 환하게 웃고 있다. 코로나 전에는 친구들이랑 같이 놀러다녀서 즐거웠다 현재는 기분이 좋지만, 고등학교에 올라가야 한다는 생각에 긴장감이 있다. 조금 있으면 어른이 될 것 같아서 기대감이 있다. 미래에는 선글라스를 쓰고 해외로 여행 갈 것이다. 바다에서 선글라스를 쓰고 해변에 친구들이랑 누워있을 것 같다.
			중국에 있는 친구들과 밤새 SNS로 연락할 때 행복하다고 느꼈다. 친구들과 좋은 관계유지를 위해 배려하려 하고 그들을 이야기를 잘 들어주며 잘 이해해 주려고 노력한다.
		소감문	나의 미래가 있다면 노력해야 한다는 것이 인상 깊었다.
강점 찾기 (5회기)	영상	〈박지성의 나만의 장점 찾기〉	나도 모르는 나의 장점을 친구들이 구체적으로 이야기해줘서 고마웠다. 특히 나의 강점은 성실하고 열정적이며 예의바른 것이라는 것을 알게 되었다. 사람들을 만날 때 낯을 많이 가려서 많이 긴장하고 스스로 바보 같다는 생각을 했는데 단점에서 장점을 찾아주는 친구들의 말을 들으며 놀라워하였다.
	장점카드	1. 성실한 2. 열정적인 3. 예의바른 4. 독창적인 5. 생각깊은 6. 지식이 많은 7. 아이디어가 많은	
	소감문	단점도 강점이 될 수 있다.	

두 번째는 '진로장벽'에 관한 것으로 내담자 A는 중국에서 아빠가 없이 엄마, 이모와 이모의 딸과 힘들게 살았던 이야기를 하였다. 특히 엄마가 의지했던 외할머니의 죽음은 자신에게도 큰 슬픔과 어려움의 사건으로 기억하였다. 한국에 거주하나 연락이 없는 무관심한 친아빠로 힘들었던 자신과 엄마의 생활을 이야기하였다. 내담자 A는 초기 단계에서도 엄마를 토끼로 표현하였는데 엄마의 슬프고 힘든 삶을 이해하고 있는 것으로 보였다. 또한 내담자 A는 메이크업 아티스트가 되고 싶은데 낮은 성적, 부족한 그림 실력, 아티스트로서는 작은 손. 그리고 어려운 가정 경제력을 장벽으로 꼽았다. 그중에서 부족한 그림 실력 향상을 통해 장벽을 낮추고자 하였다. 내담자 A는 웅덩이화를 통해 자신이 어려움에 처했을 때 경험했던 슬픈 이야기를 하였다. 처음에는 어려움을 혼자 해결하려고 하려고 했으나 해결되지 않아 가장 친한 친구에게 자신의 슬픈 비밀을 이야기하며 도움을 청하였다. 하지만 그 친구가 자신의 이야기를 다른 사람들에게 웃으면서 이야기한 것을 알게 되었고 그 일은 자신에게 힘들었던 경험으로 기억되고 있다. 하지만 이제는 자신이 어려운 상황에 있으면 엄마와 친구가 달려와서 도와줄 것이라고 믿는다. 이와 같이 내담자 A는 친부와 친모의 이혼으로 경제적으로 심리적으로 어려움을 경험하였다. 또한 중국인으로 한국에서 살면서 경제적으로 힘들어하는 엄마를 자신이 보호해야 한다는 생각이 있다. 풍선 터뜨리기 활동 시 내담자 A는 자신의 어려움을 풍선에 적고 여러 가지 방법을 통해 터뜨리고자 하였다. 잘 터지지 않는 풍선을 여러 차례 밟으면서 포기하지 않았고 결국 터트린 후 만족한 웃음을 지었다. 또한 내담자 A는 현재 부족하고 어려운 점을 스스로 생각해보고 적어보면서 자신이 무엇을 어떻게 해 볼 수 있을까 하는 생각을 하였다고 한다. 그 후 구체적인 해결 방법들을 찾게 되면서 시도하고자 하는 생각이 들었다. 내담자 A는 국제결혼가정 중 재혼가정으로 환경적 어려움을 경험하고 있다. 한국어의 구사능력 부족과 가족의 부족한 지지 환경은 내담자 A의 효능감에도 영향을 미치고 있다. 그동안은 개인적 요인인 자신의 학습능력부족과 낮은 성적으로 자신이 원하는 진로를 갈 수 없다고 여기며 포기하였다. 하지만 내담자 A는 주변의 사회적지지(학교선생님,

친구들)을 통하여 장벽을 낮추고자 하였다. 내담자 A의 초기단계 사례는 다음 〈표 14-5〉
와 같다.

〈표 14-5〉 내담자 A의 중기단계 중 '진로장벽' 사례

대주제	소주제	인문융합		작품	자기 서사
진로 장벽	진로 장벽 요인 및 대처 방안 (6회기)	영화 (이야기)		〈완득이〉 엄마가 없어서 어려웠을 것 같다. 소리를 지르고 폭력으로 문제를 해결하고자 하였다. 완득이는 체력이 좋은 것 같다. 운동으로 자신의 진로를 찾은 것 같다.	중국에서 아빠없이 엄마, 이모랑 같이 살았다. 엄마가 의지했던 외할머니가 돌아가셔서 많이 힘들어하셨다.
		동작/풍선터 뜨리기			처음에 잘 안 터졌는데 터뜨리니 뿌듯해요
		그림	진로 장벽		메이크업 아티스트가 꿈인데 성적이 낮고 부족한 그림 실력과 경제적으로 어렵다. 더구나 아티스트로는 손이 작은 편이다. 그림을 잘 못 그리는 극복을 위해 기초를 많이 연습하고 다른 사람 그림을 많이 참고하며 선생님께 많이 물어보면서 배워야겠다. 또한 약한 부분들을 찾아서 공부하고 연습해야겠다.

			처음에는 나 혼자 빠져나오려고 애를 썼다. 그때 누군가가 나를 도와준다고 사다리를 내려주었는데 올라갈 수 없었다. 그런데 엄마랑 친구가 와서 밧줄을 내려주어 나를 도와줄 것이다 친구에게 나의 비밀을 이야기하고 나를 도와달라고 했는데 나의 슬픈 비밀을 다른 사람에게 말한 적이 있다, 그리고 웃었다. 너무 슬픈 이야기다.
	웅덩 이화	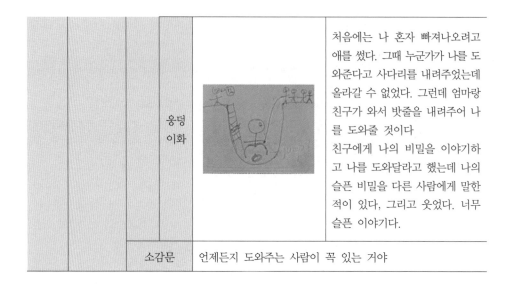	
	소감문	언제든지 도와주는 사람이 꼭 있는 거야	

후기단계에서 내담자 A는 다양한 직업인들이 그들의 일터에서 일하는 모습이 담긴 영상에서 특히 화장품 브랜드 매니져에 흥미와 관심이 생겼다. 원래 메이크업 아티스트가 꿈이었기에 화장품 제품을 기획하고 개발하는 일이 흥미롭게 다가왔다. 그런데 직업 카드 작업 시 평가하고 분석하는 일인 법 관련 일을 해 보고 싶다는 마음이 들었다. 내담자 A는 오래전부터 법 관련 영역의 일을 하고 싶었고, 특히 판사, 변호사에 대해 관심이 있었다고 하였다. 하지만 한국에서 학교에 다니며 부족한 한국어 능력으로 이 분야의 직업을 찾는 것은 어렵다고 생각했고 다른 분야에서 진로를 찾고 있었다고 하였다. 본 프로그램에 참여하면서 내담자 A 자신은 발전하고 성장하는 직업 가치관을 가지고서 법률적 분야에서 분석하고 평가하는 일을 하고 싶다는 것을 깨닫게 되었다고 하였다. 그리고 자신은 성장하며 발전하는 변호사가 되고 싶지만 자유롭게 다양한 여러 분야의 일도 해 보고 싶은 포부를 나타냈다. 내담자 A는 5년 후에는 법대를 다니고 10년 후에는 변호사 일을 하며 메이크업을 취미로 배우고 20년 후에는 영양사 공부도 해 보고 싶다고 하였다. 그리고 나중에는 중국어책을 한국어로 번역도 하고 자신의 책을 써 보고 싶다고도 하였다. 내담자 A가 자신의 인생계획을 이야기할

때 함께 한 연구참여자들은 처음에는 놀라워했지만, 고개를 끄덕이며 공감을 표현하였다. 내담자 A는 무엇보다 자신이 중요하게 생각하는 자유라는 가치를 가지고 자기의 생각을 펼치며 성장하는 사람이 되고 싶어 하였다. 마지막으로 내담자 A는 친구들과 함께 노래 부르면서 생각한 대로 마음먹은 대로 이루어졌으면 하는 소망을 표현하였다. 이같이 내담자 A는 중국에서 한국으로 이주하면서 경험하였던 여러 가지 장벽들, 특히 언어로 인해 자신이 가진 다양한 소망들을 좌절하고 포기했었지만 본 프로그램을 통해 그 소망들을 다시 가슴에 품게 되었다. 그리고 도전하고자 하였다.

내담자 A는 중도입국 청소년으로 새로운 가족형성에 대한 불안감과 경제적 어려움을 경험하고 있다. 하지만 내담자 A는 집단을 통한 신중함, 성실 등의 장점을 발견하고 자신을 도와주고 있는 사회적 지지체계를 이해하며 이미 포기했던 진로들과 오래전부터 꿈꾸고 있던 진로까지 발견하며 도전하고자 하는 열정을 나타냈다. 내담자 A의 초기단계 사례는 다음 〈표 14-6〉과 같다.

〈표 14-6〉 내담자 A의 후기단계 사례

대주제	소주제	인문융합	작품	자기 서사
진로 성숙	진로 탐색 (7회기)	영상	다양한 직업군 영상	화장품 브랜드 매니져에 조금 관심이 있었다.
		게임(직업가치관 경매)		제약이나 틀에 매이지 않는 일을 하고 싶다. 또한 발전하고 좋아지는 성장하는 모습이 좋다.
		직업카드	법/사회	법/사회-평가 분석 판단하는 일에 매력을 느낀다 과학 분야는 하고 싶지 않다. 원리나 개념 파악이 어

				려워 과학 과목이 싫다.
		소감문		신기한 직업을 알았다.
진로 계획 (8회기)	그림	인생 계단		5년 후에는 법대를 다니고 10년 후에는 메이크업을 해 주는 일, 20년 후에는 아르바이트로 학교 영양사도 해 보고 싶다. 그리고 나중에는 중국어 번역하는 책도 써 보고 싶다. 하고 싶은 게 많다. 순서를 정해서 하나씩 해 보고 싶다.
		미래 명함		자유롭게. 그리고 성장은 천천히 요렇게 하다가 성장하면서 발전하는 변호사가 되고 싶다.
	음악(노래부르기)		유재석의 〈말하는 대로〉	환경적 어려움으로 할 수 없는 것도 있지만 노력해서 마음먹은 대로 되었으면 좋겠다.
	소감문		많이 생각하고 정리하니까 자기 길을 어느 모양인지 알게 되었다.	

참고문헌

강신익(2004). 한국인의 몸을 통해 본 동서의학. 의사학, 13(2), 315-334.

강운정(2009). 연극치료의 이야기모델 이론과 적용사례. 원광대학교 석사학위논문.

강원대학교 인문치료센터(2017) http://humantherapy.co.kr/

강준수(2013). 전래동화를 통한 스토리텔링: 통합과 치유의 가능성. 건국대학교 스토리앤이미지텔링연구소. 5(-), 11-37.

강현석(2005). 합리주의적 교육과정 체제에서 배제된 내러티브 교육과정의 가능성과 교과목 개발의 방행 탐색. 교육과정연구, 23(2), 83-115.

강현석, 유동희, 이지원, 이대일(2005). 내러티브 활용을 통한 교과교육론 구성 방향의 탐색. 한국교원교육연구, 22(3). 215-241.

건국대서사와 문학치료 연구소(2021) http://epic.konkuk.ac.kr/html.do?siteId=EPIC&menuSeq=7514

경희대 HK+통합의료인문학연구단(2021). http://hkimh.khu.ac.kr/wordpress/?page_id=1535

고미영(2004). 이야기 치료와 이야기의 세계. 서울: 청목출판사.

공혜정.(2018). 의료인문학의 지평 확대: 인문학을 기반한 의료인문학 융·복합 교육 프로그램 개발 사례. 인문학연구, 38, 7-36.

곽영직(2008). 빛 물리학. 파주: 동녘.

구민준(2021). 중독의 상보적 통합 치유 모델 연구. 서울불교대학교 박사학위논문.

구자황(2015). 은유와 환유에 대하여 - 개념의 수용 양상 및 확장적 이해를 위한 시론(試論). 한국문학이론과 비평, 19(3), 5-31.

권성훈(2009). 현대시에 나타난 치유성 연구. 경기대학교 박사학위논문.

권오륜, 김정효(2021). 공자와 플라톤의 신체사상 비교. 유학연구, 57, 139-164.

권요셉(2021). 노인 우울증자의 분석가담화기반 생애회상치료 참여경험에 관한 질적사례연구. 인하대학교 박사학위논문.

권용주, 강경선(2020). 청소년을 위한 랩 음악치료 가사분석 연구. 한국음악치료학회지, 22(1), 25-42.

권정임(2011) 자기조절학습과 미술치료를 통합한 프로그램이 자기결정동기, 자기효능감 및 자기조절력에 미치는 영향. 대전대학교 박사학위논문.

권혁성(2014). 아리스토텔레스와 비극의 카타르시스. 서양고전학연구, 53(1), 121-166.

김경희(2017) 중학생 분노조절 향상을 위한 인지.정서.행동 통합 프로그램 개발 및 효과. 영남대학교 박사학위논문.

김명권(2008). 자아초월 심리학과 정신의학. 서울: 학지사.

김명신(2003). 미술작품 감상을 통한 미술치료의 연구. 숙명여자대학교 석사학위논문.

김미숙(2007). 기독교상담에 나타난 통합운동에 관한 연구. 고신대학교 박사학위논문.

김미영(2008). 명화감상을 통한 이야기만들기가 유아의 상상적 내러티브에 미치는 영향. 한국유아교육연구, 10(-), 195-221.

김민경(2014). 다문화 청소년의 개인문화적 요인, 부모 및 가족요인과 진로성숙도의 관계. 아시아아동복지연구, 12(3), 35-53.

김민경(2015). 진로역량강화프로그램이 다문화청소년의 진로결정효능감과 진로성숙도에 미치는 영향. 아동복지연구, 13(3), 147-171.

김봉환, 이제경, 유현실, 황매향, 공윤정, 손진희, 강혜영, 김지현, 유정이, 임은미, 손은령(2016). 진로상담 이론: 한국 내담자에 대한 적용. 서울: 학지사.

김서영(2018). 정신분석학적 해석에 대한 철학적 고찰. 현대정신분석, 20(1), 10-41.

김선현(2006). 마음을 읽는 미술치료. 파주: 넥세스북스.

김성리(2016). 시와 의학교육의 만남에 대한 인문의학적 고찰. 코기토, 79, 348-374.

김소형(2021). 통합예술치료 국내 연구동향 분석. 문화와 융합, 43(5), 295-314.

김숙현(2013). 연극치료와 변형 - DvT를 중심으로. 한국연극예술치료학회 학술대회지, 4(-), 1-14.

김신애, 조항(2020). 대학생 진로집단상담 프로그램의 연구동향 및 효과에 대한 메타분석. 취업진로연구, 10(2), 91-110.

김연정(2015). 중도입국 다문화가정 아동의 정서표현을 위한 미술치료 사례. 영유아아동정신건강연구, 8(2), 93-115.

김영근(2014). 상담과정에서 정서의 활성화 및 반복적 수용의 역할. 서울대학교 박사학위논문.

김영미, 현안나(2020). 다문화청소년의 맥락적 요인과 진로장벽, 진로결정수준의 구조적 관계 및 성별간 다집단분석. 학교사회복지, (49), 311-338.

김영숙(2020). 직장인 커리어스토리 상담프로그램 개발 및 사례연구: 정서경험을 확충한 구성주의 진로집근을 중심으로. 한국상담대학원대학교 박사학위논문.

김영순 외(2020). 다문화사회와 리터러시 이해. 경기: 박이정.

김영순 외(2021a). 독일 한인이주여성의 초국적 삶과 정체성. 경기: 북코리아.

김영순 외(2021b). 중앙아시아 출신 유학생의 상호문화소통과 문화적응. 경기: 북코리아.

김영순(2001). 신체와 커뮤니케이션의 기호학. 서울: 커뮤니케이션북스.

김영순(2011). 스토리텔링의 사회문화적 확장과 변용. 경기: 북코리아.

김영순(2021). 시민을 위한 사회문화 리터러시. 경기: 박이정.

김영순, 박한준 외(2011). 지역문화 콘텐츠와 스토리텔링. 경기: 북코리아.

김영순, 오영섭 외(2019). 동남아시아계 이주민의 다문화 생활세계 연구. 경기: 북코리아.

김영순, 오영섭(2020) 내러티브 활용 인문융합치료 교수모형 적용에 관한 질적사례연구. 한국교육문제연구, 38(1). 107-130.

김영순, 오영섭, 왕금미, 김수민(2021). 이주배경 청소년을 위한 미술이야기융합치료의 이해. 경기: 북코리아.

김영순, 오영훈, 한성우, 윤희진, 권도영(2018). 인문콘텐츠와 인물 스토리텔링. 경기: 북코리아.

김영순, 최승은, 오영섭, 오정미, 남혜경(2021). 미국 한인이주여성의 초국적 삶과 공동체. 경기: 북코리아.

김영순, 최영은, 윤희진, 강현민, 갈라노바딜노자, 윤현희, 김정복, 이영우(2018). 카자흐스탄 고려인 생애사 스토리텔링 연구. 경기: 북코리아.

김영애(2015). 명화를 활용한 집단미술치료 과정에서 나타난 HIV/AIDS 감염인의 실존적 삶의 의미. 영남대학교 박사학위논문.

김영주(2016). 게슈탈트 치료와 동양 사상의 비교 및 임상적 적용. 성신여자대학교 박사학위논문.

김용량(2012). 통합 심리학 기반 무용-동작 심리치료 프로그램 개발_성인 스트레스 감소 효과. 서울여자대학교 박사학위논문.

김유숙(2017). 가족상담. 서울: 학지사.

김유숙, 고모리 야스나가, 최지원(2013). 놀이를 활용한 이야기치료. 서울: 학지사.

김은정(2021). 설화를 통한 농아인 대상 문학치료연구: MMSS 서사반응 분석과 미술치료 활동을 연계한 문학치료 사례를 중심으로. 건국대학교 박사학위논문.

김은중(2020). 진로관련 미술치료효과에 대한 메타분석. 예술심리치료연구. 16(2), 137-163.

김인자 (2020). 몸과 마음. http://www.psychiatricnews.net/news/articleView.html?idxno=20785

다케우치 가오루(2010). 한권으로 충분한 양자론. 김재호, 이문숙 역. 서울: 전나무숲.

김정현(2006). 니체, 생명과 치유의 철학. 서울: 책세상.

김종현(2012). 통합의학적 연극치료기법 연구. 심리행동연구, 4(2), 115-145.

김준혁(2019). 다시 읽고 다시 쓰기를 통한 서사 의학의 확장. 부산대학교 박사학위논문.

김지연, 이윤희(2019). 다문화청소년 진로발달 연구 동향과 과제: 학회지 논문을 중심으로(2009-2019.6). 학습자교육교과교육학회, 19(19), 1205-1230.

김지원(2019). 해체적 그래픽디자인의 모호성에 대한 해석: 볼프강 이저의 수용미학을 중심으로. 연세대
　　　학교 박사학위논문.

김진선(2022). 다문화가정 청소년의 진로집단상담 프로그램 참여경험 사례연구: 인문융합치료를 중심으
　　　로. 인하대학교 박사학위논문.

김진선, 김영순(2021). 청소년 대상 인문융합치료 프로그램 연구 동향 분석. 인문과학연구, 42, 145-182.

김진아(2016). 미술치료에서 실존적 공간 구성에 관한 준재론적 탐구. 영남대학교 석사학위논문.

김진형(2015). 외상 후 스트레스 장애에 대한 한방정신요법 기반 심리치료 개발 및 예비적 임상시험.
　　　원광대학교 박사학위논문.

김진희, 김영순, 김지영(2015). 질적연구 여행. 경기: 북코리아.

김창대(2009). 인간변화를 촉진하는 다섯 가지 조건에 관한 가설: 상담이론의 관점에서. 인간이해,
　　　30(2), 21-43.

김천혜(1998). 수용미학의 흥성과 쇠퇴에 대한 고찰. 독일어문학, 8, 231-252.

김태선, 신주연(2020). 다문화 시대의 상담자 교육: 비판적 의식과 상호교차성을 중심으로. 한국심리학회
　　　지 상담 및 심리치료, 32(2), 667-692.

김현영(2017). 다문화 청소년을 위한 진로집단상담 프로그램 개발 연구. 상명대학교 박사학위논문.

김현희, 명창순, 이동희, 이리아, 이승연(2010). 상호작용 독서치료 사례집. 서울: 학지사.

김혜상(2010). 세대통합 원예치료가 노인의 삶의 질 및 아동의 사회·심리·정서적 행동특성에 미치는
　　　영향. 목포대학교 박사학위논문.

김효정(2016). 성인미술치료에서 심상체험의 의미. 숙명여자대학교 박사학위논문.

김효현(2019). 부모화된 청소년을 위한 문학치료 사례연구. 문학치료연구, 79-132.

나윤영(2021). 네트워크 분석을 활용한 국내 대체의학과 미술치료의 관계연구. 대전대학교 대학원
　　　박사학위논문.

남부현, 최충옥(2012). 다문화가정 학생의 진로발달에 관한 연구: 초등학교 학생을 중심으로. 진로교육연
　　　구, 25(3), 117-137.

남수인(2004). 보이는 것과 보이지 않는 것. 서울: 동문선.

노안영(2005). 상담심리학의 이론과 실제. 서울: 학지사.

노안영, 강영신(2011). 성격심리학. 서울: 학지사.

노양진(2006). 기호적 경험의 체험주의적 해석. 담화·인지언어학회 학술대회 발표논문집, -(-), 107-119.

노윤기·강경선(2020). 감정노동 종사자들을 위한 치료적 노래 만들기 랩 가사내용분석 연구. 예술심리치
　　　료연구, 16(3), 1-18.

동덕여대(2021), https://grad.dongduk.ac.kr/grad/depart/grad03_03.do

라도삼(1999). 비트의 문명, 네트의 사회. 서울: 커뮤니케이션북스.

류동식(1975). 한국무교(巫教)의 역사와 구조. 서울: 연세대학교출판부.

류재만, 이은적, 전성수, 김홍숙(2006). 재미있는 미술감상 수업. 서울: 예경.

류지영(2018). 커뮤니케이션 미술감상. 파주: 교육과학사.

류한승(2007). 현대미술에 있어 내러티브의 재발견, 조선일보, (2007. 1. 3).

매일경제(2020). https://www.mk.co.kr/news/economy/view/2020/04/336253/

맹광호(2007). 우리나라 의과대학에서의 인문사회의학교육: 과제와 전망. Korean journal of medical
    education 19(1), 5-11.

문정희, 이혜숙, 박경희(2018). 청소년을 대상으로 한 통합예술치료의 연구동향. 미술치료연구, 25(5),
    629-645.

민병진(2009). 명화감상을 통한 이야기 만들기 활동이 유아의 가상적 내러티브에 미치는 영향. 건국대학교
    석사학위논문.

박기용(2019). 조선 선비의 양생법. 선비문화, 35, 110-121.

박동진, 김송미, 이지연(2020). 다문화청소년의 성취동기가 진로장벽에 미치는 영향－학교적응의 매개효
    과를 중심으로. 한국청소년활동연구, 6(4), 195-217.

박미리(2009). 발달장애와 연극치료, 서울: 학지사.

박미리(2011). 연극치료의 이야기 활용 방안. 한중인문학연구, 33(-), 163-183.

박미리(2014). 자기 이야기 활용 연극치료 방법론. 문학치료연구, 31(-), 161-188.

박미숙, 이미정(2014). 다문화가정 청소년들이 경험하는 갈등원인에 관한 연구. 교육문화연구. 20(3),
    149-174.

박미화(2004). 수용미학에 의한 초등 미술감상 교육방법 연구. 대구교육대학교 석사학위논문.

박민정(2021). 체계적 문헌 고찰에 근거한 청소년 정신건강을 위한 집단미술치료 프로그램 제안. 차의과대
    학교 박사학위논문.

박선희(2010). 집단미술치료가 다문화가정 아동의 이중문화 스트레스 완화와 또래관계 향상에 미치는
    영향. 한국예술치료학회지, 10(1), 25-51.

박성희(2011). 미술교육에 있어서의 내러티브 교육과정에 대한 이해와 적용 방안연구. 한국교원대학교
    석사학위논문.

박세원(2007). 교사의 교육 활동에서 내러티브 탐구과정이 가지는 의미. 교육인류학연구, 10(1), 37-62.

박시아(2016). 유아 스토리텔링 수학활동이 수학기초학습능력과 수학적 성향에 미치는 영향. 전남대학교
    석사학위논문.

박윤희(2016). ETC 모형에 기반한 미술치료의 신경과학적 접근. 서울불교대학교 박사학위논문.

박은숙(2017). 스토리텔링을 위한 유아의 효의식 형성 체계. 성산효대학원대학교 박사학위논문.

박인철(2005). 타자성과 친숙성: 레비나스와 후설의 타자이론 비교. 철학과 현상학 연구, 24(0), 1-31.

박정선(2020). 수용미학 관점의 명화감상을 통한 우울증 청소년의 상담 및 심리치료 가능성 탐색. 순천향대학교 박사학위논문.

박종수(2012). 융심리학으로 본 동화해석과 정서분석. 한국독서치료학회 학술대회지, 10, 1-13.

박진우, 장재홍(2014). 다문화가정 청소년의 자아정체성에 영향을 미치는 환경, 심리적인 요인. 청소년학연구, 21(4), 133-154.

박혜숙(2002). 여성 자기서사체의 인식. 여성문학연구, 8, 7-30.

박혜영(1987). 은유와 환유의 언어학적, 정신분석학적 해석에 대한 이론적 고찰. 덕성여대논문집, 16, 107-123.

박휘락(2013). 미술감상과 미술비평 교육. 서울: 시공사.

반재유, 예병일(2012). 의예과 인문학 교육에서 '치유하는 글쓰기'의 적용 예. Korean journal of medical education 24(3), 189-196.

배영의, 김성범(2017). 문학치료의 텍스트 해석학적 이해-폴 리쾨르의 은유, 상징, 내러티브 해석학적 이해를 중심으로. 문학치료연구, 42, 41-76.

변경원, 최승은(2015). 이야기를 통해 타자와 교류하는 주체-Taylor의 인정 이론을 넘어 Ricoeur의 이야기 정체성을 통한 결혼이주여성의 정체성 형성 가능성. 교육문화연구, 21(4), 37-59.

변학수(2006). 문학치료. 서울: 학지사.

변학수(2010). 통합적 문학치료. 서울: 학지사.

변학수(2012). 내러티브의 기능과 문학치료. 뷔히너와 현대문학, 39, 285-305.

새국어사전 편집부(2007). 새국어사전. 동아출판.

석미정(2016). 자녀의 부모화에 관한 국내연구동향분석. 한국가족관계학회지, 53-75.

선혜연(2015). 다문화가정 학생의 진로발달 연구 동향. 초등교과교육연구, 22(-), 15-30.

성윤희, 장은영(2020). 다문화청소년의 문화적응 스트레스와 진로결정성의 관계: 진로장벽을 통한 자존감의 조절된 매개효과. 진로교육연구, 33(1), 43-64.

성혜옥(2010). 정서중심부부치료(EFT)의 한국적 모델에 관한 연구. 장로회신학대학교 박사학위논문.

손은령(2004). 진로선택과정에서 지각된 진로장벽의 역할. 상담학연구, 5(3), 623-635.

손임순(2016). 스토리텔링을 활용한 요리활동이 유아의 식습관 및 편식에 미치는 효과. 경남과학기술대학교 석사학위논문.

손진태(1948). 조선민족문화의 연구. 서울: 을유문화사.

송선진(2007). 국제결혼가정 자녀의 사회화과정이 자아정체감에 미치는 영향: 다문화교육을 위한 시사점을 중심으로. 서울대학교 석사학위논문.

송연옥(2004). 연극치료가 중학생의 자아존중감과 사회측정지위에 미치는 효과. 원광대학교 석사학위논문.

송영민, 강준수(2014). 전래동화를 통한 스토리텔링. 스토리&이미지텔링, 5, 11-37.

송영진(2011). 아리스토텔레스의 비극론에 나타난 감정의 "카타르시스(catharsis)"의 다양한 의미, 인문학연구, 38(4), 389-425.

송현지, 이소연(2020). 청소년의 부모화 군집에 따른 사회인구학적 특성, 우울 증상, 안녕감의 차이. 청소년상담연구, 28(1), 339-365.

송혜정(2013). 집단상담 프로그램이 비행청소년의 공격성, 분노조절, 자아존중감 및 진로성숙도에 미치는 영향. 한서대학교 박사학위논문.

신경, 송원일(2018). 이중언어사용 다문화청소년의 자아정체성 확립 사례연구. 다문화아동청소년연구, 3(2), 99-117.

신동흔(2016). 문학치료학 서사이론의 보완·확장 방안 연구 – 서사 개념의 재설정과 서사의 이원적 체계. 문학치료연구, 38, 9-63.

신동흔(2018). 문학치료를 위한 서사 분석 요소와 체계 연구. 문학치료연구, 49, 9-89.

신동흔, 김경섭, 김경희, 김귀옥, 김명수(2013). 시집살이 이야기 집성 1-10. 경기: 박이정.

신동흔, 김경섭, 김귀옥, 김명수, 김명자(2019). 한국전쟁이야기 집성 1-10. 경기: 박이정.

신명회, 서은희, 송수지, 김은경, 원영실, 노원경, 김정민, 강소연, 임호용(2017). 발달심리학. 서울: 학지사.

신선경(2006). 의과대학생을 위한 글쓰기 교육의 필요성과 방향. 작문연구, 2, 61-84.

신은자, 정여주, 지구덕, 박민정, 김시내(2020). 병원 형 Wee센터에서의 집단미술치료가 청소년의 학교적응, 공감,우울, 불안에 미치는 영향. 예술교육연구, 18(2), 37-58.

신현탁(2017). 온·오프라인 융합토론수업 사례연구 – 플립드러닝을 활용한 법학교육. 법과인권교육연구, 10(3), 161-186.

신혜숙(2019). 내안에서 나를 찾다: 뇌교육명상 수련 경험에 대한 내러티브 탐구. 仙道文化, 26, 362-395.

심상교(2013). 구연서사물의 치유적 요소에 관한 연구. 민속연구, 26, 181-201.

안명기(2019). 집단미술치료를 통한 경증치매 여성노인의 삶의 유희 경험탐구. 영남대학교 석사학위논문.

안윤정(2016). 스토리텔링을 활용한 일본문학교육의 방법연구. 신라대학교 석사학위논문.

안재희, 전우택(2011). 의료인문학 토론수업에 영향을 주는 토론자료의 특성 분석. Korean journal of medical education, 23(4), 253-261.

안정희, 권복규, 이순남, 한재진, 정재은(2008). 우리나라 의과대학/의학전문대학원의 인문사회의학

교과목 운영현황 및 학습내용 분석. Korean journal of medical education 20(2), 133-144.

안지연(2014). 감상자 특성에 따른 미술감상의 양상. 서울대학교 박사학위논문.

안진아, 정애경(2019). 일의 심리학이론의 한국 진로상담 적용방안. 상담학연구, 20(2), 2017-227.

양계민(2021). 다문화가정 학생을 위한 진로교육의 역할과 과제. 한국진로교육학회 학술대회지, 5, 87-104.

양계민, 윤민종, 신현옥, 최홍일. (2016). 다문화청소년 종단조사 및 정책방안 연구IV. 한국청소년정책원 연구보고서. 1-145.

양계민, 황진구, 연보라, 정윤미, 김주영. (2018). 다문화청소년 종단연구 2018:총괄보고서. 한국청소년정책연구보고서, 1-555.

양미진, 고홍월, 이동훈, 김영화(2012). 다문화 청소년 상담매뉴얼 개발. 청소년상담연구(총서), 2012(-), 1-152.

양유성(2011). 은유의 치료적 기능과 개입방식. 통합예술치료연구, 1(1), 47-60.

양효주(2013). 치유를 위한 창의적 시 읽기 방법론 연구. 동국대학교 석사학위논문.

엄찬호, 유강하, 유건상, 윤일수, 이민용, 이영의, … 최병욱(2017). 인문치료의 이해. 서울: 한국문화사.

여명숙(1998), 사이버스페이스의 존재론과 그 심리철학적 함축, 이화여자대학교 박사학위논문.

염원희(2020). 의학계열 글쓰기의 지향점과 구성방안-환자-의사 간 소통의 중요성을 중심으로. 리터러시연구, 11(1), 301-325.

오영섭(2019). 이주배경중도입국 청소년의 미술이야기융합 치료프로그램 참여경험 사례연구, 인하대학교 박사학위논문.

오영섭(2021). Educational Utilization of Narrative Medicine in Korean Medical schools, 2021 END(International Conference on Education and New Development) proceeding book.

오영섭, 김영순, 왕금미(2018), 이야기치료의 국제적 연구동향에 관한 탐색적 연구. 문학치료연구, 48, 41-74.

오정미(2012). 설화에 대한 다문화적 접근과 문화교육, 건국대학교 박사학위논문.

오정미(2021). 다문화가정 구성원을 대상으로 한 문학치료 연구. 문학치료연구, 59, 151-181.

오희진(2020). 의료인문학 수업의 플립 러닝 적용 사례 연구: 수업설계와 학습자 인식을 중심으로. 과학교육연구지, 44(2), 240-258.

왕금미(2017). 중도입국 청소년의 콜라주 미술치료 사례연구. 인하대학교 박사학위논문.

원동연, 유혜숙, 유동준(2005). 5차원 독서치료: 책읽기를 통한 마음의 치유. 경기: 김영사.

유구종, 전미향(2015). 명화감상 후 확장활동 유형에 따른 유아의 가상적 내러티브 차이 비교. 어린이문화교육연구, 16(1), 201-227.

유재학, 하지현(2009). 정신분석치료환경: 자유연상과 분석적 중립성. 신경정신의학, 48(3), 130-42.

유효인(2015). 스토리텔링 수학활동이 만 5세 유아의 수학능력 및 수학적 태도에 미치는 영향. 중앙대학교 석사학위논문.

윤명구, 이건청, 김재홍, 감태준(1988). 문학개론. 서울: 현대문학.

윤여광, 이정숙(2020). 랩, 청소년을 위한 심리치료의 새로운 도구. 인격교육, 14(2), 129-146.

윤영식(2015). 직업카드를 활용한 진로탐색집단상담 프로그램이 제주지역중학생의 자아정체감과 진로 결정효능감에 미치는 효과. 제주대학교 석사학위논문.

윤종오, 강용비(2014). 미술치료 프로그램이 진로결정에 미치는 영향. 청소년의 자기효율성. 한국청소년 문화연구, 38, 33-69.

윤현화(2016) 음악치료를 통합한 자기주도학습 프로그램 개발 및 효과. 목포대학교 박사학위논문.

이모영(2019). 예술심리치료에서 체화된 인지의 치유적 함의. 예술심리치료연구, 15(4), 207-229.

이무석(2006). 정신분석에로의 초대. 대전: 이유.

이미정(2020). 스토리텔링을 활용한 인문치료 사례연구: 우울증 진단을 받은 대학생 A 사례를 중심으로. 독서치료연구. 12(2), 145-165.

이민용(2008). 인문학의 치유적 활용과 스토리텔링. 독일언어문학. 41, 138-158.

이민용(2009). 이야기와 스토리텔링의 치유적 기능. 독일언어문학. 43. 225-242.

이민용(2010). 이야기 해석학과 이야기 치료. 헤세연구, 23, 249-273.

이민용(2011). 스토리텔링 치료의 치료 요인과 그 적용. 헤세연구. 25, 217-240.

이민용(2013). 서사담화와 정신분석학 기반의 내러티브치료. 獨逸文學, 125(-), 163-184.

이민용(2014). 서사학의 서사 층위론으로 접근한 발달적 스토리텔링치료. 헤세연구, 31, 227-253.

이민용(2016). 내러티브 텍스트의 구조와 속성으로 본 문학치료 – 패트릭 오닐의 내러티브 텍스트학을 중심으로. 獨逸文學, 57(1), 153-176.

이민용(2017). 스토리텔링의 치료. 서울: 학지사.

이복규(2012). 중앙아시아 고려인의 생애담 연구. 서울: 지식과 교양.

이상화(2009). 우울성향을 가진 청소년의 명화감상을 중심으로 한 수용적 미술치료 단일사례연구. 동국대학교 석사학위논문.

이선형(2012a). 연극치료에서 '카타르시스' 개념 연구. 한어문교육, 27, 53-74.

이선형(2012b). 연극치료에서 투사 연구. 한국연극예술치료학회 학술대회지, 2(-), 1-12.

이선형(2012c). 예술치료를 위한 "은유"의 개념과 기능에 대한 소고. 드라마 연구, 37(0), 145-166.

이선형(2020). 연극치료와 사이코드라마의 비교 연구 – 역할을 중심으로. 연극예술치료연구, -(13), 160-186.

이선형, 배희숙(2014). 연극치료 이야기모델의 이론 연구. 연극예술치료연구, -(4), 29-54.

이선혜, 박지혜(2018). 이야기치료의 국내 연구동향 분석: 1996~2018. 가족과 가족치료, 26(3), 343-377.

이성재. (2008). 은유와 환유의 상호작용. 프랑스문화연구, 16, 379-406.

이숙정, 김혜영, 이수정 (2014). 교양수업에서 '자기 서사적 글쓰기'가 대학생의 신뢰성향과 자아존중감에 미치는 영향. 교양교육연구, 8(2), 271-297.

이아라, 이주영, 손보영. (2018). 다문화 청소년이 경험하는 진로장벽에 대한 질적연구. 청소년학연구, 25(11), 35-64.

이양숙(2021). 스토리텔링 인문치료가 위기에 처한 중년여성의 불안에 미치는 효과 연구. 강원대학교 박사학위논문.

이영의(2010). 인문치료 패러다임. 범한철학, 56(1), 283-309.

이영의, 김남연(2017). 인문치료와 내러티브. 인간·환경·미래, 18, 25-47.

이일우, 김찬석, 이현선, 이완수(2015). 의료 커뮤니케이션 교과목의 형식과 내용 분석 연구: 국내 의과대학을 중심으로. 커뮤니케이션 이론, 11(2), 104-141.

이정균, 김용식(2000). 정신의학 제4판. 서울: 일조각.

이정모(2009). 마음, 어떻게 움직이는가?. 서울: 은주사.

이정화(2013) 통합환경에서 교사를 통한 치료놀이 프로그램의 효과. 숙명여자대학교 박사학위논문.

이주하(2007). 명화감상 활동의 인식론적 고찰과 교육적 적합성. 한국교육철학회. 33(-), 231-254.

이주희(2012). 스토리텔링 활용 집단미술치료가 아동의 역기능적 신념과 공격성에 미치는 효과. 서울교육대학교 석사학위논문.

이지홍(2018). 이야기와 자기 만남 – 이야기 활용 연극치료에서의 구조적 접근법. 한국연극예술치료학회 학술대회지, 14(-), 1-18.

이찬주(2012). 은유의 교수학습 이론 정립을 위한 이론·범례·모형 연구. 동국대학교 박사학위논문.

이태승(2020). 뇌졸중 편마비 성인의 정서재활을 위한 연극치료 연구. 용인대학교 박사학위논문.

이혜미, 김유미(2019). 다문화청소년의 진로장벽과 진로의식발달의 관계: 성취동기와 진로관련 부모행동의 매개효과. 학습자중심교와교육연구, 19(10), 665-689.

이흔정(2004). 내러티브의 교육과정적 의미 탐색. 한국교육학연구, 10(1), 151-170.

인누리(2021). 국내 무용치료 연구의 흐름과 방향. 한국무용학회지, 21(2), 43-52.

임경희(2013). 초등학생의 다문화 여부와 성별에 따른 직업포부와 진로흥미 및 진로인식의 차이. 진로교육연구, 26(2), 67-89.

임영익(2014). 메타생각. 서울: 리콘미디어.

장석주(2009). 시치료(Poetry Therapy) – 시의 정원에서 찾은 마음 치유법 4. 서울: 현대시학.

장연주, 신나민(2015). 다문화 청소년들 간의 또래관계 경험 및 특성에 관한 문화기술지 연구. 다문화교육
연구, 8(4), 57-76.

장윤화(2004). 대학원을 중심으로 한 우리나라 미술치료 교육 프로그램에 대한 현황에 대한 연구.
한양대학교 석사학위논문.

장한업(2016). 상호문화교육의 철학적 기반에 대한 고찰. 교육의 이론과 실천, 21(2), 33-54.

장혜진(2020). 창의적 인재양성을 위한 인문융합예술교육 교구디자인 연구: 환경교육프로그램 교재와
교구디자인을 중심으로. 서울과학기술대학교 박사학위논문.

전대석, 안덕선(2017). 비판적 사고와 글쓰기에 기초한 의료윤리와 전문직업성 교육. 인문과학, 67,
157-193.

정기섭(2011). 지속가능발전교육의 관점에서 본 상호문화역량. 교육의 이론과 실천. 16(3), 133-149.

정세권(2020). 전염병의 과학은 어떻게 논쟁되는가? – 1911년 만주 페스트 발병과 국제페스트컨퍼런스.
역사비평, 350-379.

정여주(2010). 미술치료의 이해. 서울: 학지사.

정여주(2016). 미술치료에서 미술의 특성과 창의적 과정의 치료적 의미. 미술치료연구, 86(23),
1221-1237.

정여주(2021). 명화감상 미술치료. 서울: 학지사.

정욱영, 유형근(2021). 초등학교 고학년 다문화학생의 진로성숙도 향상을 위한 놀이 중심 집단상담
프로그램 개발. 학습자중심교과교육연구, 21(15), 767-779.

정운채(2006). 문학치료의 이론적 기초. 서울: 문학과 치료.

정운채(2008). 문학치료학의 서사이론. 문학치료연구, 9, 247-278.

정하성, 우룡(2007). 다문화가정 청소년의 사회적응실태 및 사회적응프로그램개발방안. 서울: 한국청소
년정책연구원.

정해숙(2010). 청소년 랩에 대한 라깡 정신분석적 탐구. 명지대학교 박사학위논문.

정현주(2005). 음악치료학의 이해와 적용. 이화여자대학교출판문화원.

정현희(2000). 실제적용중심의 미술치료이해. 서울: 학지사.

정호승(1998). 외로우니까 사람이다. 파주: 열림원.

정희자(2003). 은유와 환유의 상호 작용. 외대어문논집, 18, 275-300.

조두영(1998). 청소년심리. 한국정신신체의학회. 6(2), 97-103.

조문영(2013). 명화감상을 통한 집단미술치료가 유아의 정서지능에 미치는 효과. 영남대학교 석사학위논
문.

조선헬스. (2007). 스트레스가 부르는 질병.

https://health.chosun.com/site/data/html_dir/2007/01/23/2007012300732.html

조영달(2006). 다문화가정의 자녀 교육 실태조사. 서울: 교육인적자원부.

조요한(2003). 예술철학. 고양: 미술문화.

조용길(2015). '상호문화성 Interkulturalität' 배양을 위한 토론교육 방안. 獨語敎育, 62(2), 81-102.

조용환(1999). 한국 문화교육의 정책과 실상. 교육철학연구, 21, 205-220.

조은상(2017). 문학치료에서 자기이해의 필요성과 방법. 문학치료연구, 45, 35-55.

조은상(2020). 문학치료는 어떻게 이루어지는가? 문학치료연구, 57, 47-82.

조효석, 윤학로(2012). 사이코드라마의 연극적 기법과 효과 – 아르망 살라크루의 [통행금지] 를 중심으로.
프랑스학연구, (61), 46-71.

주광순(2016). 상호문화철학의 비전, 대동철학, 76, 268-289.

지성용(2022). 영성심리분석치료 개론. 서울: 공감.

차봉희(1984). 작품의 구체화에 대한 수용미학적 견해. 獨語敎育, 33(1), 271-293.

차한솔(2020). 다문화가정 청소년의 문화적응 스트레스, 사회적 위축 및 국가정체성이 학교적응에
미치는 종단적 영향. 서울시립대학교 박사학위논문.

채수경(2007) 놀이중심의 감각통합치료프로그램이 발달장애 아동의 행동 및 감각기능에 미치는 효과.
대구대학교 박사학위논문.

채연숙(2015). '형상화 된 언어,' 치유적 삶. 파주: 교육과학사.

채은희(2021). 중년기 중국동포 이주여성의 노후준비에 관한 생애사적 내러티브. 인하대학교 박사학위논
문.

채향화(2020). 재한 조선족 대학원생의 진로결정에 관한 질적 연구: 한국 취업 결정자를 대상으로.
서울대학교 박사학위논문.

천지혜(2011). 명화를 활용한 집단미술치료가 만성정신분열즐 환자의 삶의 질에 미치는 영향. 동국대학교
석사학위논문.

최규진(2013). 미술치료에서의 치료적 관계 유형 소고. 미술치료연구, 20(5), 865-883.

최윤영(2020). 통합예술치료를 위한 예술의 매체별 특성 연구. 한국예술연구, (28), 305-326.

최은정(2021). 텍스트마이닝과 토픽모델링을 활용한 표현예술치료 분야의 연구 동향 분석(1999-2020).
예술심리치료연구, 17(2), 375-402.

최현미(2013). 청소년 정신건강증진을 위한 이야기치료(narrative therapy)프로그램의 개발 및 적용.
창원대학교 박사학위논문.

최현주, 김희수(2017). 진로집단상담 프로그램이 다문화 가정 아동의 진로인식과 진로결정자기효능감에
미치는 효과. 다문화교육연구, 10(3), 71-91.

최혜린(2018). 수용미학에 근거한 스토리텔링 감상지도 방안. 숙명여자대학교 석사학위논문.

폴 리쾨르(1999). 시간과 이야기 1. 서울: 문학과 지성사.

하여진(2021). 다문화청소년의 진로태도와 진로장벽에 따른 잠재프로파일분석과 영향요인 검증. 청소년복지연구, 23(2), 1-22.

한국도서관협회(2008). 책 읽기를 통한 마음의 상처 치유하기. 한국도서관협회.

한수선(2015). 영화를 활용한 진로집단상담 프로그램이 중학생의 자아정체감과 진로태도성숙도에 미치는 영향. 경성대학교 석사학위논문.

한영희(2018). 집단미술치료의 이론과 실제. 서울: 창지사.

한용환(2002). 서사 이론과 그 쟁점들. 서울: 문예출판사.

한창현, 이상남, 권영규, 최선미(2008). 한국 저널에 게재된 기공관련 연구 동향. 동의생리병리학회지, 22(4), 954-959.

한혜원(2010). 디지털 시대의 신인류. 호모나랜스. 경기: 살림출판사.

허근(2012). 알코올중독자의 회복을 위한 단기통합프로그램 개발과 효과성 평가. 서울기독대학교 박사학위논문.

허선아(2020). 문학치료 연구 패러다임 – 국내학위논문을 중심으로(2004-2014). 대한문학치료연구, 10(1), 1-22.

현은령(2013). 디자인기반의 '의료인문학' 교육개발을 위한 의학전공 대학생의 창의적 강점 요인 분석. 디자인지식저널, 26, 249-258.

홍영숙(2015). 내러티브 탐구에 대한 이해. 내러티브와 교육연구, 3(1), 5-21.

홍용희(1998). 사랑과 외로움의 먼 길, 정호승 시집 『외로우니까 사람이다』해설. 파주: 열림원.

황매향, 선혜연(2013). 취약청소년 진로발달 연구 동향. 상담학연구, 14(6), 3517-3536.

황매향, 이아라, 박은혜(2005). 청소년용 진로장벽척도의 타당도 검증 및 잠재평균 비교. 한국청소년연구, 16(2), 125-159.

황은영(2020). 텍스트 마이닝을 활용한 '한국음악치료학회지'의 토픽 모델링 및 트렌드 분석(1999~2019). 한국음악치료학회지, 22(2), 29-47.

황임경(2013). 의료인문학교육에서 질병체험서사의 활용 방안. Korean journal of medical education 25(2), 81-88.

황임경(2020a). 의학에서의 서사, 그 현황과 과제. 인문학연구, 45, 435-464.

황임경(2020b). [비평] 코로나19와 의료인문학: 의료인문학의 역사와 과제. 작가들, 74, 183-196.

황제이(2009). 부모와 함께하는 진로집단상담 프로그램이 진로에 미치는 영향. 중학생의 성숙함. 한국청소년상담학회지, 17(1), 112-132.

황진영(2011). 명화감상을 활용한 미술치료 프로그램이 중학생 정서지능에 미치는 효과. 창원대학교 석사학위논문.

황효숙, 김순애(2017). 질병서사 문학을 활용한 도덕적 상상력 교육. 교양교육연구, 11(3), 153-183.

Abdallah-Pretceille, M.(2010). 장한업 역. 유럽의 상호문화교육: 다문화사회의 새로운 교육적 대안. 파주: 한울 아카데미.

Aylward, K.(1993). An Art appreciation curriclum forpreschool children. *Early Child Developmentand Care*, 96, 35-48.

Anderson, H.(2005). The myth of not-knowing. *Family Process, 44*(4), 497-504.

Aniela Jaffé. 이부영 역(1989). 回想. 꿈. 그리고 思想. 서울: 集文堂.

Anselm Grun, Meinrad Dufner. 전헌호 역(2007). 아래로부터의 영성. 서울: 분도출판사.

Arnheim, R. 김춘일 역(2003). 미술과 시지각. 서울: 미진사.

B. Karasu.(1999). Spiritual psychotherapy. *American Journal of Psychotherapy*, 53, 143-162.

Baal-teshuva, J. 윤채영 역(2006). 마크 로스코. 서울: 마로니에북스.

Bachmann, H. I.(1993). *Malen als Lebensspur*. Stugart: Klee-cotta.

Barthes, R.(1966). *Introduction to the structural analysis of the narrative*. Occasional paper. Center for Contemporary Cultural Studies. University of Birmingham. (Translated by Richard Miller. New York: Hill and Wang, 1974).

Bateson, G.(1980). *Mind and nature: A necessary unit*. New York: Dutton.

BBC news(2020). 코로나19: 역사를 바꾼 다섯가지 전염병. https://www.bbc.com/korean/51992962

Benson H.(2001). *The relaxation response*. (Nakao, M., Kumano, H., & Kuboki, T. Translator) Tokyo: Seiwa Shoten Publisher.

Berger, J. 하태진 역(1995). 어떻게 볼 것인가. 서울: 현대미학사.

Bergson, H.(1920). *Mind-energy: lectures and essays*. Greenwood Press.

Beuys, J.(1991). *"Kunst ist ja Therapie"und "Jeder Mensch ist ein Kunstler"*. In H. Petzold, & I. Orth(Hrsg.), Die neuen Kreativitatstherapien, Bd. I. Paderborn:Junfermann.

Bill, M. 조정옥 역(1994). 예술과 느낌: 바실리 칸딘스키 예술론. 서울: 서광사.

Blustein, D. L. 박정민, 김태선, 신주연, 남지혜 공역(2018). 일의 심리학. 서울: 박영story.

Böhm, W.(1994). *Wörterbucb der pödagogik*. Stuttgart:Köner.

Brown, M. T.(2000). Blueprint for the assessment of socio-structural influences un career choice and decision making. *Journal of Career Assessment, 8*(4), 371-378.

Bruce W. Scotton, Alian B. Chinen, John R. Battista. 김명권, 박성현, 권경희 외 공역(2008). 자아초월

심리학과 정신의학. 서울: 학지사.

Bruner, J.(1990). *Acts of meaning*. Cambridge, MA: Harvard University Press.

Cattanach, A.(2006). *Narrative play therapy*. New York: The Guilford Press.

Chamberlain(2003). *Shattered love : a memoir*. Regan Books/HarperCollins Publishers.

Charon, R.(2008). *Narrative medicine: Honoring the stories of illness*. Oxford University Press.

Chatman, S. 한용환 역(2003). 이야기와 담론: 영화와 소설의 서사구조. 서울: 푸른사상.

Clandinin, D. J. & Connelly, F. M.(2000). *Narrative inquiry: Experience and story in qualitative research*. San Francisco: Jossey_Bass.

Clandinin, D. J. & Rosiek, J.(2007). *Mapping a landscape of narrative inquiry: Borderland spaces and tensions*. In D. J. Clandinin (Ed.), Handbook of narrative inquiry: Mapping a methodology (pp.35-76). Thousand Oaks, CA: Sage Publications.

Clandinin, D. J. 염지숙, 강현석, 박세원, 조덕주, 조인숙 역(2016). 내러티브 탐구의 이해와 실천. 파주: 교육과학사.

Cohen-Solal, A. 여인해 역(2015). 마크 로스코. 서울: 다빈치.

Connelly, F. M., & Clandinin, D. J.(2006). *Narrative inquiry*. In J. Green, G. Camilli, & P. Elnore (Eds.), Handbook of complementary methods in education research (3rd ed.) (pp.477-87). Mahwah, NJ: Lawrence Erlbaum.

Crites, J. O.(1969). *Vocational Psychology*. New York: McGraw-Hill.

D. Jean Clandinin. 강현석 외 공역(2011). 내러티브 탐구를 위한 연구방법론. 서울: 교육과학사.

Danto, A. 김광우, 이성훈 공역(2004). 예술의 종말 이후. 경기: 미술문화.

David Read Johnson, Susana Pendzik, Stephen Snow. 박미리, 김숙현 공역(2012). 연극치료의 진단평가. 서울: 학지사.

Dewey, J. (1938). *Experience and Education*. New York: Macmillan Company.

Donald. 강현석 역(2010). 내러티브, 인문과학을 만나다. 서울: 학지사.

Downey, C. A., & Clandinin, D. J. (2010). *Narrative inquiry as reflective practice: Tensions and possibilities*. In N. Lyons (Ed.), Handbook of reflection and reflective inquiry: Mapping a way of knowing for professional reflective practice (pp.285-397). Dordrecht: Springer.

Duffy, R. D., Blustein, D. L., DIEMER, M.A., & Autin, K.L.(2016). The psychology of working theory. *Journal of Counseling Psychology, 63*(2), 127-148.

EBS다큐프라임 '이야기의 힘' 제작팀(2011). 이야기의 힘. 서울: 황금물고기.

Edward Osborne Wilson. 최재천, 장대익 공역(2005). (지식의 대통합) 통섭. 서울: 사이언스북스

Evreinov, N. N.(1927). *The theatre in life.* New York(State): Brentano's.

Feist, G, S., & Brady, T. R.(2004). Openness to experience, non-conformity, and the perference for absrtact art. *Empirical Stidies of rhe Arts*, 22, 77-89.

Freud, S.(1900a). *The Interpretation of Dreams. The Standard Edition of the Complete Psychological Works of Sigmund Freud 4.* Trans. J.Strachey. London: The Hogarth Press.

Freud, S. 윤희기, 박찬부 역(2015). 정신분석학의 근본개념. 서울: 열린책들.

Freud, S. 민희식 역(2014). 정신분석학. 인천: 정민미디어

Friedrich Wilhelm Nietzsche. 장희창 역(2004). 차라투스트라는 이렇게 말했다. 서울: 민음사.

Georg Wilhelm Friedrich Hegel(1988). *Phanomenologie des Geistes.* Salzwasser-Verlag GmbH.

Gombrich. 백승길 역(2017). 서양미술사. 서울: 예경.

Gudmundsdottir, S.(1995). '*The narrative mature of pedagogical content knowledge*', in H. McEwan, K. Egan (eds.) Narrative in Teaching, Learning and Research, New York: Teachers College Press.

Gysber, N. C., Heppner, M.J., & Johnston, J. A.(1998). *Career counseling: Process, issues, and techiques.* Bostin; Allyn & Bacon.

H. G. Gadamer. 공병혜 역(2005). 고통: 의학적, 철학적, 치유적 관점에서 본 고통, 철학과 현실사, 31-33.

Harris L. Friedman, Glenn Hartelius(2020). 김명권, 김혜옥, 박성현, 박태수, 신인수, 이선화, 이혜안, 정미숙, 주혜명, 황임란 공역. 자아초월심리학 핸드북, 서울: 학지사. 참조.

Hartman, N. 김성윤 역(1987). 미학이란 무엇인가. 서울: 동서문화사.

Heidegger, M.(1926). *Sein Und Zeit* (reprint, 2006). Distribooks.

Heidegger, M(2008). 이기상 역. 존재와 시간. 까치.

Heninger O. E.(1981). *Poetry therapy, American Handbook of Psychiatry.* 7(2ed.), NY. ASIC Book.

Herberhorz. B., & Hanson, L.(1995). *Early childhood art.* L. A.: Win. C. Brown Publisher.

Holland., J. L.(1997). *Making vocational choices: A theory of vocational personalities and work environments(3rd ed.).* Psychological Assessment Resources.

Honneth, Axel(1993). *Kampf um Anerkennung.* Suhrkamp.

Husserl, Edmund(1964). Die Idee Der Phanomenologie; Funf Vorlesungen. Springer.

Huyghe, R. 김화영 역(1960/1983). 예술과 영혼. 서울: 열화당.

Hynes, A. M. & Hynes-Berry, M. (2012). *Biblio/Poetry therapy: the interactive process: a handbook (3rd ed.).* St Cloud, MN: North Star Press,6,10.

Hynes, A. M., & Hynes, B. M. (1994). *Biblio/Poetry Therapy: TheInteractive Process: A Handbook.* St. Cloud, Mn:North Star Pressof St. Cloud, Inc.

Ian Stewart(2007). *Ta Today.* Lifespace Pub.

J. Hillman(1975). *Revisioning Psychology.* New York: Haper & Row, 33-35.

Jennings, S. 한명희 역(1993). 연극치료. 서울: 학지사, 2002.

Jennings, S. 이효원 역(1998). 수 제닝스의 연극치료이야기. 서울: 울력.

Jerome Seymour Bruner (2010). 강현석, 김경수 역, 이야기 만들기. 서울: 교육과학사.

Johnson, David Read. 김세준, 이상훈 역(2011). 현대 드라마치료의 세계, 서울: 시그마프레스.

Jones, Phil. 이효원 역(2005). 드라마와 치료. 서울: 울력.

Jouanna, J. 서홍관 역(2004). 히포크라테스. 아침이슬.

Kant, Immanuel(2018). 순수이성비판. 서울: 유페이퍼.

Kemp, W.(2011). *Rezepirionsasthetik. In U. Pfister (Hg.), Metzler Lexikon Kunstwissenschafit.* Stuttgart: J.B.Metzler.

Kenneth, C. 이희숙 역(1982). 명화란 무엇인가. 서울: 설화당.

Kim, E., Lee, J. E., & Sohn, M.(2017). The application of one-hour static Qigong program to decrease needle pain of Korean adolescents with Type 1 diabetes: A randomized crossover design. *Journal of Evidence-Based Complementary & Alternative Medicine, 22*(4), 897-901.

Kim, E., Murata, S., & Tsuda, A.(2009). Comparative study of Gicheon exercise between an experienced group and a beginner group in terms of balance and subjective health, *Japanese Journal of behavioral medicine*, 15, 80-86.

Kim, E., Tsuda, A., Horiuchi, S., & Okamura, H.(2009). Effect of acute performance of a dynamic Gicheon on mood. *Japanese Journal of Health Promotion,* 11, 25-30.

Klee, P.(1991). *Paul Klee Kunst-Lehre.* Leipzig: Reclam-Verlag.

Kramer V.(1971). *Therapy with Children.* NY ; Schocken Book.

Kramer, C.(1998). *Childhood and Art Therapy.* Chicago, Magnolia Street Publishers.

Kutshbach, D.(1996). *Der Blaue Reiter im Lenbachhaus Munchen. Munchen*, New York: Prestel.

Lacan, J., 홍준기, 이종영, 조형준, 김대진 역(2019). 에크리. 새물결.

Lacan, J., Forrester, J.(1956). *BOOK III: The Psychoses.* Cambridge University Press.

Lacan, J., Forrester, J.(1960). *BOOK VII: The Ethics of Psychoanalysis.* Cambridge University Press.

Lacan, J., Gallagher C.(1970). *BOOK XVII: Psychoanalysis upside down/The reverse side of psychoanalysis.* http://www.lacaninireland.com.

Lacan, J., Gallagher C.(1971). *BOOK XVIII: On a discourse that might not be a semblance.* http://www.lacaninireland.com.

Landy, Robert J(2008). *Drama therapy: concepts, theories and practices.* Charles C Thomas Pub Ltd.

Leder, H.(2011). How art is appreciated. Psychology of Aesthetics, *Creativity, and the Arts, 6*(1), 2-10.

Len Sperry & E. P. Shafranske. 최영민 역(2008). 영서지향 심리치료. 서울: 하나의학사,

Lent, R. W., Brown, S. D., & Hackett, G.(1994). Toward a unifying social cognitive theory of career and academic interest, choice, and perfomance. *Journal of Vocational Behavior, 45*(1), 79-122.

Leuteritz, A.(1997). *Kunstwahrnehmung als "Rezeptive Kunststherapie.* In P. Baukus, & J. Thies(Hrsg.), Kunstherapie. Stuttgart: Fischer.

Levinas, Emmanuel(2014). *Le Temps* Et L'Autre. Puf.

Lopez, B.(1990). *Crow and weasel.* San Francisco: North Point Press.

Malchiodi, C. A.(2007). The Art Therapy Source Book. New York: Mcgraw-Hill.

Manguel, A. 강미경 역(2004). 알베르토 망구엘의 나의 그림읽기. 서울: 세종서적.

Maria Giulia Marini. 정영화·이경란 공역(2020). 이야기로 푸는 의학. 서울: 학지사.

Martin Buber. 표재명 역(2001). 나와 너, 서울: 문예출판사.

Martin Heidegger(2007). *Being and Time.* BlackwellPub.

Maurice Merleau Ponty(2013). Phenomenology of Perception. Routledge.

May, R. 안병무 역(1975/1999). 창조와 용기. 서울: 범우사.

Merleau-Ponty, M.(1962). *Phenomenology of perception.* Routledge. UK.

Merriam-Webster. (n.d.). Spirit. In Merriam-Webster.com dictionary. Retrieved January 7, 2022, from https://www.merriam-webster.com/dictionary/spirit.

Michael Heim. 여명숙 역(1997). 가상현실의 철학적 의미, 서울: 책세상.

Mitchell. 김전유경 역(2010). 그림은 무엇을 원하는가. 서울: 그린비출판사.

Mitchell, S.(1990). The theatre of Peter Brook as a model for dramatherapy. quoted in Meldrum. *Dramatherapy and psychodrama.*

Moreno, J. L.(1946). *Psychodrama in education.* In J. L. Moreno, Psychodrama, first Vol (pp. 144-145). Beacon House.

Okri, B.(1997). *A way of being free.* London: Phoenix House.

Osborne, H.(2001). *The Art of Appreciation*. London: Oxford University press.

Parsons, F.(1909). *Choosing a vacation*. Boston: Houghton Miffin.

Paul Pedersen(1999), *Multiculturalism as a Fourth Force*, Brunner/Maze.

Pederson, P.(2000). *A handbook for developing multicultural awareness*. Alexandria, American Counseling Association.

Peirce, Charles S(1991). Peirce on Signs: Writings on Semiotic. University of North Carolina Press.

Peter Lewis(1989). "Metaphor in Visualization", Working Paper, *Department of Information Science*, Pennsylvania: University of Pittsburgh.

Polkinghorne, D. E.(1988). *Narrative Knowing and the human sciences*. SUNY Press.

R. Beekes(2010). *Etymological Dictionary of Greek* (2 vols.: Leiden).

Raabe, P. B. 김수배 이한균 공역(2016). 상담과 심리치료에서 철학의 역할. 서울: 학이시습.

Read, H. 박용숙 역(1972/2007). 예술의 의미. 서울: 문예출판사.

Richardson, M.(2012). Counseling for work and relationship. *The Counseling Psychologist,* 40(2), 190-242.

Ricoeur, P.(1981). *Narrative time*. In W. J. T. Mitchell(Eds.) On narrative. Chicago: University of Chicago Press.

Riedel, I. Maltherapie. 정여주 역(2000). 융의 정신분석학에 기초한 미술치료. 학지사.

Riessman, C. K.(2008). *Narrative Methods for the human sciences*. CA: Sage.

Rogers, N.(1993). *The creative connection: expressive arts as healing*. Palo Alto. CA: Science & Behavior Books.

Ronald Rolheiser(2014). *Sacred Fire: A Vision for a Deeper Human and Christian Maturity*, Crown Publishing Group.

Rosenberg, H. G., Smith, S. S.(1985). Six strategies for career counseling. *Journal of College Placement*, 42-46.

Savickas, M. L.(2012). Life design: A paradigm for career intervention in the 21st century. *Journal of Counseling and Development,* 90, 13-19.

Scheff, T. J.(1972). Explosion der Gefuhle. Uber die kulturelle und therapeutische Bedeuting kathartisshen Erlebens. Weinheim: Beltz.

Scheffler, I.(1986). *In praise of the cognitive emotions*. In .I. Scheffler(ED), Inquiries: Philosophical studies of language, science, and learning, Indianapolis: Hackett.

Schopenhauer, A. 홍성광 역(1859/2019). 의지와 표상으로서의 세계. 서울: 을유문화사.

Smith, C. & Nylund, D.(1997). *Narrative therapy with children and adolescents*. The Guilford Press.

Spitz, E. H.(1985). *Art and psyche: A study in psychoanalysis and aesthetics*. New Haven: Yale University Press.

Storr, A. 배경진, 정연식 역(2009). 창조의 역동성. 서울: 현대미학사.

Stricker, G. & Gold, J.(2008). *Integrative Therapy*. In Lebow, J. (Ed.), Twenty-first century psychotherapies. New Jersey: John Wiley &Sons.

Super, D. E.(1990). A life-span, life-space approach to career development. In L. Brooks, & D. Brown (Eds.), Career choice and development: Applying contemporary theories to practice. (2nd ed.). San Francisco, CA: Jossey Bass.

Varela, J. 석봉래 역(2013). 몸의 인지과학. 석봉래 역. 서울: 김영사.

Vygotsky, L. S.(1925/1987). "*Thinking and Speech*", In L.S. Vygotsky Collected works: Problems of general pstchology, New York: Pleum.

Wachong, L.(2009). *Witnessing survival: Narrative therapy for adolescent males who have been sexually victimized*. Unpublished doctoral dissertation, Alliant International University, San Francisco Bay.

Webster, L. & Mertova, P.(2017). 박순용 역. 연구방법으로서의 내러티브 탐구. 학지사.

White, M.(2009). 이신혜, 정슬기, 허남순 공역. 이야기치료의 지도. 학지사.

White, M. & Epston, D. 정석환 역(2015). 이야기심리치료 방법론: 치유를 위한 서술적 방법론. 서울: 학지사.

William H. Croppe. 곽주영 역(2007). 위대한 물리학자. 6: 디랙에서 겔만까지 입자 물리학의 세계. 서울: 사이언스북스.

Wilson, M.(1995)."Six views of embodied cognition", *Psychonomic Bulletin & Review* 9, 2002, 625-636.

Winner, E. 이모영, 이재준 공역(2004). 예술심리학. 서울: 학지사.

Winnicott, D. W.(1992) *Familie und individuelle Entwicklung*. Frankfurt am Main: Fischer Yaschenbuch Verlag.

Witherell, C., Noddings, N.(1991). *Stories lives tell: Narrative and dialogue in Education*. Teachers College Pres.

Wolfgang E. J. Webe. 김유경 역(2020). 유럽 대학의 역사. 경북: 경북대학교 출판부.

津田 (2002). シリーズ医療の行動科学Ⅱ 医療行動科学のためのカレント・トピックス. 北大路書房.

찾아보기

호모 내러티쿠스: 인문융합치료의 이해

호모 내러티쿠스: 인문융합치료의 이해

저자소개

김영순 kimysoon@inha.ac.kr (1장 집필, 2장, 3장, 4장 공동집필)
독일 베를린자유대학교에서 철학박사학위를 받았다. 인하대학교 사회교육과 교수이며, 대학원 다문화교육학과 학과장, 인하대 다문화융합연구소 소장, BK21 FOUR 글로컬다문화교육연구단 장을 함께 맡고 있다. 주요 저서로는 〈다문화 사회와 공존의 인문학〉, 〈다문화교육의 이론과 이론가들〉, 〈다문화교육과 협동학습 경험〉, 〈이주여성의 상호문화 소통과 정체성 협상〉, 〈공유된 미래 만들기〉 등 다문화 사회 관련 연구 저서 50여권과 질적연구 이론과 실제를 다룬 20여권의 저서가 있다.

오영섭 yesoh@hanmail.net (5장 집필, 2장 공동집필)
미국 에즈베리신학대학원에서 상호문화학으로 문학 석사 학위를, 인하대학교에서 다문화교육 전공으로 교육학 박사 학위를 받았다. 현재 인하대학교 BK글로컬다문화교육연구단 연구교수, 인하대 다문화융합연구소 부설 인문융합치료센터 부센터장을 맡고 있다. 주요 공동 저서로는 〈이주배경 청소년을 위한 미술·이야기융합치료의 이해〉를 집필했다. 인문융합상담전문가, 교류분석상담사, 미술심리상담사, 목회상담가 자격을 가지고 있으며, 이주배경 청소년과 외국 인유학생을 상담하고 다문화상담을 가르치고 있다.

권요셉 josehg@inha.ac.kr (9장 집필, 3장, 4장 공동집필)
인하대학교에서 인문융합치료 전공으로 문학박사학위를 받고, 연극심리상담사 1급, 교류분석 상담사 1급, 인문융합상담전문가 1급 자격을 취득하였다. 인문심리연구소 대표로 있으며, 상담 현장에서 정신증과 신경증 환자들을 상담하고 있다. 인하대학교 BK연구교수, 인문융합치료학 전공 초빙교수로 정신분석과 문학치료를 가르치고 있으며 대표 논문으로 "교류분석 상담이론과 문학치료학의 상호보완 가능성", "분석가담화 기반 회상치료에 참여한 노인 우울증자 담화의 현상학적 연구", "편집증자의 시간성 기반 정신분석 경험에 관한 사례연구" 등이 있다.

김진선 gracejo2@naver.com (14장 집필, 4장 공동집필)

인하대학교에서 상담심리전공으로 교육학석사학위 취득 후 인문융합치료전공으로 문학박사학위를 받았다. 주요 연구영역은 다문화, 청소년, 진로상담 등이다. 현재 청소년상담사이며 임상심리사로 인천진로학습센터에서 진로상담을 진행하고 있다. 또한 인하대학교 다문화융합연구소 인문융합치료센터 부연구위원으로 연구를 수행하고 있다. 박사학위논문은 "다문화가정 청소년의 진로집단상담 프로그램 참여경험 사례연구: 인문융합치료를 중심으로"이다.

지성용 arisu90@inha.ac.kr (12장 집필)

이탈리아 로마 교황청립 우르바노 대학교에서 영성(Spirituality)전공으로 박사학위를 받았다. 인천가톨릭대학에서 대외협력처장, 천주교인천교구 영성생활연구소, 라파엘 상담센터장을 지냈다. 현재 인하대학교 다문화융합연구소 인문융합치료센터 초대 센터장을 역임하였고, 대학원 인문융합치료전공 초빙교수, 한국영성심리분석상담학회장 직을 수행하고 있다. 주요 저서로는 〈에니어그램의 영성〉, 〈바이블테라피〉, 〈영성심리분석상담치료〉 등이 있다.

오정미 gina2004@naver.com (6장 공동집필)

인하대학교 다문화융합연구소의 인문학술 연구교수이고, 인문융합치료센터의 연구원으로서 함께 활동하고 있다. 건국대학교 서사와 문학치료연구소의 전임연구원, 인하대학교 인문융합치료 전공의 초빙교수를 역임하며 한국과 아시아 설화의 서사 연구 및 다문화교육 그리고 인문융합치료 연구를 수행하고 있다. 단독저서로 〈다문화사회에서의 한국의 옛이야기와 문화교육〉, 공동저서로 〈시집살이 이야기 집성 1-10〉, 〈한국전쟁 이야기 집성 1-10〉, 〈한국문화와 콘텐츠〉, 〈미국 한인이주여성의 초국적 삶과 공동체〉 등이 있다.

황해영 haiying04@hanmail.net (6장 공동집필)

인하대학교에서 국어국문학 석사, 다문화교육학 박사학위를 취득하였다. 인하대학교 다문화융합연구소 연구교수, 문학·이야기치료 전공 초빙교수, 다문화교육학과 초빙교수로 근무하였다. 인문융합상담전문가 슈퍼바이저 과정을 이수하였고, 미술치료상담사 2급 자격증을 보유하고 있다. 주요 저서로는 〈중앙아시아계 이주여성의 삶: 이상과 현실사이〉, 〈결혼이주여성의 주체적 삶에 관한 생애담 연구〉 등 저서 집필에 참여하였고, "온달설화의 서사적 구조를 활용한 결혼이주여성을 위한 문학치료 방안 탐색" 외 18편의 논문을 보유하고 있다.

왕금미 wanggm@hamail.net (11장 집필)

동국대학교에서 예술치료석사학위를 취득 후 인하대학교 다문화교육학과에서 교육학박사학위를 취득하였다. 현재 인하대학교 대학원 인문융합치료전공 초빙교수, 케이바움미술치료교육연구소 소장, 한국통합미술심리치료학회장을 역임하였다. 공동저서로는 〈미술이야기융합치료의 이해〉. 주요논문으로는 "콜라주를 활용한 청소년의 미술치료프로그램 사례연구", "A case study on the collage art therapy for immigrant youthes", "미술매체를 활용한 학교밖 중도입국 청소년의 콜라주 미술치료프로그램 사례연구" 등이 있다.

김의연 kimeuiyeon2@naver.com (13장 집필)

일본 Kurume대학에서 심리학박사학위를 받았다. 인하대학교 교육학과 겸임교수이면서, 자연속애(愛)의원 발달센터장, 미래사회건강교육협동조합 이사장, 한국인간발달학회 이사, 한국문화및사회문제심리학회 이사를 맡고 있다. 주요 저서로는 〈행동수정 심리솔루션 12가지: 보육교사 알고 싶은 ADHD & 문제행동〉, 〈소아암 완치자를 위한 12가지 심리제안〉, 〈소아당뇨병을 위한 12가지 심리제안〉 등 만성질환을 가진 아동, 청소년을 위한 저서가 있다. 명상 관련저서는 〈東洋医学を応用した ストレスケアの実際 ストレス科学との連携と協働〉가 있다.

이정섭 leejs412@hanmail.net (7장 집필)

인하대학교 대학원 인문융합치료학과 박사과정에 재학 중이며, 인하대 다문화융합연구소 부설 인문융합치료센터 부연구위원으로 활동하고 있다. 공립형 대안학교의 전문상담사로 재직하고 있으며, 인천가정법원의 위탁보호위원직을 역임하였다. 주요 연구 논문으로는 "이주배경청소년의 학교부적응 요인에 관한 동향 연구"가 있다.

정화정 junghwajung@naver.com (8장 집필)

인하대학교 교육대학원 상담심리 전공에서 교육학석사학위를 취득하고, 인하대학교 인문융합치료학과 박사과정에서 수련 중이다. 상담가로서 미술, 동작, 연극 등 예술 매체를 이용한 심리치료로 다양한 내담자를 만나고 있다. 경찰서와 보호관찰소에서 비행 청소년 상담과 성폭력 가해자 교육을 하고 있으며 정신병원에서 사이코드라마 디렉터로, 대안학교 심리치료 교과의 치료사로 활동하고 있다. 주요논문으로는 "특성화고 고등학생의 스트레스 비교", "사이코드라마 연구에 관한 동향분석" 등이 있다.

윤수진 sujinlee493@gmail.com (10장 집필)

인하대학교 인문융합치료학과 박사과정에 있으며 인문융합치료센터 부연구위원으로 활동 중이다. 미술심리상담상 1급, TA 부모교육전문가 자격을 갖고 있으며, 국방부 군 상담 컨설턴트(미술치료)이다. 주요 논문으로는 "병사 대상 군 생활 적응에 관한 국내연구 동향분석", "병사 대상 병영문화개선 프로그램에 관한 국내연구 동향분석", "명화감상 미술치료 프로그램 동향에 관한 내용분석", "전입신병의 명화활용 집단미술치료 프로그램 참여경험에 관한 사례연구", "공감 관련 프로그램에 관한 탐색적 연구"가 있다.